PLINE LE JEUNE

LETTRES

LIVRES I-III

COLLECTION DES UNIVERSITÉS DE FRANCE
publiée sous le patronage de l'*ASSOCIATION GUILLAUME BUDÉ*

PLINE LE JEUNE

LETTRES

LIVRES I-III

Nouvelle édition

TEXTE ÉTABLI, TRADUIT ET COMMENTÉ

PAR

HUBERT ZEHNACKER

Professeur émérite à l'Université Paris-Sorbonne

PARIS

LES BELLES LETTRES

2009

PA6169
.A101
P57
2009x
vol.1

PA3441
.P552
.P55
2009
v.1

031697789

Conformément aux statuts de l'Association Guillaume Budé,
ce volume a été soumis à l'approbation de la commission technique, qui a chargé M. Xavier Loriot et Mme Nicole Méthy d'en faire
la révision et d'en surveiller la correction en collaboration avec
M. Hubert Zehnacker.

© 2009. Société d'édition Les Belles Lettres
95 boulevard Raspail, 75006 Paris
www.lesbelleslettres.com

ISBN : 978-2-251-01451-7
ISSN : 0184-7155

INTRODUCTION

I. L'AUTEUR

L'édition d'une correspondance réelle ou d'un recueil de lettres fictives exige sans doute, plus que toute autre, que l'on se penche sur la vie et la personnalité de leur auteur. Pline le Jeune ne fait pas exception à cette règle, et il nous est heureusement assez bien connu, non seulement par ce qu'il dit de lui-même, mais aussi par plusieurs témoignages externes, notamment épigraphiques. Son milieu familial, sa carrière, les divers événements de sa vie personnelle avaient depuis longtemps attiré la curiosité des érudits ; Mommsen leur consacra un mémoire fondamental[1], repris et âprement critiqué en 1919 par W. Otto[2]. Depuis lors, à l'exception de quelques ajustements de détail[3], nos connaissances n'ont pas sensiblement évolué.

1. Th. Mommsen, « Zur Lebensgeschichte des jüngeren Plinius », *Hermes* 3, 1869, p. 31-169 ; trad. française, avec des améliorations dues à Mommsen lui-même, par C. Morel, Paris, 1873 ; leur contenu est intégré dans la version considérée comme définitive des *Gesammelte Schriften*, IV, p. 366-468.

2. W. Otto, *Zur Lebensgeschichte des jüngeren Plinius*, Sitzungsber. Bayer. Akad. der Wiss., Munich, 1919. Dès la première page, note 2, Otto énumère complaisamment les études qui, de 1870 à 1902, ont attaqué les positions de Mommsen sur des points de détail ; il visait, pour sa part, à renverser l'ensemble de la théorie mommsénienne.

3. G. Alföldy, « Die Inschriften des jüngeren Plinius und seine Mission in der Provinz Pontus et Bithynia », *AAntHung* 39, 1999, p. 21-44 ; W. Eck, « Die grosse Pliniusinschrift aus Comum : Funktion und Monument », dans M. G. Angeli Bertinelli, A. Donati (éd.), *Varia Epigraphica*, Colloquio Internaz., Faenza, 2001, p. 225-235.

Celui que nous appelons Pline le Jeune est né à Côme, d'une famille de notables de cette ville. Côme est située dans la onzième région augustéenne, la Transpadane ; la ville avait le statut d'un municipe[4]. Le gentilice de naissance de Pline est Caecilius, son cognomen Secundus. Les Caecilii étaient implantés à Côme au moins depuis le Ier siècle av. J.-C. ; la pièce 35 de Catulle est une invitation adressée à un Caecilius de Côme, auteur d'un poème sur Cybèle, à venir rejoindre Catulle à Vérone. De même, la présence ancienne des Plinii à Côme est attestée par Suétone[5] ; la mère de Pline, une Plinia, possédait d'ailleurs des terres dans la région (VII, 11, 5).

Le père de Pline mourut jeune, et c'est peut-être la raison pour laquelle nous le connaissons mal. On l'identifiait, à la suite de Mommsen, avec un certain L. Caecilius L. f. Cilo que l'on connaît par une inscription de Côme[6]. Il avait été *IIIIuir aedilicia potestate* de cette ville et avait fait un legs testamentaire à ses anciens administrés. La même inscription mentionne deux Caecilii qui semblent être les fils de Cilo, L. Caecilius Valens et P. Caecilius Secundus, ainsi qu'une concubine qui porte un nom celtique et paraît être une pérégrine. Plusieurs de ces données ne concordent pas avec ce que nous savons de Pline et de son milieu familial. On ne connaît pas ce frère de Pline que serait Caecilius Valens ; on s'interroge sur l'absence de la mère de Pline et on se demande ce que vient faire là la concubine : veuvage du père ou divorce, diverses solutions plus ou moins romanesques ont été envisagées. Au demeurant la date probable de l'inscription paraît un peu trop ancienne pour convenir à la famille directe de Pline. Caecilius Cilo est-il un ancêtre de notre auteur ou seulement un membre d'une autre lignée ? Il est impossible d'en décider.

Une autre inscription de Côme, plus récemment apparue[7], mentionne un L. Caecilius C. f. Ouf. Secundus, de rang

---

4. Plin., *NH* III, 124 ; *CIL* V, p. 563.
5. Suet., *Reliquiae*, éd. Reifferscheid, Leipzig, 1860, p. 92.
6. *CIL* V, 5279 = *ILS* 6728. Pour cette inscription et les suivantes, cf. notre dossier épigraphique, ci-dessous p. XIX-XXI.
7. E. Pais, *CIL* V, *Suppl. Italica* I, 745.

équestre, et lui aussi ancien magistrat municipal de Côme. Cet homme a commencé la construction d'un temple à l'Éternité de Rome et des Augustes au nom de sa fille Caecilia, sans doute décédée à cette date ; le temple fut ensuite terminé par son fils Caecilius Secundus. Une cassure de la pierre ne permet pas de savoir si le prénom de ce dernier était mentionné. Il est fort possible que nous ayons là les noms du père de Pline, de Pline lui-même et de sa (ou d'une de ses) sœur(s). On peut s'étonner qu'aucune lettre de notre auteur ne mentionne ce temple à l'Éternité de Rome et des Augustes ; mais Pline fait référence, bien que ce soit en des termes volontairement discrets, à la *munificentia parentum nostrorum* (I, 8, 5).

La date de naissance de Pline ne peut être induite que de sa correspondance. D'après VI, 20, 5 il était dans sa dix-huitième année lors de l'éruption du Vésuve, le 24 août 79 ; il était donc né entre le 25 août 61 et le 23 août 62. La majorité légale se situant à l'âge de 14 ans, on peut en conclure avec une certaine vraisemblance que le père de Pline mourut au plus tard en 75 ou 76. Le jeune Pline fut alors confié aux soins d'un tuteur, qui ne fut autre que l'illustre L. Verginius Rufus, l'homme qui avait refusé deux fois l'Empire et qui fut trois fois consul (II, 1, 8). Mais son état civil se stabilisa définitivement quand il fut adopté par son oncle maternel C. Plinius Secundus, que nous appelons Pline l'Ancien. On considère généralement que ce fut une adoption testamentaire, qui serait donc entrée en vigueur à la suite de la mort de Pline l'Ancien en 79, et on en veut pour preuve, entre autres, que Pline le Jeune ne désigne généralement son oncle que par le terme d'*auunculus*, et qu'il ne l'appelle qu'une seule fois *auunculus meus idemque per adoptionem pater* (V, 8, 5). Mais il faut se rappeler que la mort de Pline l'Ancien fut accidentelle ; il pouvait espérer vivre encore bien des années, et on ne voit pas pourquoi il aurait différé l'adoption de son neveu dans un avenir plus ou moins lointain. Le lettre sur l'éruption du Vésuve (VI, 16) montre que Pline le Jeune et sa mère vivaient dans une étroite intimité avec le vieux savant ; on peut penser que l'adoption a déjà eu lieu et que le tutorat de Verginius Rufus ne fut qu'une phase de transition, un de ces *officia* qu'on se rend entre amis, en attendant une solution définitive. Il est possible, par exemple, que Pline l'Ancien ait été absent d'Italie au moment de la mort de son beau-frère.

Toujours est-il que dès lors notre Pline s'appelle, de son nom officiel et complet, C. Plinius L. f. Ouf. Caecilius Secundus. Ce libellé appelle deux remarques. La première concerne le prénom de Pline. Il est désormais C., qui est le prénom de son père adoptif. Pour le prénom que Pline a porté avant son adoption, on a le choix, semble-t-il, entre L., qui est le prénom du père présumé de Pline, et C., qui est le prénom du père de ce dernier : comme on sait, les prénoms se transmettaient assez volontiers du grand-père au petit-fils. La deuxième remarque concerne la forme du gentilice Caecilius, que Pline a maintenu tel quel, sans le changer en Caecilianus ; il suit en cela un usage de plus en plus répandu sous l'Empire. Nous ajouterons enfin que la tribu Oufentina, commune aux Caecilii et aux Plinii, est celle des citoyens romains de Côme[8].

L'éducation de Pline commença chez un *grammaticus* à Côme : c'est du moins ce que suggère le début de la lettre I, 19, où Pline appelle son correspondant Romatius Firmus *municeps ... meus et condiscipulus et ab ineunte aetate contubernalis*. Mais pour les cours de rhétorique il fallut se rendre à Rome, car Côme ne possédait pas alors d'enseignement de ce niveau (IV, 13)[9]. Pline suivit les leçons de Quintilien (II, 14, 9 ; VI, 6, 3), dont il appréciait le classicisme cicéronien, et, pour la rhétorique grecque, de Nicétès Sacerdos (VI, 6, 3), qui pratiquait l'éloquence asiatique ; il éprouva de la sympathie aussi pour le philosophe stoïcien C. Musonius Rufus (III,

8. J. W. Kubitschek, *Imperium Romanum tributim discriptum*, Vienne, 1889, p. 119.
9. Il résulte de IV, 13, 3 que des fils de famille de Côme étaient envoyés faire leurs études à Mediolanum. Cela ne semble pas avoir été le cas de Pline, dont la famille était assez fortunée pour lui offrir les meilleurs maîtres de la capitale.

11, 5), exilé sous Vespasien et rappelé en Italie par Titus[10].
L'enseignement de ces maîtres de haut niveau marqua Pline
de façon durable et lui fit concevoir un véritable culte pour les
studia. On ne fera qu'évoquer ici le travail acharné qu'il s'est
toujours imposé pour écrire une prose parfaite. Il ne négligea
pas non plus la poésie. On connaît de lui des hendécasyllabes
(IV, 14), des hexamètres dactyliques (VII, 4) et des distiques
élégiaques (VII, 9), et il nous apprend lui-même – avec le
sourire qui s'impose – qu'à l'âge de quatorze ans il avait écrit
une tragédie en grec (VII, 14).

Les mariages de Pline furent au nombre de deux ou de trois,
selon les hypothèses. Nous examinerons d'abord l'éventualité
de trois mariages. Dans une lettre adressée à Trajan, pour le
remercier de l'octroi du *ius trium liberorum* (X, 2), Pline
écrit : *eoque magis liberos concupisco, quos habere etiam
illo tristissimo saeculo uolui, sicut potes duobus matrimoniis
meis credere*[11]. Il faudrait comprendre que Pline a contracté
deux mariages sous le règne de Domitien, le deuxième étant
celui qui lui fit épouser la fille de Pompeia Celerina. Mais
on ignore tout de la première femme, dont l'existence même
n'est pas assurée aux yeux de beaucoup de critiques[12]. Nous ne
tiendrons donc pas compte de cette hypothèse qui ne présente
aucune utilité dans l'état actuel de notre information. Pour le
premier mariage réellement attesté de Pline, nous connaissons
paradoxalement non pas le nom de l'épouse, mais celui de
la belle-mère, Pompeia Celerina. Encore celle-ci n'est-elle
nommée que dans l'adresse de la lettre I, 4 ; partout ailleurs

---

10. Sur Musonius Rufus : S. Demougin, *Prosopographie des chevaliers
romains julio-claudiens*, Rome, *CEFR* 153, 1992, p. 605, n° 707.

11. « Et je désire d'autant plus des enfants, moi qui ai voulu en avoir
même sous le plus affreux des règnes, comme mes deux mariages t'en sont
garants. » (Trad. – remaniée – de M. Durry).

12. Pour deux mariages seulement : W. Otto, *Zur Lebensgeschichte
des jüngeren Plinius* (cité note 2), p. 36-37 note 1 ; M.-Th.Raepsaet-Char-
lier, *Prosopographie des femmes de l'ordre sénatorial*, Louvain, 1987, n°
626 ; pour trois : A. N. Sherwin-White, *The Letters of Pliny. A Historical
and Social Commentary*, Oxford, 1966, p. 559 sq.

elle n'est appelée que *socrus* ou *socrus mea* (I, 18, 3 ; III, 19, 8 ; VI, 10, 1 ; X, 51, 1), mais le contexte permet de penser qu'il s'agit bien de la même personne. La belle-mère de Pline possédait une importante fortune dont celui-ci profita à l'occasion. Les dernières lettres qui la mentionnent montrent que même après son veuvage il resta en relations affectueuses avec cette femme dont il appréciait visiblement la bienveillance et la serviabilité. La mort de sa fille est mentionnée – sans émotion particulière – dans une lettre (IX, 13) qui paraît dater de la fin 96 ou du début 97.

Pour son dernier mariage – le troisième ou plutôt le second – Pline revint dans le giron de l'aristocratie municipale de la Transpadane en épousant une Calpurnia, petite-fille de ce Calpurnius Fabatus, de Côme, qui avait fait une belle carrière équestre sous Néron[13]. Pline le connaissait bien et lui adresse plusieurs lettres ou billets où il est question, notamment, de la gestion de leurs propriétés foncières, de l'évergétisme de Fabatus à Côme, et de la santé fragile de Calpurnia (IV, 1 ; V, 11 ; VI, 12 et 30 ; VII, 11, 16, 23 et 32 ; VIII, 10). Au moment de son mariage, Calpurnia avait perdu son père, sans doute depuis longtemps. Pline entretient d'excellentes relations avec la tante de sa jeune femme, Calpurnia Hispulla, à qui deux lettres sont adressées (IV, 19 ; VIII, 11). L'union avec Calpurnia avait tout pour être un mariage heureux, et les *Lettres* en témoignent amplement ; mais Calpurnia fit une fausse couche (VIII, 10 et 11). Cet accident affecta les époux de façon durable ; le *ius trium liberorum*, que Trajan avait concédé à Pline (X, 2) ne fut qu'une demi-consolation.

Pline commença son activité judiciaire à l'âge de dix-neuf ans (V, 8, 8), par un procès plaidé, semble-t-il, devant le tribunal des centumvirs. Il resta fidèle toute sa vie durant à cette instance judiciaire, malgré la médiocrité des avocats et la mesquinerie des causes plaidées (II, 14). Elle lui permit, en particulier, de défendre les intérêts de quelques-unes de

13. *ILS* 2721 ; *PIR*² C 263 ; S. Demougin, *op. cit.* note 10, p. 613, n° 713.

ses relations, Iunius Pastor, Attia Viriola et d'autres (I, 18, 3 ; VI, 33, 2).

Les débuts de son *cursus honorum*, largement antérieurs au recueil des *Lettres*, nous sont connus par les inscriptions qui le concernent ; mais les dates ne sont pas assurées. De milieu équestre, Pline dut obtenir d'abord, sans doute vers l'âge de dix-sept ans, le laticlave, qui lui permit d'entamer une carrière sénatoriale. Il remplit d'abord une charge du viginitivirat en devenant *decemuir stlitibus iudicandis* ; il exerçait à ce titre la présidence de l'une des chambres du tribunal des centumvirs. Pline dut s'acquitter ensuite de son service militaire, en tant que tribun de légion. Il devint donc *tribunus militum legionis III Gallicae* et partit en Syrie, où cette légion était stationnée. Il n'y resta que quelques mois, sans doute en 81 ou 82, et semble avoir été affecté surtout à des tâches administratives et bureaucratiques (VII, 31, 2) ; à l'en croire, le moral des troupes était au plus bas, la discipline inexistante et les abus nombreux (VIII, 14, 7). Il profita de ses loisirs, entre autres, pour assister aux leçons des philosophes Euphratès et Artémidore, qu'il retrouva plus tard à Rome (I, 10 ; III, 11).

Après son retour, mais toujours à une date inconnue, Pline devint *seuir equitum Romanorum,* une charge purement honorifique qui consistait surtout à participer à la préparation des jeux annuels, et qui exigeait de gros sacrifices financiers. On peut penser que c'était une sorte de « ticket d'entrée » facilitant le déroulement du *cursus honorum*. Le fait est que Pline paraît avoir bénéficié de l'appui officiel de l'empereur pour les charges qui allaient suivre. La lettre VII, 16, 2 rappelle qu'il fut *quaestor Caesaris*, tandis que l'inscription de Côme *CIL* V, 5262 lui donne le titre, sans doute équivalent, de *quaestor Imp.* ; de la lettre II, 9, 1-2 il ressort qu'un certain Sextus Erucius, ami de Pline, est candidat de l'empereur au tribunat de la plèbe comme Pline l'avait été précédemment. La lettre VII, 16, 1-2 esquisse un parallèle entre la carrière de Pline et celle de Calestrius Tiro : ce dernier a précédé Pline dans le tribunat *iure liberorum* (Pline n'avait pas encore obtenu le *ius trium liberorum* à cette date) ; mais ensuite, ajoute Pline, l'empereur lui a fait dispense d'une année, ce qui lui a permis de rejoindre Calestrius Tiro dans la préture. L'ensemble de ces indications, combiné avec ce que l'on sait des règles d'avancement dans le *cursus honorum*, devrait permettre de dater avec précision ces échelons de la carrière de Pline ; en fait, depuis Mommsen, aucun consensus n'a pu s'établir. Nous donnons, sous toutes réserves, la chronologie suggérée dans la *PIR*[2] : questure en 89 (du 5 décembre 88 au 4 décembre 89) plutôt qu'en 90 ; tribunat de la plèbe en 92 ; préture en 93.

Dans la lettre I, 23, Pline nous apprend lui-même (§ 2) que, durant son tribunat de la plèbe, il s'abstint de plaider afin de garder à cette fonction son prestige et sa valeur symbolique. Mais il accepta ensuite, en 93, de défendre devant le Sénat les intérêts de la Bétique dans le procès retentissant intenté à Baebius Massa, ancien gouverneur de cette province et protégé de Domitien. La condamnation de Massa déclencha une vague de persécutions qui décima une bonne partie de l'aristocratie sénatoriale et provoqua l'expulsion des philosophes (III, 11). Mais Pline semble avoir quelque peu exagéré les dangers qu'il courut lui-même ; sa carrière se trouva sans doute ralentie, mais non pas compromise.

Sans doute ne passa-t-il pas directement de la préture au consulat : c'était là un privilège réservé aux seuls patriciens. Il fut nommé aux fonctions de *praefectus aerarii militaris*[14] ; l'inscription *CIL* V, 5262 est la seule à mentionner cette étape, qui est passée sous silence tant dans les *Lettres* que dans le *Panégyrique*. La durée de la charge était théoriquement de trois ans (Cass. Dio 55, 25, 2), mais pouvait être plus courte ; il est vraisemblable que Pline l'a occupée de 94 à 96, jusqu'à la chute de Domitien. Au début du règne de Nerva Pline paraît

---

14. Sur Pline *praefectus aerarii militaris*, puis *praefectus aerarii Saturni*, voir M. Corbier, *L'Aerarium Saturni et l'Aerarium militare. Administration et prosopographie sénatoriale*, Rome, *CEFR* 24, 1974, *passim*, et en particulier p. 131-143.

être quelque peu « sur la touche » ; toujours est-il qu'en 97 il n'est titulaire d'aucune charge et peut se permettre de faire alterner dans une de ses villas – celle des Laurentes sans doute – les *studia* et la *desidia* (II, 2, 3).

En janvier 98 Pline est nommé, conjointement par Nerva et Trajan, à une autre charge intermédiaire entre la préture et le consulat, celle de *praefectus aerarii Saturni* (X, 3a, 1 ; X, 8, 3). Il y a pour collègue C. Iulius Cornutus Tertullus, qui sera aussi son collègue au consulat (V, 14, 5). Ils resteront à ce poste, l'un et l'autre, jusqu'à la veille de leur accession au consulat (*Pan.* 92, 1). C'était une situation somme toute privilégiée, puisqu'elle leur évitait de partir dans une province comme légat de légion ou comme gouverneur d'une province prétorienne. Les fonctions dont Pline était chargé ne l'empêchèrent pas de se livrer à une intense activité politique et judiciaire. C'est l'époque des grands procès, dont les *Lettres* se font l'écho complaisant, notamment pendant l'année 99 ; on pense au procès de Marius Priscus, que Pline plaida de concert avec Tacite, et à celui de Caecilius Classicus avec tous ses co-accusés.

Le consulat de Pline, un consulat suffect, se situe dans l'année 100. Cette année-là a vu tout d'abord, comme consuls ordinaires, l'empereur Trajan lui-même, pour la troisième fois, et Sex. Iulius Frontinus – celui que nous appelons Frontin, l'auteur des *Aqueducs* – relayé bientôt par T. Vestricius Spurinna, l'un et l'autre personnages glorieux et consuls, eux aussi, pour la troisième fois. L'année commençait en fanfare. Il y eut ensuite deux paires de consuls suffects, Q. Acutius Nerva avec un Calpurnius (?) Piso, et L. Herennius Saturninus avec T. Pomponius Mamilianus. Ce n'est qu'alors, le 1er septembre sans doute, que Pline entre en charge pour deux mois, avec Cornutus Tertullus. Ils seront suivis d'une autre paire encore[15]. Il résulte de tout cela que le consulat de Pline se situe certes en une année prestigieuse par ses consuls ordinaires ; mais il ne leur succède qu'après que se sont

---

15. A. N. Sherwin-White, *The Letters of Pliny* (cité note 12), p. 734-735.

interposées deux paires de consuls suffects, ce qui diminue sensiblement la portée de cet honneur. Plein de fierté, Pline prononça le discours rituel de remerciement à l'empereur et le publia par la suite, considérablement amplifié : c'est le *Panégyrique de Trajan*. Il était parvenu au consulat, mais il ne serait jamais un homme politique de premier plan. Outre l'indispensable assise sociologique, il lui manquait l'expérience militaire : un tribunat bref, pas de légation de légion.

La suite et la fin de sa carrière le confirment. Pendant quelques années, la vie de Pline semble avoir été rythmée essentiellement par les obligations d'un sénateur consulaire, la gestion de sa fortune, et quelques procès, comme celui de Iulius Bassus, dont il assura la défense (IV, 9 ; VI, 29, 10). Vers 102, sans doute, Pline sollicita de l'empereur Trajan l'octroi de l'augurat ou du septemvirat des épulons, en arguant de l'existence de postes vacants (X, 13). Il obtint l'augurat, où il succéda à Frontin, ce qu'il considéra comme une marque d'honneur particulièrement touchante (IV, 8). Vers 104 il devint *curator aluei Tiberis et riparum et cloacarum Vrbis* ; en visite à Côme, il apprenait que son ami Cornutus Tertullus était nommé curateur de la *uia Aemilia* (V, 14) et se félicitait de ce parallélisme. Tous deux pouvaient ainsi garder leur résidence officielle à Rome. Pline en profita pour poursuivre son activité judiciaire, notamment par la défense de Varenus Rufus en 106 (V, 20 ; VII, 6 et 10).

Quelques années plus tard, il se vit offrir enfin un gouvernement de province. L'empereur Trajan avait besoin d'un homme de confiance qui fût capable de remettre de l'ordre dans l'administration de la province de Pont-Bithynie. Il songea à Pline, qui venait de défendre en justice, précisément contre les Bithyniens, deux de leurs anciens proconsuls, Iulius Bassus et Varenus Rufus. La province, qui était sénatoriale, fut provisoirement cédée à l'empereur, et celui-ci nomma Pline pour la gouverner, avec un titre insolite que nous donne l'inscription *CIL* V, 5262 : *legatus pro praetore prouinciae Ponti et Bithyniae consulari potestate*. Nous ne reprendrons ici ni la description des déplacements de Pline à l'intérieur de sa province et l'examen de ses rapports avec les autorités

locales, ni le problème des intentions de Trajan, qui semble
avoir souhaité une reprise en main énergique d'une province
turbulente avant de déclencher la guerre contre les Parthes[16],
ni enfin la question, si souvent débattue, de l'attitude de
Pline envers les chrétiens, attitude dont les premiers échos
sont perceptibles dès Tertullien[17]. Tout le livre X des *Lettres*,
à l'exception des quatorze premières, est constitué par la
correspondance de Pline avec l'empereur ou avec un des
bureaux de la chancellerie impériale. Dès son départ vers la
Bithynie Pline renseigne Trajan sur les étapes et les conditions
matérielles de son voyage ; il arriva sur place le 17 septembre
d'une année qui reste à déterminer (X, 15-18). La femme de
Pline, Calpurnia, l'a accompagné, ou du moins rejoint dans
sa province, puisque les deux dernières lettres du livre X
sont une demande de sauf-conduit en sa faveur pour raisons
familiales, avec la réponse positive de Trajan (X, 120-121). Le
livre X s'arrête brutalement sur cet échange, et on en conclut
généralement que Pline a dû mourir peu après, en Bithynie
même. Sur l'inscription de Côme *CIL* V, 5262, l'absence
probable du titre *Optimus*, assumé par Trajan en 114, va dans
le même sens[18]. La légation de Pline en Bithynie aura duré
à peu près deux ans ; on la situe donc entre 109-111 et 111-
113, la date la plus vraisemblable étant peut-être 110-112. La
publication du livre X paraît posthume.

Qu'elle soit funéraire ou simplement honorifique, la grande
inscription de Côme qu'on vient de mentionner suggère la

16. Nous renvoyons à l'exposé clair, concis et convaincant de M. Durry,
Pline le Jeune, *Lettres, livre X, Panégyrique de Trajan, CUF*, t. IV, p. VIII-XII.

17. Tert., *Apol.* II, 6 sqq.

18. Dans un livre célèbre, *Rencontres de l'histoire et de la littérature
romaines*, Paris, 1963, p. 171-231, J. Carcopino a émis l'hypothèse que Pline
serait revenu de Bithynie et aurait vécu encore de longues années, au cours
desquelles il aurait notamment révisé le *Panégyrique* pour y glisser toutes
sortes d'allusions anachroniques à la gloire de Trajan. La réfutation est venue
vite, et de tous côtés : M. Durry, (c. r.), *REL* 41, 1963, p. 420-421 [p. 419-
422] ; R. Hanslik, « Plinius der Jüngere, II. Bericht », *AAHG* 17, 1964, p. 3-5
[1-16] ; L. Vidman, (c. r.), *LF* (Prague) 88, 1965, p. 354-355.

possibilité d'une sépulture de Pline à Côme. Il avait fait cadeau à sa ville natale de thermes, d'une bibliothèque, cette dernière dès 97 (I, 8), et de plusieurs fondations, notamment alimentaires. Sous Domitien il avait été fait, toujours à Côme, *flamen Diui Titi Augusti* (*CIL* V, 5667)[19]. Par ailleurs la petite ville de Tifernum Tiberinum, proche de sa villa de Toscane, l'avait choisi comme *patronus*; il y fit construire un temple à ses frais et y offrit un banquet à l'occasion de sa dédicace (IV, 1, 4). Et ce ne sont là que quelques exemples de sa générosité[20].

On terminera cette biographie par les hommages de quelques écrivains antiques : son contemporain Martial, X, 20 (19), repris par Pline lui-même (III, 21, 5); Macrobe, *Sat.* V, 1, 7; Sidoine Apollinaire, *Ep.* IX, 1, 1. Au IVe siècle, les *Lettres* de Symmaque, groupées en neuf livres, plus un dixième de lettres officielles, rappellent la composition du recueil plinien; un siècle plus tard, Sidoine Apollinaire adopte à son tour le groupement en neuf livres. Le modèle était devenu canonique.

---

19. W. C. McDermott, « Pliniana », *AJPh* 90, 1969, p. 329-331.
20. A.-M. Guillemin, *CUF*, t. I, p. XVIII, note 5, propose le tableau suivant :
De son vivant :

Fondation d'une bibliothèque à Côme	1.000.000 HS
Entretien et agrandissement	100.000 -
Fondation alimentaire à Côme	500.000 -
Petit domaine pour sa nourrice	100.000 -
Cadeau à Romatius Firmus	300.000 -
Dot de Calvina	100.000 -
Cadeau à Metilius Crispus	40.000 -
Cadeau à Quintilien	50.000 -

Legs testamentaires :

Fondation pour ses affranchis	1.800.000 -
Obligation testamentaire à Côme	4.445.000 -

Libéralités de montant inconnu : tiers d'une chaire d'enseignement à Côme ; temple à Tifernum Tiberinum ; reconstruction d'un temple de Cérès ; remise des dettes du père de Calvina ; argent de route pour Artémidore et pour Martial.

Dossier épigraphique[21]

A. - Pline lui-même.

1) *CIL* V, 5262 = *ILS* 2927. Côme.

C. Plinius L. f. Ouf(entina tribu) Caecilius [Secundus
co(n)s(ul)], augur, legat(us) pro pr(aetore) prouinciae Pon[ti
et Bithyniae] consulari potesta[t(e)] in eam prouinciam e[x
s(enatus) c(onsulto) missus ab] Imp(eratore) Caesar(e) Nerua
Traiano Aug(usto) German[ico Dacico p(atre) p(atriae)],
curator aluei Ti[b]eris et riparum e[t cloacar(um) urb(is)],
praef(ectus) aerari Satu[r]ni, praef(ectus) aerari mil[it(aris)],
pr(aetor), trib(unus) pl(ebis), quaestor Imp(eratoris), seuir equitum
[Romanorum], trib(unus) milit(um) leg(ionis) [III] Gallica[e,
Xuir stli]tib(us) iudicand(is), ther[mas ex HS - - - -] adiectis in
ornatum HS $\overline{CCC}$ [- - - - et eo amp]lius in tutela[m] HS $\overline{CC}$,
t(estamento) f(ieri) i(ussit), [item in alimenta] libertor(um)
suorum homin(um) C. HS |$\overline{XVIII}$| $\overline{LXVI}$ DCLXVI[22] rei
[p(ublicae) legauit, quorum in]crement(a) postea ad epulum
[pl]eb(is) urban(ae) uoluit pertin[ere - - - - item uiuu]s dedit
in aliment(a) pueror(um) et puellar(um) pleb(is) urban(ae) HS
[$\overline{D}$, item bybliothecam et] in tutelam bybliothecae HS $\overline{C}$.

2) *CIL* V, 5263. Côme.

C. Plinio L. f. Ouf(entina tribu) Caecilio Secundo,
co(n)s(uli), aug(uri), cur(atori) aluei Tiber(is) et rip[ar(um)
et cloac]a[r(um)] urb(is)[- - -

---

21. Les abréviations sont entre parenthèses ; les crochets droits entourent les lettres qui ne sont plus lisibles par suite de l'usure ou d'une cassure de la pierre. Nous avons choisi de développer toutes les abréviations
qui pourraient poser quelque problème aux lecteurs. Les signes de ponc-
tuation sont destinés uniquement à l'intelligence du texte et ne reflètent pas
l'aspect de la pierre.

22. Soit 1.866.666 sesterces.

3) *CIL* V, 5264. Côme.

[C. Pl]inio [L. f. Ouf(entina tribu)] Caeci[lio Secu]ndo
[- - -

4) *CIL* V, 5667. Provenant de Fecchio (commune de
Cantù, prov. de Côme).

C. Plini[o L. f.] Ouf(entina tribu) Caec[ilio] Secundo,
[c]o(n)s(uli), augur(i), cur(atori) alu(ei) Tib(eris) [et ri]p(arum) et
cloac(arum) urb(is), p[raef(ecto) a]er(rari) Sat(urni), praef(ecto)
aer(ari) mil[it(aris)- - -], q(uaestori) Imp(eratoris), seuir(o)
eq(uitum) R(omanorum), tr(ibuno) m[i]l(itum) leg(ionis) III
Gall(icae), Xuiro stl(itibus) iud(icandis), fl(amini) diui T.
Aug(usti), Vercellens[es].

5) *CIL* XI, 5272. Provenant d'Hispellum[23].

- - - quaestor imperatori]s, trib(unus) plebis, pr(aetor),
- - - cur(ator) aluei] Tiberis, ex s(enatus) c(onsulto)
pro(praetore)
- - - in prou(incia) Ponto] et Bithynia et legatus
testame]nto [fieri] iussit.

6) *AÉ* 1972, 212. Côme; trouvée en mai 1971.

C. Plinio L. f.[24] Ouf(entina tribu) Caecilio Secundo,
co(n)s(uli), M. Cassius Comic(us).

7) *CIL* XI, 6689, 43 et 171 = 8113, 16. Tuiles trouvées à
Tifernum Tiberinum.

C. P(linii) C(aecilii) S(ecundi).

(Développement erroné en *CIL* XI, 6689, corrigé *ibid.*,
8113).

Et voir ci-dessous B.

---

23. Nous présentons une transcription simplifiée, qui ne cherche pas à
rendre compte des dégradations successives de la pierre.
24. L'*Année Épigraphique* donne *filio* en toutes lettres.

B. - La famille de Pline.

8) E. Pais, *CIL* V, *Supplementa Italica* 1, n° 745 = *AÉ* 1983, 443.

[Caeci]liae f(iliae) suae nomin[e] L. Ca[eciliu]s C. f. Ouf(entina tribu) Secundus, praef(ectus) fabr(um)] a co(n)s(ule), IIIIuir i(ure) d(icundo), pontif(ex), tem[plum] Aeternitati Romae et Augu[stor(um) c]um porticibus et ornamentis incohauit, [- Caeci]lius Secundus f(ilius) dedic(auit).

9) E. Pais, *ibid.*, n° 746 = *AÉ*, *ibid.*

[- - - templum Aeternitati Romae et Au]gustor[um cum porticib(us) et orname]nt(is) incoh[auit, -] Caecilius Secundus f(ilius) dedic[auit].

C. - D'autres Caecilii.

10) *CIL* V, 5279 = *ILS* 6728. Côme.

L. Caecilius L. f. Cilo, IIIIuir a(edilicia) p(otestate), qui testamento suo HS n. $\overline{XXXX}$ municipibus Comensibus legauit, ex quorum reditu quot annis per Neptunalia oleum in campo et in thermis et balineis omnibus quae sunt Comi populo praeberetur, t(estamento) f(ieri) i(ussit), et L. Caecilio L. f. Valenti et P. Caecilio L. f. Secundo et Lutullae Picti f. contubernali.

Aetas properauit, faciendum fuit. Noli plangere, mater. Mater rogat quam primum ducatis se ad uos.

II. Le Statut et la chronologie des *Lettres*

Avant d'aborder l'épineux problème de la chronologie des *Lettres* de Pline il nous faut répondre à une question préliminaire qui concerne le statut de ces textes : sont-ils constitués de lettres véritables, envoyées à leur destinataire sous la forme sous laquelle nous les lisons, ou éventuellement sous une forme un peu moins élaborée, ou ne sont-ils que des lettres fictives, morceaux de prose d'art appartenant au genre épistolaire et adressés à des dédicataires[25] ? Aux époques humanistique et classique la question ne semble pas s'être posée, tant était grande la confiance dont jouissait le patrimoine littéraire antique. Ce n'est qu'à partir du tout début du XXe siècle que divers savants ont mis en évidence ce qui leur paraissait être le caractère conventionnel de la forme épistolaire choisie par Pline. À leurs yeux, chaque lettre apparaissait comme un pur exercice de style où l'auteur ne traitait qu'un sujet unique, souvent selon un modèle poétique. Le rapport entre le contenu des lettres et les personnes à qui elles sont adressées ne leur était pas toujours perceptible ; il pouvait, dans certains cas, paraître tout à fait artificiel.

Cette attitude de méfiance et d'hypercriticisme ne semble plus de mise aujourd'hui. « Les chercheurs actuels sont plus enclins à croire le témoignage de Pline et à penser que ses lettres, si littéraires qu'elles soient, ont été réellement envoyées à leurs destinataires »[26]. En réponse aux objections soulevées, ils font valoir que les correspondants de Pline ne sont pas nécessairement les grands de ce monde : il y figure des chevaliers et des Italiens du Nord, proches de ses origines

---

25. Pour une présentation des différentes positions, cf. É. Aubrion, « La 'Correspondance' de Pline le Jeune. Problèmes et orientations actuelles de la recherche », p. 315-323 ; P. Cugusi, *Evoluzione e forme dell'epistolografia latina*, p. 208-218 ; N. Méthy, *Les lettres de Pline le Jeune*, p. 11-16 ; tous cités ci-dessous, p. XXXVII-XXXVIII.
26. É. Aubrion, *ibid.*, p. 315.

et de sa sensibilité[27]. Le rapport de chacun d'eux avec la ou les lettres qui lui ont été adressées peut nous échapper sans cesser d'être réel[28]. Beaucoup de données, dans les *Lettres*, font référence aux réalités de la vie quotidienne ; que Pline les ait inventées n'est sans doute pas impossible, mais aurait été assez inutile, voire contre-productif, dans un morceau de prose d'art. À l'inverse, les études stylistiques, entreprises parfois pour démontrer le caractère artificiel des lettres, confirment simplement qu'elles sont écrites avec soin.

Dans la lettre-préface à Septicius (I, 1), Pline rappelle à son ami que celui-ci l'a exhorté à réunir les lettres qu'il aurait écrites avec un soin particulier et à les publier, *ut epistulas, si quas paulo curatius scripsissem, colligerem publicaremque.* Ce faisant, Pline laisse entendre qu'il a gardé un double de sa correspondance, que celle-ci était composée de lettres d'un niveau de rédaction variable, qu'il a choisi les mieux écrites, les a réunies en un recueil et publiées. Toutefois, la lettre à Septicius peut ne concerner que le livre I ; comme on sait, une dizaine d'années s'est écoulée entre la publication des livres I et IX, et la pratique de l'auteur a pu évoluer. Rien n'interdit de penser que Pline, pris au jeu, ait choisi de rédiger quelques lettres en forme de morceaux de prose d'art, pour les adresser à un petit nombre d'amis ou à un seul, en vue d'une lecture devant un cercle restreint d'auditeurs. Ce que l'on sait des usages littéraires de l'époque va tout à fait dans ce sens. Outre qu'il consolidait ainsi sa renommée, Pline pouvait y gagner l'envoi de quelques-unes de ces corrections stylistiques dont il était toujours demandeur[29].

27. K. Zelzer, « Zur Frage des Charakters der Briefsammlung des jüngeren Plinius », *WS* 77, 1964, p. 144-161.

28. M. Dragicevič, *Essai sur le caractère des Lettres de Pline le Jeune*, Mostar, 1936.

29. A.-M. Guillemin, *Pline et la vie littéraire de son temps* (cité ci-dessous, p. XXXVIII) p. 49, pense que les lettres de Pline n'ont jamais fait l'objet de corrections de ce genre. Nous ne voyons pas ce qui peut fonder cette opinion. Que la pratique des corrections appliquées aux lettres ne soit pas mentionnée dans ces lettres mêmes paraît aller de soi.

Sans doute faut-il faire preuve, dans cette question comme en d'autres, de prudence et d'une certaine souplesse. Un grand nombre, sinon la plupart des lettres de Pline portent la marque de missives véritables, écrites d'abord pour assurer la liaison avec un correspondant ; la publication n'est venue que par la suite et en quelque sorte de surcroît. D'autres, en particulier les plus longues, qui font parfois l'effet de morceaux de bravoure – on pense aux lettres II, 17 et V, 6 sur les villas des Laurentes et de Toscane – pourraient n'avoir qu'un rapport assez faible avec l'envoi d'une vraie lettre. Globalement cependant, à prendre dans leur ensemble les neuf livres des *Lettres*, c'est en faveur de l'authenticité, mais d'une authenticité maîtrisée, corrigée, idéalisée presque, que penchera notre jugement.

Se pose alors une deuxième question, particulièrement complexe, qui est celle de la chronologie. Les travaux sur la chronologie des *Lettres* de Pline ont commencé avec Th. Mommsen, qui consacra à ce problème le mémoire fondateur que l'on sait[30]. Selon Mommsen, les neuf livres ont été publiés un à un, dans l'ordre de leur présentation définitive ; aucun livre ne contient de lettre qui sorte de son cadre chronologique ; à l'intérieur de chaque livre, les lettres sont classées dans un ordre également chronologique et chaque lettre est datée par son appartenance au livre où elle se trouve insérée. La rigidité de la théorie de Mommsen déclencha rapidement une polémique qui s'attaqua d'abord au principe de la publication des *Lettres* par livres successifs. Plusieurs savants cherchèrent à accréditer l'idée que les *Lettres* avaient été livrées au public par groupes de livres ; c'est ce que firent I. Asbach en 1881 ou M. Schultz en 1899[31]. Dans son mémoire classique sur

30. Th. Mommsen, « Zur Lebensgeschichte des jüngeren Plinius » (cité note 1).

31. I. Asbach, « Zur Chronologie der Briefe des jüngeren Plinius », *RhM* 36, 1881, p. 38-49 ; M. Schultz, *De Plinii epistulis quaestiones chronologicae*, Diss. Inaug. Berlin, 1899.

la lettre à Rome, H. Peter[32] poussa l'esprit de système aussi loin que Mommsen, mais dans le sens opposé : il postula une publication en trois triades, la première en 104, la deuxième à la fin de 108, la dernière après 108. Depuis lors la plupart des critiques, J. Zaranka, R. Syme, A. N. Sherwin-White, G. Merwald[33] et d'autres, admettent que les livres, ou certains livres, ont été publiés par groupes de deux ou de trois, sans parvenir à un accord sur le détail de leur répartition.

Les travaux de Mommsen et de ses successeurs invitent également à se demander si, à l'intérieur de chaque livre, les lettres sont classées dans un ordre chronologique, ou si l'ordre adopté se fonde sur d'autres exigences. La réponse à cette question suppose d'abord que l'on prenne en compte tous les événements historiquement datables qui sont mentionnés dans la correspondance. Les progrès de l'épigraphie et de la prosopographie au XXe siècle ont permis de préciser ou de rectifier bien des données que l'on croyait acquises ; le commentaire de Sherwin-White ne marque qu'une étape, importante mais nécessairement transitoire, dans cette recherche. Par ailleurs, les sentiments et les réactions de Pline à propos d'un événement donné ont pu varier d'une lettre à une autre, ce qui permet d'évaluer, au moins de façon approximative, la distance qui sépare ces lettres de l'événement en question. Toutes ces pistes ont été explorées ; du grand nombre des études qui leur furent consacrées on ne retiendra que la réfutation magistrale de la théorie mommsénienne par W. Otto, dès 1919[34]. La cause paraît entendue : non seulement l'ordre chronologique n'est que très approximativement respecté à l'intérieur de chaque livre, mais on rencontre des lettres, assez peu nombreuses il est vrai, qui ne sont pas

32. H. Peter, *Der Brief in der römischen Literatur* (cité ci-dessous, p. XXXVII), p. 101-124.

33. J. Zaranka, *De Plinii epistularum novem libris quaestiones chronologicae*, Diss. Louvain, 1949, résumé dans *Lustrum* 6, 1961, p. 285 sqq. ; R. Syme, *Tacitus*, II, Oxford, 1958, p. 660 sqq. ; A. N. Sherwin-White, *The Letters of Pliny* (cité note 12), p. 27-41 ; G. Merwald, *Die Buchkomposition des jüngeren Plinius*, Diss. Erlangen-Nuremberg, 1964.

34. W. Otto, *Zur Lebensgeschichte des jüngeren Plinius* (cité note 2).

classées dans le livre où elles devraient figurer d'après leur
contenu.

C'est dire que la composition des livres des *Lettres* obéit
essentiellement à des critères littéraires ou, si l'on préfère,
esthétiques. Leur recherche a donné lieu à des tentatives
diverses, souvent couronnées de succès. Ainsi, Sherwin-
White[35] a entrepris de classer les lettres de Pline par catégories,
en fonction des sujets traités, et d'examiner leur répartition
dans les neuf livres des *Lettres*. Les catégories retenues sont les
suivantes : I. Vie publique : a) politique, b) histoire, c) anecdotes,
d) tribunal des centumvirs ; II. a) Personnages, b) notices
nécrologiques ; III. Patronage ; IV. Lettres d'exhortation ; V. Vie
domestique : a) affaires, b) lettres intimes ; VI. Vie littéraire ;
VII. Descriptions ; VIII. Billets de courtoisie. Pointant du
doigt les moindres différences de composition d'un livre à
l'autre, Sherwin-White cherche à en tirer des enseignements
objectifs sur les circonstances et le rythme de leur publication.
Ses analyses, fondées sur des chiffres trop faibles pour être
statistiquement fiables, n'emportent pas toujours la conviction.
Le fait le plus marquant, à notre sens, concerne le livre IX,
où l'on trouve quinze, voire seize billets de courtoisie, alors
que les livres I à VIII n'en contiennent qu'un à trois chacun.
De même, le livre VII contient huit ou neuf lettres intimes,
quand les autres livres n'en ont que deux à quatre. Ces chiffres
suggèrent que Pline était pressé de publier les livres VII et
IX, isolément ou avec le livre VIII, avant son départ pour la
Bithynie. On ne peut guère en dire plus.

Ce qui frappe aussi dans la composition des livres des
Lettres, c'est la recherche de la *uariatio*. À l'intérieur de
chaque livre, Pline paraît avoir soigneusement calculé la
répartition des masses : lettres longues, voire très longues,
et courts billets – et des tonalités : sujets sérieux ou même
graves, et matières plaisantes ou amusantes. Mais ce désir de
variété ne saurait tout expliquer. Des intentions plus savantes

35. A. N. Sherwin-White, *The Letters of Pliny* (cité note 12),
p. 42-50.

étaient peut-être à l'œuvre. Dans une étude parue deux ans avant le commentaire de Sherwin-White, G. Merwald[36] étudiait la structure interne des livres des *Lettres* et y décelait une composition de type axial : autour d'une lettre-pivot viennent s'ordonner de façon symétrique des lettres qui se correspondent par leur sujet, leur longueur ou leur tonalité. Merwald en tirait des conclusions sur le rythme de publication des livres de la correspondance. Les analyses proposées gagnaient en crédibilité par le fait que la composition axiale peut également être décelée à l'intérieur de certaines lettres[37]. De toute évidence, des méthodes de composition héritées de la poésie hellénistique viennent interférer avec les données de la chronologie pour constituer des ensembles où la liberté créatrice de l'auteur s'accommode des exigences inhérentes à toute correspondance et les transcende.

Dans la lettre-préface à Septicius, Pline affirmait qu'aucun principe de classement n'avait été mis en œuvre pour l'agencement des lettres, au moins dans le livre I, et que le hasard seul avait déterminé leur ordre de succession : *collegi non seruato temporis ordine, neque autem historiam componebam, sed ut quaeque in manus uenerat.* Une telle affirmation demande à être interprétée à la lumière des usages littéraires de l'Antiquité. L'auteur d'une préface ou d'une dédicace se doit de faire ostensiblement acte de modestie ; à l'époque même de Pline, la dédicace à Domitien du livre VIII de Martial en est un bon exemple. Lorsque Pline attribue l'agencement de son recueil à l'action du hasard plutôt qu'à un classement délibéré, il sacrifie à son tour aux nécessités inhérentes à toute préface. Dans une lettre des *Pontiques* (III, 9, 51-54), Ovide se livrait déjà à une pseudo-confidence analogue[38] :

---

36. Cf. ci-dessus, note 33.

37. Par ex. la lettre VI, 20. Nous avons brièvement repris cette question dans *VL* 168, 2003, p. 47-56.

38. Je remercie vivement N. Méthy de m'avoir signalé cette référence.

Nec liber ut fieret, sed uti sua cuique daretur
littera, propositum curaque nostra fuit.
Postmodo conlectas utcumque sine ordine iunxi :
hoc opus electum ne mihi forte putes.

En réalité nous sommes invités à comprendre que l'arrangement des lettres de Pline, sans être totalement déconnecté de la chronologie, obéit surtout à des principes qui ressortissent à l'art d'écrire.

Il reste que la rédaction des IX livres des *Lettres* a occupé une bonne dizaine d'années dans la vie de leur auteur. Une maturation aussi longue ne peut pas ne pas avoir laissé de traces dans l'œuvre. On n'oubliera donc jamais qu'il doit subsister une distance entre la date des événements rapportés (s'ils sont historiquement attestés), la date de rédaction de chaque lettre et la date de publication du livre auquel elle se rattache. Pour les lettres prises individuellement, nous suivrons presque toujours, dans les notes qui accompagnent cette édition, la chronologie proposée par Sherwin-White ; quant aux dates de publication des livres des *Lettres*, elles diffèrent assez peu de Mommsen à Syme et de celui-ci à Sherwin-White, comme le montre le tableau ci-dessous, dans une présentation que nous empruntons à P. Cugusi[39] :

Livres	Mommsen	Syme	Sherwin-White
I	fin 96-97	97 (qqes lettres 98)	96-98
II	97-100	97-100/101	97-100
III	101-102	101 (102)	101-103 (ou 104)
IV	104-105	103-105	104-105
V	(105)-106	105-106	105-106
VI	106-107	106	106-107
VII	107	107	fin 107

39. P. Cugusi (cité ci-dessus, note 25), p. 209.

VIII ⎫
      ⎬ pas avant   108 avec des
      ⎪ 108 ou 109   exceptions
IX   ⎭

107-108 avec des
exceptions
106-108 avec des
exceptions

III. Le texte

La transmission de l'œuvre de Pline le Jeune repose sur trois traditions manuscrites distinctes, selon que l'on envisage les neuf livres des *Lettres*, la correspondance avec Trajan (présentée comme le livre X des *Lettres*) et le *Panégyrique*. Nous ne décrirons ici que la première de ces traditions.

Les *Lettres* de Pline (livres I-IX) nous sont connues grâce à de nombreux manuscrits, dont beaucoup sont décrits dans les éditions de Keil 1870, A.-M. Guillemin 1927-1928, Schuster[3] 1958 et Mynors 1963, pour ne citer que les principales. Une liste presque exhaustive en a aussi été donnée par D. Johnson dans *Class. Philol.* 7, 1912, p. 66-75. Ces manuscrits se divisent pour l'essentiel en trois familles, dont nous nous bornerons à décrire les représentants les plus importants, ceux-là mêmes qui nous ont servi dans l'établissement du texte.

I. La première famille, appelée **Famille des neuf livres**, contenait initialement l'ensemble des livres I-IX des *Lettres*. Son représentant principal est le codex Mediceus, *M*, aujourd'hui à la Bibliothèque Laurentienne de Florence (Florentinus-Laurentianus, plut. XLVII, n° 36). Volé à l'abbaye de Corvey, le manuscrit arriva en Italie en 1508 et se trouva un temps en la possession du pape Léon X (1513-1521). La première édition à en faire usage est celle de Catanée en 1518. *M* était relié autrefois avec un manuscrit des *Annales* de Tacite, coté maintenant Laur. LXVIII, n° 1. Écrit en une belle minuscule carolingienne au IXe (selon Mynors) ou plutôt au Xe siècle, il devait contenir les *Lettres* I-IX en entier, mais son scribe s'est arrêté en IX, 26, 9, découragé par les longues citations grecques que comporte le texte à cet endroit. Le reste présente aussi quelques lacunes, principalement : I, 16, 1 - I, 20, 7 ; III, 1, 12 - III, 3, 6 ; III, 8, 4 - III, 9, 28.

Le second membre important de cette famille est le codex Vaticanus Lat. 3864, *V*, également en minuscule carolingienne, de la fin du IXe ou du début du Xe siècle – mais Mynors le fait remonter au milieu du IXe siècle. Il provient de l'abbaye de Corbie et fut intégré à la bibliothèque pontificale quelque temps avant l'apparition de *M*. Manuscrit composite, il contient également le *De Bello Gallico* de César et des extraits des *Histoires* de Salluste, dont il est la seule source. Pour les *Lettres* de Pline, son apport se limite aux livres I-IV, où il présente les mêmes lacunes que *M*.

M et *V* sont l'un et l'autre des copies directes d'un unique manuscrit **α**. De ce fait, les éditions critiques les plus autorisées, celles de Schuster ou de Mynors par exemple, désignent par α le consensus de *M* et de *V*. Nous n'avons pas suivi cet usage, pour éviter de multiplier les sigles et pour marquer plus clairement les divergences entre *M* et *V*, lorsqu'il y en a.

Nous devons ajouter ici un élément supplémentaire, mais un peu à part, de la famille des neuf livres. Il s'agit d'un manuscrit désigné par le sigle **θ**, découvert vers le milieu du XVe siècle en Italie, à une époque, donc, où le Mediceus *M* n'était pas encore connu. Il n'a pas donné lieu à une description complète, et il est aujourd'hui perdu. À en juger par ses apographes, θ contenait les neuf livres, mais la perte de quelques feuillets avait provoqué une lacune de VIII, 8, 3 *quas obuias*, à VIII, 18, 11 *hortos*. On en a fait de nombreuses copies dont les meilleures sont : le codex Vaticanus Vat. Lat. 11460, *q* , le seul de ce groupe à placer le texte (fragmentaire) du livre VIII à sa place naturelle, après le livre VII ; le codex Taurinensis D. II. 24, *t* , que suit le plus souvent l'édition Romaine de 1473 ; et le codex Parisinus Lat. 8620, *f* , généralement pris pour guide par l'édition Napolitaine de 1476 ; mais ce manuscrit n'a pas le livre VIII et l'édition Napolitaine en emprunte le texte à l'édition Romaine. Parmi d'autres copies, de moindre valeur,

on peut citer le codex Vaticanus Chisianus H. v. 154, *c*; il
y manquait aussi le livre VIII, dont un réviseur a ajouté les
parties alors connues en les empruntant à une autre source,
d'ailleurs excellente. Dans ces manuscrits, l'absence du livre
VIII semble dénoter une contamination avec la famille des
huit livres, dont nous traiterons ci-dessous.

Il reste que θ ou ses représentants *c* , *f* , *q* , *t* , n'ont
lieu de figurer dans l'apparat qu'à partir de la lettre V, 7, où
la défaillance de *B* et de *F* (dont nous parlerons ci-après),
aggravée par le silence de *V* après la fin du livre IV, oblige
à recourir à leur témoignage pour conforter celui de *I* , *i* , et
surtout celui de *M*.

II. Le deuxième groupe de manuscrits est appelé **Famille
des cent lettres**. Il est représenté principalement par deux
manuscrits, *B* et *F*, qui contiennent les lettres I, 1 à V, 6, à
l'exception de IV, 26, ce qui fait un total, peut-être intentionnel,
de cent *epistulae*. Mais, comme le confirme entre autres le
titre de *B*, ces deux manuscrits dérivent d'un archétype qui
contenait les X livres des *Lettres*; on emploie donc aussi
l'expression, parfois, de « Famille des dix livres ».

Le manuscrit *B* est conservé à la Bibliothèque
Laurentienne de Florence, où il porte la cote Ashburnham
R 98. Il appartenait jadis, comme l'atteste une note dans
la marge inférieure de son premier folio, à la bibliothèque
capitulaire de St Pierre de Beauvais, *Sci Petri Beluacensis*,
d'où son sigle *B*; il a été au XIXe siècle la propriété du comte
Ashburnham. Écrit vers la fin du Xe siècle (vers la fin du IXe
selon Mynors) en minuscule carolingienne sur du parchemin
de grand format, il contenait aussi l'*Histoire Naturelle* de
Pline l'Ancien, mais cette partie est passée à la Bibliothèque
Riccardienne de Florence où elle est cotée sous le n° 488. Il
ne reste des *Lettres* de Pline le Jeune que 18 folios contenant
I, 1 à IV, 25 et IV, 27 à V, 6, 32 *pererrat*, ainsi que les index
des livres I à V. Des lacunes de moindre longueur affectent
II, 4, 2 *exstiterim* à II, 12, 3 *monstrandumque*, et III, 5, 20
quae te à III, 11, 9 *pluris*.

Le manuscrit *F*, coté S. Marci 284, appartenait jadis à la bibliothèque du monastère de St Marc à Florence et se trouve aujourd'hui à la Laurentienne. Écrit lui aussi en minuscule carolingienne, il date sans doute de la fin du XIe siècle. Il est relié avec les *Opuscules philosophiques* d'Apulée. Le manuscrit *F* est signalé en 1338 à Arezzo en provenance d'Avignon, puis à Florence, dans la bibliothèque de Coluccio Salutati (mort en 1406) ; il donna lieu à de nombreuses copies sans intérêt pour l'établissement du texte. Comme *B*, il contient I, 1 à IV, 25 et IV, 27 à V, 6, mais cette dernière lettre, à la différence de *B*, est ici au complet. Il n'y a pas d'index. *F* ne souffre pas non plus des deux lacunes de *B*, à savoir II, 4, 2 à II, 12, 3 et III, 5, 20 à III, 11, 9. Il convient de préciser enfin qu'une seconde main a ajouté, au XVe siècle, les lettres V, 7 et V, 8 jusqu'à V, 8, 4 *curiosi* ; le texte de cet ajout est emprunté à un manuscrit de la famille des huit livres (cf. ci-dessous).

Comme *M* et *V* par rapport à α, *B* et *F* sont des copies directes d'un manuscrit perdu *β*, écrit au plus tard au IXe siècle. Et comme pour α, nous avons omis le sigle *β* dans notre apparat critique, de façon à mieux marquer les convergences et les différences entre *B* et *F*.

À son tour le manuscrit perdu *β* dérivait, sans intermédiaire peut-être, d'un archétype *Π*, qui est le représentant le plus ancien de la famille des dix livres (ou des cent lettres). Il se trouve à la Pierpont Morgan Library de New York sous la cote M 462. Dans son état actuel, *Π* se compose de six feuilles numérotées de 48 à 53 ; il est écrit en onciales et paraît dater du tout début du VIe siècle. Le texte va de II, 20, 13 *pro]cessit ut ipse* à III, 5, 4 *uiginti quibus* ; il s'y ajoute une table du livre III avec les destinataires et les *incipit*. Les six feuilles de *Π* provenaient de la succession du marquis Taccone et ont été achetés à Rome en 1910 pour entrer dans la bibliothèque de J. Pierpont Morgan (d'où le sigle *Π*). Connus et étudiés dès 1915, ils ont fait l'objet d'une édition photographique par les soins de E. A. Lowe et E. K. Rand, *A Sixth-century Fragment of the Letters of Pliny the Younger*, Washington, 1922.

Leur histoire ancienne est controversée. Il existait en effet, dans la bibliothèque de l'abbaye de Saint-Victor à Paris, un manuscrit des *Lettres* de Pline le Jeune en dix livres, décrit avec quelque détail au début du XVIᵉ siècle par Claude de Grandrue, bibliothécaire de l'abbaye (Cod. Paris. lat. 14767, fᵒ 245ᵛ). C'est le codex Parisinus, *P*. D'après la description de Grandrue, le manuscrit était *in antiquissima littera*, donc sans doute en écriture onciale ; le livre I commençait au folio 1 et le livre VI au folio 131. L'ensemble comportait 280 folios. Dans son édition de 1508, Alde Manuce disait grand bien de ce Parisinus, dont il s'était abondamment servi. G. Budé en fit faire une copie partielle pour compléter son exemplaire des *Lettres* de Pline, et en tira lui-même un certain nombre de variantes.

Du volume de G. Budé, la partie imprimée comprend l'édition de Beroald, 1498, pour les livres I-IX, et l'édition d'Avantius, 1502, pour les lettres de la correspondance avec Trajan, X, 41-121. La partie manuscrite comprend le texte de VIII, 8, 3 à VIII, 18, 11 (qui manque dans toutes les éditions antérieures à celle d'Alde), et de X, 4-40. Ces compléments, comme l'atteste une subscription à la fin de X, 121, sont l'œuvre de l'humaniste Iohannes Iucundus, d'où le sigle *I* par lequel on les désigne.

Une autre main que celle de Iucundus a copié la lettre IX, 16 dans la marge de l'édition de Beroald (où elle manque), et a ajouté un peu partout des variantes au texte de Pline. Tout indique que ces adjonctions sont dues à G. Budé lui-même ; on les désigne par le sigle *i*. On distingue parfois entre *i*, variantes interlinéaires, et *i²*, variantes signalées en marge. L'exemplaire de G. Budé se trouve maintenant à la Bodleian Library d'Oxford ; c'est le codex Bodleianus ; il est conservé parmi les imprimés sous la cote A. L. 4. 3.

On pourrait considérer que *I* est un bon apographe de *P*, n'était la tendance bien connue des humanistes à « améliorer » leurs modèles. La situation est moins favorable encore pour *i* ou *i²*, car ces variantes ont pu être empruntées par G. Budé à des éditions imprimées aussi bien qu'à *P*. Au total, ces éléments de la famille *β* n'ont de réel intérêt pour nous qu'au livre VIII. Il ne reste donc plus que les six feuilles de *Π*, que nous considérons, avec l'immense majorité des éditeurs et des lecteurs de Pline, et malgré l'opinion négative de Schuster, comme un authentique fragment du manuscrit *P*. La haute antiquité de l'un et l'autre manuscrit, ainsi que la numérotation des folios de *Π*, qui est tout à fait compatible avec la pagination de *P* telle que la décrit Claude de Grandrue (qui en est sans doute l'auteur), tendent à accréditer cette hypothèse.

Ajoutons qu'à la différence de la pratique adoptée par les éditeurs qui nous ont précédé, nous continuons à mentionner dans l'apparat les sigles *B* et *F* à côté de *Π*; les discordances entre ces trois manuscrits sont ainsi mieux mises en lumière.

III. **La Famille dite des huit livres** contient le texte des livres I-VII et IX. Comme les manuscrits des deux précédentes familles, elle dérive d'un ancêtre commun aujourd'hui perdu. Cet ancêtre, **γ**, se trouvait dans la bibliothèque de la cathédrale de Vérone, où il fut signalé au Xe siècle par Rathier, évêque de cette ville. Au début du XIVe siècle il était connu de plusieurs humanistes, dont Iohannes de Matociis, auteur d'une *Breuis adnotatio de duobus Pliniis*, qui avait pour but de distinguer l'auteur de l'*Histoire Naturelle* de son neveu; vers 1419 le manuscrit *γ* est mentionné une dernière fois par Guarinus de Vérone, puis il disparaît.

À en juger par ses descendants, *γ* contenait le texte des livres I-VII et IX numéroté VIII; les lettres des livres V et IX étaient présentées dans un ordre différent de celui qu'on trouve chez les représentants des autres familles. Par ailleurs les lettres I, 8, 12, 23, 24 ainsi que IX, 16 étaient manquantes. À la différence de la famille des cent lettres, *γ* avait le texte de IV, 26.

Nous pouvons reconstituer le codex Veronensis grâce à ses descendants, tous du XVe siècle. Le plus fidèle d'entre eux semble être le codex Dresdensis D 166, *D*, de la Sächsiche Landesbibliothek de Dresde. Les quatre lettres manquantes du livre I (8, 12, 23 et 24) ont été ajoutées à la fin du volume, mais elles sont copiées sur un exemplaire de la famille *β*.

Le codex Marcianus, *m*, est à Venise, dans la bibliothèque de St Marc, Lat. class. XI, 37. Il offre notamment les index des livres I et II, peut-être transcrits de γ ; comme dans *D*, il y manque les lettres I, 8, 12, 23 et 24.

D'autres manuscrits, qui appartiennent à la famille des huit livres, se distinguent de *D* et de *m* notamment par le fait qu'ils offrent le texte des lettres I, 8, 12, 23 et 24. Ce sont : le codex Ottobonianus (au Vatican) Lat. 1965, *o* ; le codex Urbinas (au Vatican aussi) Lat. 1153, *u* ; et le codex Vindobonensis (à Vienne, Autriche) 48, *x*. Ces manuscrits présentent des interpolations en provenance de la famille β.

Selon les éditeurs, le sigle γ représente soit le codex Veronensis perdu (Mynors), soit le consensus de *D* et de *m* (Schuster), et l'on peut estimer que c'est tout un. En revanche les manuscrits *o u x* sont désignés dans l'édition de Schuster par le sigle δ. On les appelle parfois les *Itali*. À quelques exceptions près, nous nous bornons dans notre apparat au sigle γ, largement suffisant pour l'établissement du texte.

IV. BIBLIOGRAPHIE SÉLECTIVE

I. Éditions et commentaires

a) Éditions

H. Keil, Leipzig, 1870 (texte).

M. Schuster, 3ᵉ éd. par R. Hanslik, Leipzig, 1958 et réimpr. (texte).

A.-M. Guillemin, 3 vol., nouv. éd., Paris, 1959-1962 (texte et trad. fr.).

R. A. B. Mynors, Oxford, 1963 (texte).

B. Radice, 2 vol., Cambridge (Mass.) et Londres, 1969 (texte et trad. angl.)

F. Trisoglio, Turin, 1973 (texte, trad. ital. et comm.).

H. Kasten, 2ᵉ éd., Munich, 1974 et réimpr. Berlin, 1982 (texte et trad. allde).

P. G. Walsh, Oxford, 2006 (texte et trad. angl.).

Nous avons tiré profit également des traductions de C. Sicard, 2 vol., Paris, 1931 (texte et trad. fr.) et de A. Flobert, Paris, 2002 (trad. fr. seule).

b) Commentaire

A. N. Sherwin-White, *The Letters of Pliny. A Historical and Social Commentary*, Oxford, 1966.

II. Index

A. R. Birley, *Onomasticon to the Younger Pliny*. Letters *and* Panegyric, Munich, Leizig, 2000.

F. Heberlein, W. Slaby, *Concordantiae in C. Plinii Caecilii Secundi opera*. I. *Epistulae*, 4 vol., Hildesheim, 1991.

X. Jacques, J. van Ooteghem, *Index de Pline le Jeune*, Bruxelles, 1965.

III. Études

Nous ne mentionnons ici que des études d'ensemble, de préférence récentes; la liste ne prétend pas à l'exhaustivité. De nombreux travaux portant sur des questions ponctuelles sont signalés dans le corps du commentaire. Une bibliographie considérable (plus de 500 titres) est donnée dans l'ouvrage de N. Méthy cité ci-dessous c), aux p. 453-481.

a) Le milieu historique, social, culturel.

A. K. Bowman, P. Garnsey, D. Rathbone (éd.), *The Cambridge Ancient History*, second ed., XI., *The High Empire, A.D. 70-192*, Cambridge, 2000.

A. Chastagnol, *Le Sénat romain à l'époque impériale*, Paris, 1992.

G. E. F. Chilver, *Cisalpine Gaul. Social and Economic History from 49 B.C. to the Death of Trajan*, Oxford, 1941.

E. Cizek, *L'époque de Trajan. Circonstances politiques et problèmes idéologiques*, Paris, Bucarest, 1983.

E. Cizek, « La littérature et les cercles culturels et politiques à l'époque de Trajan », dans *ANRW* II, 33, 1, 1987, p. 3-35.

S. Fein, *Die Beziehungen der Kaiser Trajan und Hadrian zu den litterati*, Stuttgart, Leipzig, 1995.

L. Friedlaender, *Darstellungen aus der Sittengeschichte Roms in der Zeit von Augustus bis zum Ausgang der Antonine*, Leipzig, 1921-1924, réimpr. Aalen 1964.

A.-M. Guillemin, « Le public et la vie littéraire à Rome, II. D'Auguste aux Antonins », *REL* 14, 1936, p. 65-89.

V. A. Sirago, *Involuzione politica e spirituale nell'impero del II secolo*, Naples, 1974.

R. J. A. Talbert, *The Senate of Imperial Rome*, Princeton, 1984.

b) L'épistolographie antique

P. Cugusi, *Evoluzione e forme dell'epistolografia latina nella tarda repubblica e nei primi due secoli dell'impero. Con cenni sull'epistolografia preciceroniana*, Rome, 1983.

H. Peter, *Der Brief in der römischen Literatur. Literaturgeschichtliche Untersuchungen und Zusammenfassungen*, dans *Abhandl. der philol.-hist. Klasse der K.-Sächsichen Ges. der Wiss.* 20, n° 3, p. 2-250, Leipzig, 1903, réimpr. Hildesheim, 1965.

Sykutris, « Epistolographie », dans *RE* Suppl. V, 1931, col. 185-220.

K. Thraede, *Grundzüge griechisch-römischer Brieftopik*, Munich, 1970.

A. Weische, « Plinius d. J. und Cicero. Untersuchungen zur römischen Epistolographie in Republik und Kaiserzeit », dans *ANRW* II, 33, 1, 1989, p. 375-386.

c) Les *Lettres* de Pline

J.-M. André, « Pensée et philosophie dans les *Lettres* de Pline le Jeune », *REL* 53, 1975, p. 225-247.

É. Aubrion, « La 'Correspondance' de Pline le Jeune. Problèmes et orientations actuelles de la recherche », dans *ANRW* II, 33, 1, 1989, p. 304-374 (essentiellement bibliographique).

É. Aubrion, « Pline le Jeune et la rhétorique de l'affirmation », *Latomus* 34, 1975, p. 90-130.

F. Beutel, *Vergangenheit als Politik. Neue Aspekte im Werk des jüngeren Plinius*, Francfort, 2000.

H.-P. Bütler, *Die geistige Welt des jüngeren Plinius. Studien zur Thematik seiner Briefe*, Heidelberg, 1970.

L. Castagna, E. Lefèvre (éd.), *Plinius der Jüngere und seine Zeit*, Munich, Leipzig, 2003.

P. V. Cova, *La critica letteraria di Plinio il Giovane*, Brescia, 1966.

F. Gamberini, *Stylistic Theory and Practice in the Younger Pliny*, Hildesheim, Zurich, New York, 1983.

A.-M. Guillemin, *Pline et la vie littéraire de son temps*, Paris, 1929.

J. Henderson, *Pliny's Statue. The* Letters, *Self-Portraiture and Classical Art*, Exeter, 2002.

M. Ludolph, *Epistolographie und Selbstdarstellung. Untersuchungen zu den 'Paradebriefen' Plinius des Jüngeren*, Tübingen, 1997.

N. Méthy, *Les lettres de Pline le Jeune. Une représentation de l'homme*, Paris, 2007.

J. Niemirska-Pliszczynska, *De elocutione pliniana in epistularum libris novem conspicua. Quaestiones selectae*, Lublin, 1955.

D. Pausch, *Biographie und Bildungskultur. Personendarstellungen bei Plinius dem Jüngeren, Gellius und Sueton*, Berlin, New York, 2004.

L. Rusca, *Plinio il Giovane attraverso le sue lettere*, Côme, 1967.

F. Trisoglio, « L'elemento meditativo nell'epistolario di Plinio il Giovane », dans *Fons perennis, Saggi critici di filologia classica raccolti in onore del Prof. Vittorio d'Agostino*, Turin, 1971, p. 413-444.

F. Trisoglio, *La personalità di Plinio il Giovane nei suoi rapporti con la politica, la società e la letteratura*, Turin, 1972.

É. Wolff, *Pline le Jeune ou le refus du pessimisme. Essai sur sa correspondance*, Rennes, 2003.

* * *

Dans la traduction des adresses aux destinataires et des passages dialogués des lettres nous avons renoncé au vouvoiement adopté par certains de nos prédécesseurs (A.-M. Guillemin, C. Sicard), pour revenir, avec A. Flobert, au tutoiement, dont l'usage était universel au temps de Pline.

Les mots et les citations en grec qui émaillent certaines lettres de Pline posent un problème particulier. Il paraît difficile, voire impossible, de sauvegarder l'effet de bilinguisme que leur présence provoque. Nous avons choisi de présenter la traduction de ces mots et citations grecs en lettres italiques ; on voudra bien noter que les italiques, dans notre traduction, sont exclusivement affectées à cet usage.

Notre commentaire, qui se limite à l'essentiel, a pour but de fournir les principaux éléments d'appréciation, historiques et littéraires, du texte plinien. Nous y avons joint quelques références bibliographiques concernant des études ponctuelles parues depuis une vingtaine d'années. Ni le commentaire ni les références bibliographiques ne visent à l'exhaustivité.

* * *

Au terme de ce travail nous avons plaisir à remercier chaleureusement les deux réviseurs de ce volume. Xavier Loriot a bien voulu le soumettre au regard critique de l'historien ; Nicole Méthy nous a fait profiter de sa connaissance incomparable du texte plinien. Ils nous ont permis d'éviter bien des erreurs et des maladresses ; nous portons l'entière responsabilité de celles qui subsistent.

Paris, juin 2008.

SIGLA

1) Codices manu scripti.

Familia nouem librorum.

M	Mediceus plut. XLVII, n° 36, saec. X.
V	Vaticanus Lat. 3864, saec. IX ex. uel X in.
	(Littera *α* archetypum uel consensum *MV* indicante
	non usi sumus.)
θ	Codex deperditus, medio saec. XV in Italia repertus,
	unde pendent :
q	Vaticanus Lat. 11460.
t	Taurinensis D. II. 24.
f	Parisinus Lat. 8620.
c	Vaticanus Chisianus H. v. 154.

Familia centum epistularum siue decem librorum.

B	Beluacensis siue Ashburnhamensis R 98, saec. X
	ex.
F	Florentinus S. Marci 284, saec. XI.
	(Littera *β* archetypum uel consensum *BF* indicante
	non usi sumus.)
Π	Codex Pierpont Morgan M 462, saec. VI in.
P	Codex Parisinus deperditus, a Claudio de Grandrue
	descriptus.
I	Epistulae aliquot manu scriptae a Ioh. Iucundo
	uolumini G. Budaei additae.
i i²	Variae lectiones a Budaeo ipso in Plinium suum
	insertae.

Familia octo librorum.

γ   Codex Veronensis post annum 1419 deperditus, medio saec. X notus, unde pendent:

D   Codex Dresdensis D 166, saec. XV.

m   Codex Venetus Marcianus Lat. class. XI, 37, saec. XV.

o   Codex Ottobonianus Vaticanus Lat. 1965, saec. XV.

u   Codex Vrbinas Vaticanus Lat. 1153, saec. XV.

x   Codex Vindobonensis 48, anno 1468 scriptus.

δ   Consensus codd. *o u x*.

          (Litteris *D m o u x* numquam, littera δ perraro usi sumus.)

2) Libri typis impressi.

Editiones antiquissimae, secundum Schusterum descriptae:

       Editio princeps Ludovici Carbonis, Venetiis 1471 (I-VII, IX).

       Editio Romana Ioannis Schureneri, c. 1474 (I-IX).

       Ep. l. IX recogn. Iunian. Maius, Neapoli 1476.

       Pomponii Laeti editio 1490.

       Philippi Beroaldi editiones 1498 et 1502.

       Hieronymi Avantii prima editio 1502.

       Ioannis Mariae Catanaei editiones, Mediolani 1506 et 1518.

       Aldi Manuti editio, Venetiis 1508 et 1518.

Editiones recentiores quibus usi sumus in indice librorum enumerantur.

LETTRES

LIVRES I-III

LIVRE PREMIER

1

Souvent tu m'as engagé à réunir les lettres que j'aurais écrites avec un peu plus de soin et à les publier. Je les ai réunies sans respecter la chronologie (car ce n'est pas une œuvre historique que je voulais composer), mais dans l'ordre où elles me sont tombées sous la main. 2 Il reste à souhaiter que nous n'ayons pas à regretter, toi de m'avoir donné ce conseil, et moi de l'avoir suivi. Car il en résultera que je vais rechercher les lettres auxquelles je n'ai pas encore prêté attention, et que j'éviterai de détruire celles que j'y aurai ajoutées. Au revoir.

2

PLINE À SON AMI ARRIANUS

Comme je prévois que ton arrivée va être retardée, je te fais parvenir le livre que je t'avais promis dans mes lettres précédentes. Je te prie de le lire et de le corriger selon ton habitude, d'autant plus que je crois n'avoir jamais rien écrit en me proposant un pareil *défi*. 2 J'ai essayé, en effet, d'imiter Démosthène, ton modèle depuis toujours, et Calvus, le mien depuis peu, mais seulement dans les effets de style ; car pour ce qui est la puissance de si grands orateurs, « rares sont les heureux élus » qui peuvent y atteindre. 3 Mon sujet même (je

LIBER PRIMVS

1
C. Plinivs Septicio svo s.

Frequenter hortatus es ut epistulas, si quas paulo curatius scripsissem, colligerem publicaremque. Collegi non seruato temporis ordine (neque enim historiam componebam), sed ut quaeque in manus uenerat. 2 Superest ut nec te consilii nec me paeniteat obsequii. Ita enim fiet ut eas quae adhuc neglectae iacent requiram et si quas addidero non supprimam. Vale.

2
C. Plinivs Arriano svo s.

Quia tardiorem aduentum tuum prospicio, librum quem prioribus epistulis promiseram exhibeo. Hunc rogo ex consuetudine tua et legas et emendes, eo magis quod nihil ante peraeque eodem ζήλῳ scripsisse uideor. 2 Temptaui enim imitari Demosthenen semper tuum, Caluum nuper meum, dumtaxat figuris orationis; nam uim tantorum uirorum, « pauci quos aequus » adsequi possunt. 3 Nec

I, 1 Septicio *MVγ* : Secundo *BF* ‖ § 1 si quas *MVγ* : quas *BF* ‖ curatius *γ* : accuratius *BF* cura maiore *MV* ‖ § 2 nec te *codd.* : nec *V¹*.

I, 2 Arriano *MV¹B* : Adri- *V²* *F* Arrinio *γ* ‖ § 1 emendes *codd.* : -das *B¹* ‖ ante *BFγ* : umquam ante *V²* umquam *MV¹* ‖ ζήλῳ *B in marg.* zelo *γ* : stilo *V² in marg. B in textu F* libro *M ras. V¹*.

§ 2 caluum *BFγ* : *om. MV* ‖ dumtaxat figuris *codd.* : figuris dumtaxat *F* ‖ orationis *BFγ* : otoîs *V* multis *M* ‖ nam uim *MVγ* : *om. BF* ‖ tantorum uirorum *BFγ* : tantam uerborum *MV* ‖ quos *MV* : *om. BF* ‖ aequus (eq- *V*) *MV* : aequos *γ* equitius *BF* ‖ adsequi *BF* (assequi *γ*) : amauit qui *MV*.

crains d'employer des termes prétentieux) ne répugnait pas à
cette rivalité, car il exigeait presque partout un style soutenu,
ce qui m'a réveillé de la longue inaction où je m'endormais,
si tant est que je sois susceptible d'être réveillé. 4 Pour autant,
nous n'avons pas renoncé entièrement aux *couleurs* de notre
grand Marcus, toutes les fois que des agréments qui n'étaient
pas hors de propos nous invitaient à nous écarter un peu
de notre chemin : nous voulions être vigoureux, et non pas
ennuyeux. 5 Et ne va pas croire que j'utilise cet aveu pour
obtenir ton indulgence. Car pour mieux aiguiser la lime de
ta critique, je t'avouerai que mes amis et moi-même nous ne
sommes pas hostiles à l'idée d'une publication, pour peu que
tu veuilles bien encourager nos hésitations de ton suffrage. 6
Il faut bien publier quelque chose, alors espérons que ce sera
plutôt ce qui est prêt (tu entends là le souhait de ma paresse) !
Quant aux raisons de publier, j'en ai plusieurs, la principale
étant que mes écrits déjà parus sont, me dit-on, entre toutes
les mains, quoiqu'ils aient perdu l'attrait de la nouveauté ; à
moins que les libraires ne flattent nos oreilles. Mais qu'ils
les flattent donc, pourvu que par ce mensonge ils me fassent
mieux aimer mes travaux. Au revoir.

3
PLINE À SON AMI CANINIUS RUFUS

Que devient Côme, tes délices et les miens ? Que devient
ta résidence suburbaine si agréable, et ce portique toujours
printanier, et l'ombre épaisse de tes platanes, et l'euripe aux

materia ipsa huic (uereor ne improbe dicam) aemulationi
repugnauit ; erat enim prope tota in contentione dicendi,
quod me longae desidiae indormientem excitauit, si modo
is sum ego qui excitari possim. 4 Non tamen omnino Marci
nostri ληκύθους fugimus, quotiens paulum itinere decedere
non intempestiuis amoenitatibus admonebamur ; acres enim
esse, non tristes uolebamus. 5 Nec est quod putes me sub
hac exceptione ueniam postulare. Nam quo magis intendam
limam tuam, confitebor et ipsum me et contubernales ab
editione non abhorrere, si modo tu fortasse errori nostro album
calculum adieceris. 6 Est enim plane aliquid edendum, atque
utinam hoc potissimum quod paratum est (audis desidiae
uotum) ! Edendum autem ex pluribus causis, maxime quod
libelli quos emisimus dicuntur in manibus esse, quamuis
iam gratiam nouitatis exuerint ; nisi tamen auribus nostris
bibliopolae blandiuntur. Sed sane blandiantur, dum per hoc
mendacium nobis studia nostra commendent. Vale.

3
C. Plinivs Caninio Rvfo svo s.

Quid agit Comum, tuae meaeque deliciae ? Quid
suburbanum amoenissimum, quid illa porticus uerna semper,
quid platanon opacissimus, quid euripus uiridis et gemmeus,

§ 3 materia *BFγ* : -riam *MV* ‖ aemulationi *BFγ* : -one *MV* ‖ ego
MVBF : *om.* γ ‖ qui *BFγ* : ut *MV*.
§ 4 marci nostri *VBF* : marci .N. *uel* marci γ marcino ibi *M* ‖
ληκύθους *BFγ* : *om.* *MV* ‖ fugimus *BFγ* : -iamus *MV* ‖ quotiens *BFγ* :
ut etiam *MV* ‖ decedere *B²Fγ* (decere *B¹*) : cedendo *MV* ‖ admonebamur
BFγ : submouemur *MV* ‖ acres *codd.* : acrius γ ‖ esse non tristes *MVB²* :
non tristes esse *B¹F* non tristius γ.
§ 5 nam *MVγ* : non *BF* ‖ et ipsum me et *MVγ* : et ipsum te et *B* te
ipsum et *F* ‖ abhorrere *MVγ* : -horreo *BF* ‖ tu *V²BFγ* : non *MV¹*.
§ 6 plane aliquid *BFγ* : aliquid plane *MV* ‖ audis *BFγ* : -dias *MV* ‖
emisimus *MVBF* : mis- γ ‖ sed sane blandiantur (-diuntur *M*) *MV* : sed
sane *BF om.* γ ‖ commendent *MVBF* : -dantur γ.
I, 3 Rufo *BF* : *om.* *MVγ* ‖ § 1 tuae *MVBF* : tuum γ ‖ platanon
opacissimus (paucissimus *B¹* opauc- *B²*) *MVBF* : -num -imum γ

eaux vertes et limpides, et le bassin en contre-bas qui recueille ses eaux, et cette promenade au sol souple et pourtant ferme, et cette salle de bain inondée de soleil au dedans et au dehors, et ces salles à manger, les unes pour de grands dîners, les autres pour peu de monde, et ces chambres, pour la sieste ou pour la nuit ? Ces lieux te retiennent-ils et se partagent-ils ta présence ? 2 Ou le soin que tu mets, comme à ton habitude, à visiter tes terres t'en éloigne-t-il pour de fréquents voyages ? S'ils te retiennent, tu es comblé de bonheur ; sinon, un homme parmi tant. 3 Que ne confies-tu à d'autres (c'est le moment) les soucis mesquins et terre-à-terre, pour te consacrer à tes travaux dans ta retraite profonde et confortable ? Que ce soient là tes affaires et tes loisirs, ton travail et ton repos ; réserve-leur tes veilles, réserve-leur même ton sommeil. 4 Façonne, sculpte une œuvre qui t'appartienne pour toujours. Car le reste de tes biens va échoir, après toi, à un autre maître, puis à un autre encore ; tandis que ton œuvre ne cessera jamais de t'appartenir, du jour où elle aura commencé à être à toi. 5 Je sais à quel cœur, à quel esprit j'adresse cet encouragement ; tâche seulement d'avoir à tes propres yeux la valeur que tu auras aux yeux du monde, une fois que tu en auras pris conscience. Au revoir.

4

PLINE À SA BELLE-MÈRE POMPEIA CELERINA

Que de ressources dans tes propriétés d'Ocriculum, de Narni, de Carsulae, de Pérouse ! Et à Narni, j'ai eu même un bain ! De mes lettres (car on n'a plus besoin des tiennes), une seule suffit, courte et déjà ancienne. 2 Par Hercule, mes biens sont moins à moi que les tiens ; ils ont cependant cette différence, que tes gens m'accueillent avec plus d'attentions et d'empressement que les miens. 3 Peut-être en sera-t-il de même pour toi, si un jour tu viens descendre chez nous. Je

quid subiectus et seruiens lacus, quid illa mollis et tamen
solida gestatio, quid balineum illud quod plurimus sol implet et
circumit, quid triclinia illa popularia, illa paucorum, quid cubicula
diurna, nocturna ? Possident te et per uices partiuntur ? 2 An, ut
solebas, intentione rei familiaris obeundae crebris excursionibus
auocaris ? Si possident, felix beatusque es, si minus, unus ex
multis. 3 Quin tu (tempus enim) humiles et sordidas curas
aliis mandas et ipse te in alto isto pinguique secessu studiis
adseris ? Hoc sit negotium tuum, hoc otium, hic labor, haec
quies ; in his uigilia, in his etiam somnus reponatur. 4 Effinge
aliquid et excude, quod sit perpetuo tuum. Nam reliqua rerum
tuarum post te alium atque alium dominum sortientur ; hoc
numquam tuum desinet esse, si semel coeperit. 5 Scio quem
animum, quod horter ingenium ; tu modo enitere ut tibi ipse
sis tanti, quanti uideberis aliis, si tibi fueris. Vale.

4

C. PLINIVS POMPEIAE CELERINAE SOCRVI S.

Quantum copiarum in Ocriculano, in Narniensi, in Carsulano,
in Perusino tuo, in Narniensi uero etiam balineum ! Ex epistulis
meis (nam iam tuis opus non est) una illa breuis et uetus sufficit.
2 Non mehercule tam mea sunt quae mea sunt, quam quae tua ;
hoc tamen differunt, quod sollicitius et intentius tui me quam

et seruiens *MVγ* : seruiens *BF* ‖ tamen *MVBF* : *om.* γ ‖ gestatio *MVBF* :
uectatio γ ‖ circumit *codd.* : circu/lit *V²* ‖ popularia illa paucorum *MVγ* :
popinae (-ine *B*) quid euripus *BF* ‖ nocturna *MVBF* : -naque γ ‖ possident
... partiuntur *MVBF* : *om.* γ.

§ 2 si *VBFγ* : si te *M* ‖ possident ... 3 enim *MVBF* : *om.* γ.

§ 3 enim *BF* : est enim *MV* ‖ adseris *codd.* : asseris *F* ‖ hoc otium
MVBF : *om.* γ ‖ uigilia *MVBF* : -liae γ.

§ 4 effinge *codd.* : offige *B¹* ‖ excude *V²γ* : -clude *MV¹* -cute *BF* ‖
sortientur *MVBF* : -iuntur γ ‖ tuum (*hic*) *BF* : (*post* coeperit) *MV*.

§ 5 horter *codd.* : orationis *F* ‖ enitere *MVBF* : conice γ ‖ aliis si
codd. : alii si γ.

I, 4 Pompeiae *BF* : *om. MVγ* ‖ § 1 carsulano *MV²* : carcul- *V¹* carsol-
BF ‖ sufficit *MVBF* : suffecit γ.

§ 2 quam quae *BFγ* : quamque *MV* ‖ sollicitius et intentius *codd.* :
-citus et -ntus *B¹*.

voudrais que tu le fasses, d'abord pour que tu profites de mes biens autant que moi des tiens, ensuite pour que mes gens se réveillent enfin, car ils attendent ma venue avec une insouciance proche de l'indifférence. 4 Quand les maîtres sont indulgents, leurs esclaves en oublient toute crainte par le seul fait de l'habitude; il faut du nouveau pour les secouer et pour qu'ils s'efforcent de plaire à leur maître en rendant service à d'autres plus qu'à lui-même. Au revoir.

5

PLINE À SON AMI VOCONIUS ROMANUS

As-tu jamais vu quelqu'un de plus craintif, de plus humble que Marcus Regulus depuis la mort de Domitien, sous lequel il avait commis des infamies non moindres que sous Néron, mais plus secrètes? Il s'est mis à craindre que je ne lui en veuille, et il ne se trompait pas, je lui en voulais. 2 Il avait appuyé l'accusation de Rusticus Arulenus, il avait exulté à sa mort, au point de lire en public et de mettre en circulation un livre où il s'acharne sur Rusticus et va jusqu'à l'appeler « singe des stoïciens », et encore « esclave marqué au fer de Vitellius ». 3 Tu reconnais là l'éloquence de Regulus. Le voilà qui met en pièces Herennius Senecio, et avec une telle violence que Mettius Carus lui dit: « Qu'as-tu à faire à mes morts? Est-ce que je m'en prends à Crassus ou à Camerinus? » C'étaient des gens qu'il avait accusés sous Néron. 4 Voilà de quoi Regulus me croyait fâché; aussi ne m'avait-il pas invité à la lecture de son livre.

De plus il se rappelait à quel point ses attaques devant le tribunal des centumvirs avaient mis ma propre vie en danger. 5 J'assistais Arrionilla, la femme de Timon, à la demande d'Arulenus Rusticus; Regulus plaidait contre. Nous nous appuyions, en un point de la cause, sur l'avis rendu par Mettius

mei excipiunt. 3 Idem fortasse eueniet tibi, si quando in nostra
deuerteris. Quod uelim facias, primum ut perinde nostris
rebus ac nos tuis perfruaris, deinde ut mei expergiscantur
aliquando, qui me secure ac prope neglegenter exspectant.
4 Nam mitium dominorum apud seruos ipsa consuetudine
metus exolescit, nouitatibus excitantur probarique dominis
per alios magis quam per ipsos laborant. Vale.

5

C. Plinivs Voconio Romano svo s.

Vidistine quemquam M. Regulo timidiorem, humiliorem
post Domitiani mortem, sub quo non minora flagitia commiserat
quam sub Nerone, sed tectiora ? Coepit uereri ne sibi irascerer,
nec fallebatur : irascebar. 2 Rustici Aruleni periculum fouerat,
exsultauerat morte, adeo ut librum recitaret publicaretque, in
quo Rusticum insectatur atque etiam « Stoicorum simiam »
appellat ; adicit « Vitelliana cicatrice stigmosum ». 3 Agnoscis
eloquentiam Reguli. Lacerat Herennium Senecionem tam
intemperanter quidem ut dixerit ei Mettius Carus : « Quid
tibi cum meis mortuis ? Numquid ego Crasso aut Camerino
molestus sum ? » quos ille sub Nerone accusauerat. 4 Haec
me Regulus dolenter tulisse credebat, ideoque etiam cum
recitaret librum non adhibuerat.

Praeterea reminiscebatur quam capitaliter ipsum me
apud centumuiros lacessisset. 5 Aderam Arrionillae Timonis
uxori, rogatu Aruleni Rustici ; Regulus contra. Nitebamur
nos in parte causae sententia Metti Modesti, optimi uiri ;

§ 3 eueniet tibi *MVBF* : eueniet et tibi γ ‖ deuerteris *MV* : diu-
BF deueneris γ ‖ primum *MVBF* : quam pr- γ ‖ nos *MVBF* : *om.* γ ‖
exspectant *B* : exp- *MVF*.

§ 4 ipsos *MVBF* : seipsos γ.

I, 5 Voconio *BF* : *om. MVγ* ‖ § 1 M. *MV* : marco *BF* ‖ timidiorem
codd. : dim- *M* ‖ non *codd.* : enim *M* ‖ tectiora *MVBF* : tectior γ.

§ 2 exsultauerat *M* : exul- *VBF* ‖ cicatrice stigmosum (sticm- *M*)
codd. : cicatrices tigmos tum *F*.

§ 3 cum meis *codd.* : cum eis *F* ‖ ego *MVγ* : ego aut *BF*.

§ 4 ideoque *BFγ* : eoque *MV* ‖ ipsum me *codd.* : me ipsum *F*.

§ 5 modesti *MVBF* : domestici γ

Modestus, un homme de valeur ; il était alors en exil, relégué par Domitien. Figure-toi Regulus, qui me dit : « Je te demande, Secundus, ce que tu penses de Modestus. » Tu vois le danger si j'avais répondu : « du bien », et la honte si j'avais dit : « du mal. » Tout ce que je puis affirmer, c'est que les dieux à ce moment-là me sont venus en aide. « Je répondrai, lui dis-je, si c'est la question soumise au jugement des centumvirs. » Il répète : « Je te demande ce que tu penses de Modestus. » 6 Et moi, à mon tour : « On interrogeait d'ordinaire les témoins sur les accusés, non sur les condamnés. » Lui, pour la troisième fois : « Je ne te demande plus ce que tu penses de Modestus, mais du loyalisme de Modestus. » 7 « Tu me demandes ce que je pense, lui dis-je ; eh bien, j'estime qu'il est illégal de poser une question sur un point qui a fait l'objet d'un jugement. » Il se tut ; quant à moi, je reçus éloges et félicitations pour n'avoir pas compromis ma réputation par quelque réponse utile, peut-être, mais déshonorante, et ne pas m'être laissé entortiller dans les filets d'un interrogatoire aussi perfide.

8 À présent donc, terrorisé par sa conscience, il arrête Caecilius Celer, puis Fabius Justus, et leur demande de me réconcilier avec lui. Cela ne lui suffit pas : il va trouver Spurinna et sur un ton suppliant, avec la bassesse que lui donne la peur : « Je t'en prie, va voir demain matin Pline chez lui ; mais vas-y de bon matin (car je ne puis supporter plus longtemps mon inquiétude) et obtiens par n'importe quel moyen qu'il ne m'en veuille plus. » 9 Je venais de me réveiller ; un message de Spurinna : « Je viens chez toi. » « Non, c'est moi qui viens chez toi. » Nous nous rencontrons sous le portique de Livie, nous rendant l'un chez l'autre. Il m'expose la mission dont l'a chargé Regulus ; il y joint ses instances, mais mesurées, comme il convenait à un homme de valeur intervenant pour quelqu'un qui lui ressemblait si peu.

is tunc in exsilio erat, a Domitiano relegatus. Ecce tibi
Regulus : « Quaero, inquit, Secunde, quid de Modesto
sentias. » Vides quod periculum si respondissem « bene »,
quod flagitium si « male ». Non possum dicere aliud tunc
mihi quam deos adfuisse. « Respondebo, inquam, si de hoc
centumuiri iudicaturi sunt. » Rursus ille : « Quaero quid de
Modesto sentias. » 6 Iterum ego : « Solebant testes in reos,
non in damnatos interrogari. » Tertio ille : « Non iam quid
de Modesto, sed quid de pietate Modesti sentias quaero. »
7 « Quaeris, inquam, quid sentiam ; at ego ne interrogare
quidem fas puto de quo pronuntiatum est. » Conticuit ; me
laus et gratulatio secuta est, quod nec famam meam aliquo
responso utili fortasse, inhonesto tamen laeseram, nec me
laqueis tam insidiosae interrogationis inuolueram.

8 Nunc ergo conscientia exterritus apprehendit Caecilium
Celerem, mox Fabium Iustum ; rogat ut me sibi reconcilient.
Nec contentus peruenit ad Spurinnam ; huic suppliciter, ut
est, cum timet, abiectissimus : « Rogo mane uideas Plinium
domi, sed plane mane (neque enim diutius sollicitudinem
ferre possum), et quoquo modo efficias ne mihi irascatur. »
9 Euigilaueram ; nuntius a Spurinna : « Venio ad te. » –
« Immo ego ad te. » Coimus in porticum Liuiae, cum alter
ad alterum tenderemus. Exponit Reguli mandata, addit preces
suas, ut decebat optimum uirum pro dissimillimo, parce.

---

erat a domitiano relegatus (relig- *V²*) *MVB* : erat relegatus a domitiano *F* a
domitiano erat relegatus *γ* ‖ sentias *codd.* : sententias *B¹* ‖ tunc *MVγ* : tum
BF ‖ inquam si *MVγ* : quid sentiam (sententiam *B¹*) si *BF* ‖ centumuiri
BFγ : • c • v • *MV*.

§ 6 solebant *MVBF* : -leant *γ* ‖ iam quid *MVBF* : iam quidem *γ* ‖
quaero *MV* : *om. BFγ*.

§ 7 sentiam *codd.* : sententiam *M¹* ‖ gratulatio *MVBF* : exultatio *γ* ‖
inhonesto *codd.* : -neste *V¹*.

§ 8 apprehendit *BF* : adpr- *MV* ‖ caecilium *BFγ* : caelium *MV* ‖
iustum *MVBF* : rusticum ius- *γ* ‖ suppliciter *MV²BF* : simpli- *V¹* subtiliter
γ ‖ timet *MVBF* : sim et *γ* ‖ rogo mane *MVB* : rogo inquid mane *F* ‖
neque enim *MVB* : nec enim *F* ‖ diutius sollicitudinem ferre *MV* : diutius
perferre sollicitudinem *BF* ferre diutius sollicitudinem *γ*.

§ 9 porticum *BFγ* : -cu *MV* ‖ parce *MV¹B* : parce inquiens *V²F*.

10 Et moi : « Tu verras bien toi-même la réponse que tu penseras devoir donner à Regulus. Il n'est pas convenable que je te trompe. J'attends Mauricus » (il n'était pas encore revenu d'exil) ; « je ne peux donc rien te répondre, ni dans un sens ni dans l'autre, car j'ai l'intention de faire ce qu'il aura décidé ; dans cette affaire c'est à lui de diriger, et à moi de suivre. »

11 Quelques jours plus tard, Regulus vient me trouver lui-même à la cérémonie d'entrée en charge du préteur ; m'ayant suivi jusque là, il me demande un entretien confidentiel ; il craignait, me dit-il, que je n'eusse gardé au fond de ma mémoire un mot qu'il avait dit un jour devant le tribunal des centumvirs, quand il plaidait contre Satrius Rufus et contre moi : « Satrius Rufus, qui ne se pique pas de rivaliser avec Cicéron et qui se contente de l'éloquence de notre temps. » 12 Je répondis que je ne comprenais que maintenant que ce mot était une méchanceté, puisqu'il l'avouait lui-même, mais qu'on aurait pu le prendre pour un compliment. « Oui, dis-je, je me pique de rivaliser avec Cicéron, et je ne me contente pas de l'éloquence de notre temps ; 13 car il me semble tout à fait stupide, quand on veut imiter, de ne pas se proposer les meilleurs modèles. Mais toi, qui te souviens de ce procès, pourquoi as-tu oublié cet autre, dans lequel tu m'as demandé ce que je pensais du loyalisme de Modestus ? » Il devint d'une pâleur frappante, bien qu'il soit toujours pâle, et, d'une voix hésitante : « Je te l'ai demandé pour nuire non pas à toi, mais à Modestus. » Vois un peu la cruauté d'un homme qui ne se cache pas d'avoir voulu nuire à un exilé. 14 Il ajouta une excuse admirable : « Il a écrit, dit-il, dans une lettre qui a été lue en présence de Domitien : Regulus, le pire de tous les bipèdes. » Et ce que Modestus avait écrit là était parfaitement vrai.

10 Cui ego : « Dispicies ipse quid renuntiandum Regulo putes. Te decipi a me non oportet. Exspecto Mauricum, » (nondum ab exsilio uenerat) « ideo nihil alterutram in partem respondere tibi possum, facturus quidquid ille decreuerit ; illum enim esse huius consilii ducem, me comitem decet. »

11 Paucos post dies ipse me Regulus conuenit in praetoris officio ; illuc persecutus secretum petit ; ait timere se ne animo meo penitus haereret quod in centumuirali iudicio aliquando dixisset, cum responderet mihi et Satrio Rufo : « Satrius Rufus, cui non est cum Cicerone aemulatio et qui contentus est eloquentia saeculi nostri. » 12 Respondi nunc me intellegere maligne dictum quia ipse confiteretur, ceterum potuisse honorificum existimari. « Est enim, inquam, mihi cum Cicerone aemulatio nec sum contentus eloquentia saeculi nostri ; 13 nam stultissimum credo ad imitandum non optima quaeque proponere. Sed tu qui huius iudicii meministi, cur illius oblitus es, in quo me interrogasti quid de Metti Modesti pietate sentirem ? » Expalluit notabiliter, quamuis palleat semper, et haesitabundus : « Interrogaui non ut tibi nocerem, sed ut Modesto. » Vide hominis crudelitatem, qui se non dissimulet exsuli nocere uoluisse. 14 Subiunxit egregiam causam : « Scripsit, inquit, in epistula quadam, quae apud Domitianum recitata est : Regulus, omnium bipedum nequissimus. » Quod quidem Modestus uerissime scripserat.

§ 10 dispicies V^2BF : desp- MV^1 ‖ renuntiandum regulo $MVBF$: regulo nunt- γ ‖ putes $MV\gamma$: -tas BF ‖ exspecto M : expec-VBF ‖ quidquid M : quicq- VBF.

§ 11 praetoris *codd*. : pretoriis M ‖ illuc $MVBF$: illuc me γ ‖ haereret $MVBF$: inhereret γ ‖ centumuirali *codd*. : nocentum- M^1 ‖ cum cicerone *codd*. : con cicerone V.

§ 12 potuisse $MVBF$: puto esse γ ‖ existimari $MV\gamma$: -mare BF ‖ inquam mihi $BF\gamma$: mihi inquam MV ‖ nostri (-tro M^1) $MVBF$: *om*. γ.

§ 13 metti *codd*. : metii B ‖ modesti $MVBF$: domestici γ ‖ palleat *codd*. : pallead B ‖ et MV : *om*. BF ‖ haesitabundus MVB : haesitabundus inquid F ‖ sed ut *codd*. : sed F ‖ crudelitatem *codd*. : credul- γ.

§ 14 in epistula quadam $MVBF$: epistolam quandam γ ‖ uerissime (uerisi- B) scripserat (scribs- M) $MVBF$: scripserat uerissime γ.

15 C'est à peu près ainsi que se termina notre conversation ; je n'ai pas voulu aller plus loin, pour garder les mains entièrement libres jusqu'à l'arrivée de Mauricus. Il ne m'échappe pas non plus que Regulus est *difficile à abattre* ; il est riche, il a des partisans, beaucoup le courtisent, plus encore le craignent, ce qui est un sentiment généralement plus fort que l'amour. Mais il peut arriver que tout cela s'effondre sous l'effet de quelques secousses. 16 Car la popularité des méchants est aussi peu sûre que leur personne. Mais, je le répète, j'attends Mauricus. C'est un homme pondéré, avisé, instruit par une riche expérience, et capable de prévoir l'avenir d'après le passé. Que j'entreprenne quelque chose ou que j'y renonce, c'est lui qui inspirera mon choix. 17 Si je t'ai écrit cela, c'est parce qu'il convient à notre affection mutuelle que tu prennes connaissance non seulement de tous mes faits et dits, mais aussi de mes intentions. Au revoir.

6
PLINE À SON AMI TACITE

Tu vas rire, et tu as le droit de rire. Tu me connais ; eh bien, j'ai pris trois sangliers, et magnifiques encore ! « Toi-même ? » dis-tu. Oui, moi, mais sans renoncer entièrement à mon goût de l'inaction et du repos. J'étais assis près des filets ; j'avais à portée de main, non pas un épieu ou une pique, mais un stylet et des tablettes ; je réfléchissais à quelque chose et je prenais des notes, pour rapporter au moins mes cires pleines, si je revenais les mains vides. 2 On aurait tort de mépriser cette façon de travailler ; il est étonnant comme l'esprit est mis en éveil par le mouvement et l'activité physiques ; et puis les forêts et la solitude qui vous entourent, et jusqu'à ce profond silence qu'exige la chasse sont de puissants stimulants de la réflexion. 3 Et donc, quand tu iras à la chasse, tu pourras emporter, crois-moi, avec ton panier et ta gourde, tes tablettes aussi. Tu t'apercevras que Minerve hante les montagnes tout autant que Diane. Au revoir.

15 Hic fere nobis sermonis terminus ; neque enim uolui progredi longius, ut mihi omnia libera seruarem dum Mauricus uenit. Nec me praeterit esse Regulum δυσκαθαίρετον ; est enim locuples, factiosus, curatur a multis, timetur a pluribus, quod plerumque fortius amore est. Potest tamen fieri ut haec concussa labantur ; 16 nam gratia malorum tam infida est quam ipsi. Verum, ut idem saepius dicam, exspecto Mauricum. Vir est grauis, prudens, multis experimentis eruditus, et qui futura possit ex praeteritis prouidere. Mihi et temptandi aliquid et quiescendi illo auctore ratio constabit. 17 Haec tibi scripsi quia aequum erat te pro amore mutuo non solum omnia mea facta dictaque, uerum etiam consilia cognoscere. Vale.

6

C. Plinivs Cornelio Tacito svo s.

Ridebis, et licet rideas. Ego ille quem nosti apros tres et quidem pulcherrimos cepi. « Ipse ? » inquis. Ipse, non tamen ut omnino ab inertia mea et quiete discederem. Ad retia sedebam ; erat in proximo non uenabulum aut lancea, sed stilus et pugillares ; meditabar aliquid enotabamque, ut si manus uacuas, plenas tamen ceras reportarem. 2 Non est quod contemnas hoc studendi genus ; mirum est ut animus agitatione motuque corporis excitetur ; iam undique siluae et solitudo ipsumque illud silentium quod uenationi datur magna cogitationis incitamenta sunt. 3 Proinde cum uenabere, licebit auctore me, ut panarium et lagunculam, sic etiam pugillares feras ; experieris non Dianam magis montibus quam Mineruam inerrare. Vale.

§ 15 mauricus *codd.* : mar- *B* ‖ δυσκαθαίρετον (*uel sim.*) *MVB in marg.* : *om. B in textu F* ‖ fortius amore *codd.* : amore fortius *F* ‖ fieri ut *codd.* : fieri *B* ‖ concussa *MVγ* : concissa *F* concisa *B*.

§ 16 saepius dicam *BFγ* : dicam saepius *MV* ‖ exspecto (exp- *VBF*) ... prudens *MVBF* : *om. γ*.

§ 17 quia aequum *BFγ* : qui mecum *MV* ‖ facta dictaque *MVBF* : dicta factaque *γ*.

I, 6 Cornelio *BF* : *om. MVγ* ‖ § 1 ego *MVγ* : ego plinius *BF* ‖ et quidem *codd.* : equidem *F* ‖ erat *MVBF* : erant *γ* ‖ stilus et *codd.* : stillus *B* ‖ enotabamque *MVBF* : et notabam *γ*.

§ 2 agitatione *MVγ* : a cogitatione *BF* ‖ ipsumque *BFγ* : ipsum *MV*.

7

Rends-toi compte ! Tu me mets au pinacle, puisque tu
m'attribues la même puissance et la même royauté qu'Homère
à Jupiter Très Grand et Très Bon : *Mais le Père des dieux exauça
l'un des vœux, et lui refusa l'autre.* 2 Car je peux, moi aussi,
répondre à ton vœu par un signe analogue, positif ou négatif.
S'il m'est permis, en effet, surtout quand tu me le demandes,
de refuser aux habitants de la Bétique mon assistance contre
un seul adversaire, en revanche la loyauté et la constance
de ma conduite, que tu aimes chez moi, m'interdisent de
plaider contre une province que je me suis attachée autrefois
par tant de services, tant d'efforts et même tant de dangers.
3 Je m'en tiendrai donc à un moyen terme : puisque tu me
demandes de prendre l'un ou l'autre parti, je choisirai celui
qui me permettra de satisfaire non seulement ton désir, mais
aussi ton jugement. Car il me faut considérer moins ce qu'un
homme de bien comme toi souhaite aujourd'hui que ce qu'il
approuvera toujours.

4 J'espère être à Rome vers les ides d'octobre et confirmer
ces mêmes résolutions de vive voix à Gallus, en ton nom et
au mien ; tu peux cependant dès maintenant lui garantir mes
intentions : *fronçant ses noirs sourcils il donna son accord.*
5 Pourquoi en effet ne persisterais-je pas à te parler en vers
homériques, puisque tu ne me permets pas d'employer les
tiens ? Je brûle d'une telle envie de les connaître que c'est
à ce prix seul, je crois, qu'on pourrait me corrompre et
me faire plaider, fût-ce contre les habitants de la Bétique.

7

C. Plinivs Octavio Rvfo svo s.

Vide in quo me fastigio collocaris, cum mihi idem
potestatis idemque regni dederis quod Homerus Ioui
Optimo Maximo : τῷ δ´ἕτερον μὲν ἔδωκε πατήρ, ἕτερον
δ´ἀνένευσεν.

2 Nam ego quoque simili nutu ac renutu respondere
uoto tuo possum. Etenim, sicut fas est mihi, praesertim
te exigente, excusare Baeticis contra unum hominem
aduocationem, ita nec fidei nostrae nec constantiae quam
diligis conuenit adesse contra prouinciam quam tot officiis,
tot laboribus, tot etiam periculis meis aliquando deuinxerim.
3 Tenebo ergo hoc temperamentum ut ex duobus, quorum
alterutrum petis, eligam id potius in quo non solum studio
tuo, uerum etiam iudicio satisfaciam. Neque enim tantopere
mihi considerandum est quid uir optimus in praesentia uelis
quam quid semper sis probaturus.

4 Me circa idus Octobris spero Romae futurum, eademque
haec praesentem quoque tua meaque fide Gallo confirmaturum ;
cui tamen iam nunc licet spondeas de animo meo ἦ καὶ
κυανέῃσιν ἐπ᾽ ὀφρύσι νεῦσε. 5 Cur enim non usquequaque
Homericis uersibus agam tecum, quatenus tu me tuis agere
non pateris, quorum tanta cupiditate ardeo ut uidear mihi
hac sola mercede posse corrumpi, ut uel contra Baeticos

I, 7 Rufo *BF* : *om. MVγ* ‖ § 1 collocaris *codd.* : -caueris *F* ‖ idem
MVγ : quidem *BF* ‖ ioui ... ἀνένευσεν *MVBF* : *om. γ.*

§ 2 renutu *MVBF* : re *γ* ‖ baeticis *codd.* : beat- *B* ‖ hominem *MVγ* :
-num *BF* ‖ nostrae *MVBF* : *om. γ.*

§ 3 alterutrum *MVB²* : alterum *B¹F* ‖ tantopere *MVF* : tanto opere *B* ‖
praesentia *MVBF* : -tiam *γ* ‖ sis *codd.* : *om.* M.

§ 4 octobris *VBF* : -bres *Mγ* ‖ praesentem *MVγ* : -nte *BF* ‖ quoque
BFγ : causa *MV* ‖ meaque fide *BFγ* : atque *M* ·A·Q· *V¹* ·A·Qlio *V²* ‖ cui
MVBF : cum *γ* ‖ iam nunc *MVγ* : nunc iam *BF.*

§ 5 me tuis *MVγ* : uis *BF* ‖ ardeo *codd.* : adeo *V¹* ‖ posse corrumpi
MVBγ : corrumpi posse *F* ‖ baeticos *codd.* : beat- *B¹.*

6 J'allais oublier ce que je devais oublier le moins : j'ai reçu les dattes, excellentes ; en ce moment elles font concurrence aux figues et aux cèpes. Au revoir.

8

PLINE À SON AMI POMPEIUS SATURNINUS

On m'a remis fort à propos ta lettre, dans laquelle tu me réclames l'envoi d'un de mes ouvrages : c'est justement ce que j'avais l'intention de faire. Disons que tu as éperonné un cheval qui galopait de lui-même ; en te privant d'une excuse pour refuser le travail tu m'as pareillement enlevé l'embarras de te l'imposer. 2 Car il ne serait pas convenable que j'accepte avec réticence ce qui m'est offert, ni que tu te plaignes de ce que tu as exigé. Il ne faudrait cependant pas que tu attendes un ouvrage nouveau du paresseux que je suis. Car je vais te demander de réviser le discours que j'ai prononcé devant mes compatriotes, le jour de l'inauguration de ma Bibliothèque. 3 Je me souviens bien que tu y as déjà fait quelques annotations, mais d'ordre général ; maintenant donc je te prie de ne pas en rester à une vue d'ensemble, mais de traiter les moindres détails avec ton coup de lime habituel. Il me sera loisible, même après cette correction, de le publier ou de le garder pour moi. 4 Peut-être même tes corrections feront-elles pencher mon hésitation dans un sens ou dans l'autre, soit qu'à force de retouches elles trouvent mon discours indigne d'être édité, soit qu'elles l'en rendent digne par leurs efforts mêmes.

5 Au demeurant, mon hésitation actuelle ne tient pas tant à l'écriture qu'à la nature même du sujet : on y sent, si j'ose dire, un peu de gloriole et de vanité. Cela pèsera sur

adsim ? 6 Paene praeterii quod minime praetereundum
fuit, accepisse me cariotas optimas, quae nunc cum ficis et
boletis certandum habent. Vale.

8

C. PLINIVS POMPEIO SATVRNINO SVO S.

Peropportune mihi redditae sunt litterae tuae, quibus
flagitabas ut tibi aliquid ex scriptis meis mitterem, cum
ego id ipsum destinassem. Addidisti ergo calcaria sponte
currenti, pariterque et tibi ueniam recusandi laboris et mihi
exigendi uerecundiam sustulisti. 2 Nam nec me timide uti
decet eo quod oblatum est nec te grauari quod depoposcisti.
Non est tamen quod ab homine desidioso aliquid noui operis
exspectes. Petiturus sum enim ut rursus uaces sermoni quem
apud municipes meos habui bybliothecam dedicaturus. 3
Memini quidem te iam quaedam adnotasse, sed generaliter ;
ideo nunc rogo ut non tantum uniuersitati eius attendas,
uerum etiam particulas qua soles lima persequaris. Erit
enim et post emendationem liberum nobis uel publicare uel
continere. 4 Quin immo fortasse hanc ipsam cunctationem
nostram in alterutram sententiam emendationis ratio deducet,
quae aut indignum editione dum saepius retractat inueniet
aut dignum dum id ipsum experitur efficiet.

5 Quamquam huius cunctationis meae causae non tam in
scriptis quam in ipso materiae genere consistunt : est enim
paulo quasi gloriosius et elatius. Onerabit hoc modestiam

§ 6 accepisse *BFγ* : accip- *MV* ‖ cariotas *MV* : careo- *BF* careopas *γ*
‖ cum *BFγ* : om. *MV* ‖ certandum *MVB¹* : certamen nondum *B²F*.
   I, 8 Pompeio *BF* : om. *MV in hac epistula deest γ* ‖ § 1 destinassem
BF : dist- *MV*.
   § 2 rursus *codd.* : rursum *B²* ‖ bybliothecam *MV* : biblyo- *B* biblio- *F*
‖ dedicaturus *codd.* : -turos *B¹*.
   § 3 adnotasse *MV* : not- *BF* ‖ qua *codd.* : quas *V¹*.
   § 4 experitur *VBF* : -rietur *M*.
   § 5 gloriosius *M²VBF* : -riosus *M¹* ‖ elatius *MBF* : lat- *V*

notre modestie, même si le style en lui-même reste concis et réservé, pour la raison que nous sommes obligé d'exposer les libéralités de nos parents en même temps que les nôtres. 6 C'est un terrain dangereux et glissant, même quand la nécessité vous y engage. Car si les éloges, fussent-ils destinés à autrui, ne rencontrent d'ordinaire que des oreilles peu favorables, combien il est difficile d'obtenir qu'un discours où l'on parle de soi ou des siens ne paraisse pas déplaisant ! C'est que le mérite en lui-même suscite la malveillance, et plus encore quand on le glorifie et qu'on le vante en public ; les seules bonnes actions qu'on s'abstienne de déformer et de dénigrer sont celles que recouvrent l'obscurité et le silence. 7 Voilà pourquoi je me demande souvent si c'est pour nous seul que nous devons avoir rédigé cela, quel qu'en soit l'intérêt, ou pour le partager avec d'autres. C'est pour nous : ce qui me le fait penser, c'est que les efforts qui ont été nécessaires à la réalisation d'une telle entreprise ne gardent généralement plus, après son achèvement, ni la même utilité ni le même intérêt.

8 Et, sans chercher plus loin mes exemples, qu'y avait-il de plus utile pour moi que d'exposer aussi par écrit les raisons de ma libéralité ? Nous y gagnions plusieurs avantages : d'abord de nous arrêter à de nobles pensées, puis d'en voir toute la beauté grâce à ce long contact, enfin de nous prémunir contre le regret qui accompagne les largesses précipitées. Il en résultait comme une occasion de m'exercer au mépris de l'argent. 9 Car tandis que tous les hommes sont par nature attachés à sa conservation, nous au contraire, par un amour de la libéralité longuement médité, nous nous sentions affranchis des entraves ordinaires de l'avarice ; et il nous semblait que notre générosité serait d'autant plus louable que nous y étions entraîné non par un caprice, mais par une saine décision.

nostram, etiamsi stilus ipse pressus demissusque fuerit, propterea quod cogimur cum de munificentia parentum nostrorum tum de nostra disputare. 6 Anceps hic et lubricus locus est, etiam cum illi necessitas lenocinatur. Etenim, si alienae quoque laudes parum aequis auribus accipi solent, quam difficile est obtinere ne molesta uideatur oratio de se aut de suis disserentis ! Nam cum ipsi honestati tum aliquanto magis gloriae eius praedicationique inuidemus, atque ea demum recte facta minus detorquemus et carpimus quae in obscuritate et silentio reponuntur. 7 Qua ex causa saepe ipse mecum nobisne tantum, quidquid est istud, composuisse an et aliis debeamus. Vt nobis, admonet illud quod pleraque quae sunt agendae rei necessaria, eadem peracta nec utilitatem parem nec gratiam retinent.

8 Ac, ne longius exempla repetamus, quid utilius fuit quam munificentiae rationem etiam stilo prosequi ? Per hoc enim adsequebamur, primum ut honestis cogitationibus immoraremur, deinde ut pulchritudinem illarum longiore tractatu peruideremus, postremo ut subitae largitionis comitem paenitentiam caueremus. Nascebatur ex his exercitatio quaedam contemnendae pecuniae. 9 Nam cum omnes homines ad custodiam eius natura restrinxerit, nos contra multum ac diu pensitatus amor liberalitatis communibus auaritiae uinculis eximebat, tantoque laudabilior munificentia nostra fore uidebatur quod ad illam non impetu quodam sed consilio trahebamur.

demissusque *MVF* : dim- *B* ‖ de nostra *MBF* : nostra *V* ‖ disputare (-arae *B²*) *MVB²F* : dispitarae *B¹*.

§ 6 laudes *MV²BF* : audes *V¹* ‖ ne *BF* : ñ *M* non *V* *ut uid.* ‖ ea demum *M²VBF* : eadem *M¹*.

§ 7 quidquid *M¹BF* : quicq- *M²V*.

§ 8 ac *MVB* : aut *F* ‖ immoraremur *BF* : inmo- *MV* ‖ postremo *VBF* : post tre- *M* ‖ his *MV* : iis *BF*.

§ 9 pensitatus *MVB¹* : -tatur *B²F* ‖ liberalitatis *M²VBF* : -litas *M¹* ‖ nostra *M²BF* : -tre *M¹* - tram *V*.

10 Il s'ajoutait à ces raisons que nous faisions l'offre, non pas de jeux ou de gladiateurs, mais de pensions annuelles pour l'entretien d'enfants de naissance libre. Or les plaisirs des yeux et des oreilles n'ont pas besoin de recommandation, au point que lorsqu'on en parle, il y a moins lieu de les exciter que de les contenir ; 11 mais si l'on veut que quelqu'un accepte de s'imposer l'ennui et la peine d'élever des enfants, il faut y mettre des avantages et, en plus, de délicats encouragements. 12 Car si les médecins proposent des remèdes salutaires mais dépourvus d'agrément en les accompagnant de paroles engageantes, combien plus encore convenait-il à celui qui fait à sa cité une donation extrêmement utile, mais peu populaire, de la présenter en l'enrobant des charmes d'un discours : surtout quand nous devions faire en sorte que les sommes attribuées à ceux qui avaient des enfants fussent approuvées aussi par ceux qui n'en avaient pas, et que l'honneur accordé à quelques-uns fût patiemment attendu et mérité par les autres. 13 À ce moment-là c'était l'intérêt commun qui nous inspirait plus que la vanité personnelle, quand nous avons voulu faire comprendre le but et les effets de notre donation ; mais aujourd'hui qu'il s'agit de publier ce discours, nous craignons de paraître au service, non pas de l'intérêt d'autrui, mais de notre propre gloire.

14 Et puis n'oublions pas qu'il y a plus de grandeur d'âme à situer la récompense de la vertu dans sa conscience que dans la renommée. Car la gloire doit être une conséquence et non un but, et si la conséquence venait à manquer, l'action n'en est pas moins belle, justement parce qu'elle aurait mérité la gloire. 15 Au contraire, ceux qui embellissent de leurs paroles le bien qu'ils ont fait ne passent pas pour s'en vanter parce qu'ils l'ont fait, mais pour l'avoir fait afin de s'en vanter. Ainsi ce qui, rapporté par quelqu'un d'autre, aurait été une belle libéralité perd tout son intérêt quand c'est son auteur lui-même qui le relate. Quand ils ne peuvent anéantir l'acte lui-même, les gens s'en prennent à sa glorification. De cette façon, si ta conduite mérite le silence, on blâme tes actes, et si elle est digne d'éloges, on te blâme toi-même de ne pas garder le silence. 16 Il y a encore une considération personnelle qui m'embarrasse :

10 Accedebat his causis quod non ludos aut gladiatores sed annuos sumptus in alimenta ingenuorum pollicebamur. Oculorum porro et aurium uoluptates adeo non egent commendatione ut non tam incitari debeant oratione quam reprimi ; 11 ut uero aliquis libenter educationis taedium laboremque suscipiat, non praemiis modo, uerum etiam exquisitis adhortationibus impetrandum est. 12 Nam si medici salubres sed uoluptate carentes cibos blandioribus adloquiis prosequuntur, quanto magis decuit publice consulentem utilissimum munus, sed non perinde populare, comitate orationis inducere, praesertim cum enitendum haberemus ut quod parentibus dabatur et orbis probaretur, honoremque paucorum ceteri patienter et exspectarent et mererentur ? 13 Sed ut tunc communibus magis commodis quam priuatae iactantiae studebamus, cum intentionem effectumque muneris nostri uellemus intellegi, ita nunc in ratione edendi ueremur ne forte non aliorum utilitatibus sed propriae laudi seruisse uideamur.

14 Praeterea meminimus quanto maiore animo honestatis fructus in conscientia quam in fama reponatur. Sequi enim gloria, non adpeti debet nec, si casu aliquo non sequatur, idcirco quod gloriam meruit minus pulchrum est. 15 Ii uero qui benefacta sua uerbis adornant, non ideo praedicare quia fecerint, sed ut praedicarent fecisse creduntur. Sic, quod magnificum referente alio fuisset, ipso qui gesserat recensente uanescit ; homines enim, cum rem destruere non possunt, iactationem eius incessunt. Ita si silenda feceris, factum ipsum, si laudanda non sileas, ipse culparis. 16 Me uero peculiaris

§ 11 adhortationibus *MBF* : abhor- *V*.

§ 12 uoluptate carentes *MV* : -tati parentis *BF* ‖ blandioribus *MV* : -ditoribus *BF* ‖ non perinde *MV* : perinde non *BF* ‖ dabatur *MV* : datur *BF* ‖ probaretur honoremque *MV* : properetur honorumque *BF* ‖ patienter et *MV* : patienter *BF* ‖ exspectarent *F* : expec- *MVB* ‖ mererentur *MB²* : meren- *B¹* miren- *V¹* miran- *V²*.

§ 13 priuatae *MVB* : -ti *F*.

§ 14 casu *VBF* : causa *M* ‖ gloriam (-ria *V*) meruit *MV* : gloriam non meruit *BF*.

§ 15 praedicarent *MBF* : -carem *V* ‖ recensente *VBF* : -cessente *M* ‖ iactationem *MVB²F* : iactant- *B¹* ‖ non sileas *MV* : quod non sileas *BF* ‖ culparis *MV* : -patur *BF*.

c'est que j'ai tenu mon discours, justement, non devant le peuple mais devant les décurions, et non pas en public mais dans la curie. 17 Je crains donc qu'il soit peu cohérent, quand en le prononçant j'ai fui l'approbation et les applaudissements de la foule, de les solliciter maintenant par cette publication ; et quand j'ai laissé à la porte de la curie et hors de ses murs cette plèbe même qui était l'objet de ma générosité – car je voulais éviter toute apparence de démagogie –, de rechercher maintenant, en venant avec empressement au-devant d'eux, ceux-là mêmes que ma donation ne peut concerner qu'à titre d'exemple.

18 Voilà les causes de mon hésitation ; mais je suivrai ton conseil, dont l'autorité me tiendra lieu de raisonnement. Au revoir.

9
PLINE À SON AMI MINICIUS FUNDANUS

C'est étonnant : quand on prend une à une les journées passées à la ville, on en connaît, ou on croit en connaître, le compte ; mais sur plusieurs jours de suite le compte n'y est plus. 2 Car si l'on demande à quelqu'un : « Qu'as-tu fait aujourd'hui ? » il répondra : « J'ai été à une prise de toge virile, je me suis rendu à des fiançailles ou à un mariage ; un tel m'a invité à voir cacheter son testament, un tel à l'assister en justice, tel autre à siéger dans son conseil. » 3 Toutes ces occupations étaient indispensables le jour où on les a accomplies ; mais quand on se dit qu'on a fait la même chose chaque jour, elles paraissent vaines, surtout quand on vit dans la retraite. Car c'est alors que vous vient cette pensée : « Que de jours j'ai perdus à des futilités ! »

4 C'est ce qui m'arrive quand je suis dans ma villa des Laurentes à lire, à écrire, ou même à prendre soin de mon corps, dont la charpente est le soutien de l'esprit. 5 Je n'entends rien,

quaedam impedit ratio. Etenim hunc ipsum sermonem non apud populum sed apud decuriones habui, nec in propatulo sed in curia. 17 Vereor ergo ut sit satis congruens, cum in dicendo adsentationem uulgi adclamationemque defugerim, nunc eadem illa editione sectari, cumque plebem ipsam cui consulebatur limine curiae parietibusque discreuerim, ne quam in speciem ambitionis inciderem, nunc eos etiam ad quos ex munere nostro nihil pertinet praeter exemplum uelut obuia adsentatione conquirere.

18 Habes cunctationis meae causas ; obsequar tamen consilio tuo, cuius mihi auctoritas pro ratione sufficiet. Vale.

9
C. Plinivs Minicio Fvndano svo s.

Mirum est quam singulis diebus in urbe ratio aut constet aut constare uideatur, pluribus iunctisque non constet. 2 Nam si quem interroges : « Hodie quid egisti ? » respondeat : « Officio togae uirilis interfui, sponsalia aut nuptias frequentaui, ille me ad signandum testamentum, ille in aduocationem, ille in consilium rogauit. » 3 Haec quo die feceris, necessaria, eadem, si cotidie fecisse te reputes, inania uidentur, multo magis cum secesseris. Tunc enim subit recordatio : « Quot dies quam frigidis rebus absumpsi ! »

4 Quod euenit mihi postquam in Laurentino meo aut lego aliquid aut scribo aut etiam corpori uaco, cuius fulturis animus sustinetur. 5 Nihil audio quod audisse, nihil dico

§ 17 uulgi *MV* : uolgi *BF* ‖ munere *MBF* : nunero *V¹* numero *V²* ‖ nostro *MBF* : om. *V¹* add. *V²* in marg. ‖ adsentatione *V²* : adsentione *MV¹* ostentatione *BF*.

§ 18 consilio *MV²BF* : in consilio *V¹* ‖ sufficiet *MV* : -cit *BF*.

I, 9 Minicio *Mommsen* : -nucio *B* -nutio *F* om. *MV* ‖ § 1 iunctisque *BF* : cunc- *γ* cunctaque *MV*.

§ 2 in aduocationem *MVBF* : ad inuoc- *γ*.

§ 3 haec *MVBF* : ita et *γ* ‖ fecisse te *MVBF* : te fecisse *γ* ‖ inania *codd.* : innia *B¹* ‖ quot *V²BF* : quod *γ* quo *M* qui *V¹* ‖ absumpsi *V²BFγ* : adsum- *MV¹*.

je ne dis rien que je puisse regretter d'avoir dit ou entendu ; nul ne vient devant moi décrier qui que ce soit par des propos malveillants, et de mon côté je ne critique personne, si ce n'est moi-même quand ce que j'écris ne me satisfait pas. Je n'espère rien, je ne crains rien qui me trouble, aucune rumeur ne m'inquiète : je ne parle qu'avec moi-même et avec mes écrits. 6 Ah ! quelle vie droite et pure, quelle agréable et noble disponibilité, plus belle peut-être que toute activité ! Ô mer, ô rivage, ô *sanctuaire des Muses*, authentique et solitaire, qu'elles sont nombreuses, vos découvertes, que de pensées vous m'inspirez !

7 Et donc toi aussi, quitte à la première occasion le bruit qui t'entoure, cette vaine agitation, ces tâches qui ne riment à rien ; consacre-toi à nos études ou rends-toi disponible. 8 Car il vaut mieux, comme le disait notre ami Atilius avec tant de justesse et d'humour, être disponible que ne rien faire. Au revoir.

10
PLINE À SON AMI ATTIUS CLEMENS

Si jamais les belles-lettres ont été florissantes dans notre ville, c'est bien de nos jours qu'elles le sont. 2 Les exemples sont nombreux et éclatants ; un seul pourrait suffire, celui d'Euphratès le philosophe. Je l'ai bien connu en Syrie dans ma jeunesse, quand j'étais à l'armée ; je l'ai vu chez lui et me suis efforcé de gagner son affection, quoiqu'il n'y eût pas besoin de s'efforcer. Car il est avenant, ouvert à tous et plein de cette humanité qu'il enseigne. 3 Je voudrais avoir réalisé les espoirs que je lui ai inspirés alors, autant qu'il a lui-même développé ses qualités ! À moins que je ne les admire davantage à présent, parce que je les comprends mieux. 4 Et pourtant

quod dixisse paeniteat ; nemo apud me quemquam sinistris
sermonibus carpit, neminem ipse reprehendo, nisi tamen
me cum parum commode scribo ; nulla spe, nullo timore
sollicitor, nullis rumoribus inquietor : mecum tantum et cum
libellis loquor. 6 O rectam sinceramque uitam ! O dulce
otium honestumque ac paene omni negotio pulchrius ! O
mare, o litus, uerum secretumque μουσεῖον, quam multa
inuenitis, quam multa dictatis !

7 Proinde tu quoque strepitum istum inanemque discursum
et multum ineptos labores, ut primum fuerit occasio, relinque
teque studiis uel otio trade. 8 Satius est enim, ut Atilius
noster eruditissime simul et facetissime dixit, otiosum esse
quam nihil agere. Vale.

10

C. Plinivs Attio Clementi svo s.

Si quando urbs nostra liberalibus studiis floruit, nunc
maxime floret. 2 Multa claraque exempla sunt ; sufficeret
unum, Euphrates philosophus. Hunc ego in Syria, cum
adulescentulus militarem, penitus et domi inspexi, amarique
ab eo laboraui, etsi non erat laborandum. Est enim obuius
et expositus, plenusque humanitate quam praecipit. 3 Atque
utinam sic ipse, quam spem tunc ille de me concepit,
impleuerim, ut ille multum uirtutibus suis addidit ! Aut ego
nunc illas magis miror quia magis intellego. 4 Quamquam ne

§ 5 apud me *MVγ* : me apud *BF* ‖ tamen me *MVγ* : tamen *BF* ‖ nullis *codd.* : nullus *V¹* ‖ libellis *codd.* : libellis meis *V*.
§ 6 o *V²BFγ* : om. *MV¹* ‖ rectam *MVBF* : regiam *γ* ‖ o dulce *V²BFγ* : dulce *MV¹* ‖ paene *codd.* : pane *V¹* ‖ uerum *MVBF* : om. *γ* ‖ μουσεῖον *F* : μούσιον *Bγ* μουσεώτηρον (-την *V*) *MV* ‖ dictatis *codd.* : ditatis *F*.
§ 7 multum *MVBF* : -tos *γ*.
§ 8 atilius (atti- *F*) *codd.* : at illius *M* ‖ facetissime *codd.* : factiss- *V¹* uel facillime *V²* ‖ otiosum *codd.* : melius est otiosum *M*.
I, 10 Attio *BF* : om. *MVγ* ‖ § 1 nostra *MVBF* : non *γ*.
§ 2 in syria *MVB²* : in siria *F* inria *B¹* ‖ est enim *MVBF* : est est enim *γ* ‖ praecipit *MVBF* : -cepit *γ*.
§ 3 quam spem *codd.* : spem quam *F* ‖ tunc ille *BFγ* : tunc et *MV* ‖ aut *codd.* : at *F* ‖ magis (om. *BF*) miror quia magis *MVBF* : om. *γ*.

même maintenant je ne les comprends pas assez ; car si pour
juger un peintre, un graveur, un sculpteur, il faut être artiste, de
même il faut être un sage pour bien comprendre un sage.

5 Mais pour autant que je puisse voir, il y a en Euphratès
tant d'éminentes et brillantes qualités que même les gens
médiocrement instruits les remarquent et en sont impressionnés.
Son enseignement est fin, solide, élégant, et reproduit souvent
même l'élévation et l'ampleur d'un Platon. Son style est
abondant et varié, agréable surtout, et propre à séduire et à
entraîner les esprits rebelles. 6 Avec cela une haute taille, un
beau visage, des cheveux longs, une immense barbe blanche ;
ces avantages paraîtront peut-être fortuits et vains, ils lui
valent cependant une grande déférence. 7 Rien de négligé
dans sa tenue, rien d'austère, mais beaucoup de sérieux ; sa
rencontre inspire le respect, non la crainte. La pureté de ses
mœurs est parfaite, son affabilité aussi ; il attaque les vices,
non les personnes ; il ne réprimande pas ceux qui se fourvoient
mais les aide à se corriger. On suit son enseignement avec
une attention passionnée, et même une fois convaincu on
voudrait se laisser convaincre encore. 8 Par ailleurs il a trois
enfants, dont deux fils, qu'il a élevés avec le plus grand soin.
Son beau-père est Pompeius Julianus, un homme éminent et
réputé par sa vie entière, mais surtout par le fait qu'étant lui-
même le premier de sa province, il s'est choisi pour gendre,
parmi les partis les plus brillants, celui qui était le premier
non par le rang social mais par la sagesse.

9 Mais pourquoi parler plus longuement d'un homme dont
la compagnie m'est enlevée ? Est-ce pour en accroître mon
chagrin ? Car je suis accaparé par une charge aussi importante
qu'importune : je siège sur mon estrade, je contresigne des
requêtes, j'établis des comptes, j'écris une masse de lettres qui
n'ont rien de littéraire. 10 Il m'arrive parfois (et cela même,

nunc quidem satis intellego ; ut enim de pictore, scalptore,
fictore nisi artifex iudicare, ita nisi sapiens non potest
perspicere sapientem.

5 Quantum tamen mihi cernere datur, multa in Euphrate sic
eminent et elucent ut mediocriter quoque doctos aduertant et
adficiant. Disputat subtiliter, grauiter, ornate, frequenter etiam
Platonicam illam sublimitatem et latitudinem effingit. Sermo
est copiosus et uarius, dulcis in primis, et qui repugnantes
quoque ducat, impellat. 6 Ad hoc proceritas corporis, decora
facies, demissus capillus, ingens et cana barba ; quae licet
fortuita et inania putentur, illi tamen plurimum uenerationis
adquirunt. 7 Nullus horror in cultu, nulla tristitia, multum
seueritatis ; reuerearis occursum, non reformides. Vitae
sanctitas summa, comitas par ; insectatur uitia, non homines,
nec castigat errantes sed emendat. Sequaris monentem attentus
et pendens, et persuaderi tibi, etiam cum persuaserit, cupias. 8
Iam uero liberi tres, duo mares, quos diligentissime instituit.
Socer Pompeius Iulianus, cum cetera uita tum uel hoc
uno magnus et clarus, quod ipse prouinciae princeps inter
altissimas condiciones generum non honoribus principem
sed sapientia elegit.

9 Quamquam quid ego plura de uiro quo mihi frui non
licet ? An ut magis angar quod non licet ? Nam distringor
officio ut maximo sic molestissimo : sedeo pro tribunali,
subnoto libellos, conficio tabulas, scribo plurimas sed
inlitteratissimas litteras. 10 Soleo non numquam (nam

---

§ 4 nunc *codd.* : hunc V^1 ‖ ita nisi *VBF* : nisi ita *M* ita nisi sit γ.

§ 5 tamen mihi *MVγ* : mihi tamen *BF* ‖ cernere datur *MVBF* : datur
cernere γ ‖ aduertant *MVγ* : euer- *BF* ‖ ornate *MVBF* : ornate et γ ‖
repugnantes *MVγ* : -tis *BF* ‖ ducat *MV* : dicat *BF* ducat et γ ‖ impellat
Fγ : inp- *MVB*.

§ 7 horror *MVBF* : honor γ ‖ seueritatis *codd.* : -ritas *M* ‖ reuerearis
codd. : reuearis *F* ‖ sanctitas *codd.* : scanti- *M* ‖ comitas par *MVB* : par
comitas *F* comitas parum γ ‖ uitia *codd.* : uitta *M* ‖ attentus *MVBF* : -ntius
γ ‖ pendens *codd.* : prud- *F* ‖ persuaderi *MV* : -dere *BF* ‖ persuaserit
MVB : -suaderit *F*.

§ 8 inter *BFγ* : hunc inter *MV*.

§ 9 an ut ... licet *MVBF* : *om.* γ.

quand puis-je me le permettre !) de me plaindre à Euphratès de ces tracas. Lui me console en m'assurant que c'est aussi une partie de la philosophie, et même la plus belle, que d'exercer une fonction publique, d'instruire une affaire et de la juger, de dire le droit et de le faire appliquer, bref, de mettre en pratique ce que les philosophes enseignent. 11 Mais il y a un point sur lequel il ne me persuade pas, c'est qu'il vaille mieux se livrer à ces médiocres besognes que de passer des journées entières avec lui, à l'écouter et à s'instruire.

Alors, puisque tu es libre, la prochaine fois que tu viendras dans la ville (et tâche pour cela d'y revenir plus vite) je te conseille de t'en remettre à lui pour un dernier coup de lime et de polissoir. 12 Car je ne suis pas comme beaucoup : je n'envie pas aux autres le bien dont je suis privé ; bien au contraire, j'éprouve un réel sentiment de plaisir à voir mes amis comblés des joies qui me sont refusées. Au revoir.

11
PLINE À SON AMI FABIUS JUSTUS

Il y a longtemps que tu ne m'envoies plus de lettres. Je n'ai rien à écrire, dis-tu. Eh bien, écris-moi justement cela, que tu n'as rien à écrire, ou même cette simple formule qui servait d'entrée en matière à nos anciens : « Si tu vas bien, c'est parfait ; moi je vais bien. » Cela me suffit, car c'est l'essentiel. 2 Tu crois que je plaisante ? Non, ma demande est sérieuse. Donne-moi de tes nouvelles, je ne peux m'en passer sans la plus grande inquiétude. Au revoir.

12
PLINE À SON AMI CALESTRIUS TIRO

J'ai subi une perte très dure, si le mot perte convient à la disparition d'un si grand homme. Corellius Rufus nous a

id ipsum quando contingit !) de his occupationibus apud
Euphraten queri. Ille me consolatur, adfirmat etiam esse
hanc philosophiae et quidem pulcherrimam partem, agere
negotium publicum, cognoscere, iudicare, promere et exercere
iustitiam, quaeque ipsi doceant in usu habere. 11 Mihi tamen
hoc unum non persuadet, satius esse ista facere quam cum
illo dies totos audiendo discendoque consumere.

Quo magis te, cui uacat, hortor, cum in urbem proxime
ueneris (uenias autem ob hoc maturius), illi te expoliendum
limandumque permittas. 12 Neque enim ego ut multi inuideo
aliis bono quo ipse careo, sed contra sensum quendam
uoluptatemque percipio si ea quae mihi denegantur amicis
uideo superesse. Vale.

11
C. Plinivs Fabio Ivsto svo s.

Olim mihi nullas epistulas mittis. Nihil est, inquis, quod
scribam. At hoc ipsum scribe, nihil esse quod scribas, uel
solum illud unde incipere priores solebant : « Si uales, bene
est ; ego ualeo. » Hoc mihi sufficit ; est enim maximum. 2
Ludere me putas ? Serio peto. Fac sciam quid agas, quod
sine sollicitudine summa nescire non possum. Vale.

12
C. Plinivs Calestrio Tironi svo s.

Iacturam grauissimam feci, si iactura dicenda est tanti
uiri amissio. Decessit Corellius Rufus et quidem sponte,

---

§ 10 contingit *MVF* : -tigit *Bγ* ‖ his *codd.* : is *B* ‖ queri *MVγ* : queror
BF ‖ me *MVBF* : *om.* γ ‖ et (*ante* quidem) *MVBF* : (*ante* hanc) γ.

§ 11 audiendo discendoque *codd.* : audiendoque discendo *B* ‖ ob
codd. : ab *V¹* ‖ expoliendum *BFγ* : extollen- *MV*.

§ 12 bono *MV* : bonum *BFγ* ‖ uoluptatemque *codd.* : -tatumque *M*.

I, 11 Fabio *BF* : *om. MVγ* ‖ § 1 at *V²BF* : ad *MV¹* aut γ ‖ hoc *codd.* :
om. F ‖ incipere priores *codd.* : priores incipere *F*.

I, 12 Calestrio *BF* : *om. MV in hac epistula deest* γ ‖ § 1 feci *MV* :
feroci *B* fero *F* ‖ tanti *codd.* : tanta *V¹* ‖ amissio *codd.* : -sso *M*

quittés, et il l'a fait de son plein gré, ce qui avive ma douleur.
C'est en effet la mort la plus affligeante, celle qui ne paraît
voulue ni par la nature ni par le destin. 2 Car chez ceux qui
succombent à la maladie, son côté inéluctable offre de toute
façon une grande consolation ; mais chez ceux qu'emporte
une mort volontaire, la douleur est irrémédiable, parce qu'on
pense qu'ils auraient pu vivre encore longtemps. 3 Un motif
suprême, qui tient lieu de nécessité pour les sages, a poussé
Corellius à prendre cette décision, bien qu'il eût de nombreuses
raisons de vivre : une conscience parfaite, une réputation
parfaite, une très grande autorité, et en outre une fille, une
femme, un petit-fils, des sœurs, et parmi tant d'être chers de
vrais amis. 4 Mais il souffrait d'une si longue et si cruelle
maladie que tous ces cadeaux de la vie ont cédé devant les
raisons de mourir.

À trente-deux ans, comme il le disait lui-même, il eut
une attaque de goutte aux pieds. Il tenait cela de son père ;
car bien souvent les maladies, comme d'autres choses, se
transmettent pour ainsi dire par héritage. 5 Une vie sobre
et irréprochable, tant qu'il fut dans la force de l'âge, lui a
permis de vaincre la maladie et d'en atténuer les effets ; ces
derniers temps, comme elle s'aggravait avec la vieillesse, il
y résistait à force d'énergie, tout en endurant des souffrances
incroyables et d'abominables tortures. 6 Déjà la douleur n'était
plus seulement fixée dans les pieds, comme précédemment,
mais envahissait tout le corps. Je vins le voir au temps de
Domitien dans sa propriété suburbaine, où il était alité. 7 Les
esclaves quittèrent la chambre : c'était l'usage chez lui quand
entrait un ami intime ; même sa femme se retirait, bien que
sa discrétion fût à toute épreuve. 8 Il jeta les yeux autour de
lui et dit : « Pourquoi penses-tu que je supporte si longtemps de
telles douleurs ? C'est pour survivre à ce brigand, ne serait-ce
qu'un seul jour. » On lui aurait donné un physique à la hauteur
de son courage, il aurait accompli ce qu'il souhaitait.

quod dolorem meum exulcerat. Est enim luctuosissimum
genus mortis quae non ex natura nec fatalis uidetur. 2 Nam
utcumque in illis qui morbo finiuntur magnum ex ipsa
necessitate solacium est ; in iis uero quos accersita mors
aufert, hic insanabilis dolor est, quod creduntur potuisse diu
uiuere. 3 Corellium quidem summa ratio, quae sapientibus
pro necessitate est, ad hoc consilium compulit, quamquam
plurimas uiuendi causas habentem, optimam conscientiam,
optimam famam, maximam auctoritatem, praeterea filiam,
uxorem, nepotem, sorores, interque tot pignora ueros amicos.
4 Sed tam longa, tam iniqua ualetudine conflictabatur ut haec
tanta pretia uiuendi mortis rationibus uincerentur.

Tertio et tricensimo anno, ut ipsum audiebam, pedum
dolore correptus est. Patrius hic illi ; nam plerumque morbi
quoque per successiones quasdam ut alia traduntur. 5 Hunc
abstinentia, sanctitate, quoad uiridis aetas, uicit et fregit ;
nouissime cum senectute ingrauescentem uiribus animi
sustinebat, cum quidem incredibilis cruciatus et indignissima
tormenta pateretur. 6 Iam enim dolor non pedibus solis ut
prius insidebat, sed omnia membra peruagabatur. Veni ad
eum Domitiani temporibus in suburbano iacentem. 7 Serui
e cubiculo recesserunt : habebat hoc moris quotiens intrasset
fidelior amicus ; quin etiam uxor, quamquam omnis secreti
capacissima, digrediebatur. 8 Circumtulit oculos et : « Cur,
inquit, me putas hos tantos dolores tam diu sustinere ? Vt
scilicet isti latroni uel uno die supersim. » Dedisses huic
animo par corpus, fecisset quod optabat.

fatalis V^2BF : falis V^1 facilis M.
     § 2 iis MV : his BF ‖ accersita (acer-B) VBF : arcessita M ‖ potuisse
MVB : posse F.
     § 3 conscientiam optimam BF : *om. MV*.
     § 4 tricensimo M : trigens- V trices- B xxx (mo *supra scriptum*) F ‖
per successiones *codd.* : percuss- V^1.
     § 5 quoad *codd.* : quod F ‖ nouissime cum MV : nouissime eum BF ‖
ingrauescentem MVF : ingrauas- B ‖ incredibilis MV : -biles BF.
     § 7 habebat MVB : habebat enim F ‖ quin BF : *om. MV*.
     § 8 circumtulit *codd.* : circut- M^1 ‖ tam diu *codd.* : tandiu F ‖ scilicet
codd. : sil- V^1

Mais Dieu a exaucé son vœu ; quand il le vit réalisé, sentant désormais qu'il allait mourir tranquille et libre, il coupa les liens, nombreux mais moins forts, qui le rattachaient à la vie. 9 La maladie avait empiré, il tenta de l'atténuer par la diète, et comme elle persistait, il eut le courage de lui échapper. Deux jours passent, puis trois, puis quatre : il refusait toute nourriture. Sa femme Hispulla m'envoya un ami commun, C. Geminius, avec un bien triste message : Corellius avait décidé de mourir et ne se laissait fléchir ni par ses prières à elle, ni par celles de sa fille ; il ne restait que moi qui puisse le rappeler à la vie. 10 J'y courus. J'étais presque arrivé chez eux quand Julius Atticus vient m'annoncer, toujours de la part d'Hispulla, que même moi je n'obtiendrais plus rien, tant il s'endurcissait de plus en plus dans son obstination. Il avait dit au médecin qui voulait le faire manger : « *Ma décision est prise* », et ces mots ont laissé dans mon cœur autant d'admiration que de regret.

11 Je pense à l'ami, à l'homme que j'ai perdu. Sans doute il a achevé sa soixante-septième année, ce qui est une vie assez longue, même pour les personnes les plus robustes ; je le sais. Il a échappé à des souffrances continuelles ; je le sais. Il est mort en laissant en vie les siens, et prospère un État qui lui était plus cher que tout ; cela aussi je le sais. 12 Et pourtant je le pleure comme s'il était mort jeune et en pleine force ; je le pleure (tu vas me trouver faible) à titre personnel. Car j'ai perdu, oui, j'ai perdu le témoin de ma vie, son guide, son maître. Je te dirai pour finir ce que j'ai dit à mon ami Calvisius dans les premiers moments de ma douleur : « J'ai peur d'être moins attentif à ma façon de vivre. » 13 Et donc, adresse-moi des consolations, mais pas comme ceci : « Il était vieux, il était malade » (car cela je le sais), mais des consolations neuves et fortes, que je n'aie jamais entendues, jamais lues. Car celles que j'ai entendues, celles que j'ai lues me viennent spontanément à l'esprit, mais elles sont impuissantes devant un tel chagrin. Au revoir.

Adfuit tamen deus uoto, cuius ille compos ut iam securus liberque moriturus, multa illa uitae, sed minora, retinacula abrupit. 9 Increuerat ualetudo, quam temperantia mitigare temptauit ; perseuerantem constantia fugit. Iam dies alter, tertius, quartus : abstinebat cibo. Misit ad me uxor eius Hispulla communem amicum C. Geminium cum tristissimo nuntio : destinasse Corellium mori nec aut suis aut filiae precibus inflecti ; solum superesse me a quo reuocari posset ad uitam. 10 Cucurri. Perueneram in proximum, cum mihi ab eadem Hispulla Iulius Atticus nuntiat nihil iam ne me quidem impetraturum, tam obstinate magis ac magis induruisse. Dixerat sane medico admouenti cibum : « κέκρικα », quae uox quantum admirationis in animo meo tantum desiderii reliquit.

11 Cogito quo amico, quo uiro caream. Impleuit quidem annum septimum et sexagensimum, quae aetas etiam robustissimis satis longa est ; scio. Euasit perpetuam ualetudinem ; scio. Decessit superstitibus suis, florente re publica, quae illi omnibus carior erat ; et hoc scio. 12 Ego tamen tamquam et iuuenis et firmissimi mortem doleo, doleo autem (licet me imbecillum putes) meo nomine. Amisi enim, amisi uitae meae testem, rectorem, magistrum. In summa dicam quod recenti dolore contubernali meo Caluisio dixi : « Vereor ne neglegentius uiuam. » 13 Proinde adhibe solacia mihi, non haec : « Senex erat, infirmus erat » (haec enim noui), sed noua aliqua, sed magna, quae audierim numquam, legerim numquam. Nam quae audiui, quae legi sponte succurrunt, sed tanto dolore superantur. Vale.

abrupit (aprup- *B*) *codd.* : abrip- *V¹*.

§ 9 perseuerantem *codd.* : -team *M¹* ‖ C. geminium *BF* : G. germanium (-num *V*) *MV* ‖ inflecti *MV* : flecti *BF*.

§ 10 impetraturum (inp- *V*) *MV* : imperat- *BF* ‖ κέκρικα *codd.* : κεκλίηκα *F* ‖ desiderii *codd.* : -deri *V¹*.

§ 11 sexagensimum *MV* : -gesimum *BF* ‖ re publica *codd.* : R · P · *F* ‖ omnibus *MV* : omnibus suis *BF*.

§ 12 ego *BF* : *om. MV* ‖ tamquam *VB* : tanq- *MF* ‖ et iuuenis *MVB* : iuuenis *F* ‖ firmissimi *MV* : fortiss- *BF* ‖ mortem *MV* : -te *BF* ‖ doleo doleo *codd.* : (*semel*) *M* ‖ amisi uitae *BF* : uitae *MV* ‖ uereor ne *VBF* : uereorne ne *M*.

§ 13 audiui *codd.* : -dii *B* ‖ legi *codd.* : elegi *M*.

13

Cette année a produit une grande récolte de poètes ; pendant tout le mois d'avril presque aucun jour ne s'est passé sans une lecture publique. Je me réjouis de la vigueur de nos études et de voir éclore des talents qui ne demandent qu'à se montrer, malgré le peu d'empressement des auditeurs. 2 La plupart vont s'asseoir dans des salles de réunion et au lieu d'écouter passent leur temps en bavardages ; de temps à autre ils demandent qu'on leur dise si le lecteur est déjà entré, s'il a terminé son introduction, s'il a déjà déroulé une bonne partie de son volume ; c'est alors seulement qu'ils arrivent, et encore avec lenteur et en traînant les pieds ; et cependant ils ne restent pas jusqu'au bout, mais se retirent avant la fin, les uns furtivement et sans se faire remarquer, d'autres de façon franche et ouverte.

3 Mais, par Hercule, on raconte qu'au temps de nos pères l'empereur Claude, se promenant au Palatin, entendit des acclamations et en demanda la cause. Quand on lui dit que c'était une lecture de Nonianus, il s'y rendit, à la surprise du lecteur et sans être annoncé. 4 De nos jours tous ceux qui n'ont rien à faire, bien qu'invités longtemps à l'avance et malgré plusieurs rappels, ou bien ne viennent pas, ou, s'ils viennent, se plaignent d'avoir perdu une journée, parce qu'ils ne l'ont pas perdue. 5 C'est une raison de plus pour féliciter et approuver ceux dont le goût d'écrire et de lire en public ne se laisse pas arrêter par cette paresse ou ce dédain des auditeurs.

En ce qui me concerne, je n'ai presque jamais fait faux bond à quelqu'un. La plupart, il est vrai, étaient des amis, car il n'y a quasiment personne qui aime nos études sans nous

13
C. Plinivs Sosio Senecioni svo s.

Magnum prouentum poetarum annus hic attulit ; toto mense Aprili nullus fere dies quo non recitaret aliquis. Iuuat me quod uigent studia, proferunt se ingenia hominum et ostentant, tametsi ad audiendum pigre coitur. 2 Plerique in stationibus sedent tempusque audiendi fabulis conterunt, ac subinde sibi nuntiari iubent an iam recitator intrauerit, an dixerit praefationem, an ex magna parte euoluerit librum ; tum demum ac tunc quoque lente cunctanterque ueniunt, nec tamen permanent sed ante finem recedunt, alii dissimulanter et furtim, alii simpliciter et libere.

3 At hercule memoria parentum Claudium Caesarem ferunt, cum in Palatio spatiaretur audissetque clamorem, causam requisisse ; cumque dictum esset recitare Nonianum, subitum recitanti inopinatumque uenisse. 4 Nunc otiosissimus quisque multo ante rogatus et identidem admonitus aut non uenit aut, si uenit, queritur se diem, quia non perdiderit, perdidisse. 5 Sed tanto magis laudandi probandique sunt quos a scribendi recitandique studio haec auditorum uel desidia uel superbia non retardat.

Equidem prope nemini defui. Erant sane plerique amici ; neque enim est fere quisquam qui studia ut non simul et nos

I, 13 Senecioni *BF* : *om. Mγ*.

§ 2 iubent *MVF²* : -bet *BF¹ om.* γ ‖ recitator *MVBF* : recitat quia γ ‖ an dixerit *MVBF* : an iam dixerit γ ‖ tum demum *BF* : tunc demum *MVγ*.

§ 3 at *V²BFγ* : ad *MV¹* ‖ requisisse *codd.* -sisset *B* ‖ recitanti *MVBF* : -tationi γ.

§ 4 quisque *MVBF* : quis γ ‖ et identidem admonitus *BFγ* : *om. MV* ‖ perdiderit *codd.* : -didit *Gierig, Mynors*.

§ 5 quos a *MVBF* : quos γ ‖ recitandique *codd.* : -tandi *V* ‖ uel desidia *MVγ* : desidia *BF* ‖ retardat *MVBF* : tardat γ ‖ prope nemini (mem- *M*) *MVγ* : properemini *B* propero nimis *F* ‖ defui erant *BFγ* : defuerant *MV* ‖ qui studia ut non simul et nos amet (non *om. B¹*) *codd.* : qui nos amet ut studia non simulet *F* ‖ ut *MVBF* : uti γ.

aimer nous aussi. 6 Voilà les raisons qui m'ont fait passer à la ville plus de temps que je n'avais envisagé. Je peux maintenant regagner ma retraite et écrire quelque chose que je ne lirai pas en public, afin que ceux dont j'ai écouté les lectures ne pensent pas qu'au lieu d'être leur auditeur j'étais leur créancier. C'est comme pour tout : quand on rend le service de venir écouter quelqu'un, on perd ses droits à la reconnaissance si on la réclame. Au revoir.

14

PLINE À SON AMI JUNIUS MAURICUS

Tu me demandes de chercher un mari pour la fille de ton frère, et tu as raison de m'avoir choisi entre tous pour cette tâche. Tu connais en effet le respect et l'affection que je vouais à cet homme éminent, les encouragements dont il a soutenu ma jeunesse, ses éloges aussi, qui ont eu pour effet de me faire paraître digne d'éloges. 2 Tu ne pouvais me confier une mission plus importante ni plus agréable, et je ne pouvais en assumer une plus honorable que celle de choisir un jeune homme digne d'être le père des petits-fils d'Arulenus Rusticus.

3 Il m'aurait fallu le chercher longtemps, s'il n'y avait eu, tout prêt et comme prévu pour cela, Minicius Acilianus. Il éprouve pour moi l'affection si amicale qu'on a entre jeunes gens (il n'a que quelques petites années de moins que moi) et le respect qu'on porte à un vieillard, car il souhaite recevoir de moi l'éducation et les principes que j'allais chercher dans ta famille. 4 Il est originaire de Brixia, dans cette Italie à nous, qui conserve fidèlement jusqu'à nos jours une bonne part de la décence, de la frugalité et aussi de la rusticité antiques. 5 Son père, Minicius Macrinus, est parmi les premiers dans l'ordre équestre, parce qu'il n'a pas voulu monter plus haut. Car le divin Vespasien lui avait offert le rang de sénateur prétorien, mais il a préféré fermement une tranquillité entourée de considération, dirai-je à nos intrigues ou à nos honneurs ? 6 Il

amet. 6 His ex causis longius quam destinaueram tempus in
urbe consumpsi. Possum iam repetere secessum et scribere
aliquid quod non recitem, ne uidear, quorum recitationibus
adfui, non auditor fuisse sed creditor. Nam ut in ceteris rebus
ita in audiendi officio perit gratia si reposcatur. Vale.

14

C. Plinivs Ivnio Mavrico svo s.

Petis ut fratris tui filiae prospiciam maritum ; quod
merito mihi potissimum iniungis. Scis enim quanto opere
summum illum uirum suspexerim dilexerimque, quibus ille
adulescentiam meam exhortationibus fouerit, quibus etiam
laudibus ut laudandus uiderer effecerit. 2 Nihil est quod a
te mandari mihi aut maius aut gratius, nihil quod honestius
a me suscipi possit quam ut eligam iuuenem ex quo nasci
nepotes Aruleno Rustico deceat.

3 Qui quidem diu quaerendus fuisset, nisi paratus et
quasi prouisus esset Minicius Acilianus, qui me ut iuuenis
iuuenem (est enim minor pauculis annis) familiarissime
diligit, reueretur ut senem. Nam ita formari a me et institui
cupit ut ego a uobis solebam. 4 Patria est ei Brixia, ex illa
nostra Italia quae multum adhuc uerecundiae, frugalitatis
atque etiam rusticitatis antiquae retinet ac seruat. 5 Pater
Minicius Macrinus, equestris ordinis princeps, quia nihil altius
uoluit ; adlectus enim a diuo Vespasiano inter praetorios
honestam quietem huic nostrae, ambitioni dicam an dignitati,

§ 6 destinaueram *BFγ* : dist- *MV* ‖ reposcatur *MVBF* : -ponatur *γ*.

I, 14 Iunio *BF* : *om. MVγ* ‖ maurico *codd.* : marico *F* ‖ § 1 quanto
opere *Vγ* : -topere *MBF* ‖ laudibus ... effecerit *codd.* : laudibus laudandus
affecerit *γ*.

§ 2 quod *codd.* : *om. V* ‖ aruleno *MV* : -lino *γ* auruleno *BF*.

§ 3 qui *MVBF* : et *γ* ‖ quaerendus *codd.* : quer- *F* ‖ minicius (mun-
V) *MV* : milicius aemilianus *BF* minutius *γ* ‖ acilianus *MVB* : acel- *F* ‖
formari a me et (et *om. B*) *MVBF* : a me *γ*.

§ 4 ex illa *BF* : et illa *MVγ* ‖ atque etiam rusticitatis *MVγ* : *om. BF*.

§ 5 minicius *MV* : minutius *γ* nimius *BF* ‖ macrinus *MVBF* : *om. γ* ‖
enim *MVBF* : *om. γ* ‖ dignitati *codd.* : dignati *M¹*.

a pour grand-mère maternelle Serrana Procula, du municipe
de Padoue. Tu connais les mœurs de l'endroit; et pourtant,
même pour les Padouans, Serrana est un modèle d'austérité. Il
a aussi la chance d'avoir pour oncle P. Acilius, dont la gravité,
la sagesse, la loyauté ont quelque chose d'exceptionnel. Bref,
tu ne trouveras rien dans toute cette famille qui ne te plaise
comme s'il s'agissait de la tienne.

7 Quant à Acilius, c'est un homme plein de vigueur et
d'activité, bien qu'il soit extrêmement réservé. Il a brillamment
parcouru la questure, le tribunat et la préture, et t'a dès lors
épargné l'obligation de faire campagne pour lui. 8 Il a un
visage noble, qu'un sang riche colore abondamment; toute sa
personne reflète la distinction d'un homme libre et une sorte
de dignité sénatoriale. Ce sont là des choses qu'il ne faut, à
mon avis, nullement négliger; elles sont en quelque sorte la
récompense due à la vertu des jeunes filles. 9 Je ne sais si
je dois ajouter que son père a de gros moyens. Car quand je
songe à vous, pour qui nous cherchons un gendre, je pense
qu'il ne faut pas parler de moyens; mais quand je regarde
les mœurs de nos contemporains et même les lois de l'État,
qui veulent qu'on tienne compte avant tout de la fortune des
gens, je me dis que ce point non plus n'est pas à négliger. Et
assurément, quand on pense à une descendance, et qu'on la
veut nombreuse, il faut tenir compte aussi de ce calcul dans
le choix d'un parti. 10 Tu penses peut-être que je laisse trop
de place à mon affection et que je vante ces mérites plus qu'il
n'est raisonnable. Mais je te garantis sur ma parole que tu
les trouveras tous largement supérieurs à ce que je te prédis.
Oui, j'ai pour ce jeune homme la plus vive sympathie, et il
la mérite; mais c'est justement faire preuve d'amitié que de
ne pas l'accabler d'éloges. Au revoir.

constantissime praetulit. 6 Habet auiam maternam Serranam Proculam e municipio Patauio. Nosti loci mores ; Serrana tamen Patauinis quoque seueritatis exemplum est. Contigit et auunculus ei P. Acilius grauitate, prudentia, fide prope singulari. In summa nihil erit in domo tota quod non tibi tamquam in tua placeat.

7 Aciliano uero ipsi plurimum uigoris, industriae, quamquam in maxima uerecundia. Quaesturam, tribunatum, praeturam honestissime percucurrit, ac iam pro se tibi necessitatem ambiendi remisit. 8 Est illi facies liberalis, multo sanguine, multo rubore suffusa ; est ingenua totius corporis pulchritudo et quidam senatorius decor. Quae ego nequaquam arbitror neglegenda ; debet enim hoc castitati puellarum quasi praemium dari. 9 Nescio an adiciam esse patri eius amplas facultates. Nam cum imaginor uos quibus quaerimus generum, silendum de facultatibus puto ; cum publicos mores atque etiam leges ciuitatis intueor, quae uel in primis census hominum spectandos arbitrantur, ne id quidem praetereundum uidetur. Et sane de posteris et his pluribus cogitanti, hic quoque in condicionibus deligendis ponendus est calculus. 10 Tu fortasse me putes indulsisse amori meo supraque ista quam res patitur sustulisse. At ego fide mea spondeo futurum ut omnia longe ampliora quam a me praedicantur inuenias. Diligo quidem adulescentem ardentissime sicut meretur ; sed hoc ipsum amantis est, non onerare eum laudibus. Vale.

§ 6 serranam *codd.* : sarr- *V* ‖ proculam e *MVBF* : procul a me γ ‖ patauio *MVBF* : -uino γ ‖ serrana *MF* : sarr- *VB* ‖ patauinis *MVBF* : -uis γ.

§ 7 industriae *MVBF* : -triam γ ‖ quaesturam *codd.* : -tura *M*.

§ 8 rubore *V²BFγ* : rob- *MV¹* ‖ arbitror *codd.* : -tor *F¹* ‖ castitati *codd.* : -tate *F*.

§ 9 esse *codd.* : *om. F* ‖ imaginor uos *MVBF* : imaginosum os (*ut uid.*) γ ‖ quaerimus *codd.* : quer- *F* ‖ hic quoque *MVBF* : his quoque γ ‖ deligendis *codd.* : dil- *V*.

§ 10 ut *MVγ* : *om. BF* ‖ inuenias *MVBF* : -nio γ.

15
PLINE À SON AMI SEPTICIUS CLARUS

Dis-donc, toi ! Tu acceptes une invitation à dîner et tu
ne viens pas ? Voici la sentence : tu rembourseras la dépense
jusqu'au dernier as, et ce n'est pas rien. 2 On avait préparé
une laitue par personne, trois escargots, deux œufs, un gâteau
de semoule avec du vin miellé et de la neige (celle-là aussi
tu la compteras, et même avant le reste, car elle a fondu sur
le plateau), des olives, des bettes, des courges, des oignons
et mille autres plats non moins raffinés. Tu aurais entendu
des comédiens, ou un lecteur, ou un joueur de lyre, ou tous
les trois : je suis si généreux ! 3 Mais toi, tu as préféré, chez
je ne sais qui, des huîtres, des vulves de truie, des oursins,
des danseuses de Gadès.

Tu seras puni, je ne te dis pas comment. Tu t'es conduit
comme un goujat ; tu as refusé un plaisir à toi peut-être, à moi
sûrement, mais tout de même à toi aussi. Combien nous aurions
plaisanté, et ri, et parlé de nos études ! 4 Tu peux dîner plus
somptueusement chez beaucoup de gens, mais nulle part de
façon plus gaie, plus franche et plus détendue. Bref, essaie, et
si dans la suite tu ne préfères pas refuser les autres invitations,
je veux que tu refuses toujours les miennes. Au revoir.

16

PLINE À SON AMI ERUCIUS

J'aimais déjà Pompeius Saturninus (je parle de notre ami)
et je vantais son talent, même avant de le savoir si varié, si
souple, si multiple ; mais maintenant qu'il a pris possession de

15

C. Plinivs Septicio Claro svo s.

Heus tu ! Promittis ad cenam nec uenis ? Dicitur ius : ad
assem impendium reddes, nec id modicum. 2 Paratae erant
lactucae singulae, cochleae ternae, oua bina, halica cum
mulso et niue (nam hanc quoque computabis, immo hanc
in primis quae perit in ferculo), oliuae, betacei, cucurbitae,
bulbi, alia mille non minus lauta. Audisses comoedos uel
lectorem uel lyristen uel, quae mea liberalitas, omnes. 3
At tu apud nescio quem ostrea, uuluas, echinos, Gaditanas
maluisti.

Dabis poenas, non dico quas. Dure fecisti ; inuidisti,
nescio an tibi, certe mihi, sed tamen et tibi. Quantum nos
lusissemus, risissemus, studuissemus ! 4 Potes apparatius
cenare apud multos, nusquam hilarius, simplicius, incautius.
In summa experire et, nisi postea te aliis potius excusaueris,
mihi semper excusa. Vale.

16

C. Plinivs Ervcio svo s.

Amabam Pompeium Saturninum (hunc dico nostrum)
laudabamque eius ingenium, etiam antequam scirem
quam uarium, quam flexibile, quam multiplex esset ;

I, 15 Septicio *B²F* : -titio *MV* septio *B¹* ‖ claro *BF* : *om. MVγ* ‖ § 1
impendium *F* : inp- (inped- *B¹*) *MVB*.

§ 2 hanc quoque *MVγ* : haec quoque *BF* ‖ perit *BFγ* : periit *MV* ‖
oliuae betacei (-ci *γ*) *MVγ* : oliuo laebeta *BF* ‖ mille non minus *MVBF* :
non minus mile *γ* ‖ comoedos *M* : -do *B* -dum *VF* comedes *γ* ‖ omnes
MVγ : -nis *BF*.

§ 3 at *V²BFγ* : ad *MV¹* ‖ echinos *codd.* : eschi- *V²* ‖ gaditanas (cad- *γ*)
γ edd. : -tana *MV* -tanos *F* gauditanas *B¹* gauditanos *B²* ‖ certe *MVBF* :
certe an *γ* ‖ nos lusissemus *MVBF* : uoluissemus *γ* ‖ risissemus *codd.* :
rissemus *M¹* risisemus *M²* ‖ studuissemus *MVγ* : *om. BF*.

§ 4 potes *MVBF* : potes potes *γ* ‖ nusquam *MVγ* : numq- *BF* ‖
incautius *MVBF* : caut- *γ* ‖ te *MVBF* : *om. γ* ‖ excusa *MVBF* : -ses *γ*.

moi, il me tient, il ne me lâche plus. 2 Je l'ai entendu plaider
avec autant d'énergie et de passion que d'élégance et de
raffinement, que ses discours fussent préparés ou improvisés.
On trouve chez lui beaucoup de formules justes, des phrases
à la structure solide et belle, un vocabulaire harmonieux et
digne des Anciens. Toutes ces qualités sont merveilleusement
plaisantes au moment où on les voit passer en un mouvement
impétueux comme un torrent ; elles plaisent aussi quand on
les retrouve à la lecture. 3 Tu seras du même avis que moi
quand tu auras entre les mains ses discours, que tu compareras
aisément à n'importe lequel des Anciens, dont il est l'émule.
4 Cependant c'est dans l'histoire qu'il te satisfera plus encore,
par la concision, la clarté, l'agrément, mais aussi par l'éclat
et l'élévation de son récit. Car il y a, dans les discours qu'il
y insère, la même force que dans ses plaidoyers, seulement
plus resserrée, plus ramassée, plus contenue.

5 En outre il fait des vers, comme ceux de mon Catulle ou
de Calvus, je dis bien, comme ceux de Catulle ou de Calvus.
Que de grâce dans ces vers, que de douceur, de mordant, de
passion ! Il glisse aussi, mais à dessein, au milieu de vers
doux et fluides quelques vers un peu durs ; et cela aussi fait
penser à Catulle ou à Calvus.

6 Récemment il m'a lu des lettres ; il les disait de sa femme.
J'ai cru qu'on me lisait du Plaute ou du Térence en prose.
Qu'elles soient de sa femme, comme il l'affirme, ou de lui,
ce qu'il nie, il mérite les mêmes compliments, soit pour être
l'auteur de si beaux textes, soit pour avoir donné à sa femme,
qu'il a épousée toute jeune, tant de culture et de goût.

7 Aussi est-il avec moi toute la journée ; c'est bien lui que
je lis avant d'écrire, quand j'ai fini d'écrire, et aussi quand
je me repose, mais il ne me semble jamais le même. Fais-en
autant, je t'y encourage, je te le conseille. 8 Et il ne faudrait

nunc uero totum me tenet, habet, possidet. 2 Audii causas
agentem acriter et ardenter nec minus polite et ornate, siue
meditata siue subita proferret. Adsunt aptae crebraeque
sententiae, grauis et decora constructio, sonantia uerba et
antiqua. Omnia haec mire placent cum impetu quodam et
flumine peruehuntur, placent si retractentur. 3 Senties quod
ego, cum orationes eius in manus sumpseris, quas facile
cuilibet ueterum, quorum est aemulus, comparabis. 4 Idem
tamen in historia magis satisfaciet uel breuitate uel luce uel
suauitate uel splendore etiam et sublimitate narrandi. Nam
in contionibus eadem quae in orationibus uis est, pressior
tantum et circumscriptior et adductior.

5 Praeterea facit uersus, qualis Catullus meus aut Caluus,
re uera qualis Catullus aut Caluus. Quantum illis leporis,
dulcedinis, amaritudinis, amoris ! Inserit sane, sed data
opera, mollibus leuibusque duriusculos quosdam ; et hoc
quasi Catullus aut Caluus.

6 Legit mihi nuper epistulas ; uxoris esse dicebat. Plautum
uel Terentium metro solutum legi credidi. Quae siue uxoris
sunt, ut adfirmat, siue ipsius, ut negat, pari gloria dignus,
qui aut illa componat aut uxorem, quam uirginem accepit,
tam doctam politamque reddiderit.

7 Est ergo mecum per diem totum ; eundem antequam
scribam, eundem cum scripsi, eundem etiam cum remittor,
non tamquam eundem lego. Quod te quoque ut facias et
hortor et moneo ; 8 neque enim debet operibus eius obesse

I, 16 § 1 uero ... cum ede[ret I, 20, 7] *om. MV* ‖ possidet *BF* :
-detque γ.

§ 2 audii *BF* : audi γ audiui *Aldina* ‖ causas *BF* : quasdam causas γ
‖ nec *BF* : non γ ‖ aptae *BF* : acutae γ ‖ haec *Fγ* : eae *B*.

§ 4 magis *BF* : tibi magis γ ‖ luce *Fγ* : -cie *B* ‖ uel suauitate *BF* : *om.*
γ ‖ eadem quae in orationibus uis γ : idem qui in orationibus suis *BF*.

§ 5 qualis *B* : quales *Fγ* ‖ catullus *BF²γ* : catulus *F¹* ‖ meus ... catullus
γ : *om. BF* ‖ illis leporis dulcedinis amaritudinis amoris *BF* : ille lepores
-dines -dines -ores γ ‖ mollibus leuibusque γ : mollius leuiusque *BF* ‖
duriusculos γ : durius colos *BF*.

§ 6 epistulas uxoris *Bγ* : epistulas quas uxoris *F* ‖ ut negat *BF* : *om.*
γ ‖ dignus γ : dignus est *BF*.

§ 7 remittor *Bγ* : -tto *F*.

pas que ses œuvres pâtissent de ce qu'il est encore vivant. S'il avait brillé à une époque que nous n'avons pas connue, nous rechercherions ses livres et même ses portraits ; mais aujourd'hui qu'il est parmi nous, laisserons-nous languir sa gloire et sa réputation, comme si nous en étions lassés ? 9 Il serait injuste et malveillant de ne pas admirer un homme si digne d'admiration, parce qu'on a eu la chance de le voir, de lui parler, de l'entendre, de l'embrasser, et pas seulement de faire son éloge, mais aussi de l'aimer. Au revoir.

17
PLINE À SON AMI CORNELIUS TITIANUS

Il y a encore des gens qui se soucient d'être fidèles et dévoués ; il y en a qui jouent le rôle d'amis même envers des défunts. Titinius Capito a obtenu de notre empereur la permission de faire ériger une statue de L. Silanus sur le forum. 2 Il est beau, et cela mérite de grands éloges, d'utiliser ainsi l'amitié du prince et de mesurer son crédit d'après les honneurs qu'on peut rendre à d'autres. C'est d'ailleurs une habitude chez Capito d'honorer les hommes illustres. 3 On ne saurait croire quelle vénération, quelle ferveur il voue chez lui, où cela ne lui est pas interdit, aux portraits des Brutus, des Cassius et des Catons. Il consacre aussi des vers magnifiques à la vie de tous les hommes célèbres. 4 Nul doute qu'il faille posséder soi-même de nombreux mérites pour aimer à ce point ceux d'autrui. L'honneur rendu à L. Silanus lui était dû, et Capito a pourvu en même temps à son immortalité et à la sienne propre. Car une statue sur le forum du peuple romain ne confère pas plus d'honneur et d'éclat à celui qu'elle représente qu'à celui qui la fait ériger. Au revoir.

quod uiuit. An si inter eos quos numquam uidimus floruisset,
non solum libros eius, uerum etiam imagines conquireremus,
eiusdem nunc honor praesentis et gratia quasi satietate
languescit ? 9 At hoc prauum malignumque est, non admirari
hominem admiratione dignissimum, quia uidere, adloqui,
audire, complecti nec laudare tantum, uerum etiam amare
contigit. Vale.

17
C. Plinivs Cornelio Titiano svo s.

Est adhuc curae hominibus fides et officium ; sunt
qui defunctorum quoque amicos agant. Titinius Capito
ab imperatore nostro impetrauit ut sibi liceret statuam L.
Silani in foro ponere. 2 Pulchrum et magna laude dignum
amicitia principis in hoc uti, quantumque gratia ualeas
aliorum honoribus experiri. Est omnino Capitoni in usu
claros uiros colere ; 3 mirum est qua religione, quo studio
imagines Brutorum, Cassiorum, Catonum domi ubi potest
habeat. Idem clarissimi cuiusque uitam egregiis carminibus
exornat. 4 Scias ipsum plurimis uirtutibus abundare qui
alienas sic amat. Redditus est L. Silano debitus honor, cuius
immortalitati Capito prospexit pariter et suae. Neque enim
magis decorum et insigne est statuam in foro populi Romani
habere quam ponere. Vale.

---

§ 8 an γ : at *BF* ‖ inter *codd.* : iter *B¹* ‖ libros *F*γ : liberos *B* ‖
conquireremus (-quiremus *B*) *BF* : requireremus γ.

§ 9 at γ : et *BF* ‖ adloqui audire γ : *om. BF* ‖ contigit *BF* : -tingit γ.

I, 17 Cornelio titiano *BF* : icciano γ ‖ § 1 adhuc *BF* : ad hoc γ ‖
nostro *BF* : *om.* γ ‖ impetrauit *codd.* -perauit *B¹* ‖ silani *codd.* : -liani *B¹*
(*ut uid.*).

§ 2 hoc γ : haec *BF* ‖ experiri est *BF* : est experiri γ ‖ uiros γ : *om.*
BF.

§ 3 brutorum *codd.* : buto- *B¹* ‖ habeat *codd.* : habet *B¹* ‖ idem *BF* :
item γ.

§ 4 L. silano *BF* : sillano γ silano *Mynors* ‖ immortalitati *codd.* :
inmor- *B* ‖ et suae *BF* : suae γ.

18

Tu m'écris qu'un rêve qui t'a épouvanté te fait craindre un revers dans ta plaidoirie ; tu me demandes de solliciter un ajournement et de te faire excuser pour quelques jours ou du moins pour le lendemain. C'est difficile mais j'essaierai : *car un rêve vient de Zeus.*

2 Mais tout dépend si tes rêves, d'ordinaire, sont conformes ou contraires à l'événement. En repensant à un rêve que j'ai fait, il me semble que le tien, qui t'effraie, te prédit une plaidoirie brillante. 3 Je m'étais chargé de la cause de Junius Pastor, quand dans mon sommeil j'ai cru voir ma belle-mère se jeter à mes pieds et me supplier de ne pas plaider. J'étais encore un tout jeune homme et je devais plaider devant les quatre jurys réunis, plaider contre les personnages les plus puissants de l'État et même contre des amis de César ; chacune de ces circonstances pouvait me faire perdre mes facultés après un rêve d'un aussi mauvais augure. 4 Je plaidai néanmoins, en vertu du calcul : *défendre sa patrie, c'est le meilleur présage.* Car à mes yeux la parole donnée valait bien la patrie, et même plus que la patrie. Le résultat fut excellent et c'est justement ce plaidoyer qui m'a ouvert les oreilles du public et la porte de la renommée.

5 Vois donc si, d'après cet exemple, tu ne peux pas toi aussi interpréter ton rêve en un sens favorable ; à l'inverse, si tu trouves plus sûr le précepte des prudents, « dans le doute, abstiens-toi, » fais-le moi savoir. 6 De mon côté je trouverai de quoi tourner la difficulté et je plaiderai ta cause pour que tu puisses plaider celle dont tu es chargé, au moment où tu voudras. En effet ta situation est différente de celle où je me trouvais : dans les procès des centumvirs un ajournement est impossible, dans le tien, il est difficile, mais néanmoins possible. Au revoir.

18
C. Plinivs Svetonio Tranqvillo svo s.

Scribis te perterritum somnio uereri ne quid aduersi in actione patiaris ; rogas ut dilationem petam et pauculos dies, certe proximum, excusem. Difficile est, sed experiar ; καὶ γάρ τ᾽ ὄναρ ἐκ Διός ἐστιν.

2 Refert tamen euentura soleas an contraria somniare. Mihi reputanti somnium meum istud quod times tu egregiam actionem portendere uidetur. 3 Susceperam causam Iuni Pastoris, cum mihi quiescenti uisa est socrus mea aduoluta genibus ne agerem obsecrare ; et eram acturus adulescentulus adhuc, eram in quadruplici iudicio, eram contra potentissimos ciuitatis atque etiam Caesaris amicos, quae singula excutere mentem mihi post tam triste somnium poterant. 4 Egi tamen λογισάμενος illud : εἷς οἰωνὸς ἄριστος ἀμύνεσθαι περὶ πάτρης. Nam mihi patria et si quid carius patria fides uidebatur. Prospere cessit atque adeo illa actio mihi aures hominum, illa ianuam famae patefecit.

5 Proinde dispice an tu quoque sub hoc exemplo somnium istud in bonum uertas aut, si tutius putas illud cautissimi cuiusque praeceptum « quod dubites ne feceris », id ipsum rescribe. 6 Ego aliquam stropham inueniam agamque causam tuam ut istam agere tu cum uoles possis. Est enim sane alia ratio tua, alia mea fuit. Nam iudicium centumuirale differri nullo modo, istuc aegre quidem, sed tamen potest. Vale.

I, 18 Suetonio *BF* : *om.* γ ‖ § 1 uereri *codd.* : uerereri *B* ‖ pauculos *BF* : paucos γ ‖ difficile est *Fγ* : -cilest *B*.

§ 2 refert tamen *codd.* : referamen *B¹* ‖ tu *BF* : tuam γ.

§ 3 iuni *B* : iunii *Fγ* ‖ cum *BF* : quam γ.

§ 4 illud *BF* : illud ei γ ‖ mihi patria γ : mihi *BF* ‖ adeo γ : ideo *BF* ‖ illa ianuam *BF* : illam ianuam γ .

§ 5 tutius *codd.* : tot- *B¹* ‖ id *BF* : at γ ‖ rescribe *BF* : -bere γ .

§ 6 istam *Keil* : ista *BF* ipsam γ ‖ possis *codd.* : posses *B¹* (*ut uid.*) ‖ istuc *BF* : istud γ .

19
PLINE À SON AMI ROMATIUS FIRMUS

Tu es mon compatriote et mon condisciple, depuis notre plus jeune âge nous sommes inséparables ; ton père était l'ami de ma mère et de mon oncle, le mien aussi, pour autant que le permettait la différence d'âge : voilà de grandes, de sérieuses raisons qui m'invitent à m'intéresser à ta situation et à la faire progresser. 2 Tu as un cens de cent mille sesterces : ta qualité de décurion chez nous le montre assez. Par conséquent, pour que nous ayons le plaisir de te voir non plus seulement décurion, mais chevalier romain, je t'offre, pour compléter une fortune de rang équestre, trois cent mille sesterces. 3 Tu te souviendras de ce cadeau, notre longue amitié m'en donne l'assurance ; quant à moi, je ne te rappelle pas non plus ce que je devrais te rappeler, si je ne savais que tu le feras de toi-même : c'est d'user de la dignité qui te vient de moi avec la plus grande discrétion, parce qu'elle te vient de moi. 4 Car il faut mettre un soin particulier à conserver un honneur dans lequel on doit respecter aussi le bienfait d'un ami. Au revoir.

20
PLINE À SON AMI TACITE

J'ai de fréquentes discussions avec un homme de savoir et d'expérience, qui dans les plaidoiries n'apprécie rien autant que la concision. 2 J'avoue qu'il faut s'y tenir quand la cause le permet ; sinon, ce serait trahir son client que d'omettre ce qui doit être dit, le trahir aussi que d'effleurer au pas de course et en peu de mots ce qui doit être inculqué, enfoncé, répété.

19
C. PLINIVS ROMATIO FIRMO SVO S.

Municeps tu meus et condiscipulus et ab ineunte aetate contubernalis, pater tuus et matri et auunculo meo, mihi etiam, quantum aetatis diuersitas passa est, familiaris : magnae et graues causae cur suscipere, augere dignitatem tuam debeam. 2 Esse autem tibi centum milium censum satis indicat quod apud nos decurio es. Igitur, ut te non decurione solum, uerum etiam equite Romano perfruamur, offero tibi ad implendas equestres facultates trecenta milia nummum. 3 Te memorem huius muneris amicitiae nostrae diuturnitas spondet ; ego ne illud quidem admoneo quod admonere deberem nisi scirem sponte facturum ut dignitate a me data quam modestissime ut a me data utare. 4 Nam sollicitius custodiendus est honor in quo etiam beneficium amici tuendum est. Vale.

20
C. PLINIVS CORNELIO TACITO SVO S.

Frequens mihi disputatio est cum quodam docto homine et perito cui nihil aeque in causis agendis ut breuitas placet. 2 Quam ego custodiendam esse confiteor si causa permittat ; alioqui praeuaricatio est transire dicenda, praeuaricatio etiam cursim et breuiter attingere quae sint inculcanda, infigenda,

---

I, 19 Firmo *BF* : *om.* γ ‖ § 1 et ab *BF* : ab γ ‖ diuersitas *BF* : adu- γ ‖ familiaris *BF* : -res γ.

§ 2 centum milium censum *BF* : censum milium centum γ ‖ equestres *BF* : equitis γ .

§ 3 ut a me data *BF* : *om.* γ.

§ 4 tuendum est *BF* : tuendum est ualde γ.

I, 20 Cornelio *BF* : *om.* γ.

§ 2 permittat *BF* : -ttit γ ‖ alioqui *codd.* : -quin F ‖ sint *BF* : sunt γ ‖ infigenda *BF* : infing- γ.

3 Car la plupart des causes gagnent de la force et du poids
grâce à un traitement un tant soit peu long ; comme une arme
dans le corps, un discours pénètre dans l'esprit moins sous
l'effet du coup que par son prolongement.

4 Alors mon interlocuteur me fait valoir ses autorités : il
étale devant mes yeux, chez les Grecs les discours de Lysias,
chez nous ceux des Gracques et de Caton, dont la plupart sont
effectivement concis et brefs. Mais moi, à Lysias j'oppose
Démosthène, Eschine, Hypéride et beaucoup d'autres ; aux
Gracques et à Caton c'est Pollion, César, Caelius et surtout
Marcus Tullius, dont le discours le plus long passe pour
être le meilleur. Et, par Hercule, comme d'autres bonnes
choses, un bon livre est d'autant meilleur qu'il est plus long.
5 Regarde les statues, les reliefs, les peintures, et enfin les
représentations d'êtres humains, de nombreux animaux et
même d'arbres : pour peu que ces œuvres soient belles, rien
ne les met plus en valeur que l'ampleur des proportions. Il
en va pareillement pour les discours ; même les volumes qui
les contiennent acquièrent par leur taille une sorte d'autorité
et de beauté.

6 Lorsque j'énonce ces arguments et beaucoup d'autres
que j'ai l'habitude d'employer dans le même sens, mon
adversaire, insaisissable et fuyant dans la discussion, les
élude en prétendant que ceux-là mêmes dont les discours me
servent d'exemples les ont prononcés plus courts qu'ils ne
les ont édités. 7 Moi, je pense le contraire. J'en veux pour
témoins bien des discours de bien des orateurs, en particulier
ceux de Cicéron pour Muréna et pour Varénus, dans lesquels
certains chefs d'accusation sont indiqués par leur seule mention
dans une sorte de sommaire simple et bref. Cela montre bien
qu'il a parlé longuement, mais qu'en publiant il a beaucoup
retranché. 8 Le même Cicéron dit que pour Cluentius il a
plaidé la cause à lui tout seul, selon l'usage ancien, et que
pour C. Cornelius il a parlé quatre jours durant. Il est donc
indubitable que le discours prononcé en plusieurs jours était
nécessairement plus développé, et qu'ensuite il a été taillé,

repetenda. 3 Nam plerisque longiore tractatu uis quaedam
et pondus accedit, utque corpori ferrum sic oratio animo
non ictu magis quam mora imprimitur.

4 Hic ille mecum auctoritatibus agit ac mihi ex Graecis
orationes Lysiae ostentat, ex nostris Gracchorum Catonisque,
quorum sane plurimae sunt circumcisae et breues ; ego Lysiae
Demosthenen, Aeschinen, Hyperiden multosque praeterea,
Gracchis et Catoni Pollionem, Caesarem, Caelium, in primis M.
Tullium oppono, cuius oratio optima fertur esse quae maxima.
Et hercule ut aliae bonae res ita bonus liber melior est quisque
quo maior. 5 Vides ut statuas, signa, picturas, hominum denique
multorumque animalium formas, arborum etiam, si modo
sint decorae, nihil magis quam amplitudo commendet. Idem
orationibus euenit ; quin etiam uoluminibus ipsis auctoritatem
quandam et pulchritudinem adicit magnitudo.

6 Haec ille multaque alia quae a me in eandem sententiam
solent dici, ut est in disputando incomprehensibilis et lubricus,
ita eludit ut contendat hos ipsos quorum orationibus nitar
pauciora dixisse quam ediderint. 7 Ego contra puto. Testes
sunt multae multorum orationes et Ciceronis pro Murena, pro
Vareno, in quibus breuis et nuda quasi subscriptio quorundam
criminum solis titulis indicatur. Ex his apparet illum permulta
dixisse, cum ederet omisisse. 8 Idem pro Cluentio ait se
totam causam uetere instituto solum perorasse et pro C.
Cornelio quadriduo egisse, ne dubitare possimus quae per
plures dies, ut necesse erat, latius dixerit, postea recisa ac

§ 3 longiore tractatu *codd.* : -gior et tractatu *B* ‖ utque *codd.* : utquae
B ‖ ictu (hic- *B*) *BF* : situ γ ‖ imprimitur *codd.* : inpr- *B*.

§ 4 ex graecis *codd.* : e graecis *B¹* ‖ orationes *BF* : -nibus γ ‖ ostentat
codd. : -ndat *B¹* ‖ sane *BF* : in se γ ‖ hyperiden *F²* : -dem *BF¹* ‖ in primis
B : impr- *F* et in primis γ ‖ ita bonus *Fγ* : ita ut bonus *B* ‖ melior (-orem
γ) est quisque *Bγ* : quisque melior est *F*.

§ 5 multorumque *BF* : pictorum multorum γ mutorumque *Postgate*
(*an recte ?*) ‖ amplitudo *BF* : multitudo γ.

§ 6 orationibus *BF* : rat- γ.

§ 7 testes sunt *codd.* : teste sunt *B¹* ‖ ede]ret omisisse *hinc resumuntur
MV* ‖ omisisse *codd.* : omisse *B¹*.

§ 8 uetere *codd.* : -ri *F* ‖ C. γ : G. *MV om. BF* ‖ necesse erat *codd.* :
necesserat *B¹*

élagué, réduit aux dimensions d'un seul livre, long sans doute, mais unique.

9 On dira qu'une bonne plaidoirie est une chose, et qu'un bon discours publié en est une autre. Je sais qu'il y a des gens de cet avis ; mais pour ma part je suis persuadé, à tort ou à raison, qu'il peut arriver qu'une bonne plaidoirie ne donne pas un bon discours écrit, mais qu'il est impossible qu'un bon discours ne reflète pas une bonne plaidoirie. Car le discours est le modèle de la plaidoirie et en quelque sorte son *archétype*. 10 Voilà pourquoi nous trouvons dans les meilleurs discours mille figures de style qui paraissent improvisées, même dans ceux dont nous savons que la version écrite est la seule qui ait existé. Ainsi dans les Verrines : « Quel artiste ? Qui donc ? Oui, tu as raison : c'est Polyclète, à ce qu'on disait. » Il en résulte donc que la plaidoirie la plus proche de la perfection est celle qui ressemble le plus à un discours écrit, à condition qu'on lui accorde le temps normal qui lui est dû ; si on le lui refuse, la faute n'est pas à l'orateur, mais tout entière au juge.

11 Les lois confortent mon opinion ; accordant généreusement des temps de parole très larges, elles incitent les orateurs non pas à la concision, mais à l'abondance, c'est-à-dire à l'exactitude, que la concision ne peut permettre que dans des causes d'une portée fort limitée. J'ajouterai un point que m'a appris l'expérience, qui est un excellent maître. 12 J'ai souvent plaidé, souvent jugé, souvent assisté en justice ; tout le monde n'est pas sensible aux mêmes arguments, et la plupart du temps de petites causes entraînent de grands effets. Les opinions des gens sont variées, leurs sentiments aussi. Par conséquent ceux qui ont écouté ensemble le même plaidoyer ont souvent des avis opposés, et parfois le même avis, mais en raison de sentiments opposés. 13 De plus chacun s'intéresse à ce qu'il a trouvé lui-même et accueille comme un argument de première force celui qu'il entend énoncer par quelqu'un d'autre, quand il l'avait lui-même envisagé. Il faut

repurgata in unum librum grandem quidem, unum tamen coartasse.

9 At aliud est actio bona, aliud oratio. Scio nonnullis ita uideri, sed ego (forsitan fallar) persuasum habeo posse fieri ut sit actio bona quae non sit bona oratio, non posse non bonam actionem esse quae sit bona oratio. Est enim oratio actionis exemplar et quasi ἀρχέτυπον. 10 Ideo in optima quaque mille figuras extemporales inuenimus, in iis etiam quas tantum editas scimus, ut in Verrem : « Artificem quem ? Quemnam ? Recte admones : Polyclitum esse dicebant. » Sequitur ergo ut actio sit absolutissima quae maxime orationis similitudinem expresserit, si modo iustum et debitum tempus accipiat ; quod si negetur, nulla oratoris, maxima iudicis culpa est.

11 Adsunt huic opinioni meae leges, quae longissima tempora largiuntur nec breuitatem dicentibus sed copiam, hoc est diligentiam, suadent ; quam praestare nisi in angustissimis causis non potest breuitas. Adiciam quod me docuit usus, magister egregius. 12 Frequenter egi, frequenter iudicaui, frequenter in consilio fui ; aliud alios mouet ac plerumque paruae res maximas trahunt. Varia sunt hominum iudicia, uariae uoluntates. Inde qui eandem causam simul audierunt saepe diuersum, interdum idem sed ex diuersis animi motibus sentiunt. 13 Praeterea suae quisque inuentioni fauet et quasi fortissimum amplectitur cum ab alio dictum est quod ipse

repurgata *MVγ* : pur- *BF*.

§ 9 at *V²BF* : ad *MV¹* ‖ nonnullis *codd.* : nonu- *M¹* ‖ forsitan *codd.* : -tam *B* ‖ fallar *MVB* : fallor *Fγ* ‖ non bonam *MVB* : autem non bonam *F* bonam *γ* ‖ sit *MVBF* : non sit *γ* ‖ exemplar *MVBF* : -plum *γ* ‖ ἀρχέτυπον *MV* : ἀρχαίτυπον *BFγ*.

§ 10 iis *MVBF* : his *γ* ‖ in uerrem *MBF* : inuenirem *V* enumeraret *γ* ‖ quem *MVB¹* : *del. B²* om. *Fγ* ‖ polyclitum *codd.* : policlet- *F* ‖ maxime *BFγ* : -mae *MV* ‖ accipiat *MVγ* : -piet *BF* ‖ oratoris *MVγ* : -tionis *BF*.

§ 11 nisi *MVBF* : nisi ut *γ* ‖ angustissimis *codd.* : aug- *B* (*uel B¹*) ‖ non potest *codd.* : potest *V¹*.

§ 12 egi (aegi *F*) frequenter *BFγ* : om. *MV* ‖ mouet *MVBF* : -uit *γ* ‖ maximas trahunt *MVγ* : -me -huntur *BF* ‖ hominum iudicia *MVBF* : iudicia hominum *γ* ‖ eandem *codd.* : eadem *V¹* ‖ simul audierunt *codd.* : audierunt simul *F¹* ‖ saepe *codd.* : sepae *M*.

§ 13 fortissimum *MVBF* : -ssimam *γ* ‖ amplectitur *MVγ* : compl- *BF*.

donc fournir à tous une pensée qu'ils puissent s'approprier ou reconnaître.

14 Un jour que nous assistions tous deux le même client, Regulus m'a dit : « Toi, tu penses qu'il faut traiter en détail tous les points d'une cause ; moi, je vois tout de suite la gorge et c'est elle que je serre. » Oui, il serre l'endroit qu'il a choisi, mais il se trompe souvent dans son choix. 15 Je lui ai répondu qu'il pouvait arriver que ce qu'il prenait pour la gorge fût le genou ou le talon. « Moi, qui ne sais pas bien voir la gorge, lui-dis-je, je tâte tout le corps, j'essaie tous les coups, bref, *je lance toutes les pierres*. 16 Dans l'exploitation d'un domaine je cultive et fais valoir non seulement les vignes, mais aussi les vergers, et pas seulement les vergers, mais aussi les terres de labour ; et dans ces terres mêmes je ne sème pas seulement de l'épeautre ou du froment, mais de l'orge, des fèves et les autres légumineuses. De même, dans une plaidoirie je répands pour ainsi dire des graines variées sur un large espace, afin de récolter ce qui aura levé. 17 Car les dispositions des juges sont aussi imprévisibles, incertaines et trompeuses que celles du temps ou de la terre. Et je n'oublie pas l'éloge que le poète comique Eupolis décerne à l'éminent orateur qu'était Périclès :

> *outre le don de répartie,*
> *sur ses lèvres siégeait la persuasion,*
> *si grand était son charme ; seul entre tous les orateurs*
> *il laissait l'aiguillon dans l'âme des auditeurs.*

praeuidit. Omnibus ergo dandum est aliquid quod teneant, quod agnoscant.

14 Dixit aliquando mihi Regulus, cum simul adessemus : « Tu omnia quae sunt in causa putas exsequenda ; ego iugulum statim uideo, hunc premo. » Premit sane quod elegit, sed in eligendo frequenter errat. 15 Respondi posse fieri ut genu esset aut talus ubi ille iugulum putaret. « At ego, inquam, qui iugulum perspicere non possum, omnia pertempto, omnia experior, πάντα denique λίθον κινῶ ; 16 utque in cultura agri non uineas tantum, uerum etiam arbusta, nec arbusta tantum, uerum etiam campos curo et exerceo, utque in ipsis campis non far aut siliginem solam, sed hordeum, fabam ceteraque legumina sero, sic in actione plura quasi semina latius spargo, ut quae prouenerint colligam. 17 Neque enim minus imperspicua, incerta, fallacia sunt iudicum ingenia quam tempestatum terrarumque. Nec me praeterit summum oratorem Periclen sic a comico Eupolide laudari :

πρὸς δέ γ᾽αὐτοῦ τῷ τάχει
πειθώ τις ἐπεκάθητο τοῖσι χείλεσιν.
οὕτως ἐκήλει, καὶ μόνος τῶν ῥητόρων
τὸ κέντρον ἐγκατέλειπε τοῖς ἀκροωμένοις.

---

§ 14 dixit *codd.* : dixi *V¹* ‖ mihi *MVBF* : om. *γ* ‖ exsequenda *B* : exeq- *codd.* ‖ elegit *MV* : elig- *BFγ*.

§ 15 genu esset *MVγ* : genuisset *BF* ‖ aut talus *codd.* : aut sibi aut aliis *F* ‖ ille *MVγ* : om. *BF* ‖ at *V²BF* : ad *MV¹* ‖ pertempto *codd.* : perem-*V¹* ‖ πάντα denique *γ* : tam denique *BF* denique πάντα *MV*.

§ 16 utque *codd.* : ut quae *M* ‖ arbusta nec ... etiam *BFγ* : om. *MV* ‖ utque *codd.* : ut quae *M* ‖ semina latius *BFγ* : latius semina *MV* ‖ ut quae *codd.* : utque *B*.

§ 17 imperspicua *B* : inper- *codd.* ‖ incerta *MVγ* : et incerta *BF* ‖ iudicum *codd.* : -cium *M¹* ‖ periclen *codd.* : hypericlen *F* ‖ δέ γ᾽ *F* : δέ γε *V* δέ τε *M* ἄετε *B* ‖ ἐπεκάθητο *F* : -κάτετο *B* εἰπικάτετο *V* εἰπικέητο *M* ‖ τοῖς χείλεσιν *F* : τοῖς *B* τοῖς εἰρήμασυν (-μιασυν *V*) *MV* ‖ ἐνκατέλειπε (ἐγκ- *edd.*) *MV* : -έλιπε *BF*.

18 Mais Périclès lui-même n'aurait obtenu ni cette *persuasion* ni ce *charme* par la concision ou la rapidité du style ou les deux à la fois (car ce sont choses différentes) sans des qualités exceptionnelles. Car pour plaire et convaincre il faut parler d'abondance et avoir du temps ; quant à laisser l'aiguillon dans le cœur des auditeurs, seul en est capable celui qui ne se borne pas à le piquer, mais qui l'enfonce. 19 Ajoute ce qu'un autre poète comique disait du même Périclès :

> il lançait des éclairs et des coups de tonnerre,
> il bouleversait la Grèce.

En effet c'est un discours non pas amputé et tronqué, mais ample, grandiose et sublime qui tonne, lance des éclairs et sème partout le trouble et la confusion. 20 « Et pourtant, rien ne vaut la mesure. » Qui dit le contraire ? Mais on ne manque pas moins à la mesure, qu'on reste en dessous de son sujet ou qu'on le dépasse, qu'on adopte un style trop concis ou trop diffus. 21 Voilà pourquoi, si tu entends souvent des remarques du genre : « C'est démesuré, c'est surabondant ! », tu entends aussi : « C'est sec, cela manque de force ! » On dit de l'un qu'il est sorti de son sujet, de l'autre qu'il ne l'a pas traité en entier. Il sont tous deux en faute, mais l'un par faiblesse, l'autre par excès de force ; il est vrai que ce dernier défaut est propre à un tempérament, sinon plus raffiné, du moins plus riche. 22 En disant cela, je n'approuve assurément pas le *bavard intarissable* dont parle Homère, mais plutôt celui

> dont les mots
> ressemblent aux flocons de la neige en hiver ;

ce qui n'empêche pas que j'apprécie beaucoup cet autre,

> qui parle peu, mais avec harmonie.

18 Verum huic ipsi Pericli nec illa πειθώ nec illud
ἐκήλει breuitate uel uelocitate uel utraque (differunt enim)
sine facultate summa contigisset. Nec delectare, persuadere
copiam dicendi spatiumque desiderat, relinquere uero aculeum
in audientium animis is demum potest qui non pungit sed
infigit. 19 Adde quae de eodem Pericle comicus alter :

ἤστραπτ᾽, ἐβρόντα, συνεκύκα τὴν Ἑλλάδα.

Non enim amputata oratio et abscisa, sed lata et magnifica
et excelsa tonat, fulgurat, omnia denique perturbat ac miscet.
20 « Optimus tamen modus est. » Quis negat ? Sed non
minus non seruat modum qui infra rem quam qui supra, qui
adstrictius quam qui effusius dicit. 21 Itaque audis frequenter
ut illud : « immodice et redundanter », ita hoc : « ieiune
et infirme ». Alius excessisse materiam, alius dicitur non
implesse. Aeque uterque, sed ille imbecillitate, hic uiribus
peccat ; quod certe, etsi non limatioris, maioris tamen ingenii
uitium est. 22 Nec uero, cum haec dico, illum Homericum
ἀμετροεπῆ probo, sed hunc :

καὶ ἔπεα νιφάδεσσιν ἐοικότα χειμερίῃσιν,

non quia non et ille mihi ualdissime placeat :

παῦρα μέν, ἀλλὰ μάλα λιγέως.

§ 18 pericli *codd.* : hypercli *F* ‖ illa *MVBF* : *om.* γ ‖ πειθώ *MV* : πιθώ
BF ‖ delectare *MVBF* : delicate γ ‖ desiderat *codd.* : -derare *F* ‖ is demum
MVBF : idem γ ‖ pungit *codd.* : pugnit *M*.
§ 19 quae *MVBF* : que eque γ ‖ pericle *codd.* : hypericle *F* ‖ ἤστραπτ
B : -πτε *MV* -πτεν *F* ‖ magnifica et *MVBF* : *om.* γ ‖ denique *codd.* : *om.*
V ‖ ac miscet *codd.* : admi- *F*.
§ 20 non seruat *codd.* : seruat *B²* (*ut uid.*) ‖ qui supra *MVBF* : supra γ.
§ 21 immodice *MV* : inmo- (-dicae *B*) *BF* ‖ redundanter *codd.* :
retun- *M* ‖ implesse *VF* : inpl- *MB* ‖ imbecillitate *VF* : inbec- *MB* ‖ ingenii
MVBFγ : -geni *Brakman aliique, propter numeros.*
§ 22 illum *MVBF* : illud γ ‖ ἀμετροεπῆ *edd.* : -οειτῆ *B* ἁμαρτοεπῆ
MV auespoene γ *om. F spatio relicto* ‖ probo *MVBF* : aprobo γ ‖ νιφάδεσσιν
MV : -δεσιν *BF* ‖ ἐοικότα *BF* : ἐοῖκτα *M* ἐοῖστα *V* ‖ ualdissime *B* : ualid-
MVFγ ‖ ἀλλὰ μάλα λιγέως *BF* : ἀλδὰ μάδα λιτῶς *MV*

Pourtant, si l'on me donne le choix, je préfère la belle éloquence semblable aux neiges de l'hiver, c'est-à-dire drue et continue, mais aussi abondante, divine enfin et céleste.

23 « Mais beaucoup aiment mieux une plaidoirie courte. » Oui, les paresseux, dont il serait ridicule de prendre les exigences et l'inertie comme règle du goût. Car si l'on demande leur avis à ces gens-là, le mieux est non seulement de parler peu, mais de ne pas parler du tout.

24 Tel est jusqu'à présent mon avis ; j'en changerai, si tu n'es pas d'accord, mais je te demande de m'expliquer clairement pourquoi tu n'es pas d'accord. Bien qu'il soit de mon devoir de céder devant ton autorité, j'estime cependant qu'il serait plus correct, sur un point de cette importance, que je me soumette à la raison plutôt qu'à l'autorité. 25 Si donc tu crois que je ne me trompe pas, écris-le moi dans une lettre aussi courte que tu voudras, mais écris-le (tu confirmeras ainsi mon jugement) ; et si tu crois que je me trompe, prépares-en une très longue. Est-ce te corrompre que de t'imposer une courte lettre si tu te ranges à mon avis, et une très longue, si tu n'es pas d'accord ? Au revoir.

21

PLINE À SON AMI PLINIUS PATERNUS

J'ai la plus grande confiance dans ton coup d'œil autant que dans ton jugement ; non que tu aies beaucoup de goût – ne te fais pas d'illusions –, mais tu en as toujours autant que moi, et c'est déjà beaucoup. 2 Trêve de plaisanteries : je trouve que les esclaves qui m'ont été achetés sur ton avis ont une mine convenable. Il reste à espérer qu'ils soient honnêtes, car il vaut mieux, à l'achat, s'en rapporter à ses oreilles qu'à ses yeux. Au revoir.

Si tamen detur electio, illam orationem similem niuibus hibernis, id est crebram et adsiduam, sed et largam, postremo diuinam et caelestem uolo.

23 « At est gratior multis actio breuis. » Est, sed inertibus, quorum delicias desidiamque quasi iudicium respicere ridiculum est. Nam, si hos in consilio habeas, non solum satius breuiter dicere, sed omnino non dicere.

24 Haec est adhuc sententia mea, quam mutabo si dissenseris tu ; sed plane cur dissentias explices rogo. Quamuis enim cedere auctoritati tuae debeam, rectius tamen arbitror in tanta re ratione quam auctoritate superari. 25 Proinde, si non errare uideor, id ipsum quam uoles breui epistula, sed tamen scribe (confirmabis enim iudicium meum) ; si errare, longissimam para. Num corrupi te, qui tibi, si mihi accederes, breuis epistulae necessitatem, si dissentires, longissimae imposui ? Vale.

21

C. PLINIVS PLINIO PATERNO SVO S.

Vt animi tui iudicio sic oculorum plurimum tribuo, non quia multum, ne tibi placeas, sed quia tantum quantum ego sapis ; quamquam hoc quoque multum est. 2 Omissis iocis credo decentes esse seruos qui sunt empti mihi ex consilio tuo. Superest ut frugi sint, quod de uenalibus melius auribus quam oculis iudicatur. Vale.

---

illam *MV* : illam illam *BF* illam plenam γ ‖ crebram et *MVB*γ : crebram *F* ‖ sed et *MV* : et *BF*γ.

§ 23 at *BF* : ad *MV* ‖ est sed *MVBF* : est quidem sed γ ‖ respicere *codd.* : respuere *F* ‖ satius *MV* : satius est *BF*γ.

§ 24 cur *MVBF* : quid γ ‖ cedere auctoritati tuae debeam *BF* : cedere auctoritati debeam tuae *MV* auctoritati tuae credere debeam γ.

§ 25 sed tamen *codd.* : *om. F* ‖ scribe *codd.* : scribere *V* ‖ confirmabis *MV* : -maris *B* -maueris *F* -ma γ ‖ errare *MV* : erraro γ errauero *BF* ‖ dissentires *MVBF* : dissenseris γ ‖ longissimae *codd.* : -me *B* ‖ imposui *F* : inp- *MVB*.

I, 21 Plinio *BF* : *om. MV*γ ‖ § 1 plurimum (-mom *B¹*) *codd.* : primum *V* ‖ ne *MVBF* : non γ ‖ est *MVBF* : et γ.

§ 2 decentes *codd.* : -tis *B* ‖ iudicatur *codd.* : ind- *M*.

22
PLINE À SON AMI CATILIUS SEVERUS

Voilà longtemps que je suis retenu à la ville et vraiment consterné. Mon inquiétude vient de la longue et persistante maladie de Titius Aristo, pour lequel j'ai une admiration et une affection extraordinaires. Il n'y a pas plus digne, plus intègre, plus savant que lui, au point que ce n'est pas un homme seul, ce sont nos études et toute notre culture qui, en ce seul homme, me paraissent gravement menacées. 2 Quelle expérience du droit, privé autant que public ! Quelle mémoire des faits et des exemples, quelle connaissance du passé ! Quoi qu'on veuille apprendre, il peut vous l'enseigner ; en tout cas, quand je veux m'informer sur un point qui m'échappe, il est le trésor où je viens puiser. 3 Et puis, quelle loyauté dans ses paroles, quelle autorité, quelle lenteur dans son élocution retenue et harmonieuse ! Y a-t-il une question à laquelle il ne sache répondre aussitôt ? Et pourtant il doute souvent, il hésite entre des arguments opposés, qu'avec son intelligence vive et profonde il va chercher jusqu'à leur source et leurs causes premières, pour les examiner et les peser.

4 En outre, comme son alimentation est frugale, comme son train de vie est modeste ! Je regarde sa chambre même et son lit comme une image de la simplicité antique. 5 Il embellit tout cela par une grandeur d'âme qui ne se règle jamais sur l'ostentation, mais toujours sur sa conscience, et qui attend la récompense d'une action vertueuse non dans les propos du public, mais dans l'action elle-même. 6 Pour tout dire, il n'y a guère de comparaison entre cet homme et l'un quelconque de ceux qui affichent dans leur tenue leur recherche de la sagesse. C'est qu'il ne fréquente pas les gymnases ou les portiques, il ne charme pas les loisirs des autres ni les siens avec des discussions interminables, mais il se consacre aux

22
C. Plinivs Catilio Severo svo s.

Diu iam in urbe haereo et quidem attonitus. Perturbat me
longa et pertinax ualetudo Titi Aristonis, quem singulariter et
miror et diligo. Nihil est enim illo grauius, sanctius, doctius,
ut mihi non unus homo, sed litterae ipsae omnesque bonae
artes in uno homine summum periculum adire uideantur.
2 Quam peritus ille et priuati iuris et publici ! Quantum
rerum, quantum exemplorum, quantum antiquitatis tenet !
Nihil est quod discere uelis quod ille docere non possit ;
mihi certe, quotiens aliquid abditum quaero, ille thesaurus
est. 3 Iam quanta sermonibus eius fides, quanta auctoritas,
quam pressa et decora cunctatio ! Quid est quod non statim
sciat ? Et tamen plerumque haesitat, dubitat diuersitate
rationum, quas acri magnoque iudicio ab origine causisque
primis repetit, discernit, expendit.

4 Ad hoc quam parcus in uictu, quam modicus in cultu !
Soleo ipsum cubiculum eius ipsumque lectum ut imaginem
quandam priscae frugalitatis aspicere. 5 Ornat haec magnitudo
animi, quae nihil ad ostentationem, omnia ad conscientiam
refert recteque facti non ex populi sermone mercedem, sed
ex facto petit. 6 In summa non facile quemquam ex istis
qui sapientiae studium habitu corporis praeferunt huic uiro
comparabis. Non quidem gymnasia sectatur aut porticus
nec disputationibus longis aliorum otium suumque delectat,

I, 22 Seuero *BF* : *om. MVγ* ‖ § 1 iam *MVBF* : tam *γ* ‖ et miror
MVBF : miror *γ*.
§ 2 ille *MVγ* : ille et priuatus ille (ille *del. F²*) *BF* ‖ discere *Mγ* :
doceri *BF* ‖ quotiens *codd.* : -ties *B²* ‖ abditum *codd.* : abi- *V¹*.
§ 3 sciat *codd.* : fiat *F* ‖ iudicio *codd.* : -ci *B²* ‖ expendit *BFγ* :
exten- *MV*.
§ 4 quam modicus in cultu *BFγ* : *om. MV* ‖ cubiculum *codd.* : -iculo
B¹ ‖ eius *MV* : illius *BF om. γ* ‖ lectum *codd.* : elec- *M* ‖ aspicere *codd.* :
adsp- *edd.*
§ 5 refert *codd.* : -feret *F*.
§ 6 summa *V²BFγ* : summam *MV¹* ‖ facile *MVγ* : facile quis *BF* ‖
comparabis *MVγ* : -rauit *BF* ‖ aliorum *MVBF* : alienum *γ*.

affaires publiques et apporte son aide à beaucoup par son assistance en justice, et plus encore par ses consultations. 7 Pourtant il ne cède le premier rang à aucun de ces philosophes pour ce qui est de l'honnêteté, du dévouement, de la justice et même du courage.

Tu admirerais, si tu étais ici, la patience avec laquelle il supporte sa maladie, comme il lutte contre la souffrance, comme il résiste à la soif, comme il supporte sans bouger et sans se découvrir la violence incroyable de ses accès de fièvre. 8 L'autre jour il m'a fait appeler avec quelques-uns de ses amis les plus chers, et il nous a priés de consulter les médecins sur l'issue de sa maladie ; si elle était incurable, il voulait quitter la vie de son plein gré, mais si elle n'était que longue et pénible, il tiendrait bon et attendrait : 9 il lui fallait accorder aux prières de sa femme, aux larmes de sa fille, et aussi à nous, ses amis, de ne pas trahir nos espoirs, pour peu qu'ils ne fussent pas vains, par une mort volontaire. Cette attitude me paraît singulièrement difficile et digne des plus grands éloges. 10 Car courir au-devant de la mort en un élan irréfléchi est une conduite banale ; mais délibérer, peser ses motifs et n'écouter que la raison pour prendre ou abandonner la résolution de vivre ou de mourir, c'est le propre de la vraie grandeur d'âme.

11 Sans doute les médecins nous promettent-ils une issue favorable ; il faut maintenant que Dieu donne son assentiment à ces promesses et me délivre enfin de mon inquiétude ; quand j'en serai libéré, je retournerai dans ma villa des Laurentes, parmi mes livres et mes tablettes, et à mes chères études. Pour le moment, tant que je suis à son chevet, je n'ai pas le temps de lire ni d'écrire, et mon anxiété m'en enlève le goût.

12 Te voilà renseigné sur mes craintes, mes souhaits et mes projets pour la suite ; à ton tour maintenant de m'écrire ce que tu as fait, ce que tu fais, ce que tu comptes faire, mais que tes lettres soient plus gaies ! Dans le trouble où je suis, ce ne sera pas une mince consolation de savoir que tu ne te plains de rien. Au revoir.

sed in toga negotiisque uersatur, multos aduocatione, plures consilio iuuat. 7 Nemini tamen istorum castitate, pietate, iustitia, fortitudine etiam primo loco cesserit.

Mirareris, si interesses, qua patientia hanc ipsam ualetudinem toleret, ut dolori resistat, ut sitim differat, ut incredibilem febrium ardorem immotus opertusque transmittat. 8 Nuper me paucosque mecum, quos maxime diligit, aduocauit rogauitque ut medicos consuleremus de summa ualetudinis, ut, si esset insuperabilis, sponte exiret e uita, si tantum difficilis et longa, resisteret maneretque : 9 dandum enim precibus uxoris, dandum filiae lacrimis, dandum etiam nobis amicis ne spes nostras, si modo non essent inanes, uoluntaria morte desereret. Id ego arduum in primis et praecipua laude dignum puto. 10 Nam impetu quodam et instinctu procurrere ad mortem commune cum multis, deliberare uero et causas eius expendere, utque suaserit ratio, uitae mortisque consilium uel suscipere uel ponere ingentis est animi.

11 Et medici quidem secunda nobis pollicentur ; superest ut promissis deus adnuat tandemque me hac sollicitudine exsoluat ; qua liberatus Laurentinum meum, hoc est libellos et pugillares studiosumque otium repetam. Nunc enim nihil legere, nihil scribere aut adsidenti uacat aut anxio libet.

12 Habes quid timeam, quid optem, quid etiam in posterum destinem ; tu quid egeris, quid agas, quid uelis agere inuicem nobis, sed laetioribus epistulis, scribe. Erit confusioni meae non mediocre solacium si tu nihil quereris. Vale.

§ 7 patientia (pitien- V^1) *MVBF* : sapien- γ ‖ ipsam *MVBF* : *om.* γ ‖ immotus *BF* : inmo- *MV* ‖ transmittat *MVBF* : uideatur γ.

§ 8 consuleremus *codd.* : conseremus B^1 ‖ insuperabilis *MVBF* : inexup- γ.

§ 9 desereret *codd.* : deseret B^1.

§ 10 nam *MVBF* : nam iam γ ‖ causas *codd.* : -sa *V* ‖ expendere *codd.* : inpen- *V* ‖ utque *codd.* : ut quae *V* ‖ uitae *codd.* : *om.* *V* ‖ uel suscipere *MV*γ : suscipere *BF* ‖ est *MVBF* : *om.* γ.

§ 11 adnuat *codd.* : annuat *F* ‖ me hac *MVBF* : hanc γ ‖ laurentinum *codd.* : laut- B^1.

§ 12 destinem V^2BFγ : dist-MV^1 ‖ laetioribus *MVBF* : lat- γ ‖ scribe erit *MV*γ : scripseris *BF* ‖ quereris *codd.* : quaereris V^1.

23

PLINE À SON AMI POMPEIUS FALCO

Tu me demandes si je suis d'avis que tu dois plaider pendant ton tribunat. Cela dépend surtout de l'idée que tu te fais du tribunat : une ombre vaine et un titre sans honneur, ou un pouvoir sacro-saint qu'il ne convient à personne, pas même à celui qui le détient, de faire rentrer dans le rang. 2 Quand j'étais tribun moi-même, j'ai peut-être eu tort de croire que j'étais quelque chose, mais, pensant que je l'étais, je me suis abstenu de plaider : d'abord parce que j'estimais indécent que celui devant lequel on doit se lever, celui à qui tous doivent céder la place, se tienne debout quand tous les autres sont assis ; que celui qui a le pouvoir d'ordonner à n'importe qui de se taire, se voie imposer le silence par la clepsydre ; que celui qu'il est sacrilège d'interrompre, se fasse injurier et passe pour débile, s'il le souffre sans réagir, ou pour arrogant, s'il réagit. 3 Je pensais aussi à un problème qui me troublait : si l'on faisait appel à moi, que ce soit mon client ou son adversaire, devais-je recourir à l'intercession et prêter mon assistance, ou rester immobile et muet, et me conduire en simple particulier, comme si j'étais sorti de charge ? 4 Pour toutes ces raisons j'ai préféré me montrer tribun à tous qu'avocat à quelques-uns. 5 Mais dans ton cas (je le répète) cela dépend surtout de l'idée que tu te fais du tribunat et du rôle que tu veux y jouer ; un sage doit le préparer de manière à pouvoir le tenir jusqu'au bout. Au revoir.

23

C. Plinivs Pompeio Falconi svo s.

Consulis an existimem te in tribunatu causas agere debere.
Plurimum refert quid esse tribunatum putes, inanem umbram
et sine honore nomen, an potestatem sacrosanctam et quam
in ordinem cogi ut a nullo ita ne a se quidem deceat. 2 Ipse
cum tribunus essem errauerim fortasse qui me esse aliquid
putaui, sed tamquam essem abstinui causis agendis ; primum
quod deforme arbitrabar, cui adsurgere, cui loco cedere
omnis oporteret, hunc omnibus sedentibus stare, et qui iubere
posset tacere quemcumque, huic silentium clepsydra indici,
et quem interfari nefas esset, hunc etiam conuicia audire et si
inulta pateretur inertem, si ulcisceretur insolentem uideri. 3
Erat hic quoque aestus ante oculos : si forte me appellasset
uel ille cui adessem uel ille quem contra, intercederem et
auxilium ferrem an quiescerem sileremque et quasi eiurato
magistratu priuatum ipse me facerem. 4 His rationibus
motus malui me tribunum omnibus exhibere quam paucis
aduocatum. 5 Sed tu (iterum dicam) plurimum interest quid
esse tribunatum putes, quam personam tibi imponas ; quae
sapienti uiro ita aptanda est ut perferatur. Vale.

I, 23 Pompeio *BF* : *om. MV in hac epistula deest* γ ‖ falconi *BF* : -nio
MV ‖ § 1 consulis *codd.* : -lias *M¹* ‖ ordinem *codd.* : -dine *M*.

§ 2 qui me esse *B* : qui me *F om. MV* ‖ omnis *MV* : omnes *BF* ‖
quemcumque *codd.* : quaec- *V* ‖ indici *BF* : -dicere *MV* ‖ audire et si
VBF : audire si *M*.

§ 3 ante oculos si *MV* : si ante oculos si *B* si ante oculos *F* ‖
appellasset (apell- *V¹B*) *MVBF* : adpell- *edd. nonnulli* ‖ uel ille cui *codd.* :
et uel ille cui *V*.

§ 4 malui *V²BF* : mallui *MV¹*.

§ 5 quam personam *MV* : tuam personam *BF* ‖ imponas *edd.* : inp-
MVBF.

24

PLINE À SON AMI BAEBIUS HISPANUS

Tranquillus, un de mes proches, veut acheter un petit domaine qu'un de tes amis cherche à vendre, d'après ce qu'on dit. 2 Je te prie de veiller à ce qu'il l'achète au juste prix, car c'est ainsi seulement que son achat lui fera plaisir. Une mauvaise acquisition est toujours mal venue, d'autant plus qu'elle a l'air de reprocher au propriétaire sa sottise. 3 Or dans ce petit domaine, si le prix lui sourit, bien des avantages font envie à mon cher Tranquillus : la proximité de la ville, la commodité du trajet, les dimensions raisonnables de la villa, l'étendue des terres, qui est de nature à distraire plutôt qu'à retenir de force. 4 Et puis, pour des propriétaires érudits, comme l'est mon ami, il suffit largement d'avoir assez de terrain pour pouvoir se délasser la tête, se reposer les yeux, faire calmement le tour de la propriété, se promener dans la même allée, connaître tous ses plants de vigne et compter ses arbres fruitiers. Je t'ai donné ces explications pour que tu saches tout ce que mon ami me devrait, et que je te devrais, s'il achetait cette petite propriété, avec les qualités qui la rendent attrayante, à un prix assez avantageux pour qu'il n'ait jamais à le regretter. Au revoir.

24

C. PLINIVS BAEBIO HISPANO SVO S.

Tranquillus, contubernalis meus, uult emere agellum quem
uenditare amicus tuus dicitur. 2 Rogo cures quanti aequum
est emat ; ita enim delectabit emisse. Nam mala emptio
semper ingrata, eo maxime quod exprobrare stultitiam domino
uidetur. 3 In hoc autem agello, si modo adriserit pretium,
Tranquilli mei stomachum multa sollicitant : uicinitas urbis,
opportunitas uiae, mediocritas uillae, modus ruris, qui auocet
magis quam distringat. 4 Scholasticis porro dominis, ut hic
est, sufficit abunde tantum soli ut releuare caput, reficere
oculos, reptare per limitem unamque semitam terere omnisque
uiteculas suas nosse et numerare arbusculas possint. Haec
tibi exposui quo magis scires quantum esset ille mihi, ego
tibi debiturus, si praediolum istud, quod commendatur his
dotibus, tam salubriter emerit ut paenitentiae locum non
relinquat. Vale.

I, 24 Baebio *BF* : *om. MV in hac epistula deest* γ ‖ § 1 tranquillus
codd. : -llis *V¹* ‖ uult *codd.* : uul *B¹*.
    § 2 aequum *codd.* : -quom *M* ‖ emisse *codd.* : misse *B¹* ‖ ingrata *MV* :
ingrata est *BF* ‖ maxime *MF* : -imae *B* -imo *V*.
    § 3 tranquilli mei δ *edd.* : -quillime *MVBF* ‖ auocet *codd.* : aduo- *F¹*.
    § 4 releuare *codd.* : reuelare *M* ‖ reficere *MV* : -figere *B²F* -fingere
B¹ (*ut uid.*) ‖ unamque *codd.* : unam *F* ‖ omnisque *MVF* : -nesque *B* ‖
uiteculas *MV* : uitic- *BF* ‖ nosse *codd.* : nosce *M* ‖ possint *BF* : possit *MV*
‖ esset ille *MV* : ille esset *BF* ‖ mihi *codd.* : *om. B¹*.

LIVRE II

1

PLINE À SON AMI ROMANUS

Il y a plusieurs années que n'avait été offert aux yeux
du peuple romain un spectacle aussi remarquable, et même
aussi inoubliable, que celui des funérailles d'État de Verginius
Rufus, un citoyen dont le bonheur égala la grandeur et la
distinction. 2 Pendant trente ans il a survécu à sa gloire ; il a lu
des poèmes qui parlaient de lui, des ouvrages d'histoire aussi,
et il a connu de son vivant les hommages de la postérité. Il a
géré un troisième consulat, et il est parvenu ainsi au plus haut
rang que puisse atteindre un particulier, lui qui avait refusé
celui de prince. 3 Il a échappé aux Césars dont ses vertus
avaient éveillé la méfiance et même la haine ; celui qu'il a
laissé pour lui survivre est le meilleur des empereurs et le plus
cher de ses amis, qui semble avoir été réservé justement pour
lui rendre cet honneur des funérailles d'État. 4 Il a franchi sa
quatre-vingt troisième année dans une profonde sérénité et
une égale vénération. Sa santé était solide, si l'on excepte un
tremblement des mains qui ne le faisait d'ailleurs pas souffrir.
Seule l'approche de la mort lui fut assez pénible et longue,
mais il s'y montra encore admirable. 5 Comme il s'échauffait
la voix pour prononcer son discours de remerciement au prince
à l'occasion de son consulat, le manuscrit qu'il venait de saisir
se trouvant trop lourd pour un vieillard debout, lui glissa des
mains par le seul effet de son poids. Il voulut le rattraper et
le ramasser, mais le dallage lisse et glissant le fit déraper : il

LIBER SECVNDVS

1

C. PLINIVS ROMANO SVO S.

Post aliquot annos insigne atque etiam memorabile populi Romani oculis spectaculum exhibuit publicum funus Vergini Rufi, maximi et clarissimi ciuis, perinde felicis. 2 Triginta annis gloriae suae superuixit ; legit scripta de se carmina, legit historias et posteritati suae interfuit. Perfunctus est tertio consulatu, ut summum fastigium priuati hominis impleret, cum principis noluisset. 3 Caesares quibus suspectus atque etiam inuisus uirtutibus fuerat euasit, reliquit incolumem optimum atque amicissimum, tamquam ad hunc ipsum honorem publici funeris reseruatus. 4 Annum tertium et octogensimum excessit in altissima tranquillitate, pari ueneratione. Vsus est firma ualetudine, nisi quod solebant ei manus tremere, citra dolorem tamen. Aditus tantum mortis durior longiorque, sed hic ipse laudabilis. 5 Nam, cum uocem praepararet acturus in consulatu principi gratias, liber, quem forte acceperat grandiorem et seni et stanti, ipso pondere elapsus est. Hunc dum sequitur colligitque, per leue et lubricum pauimentum

---

II, 1 C. *BF* : G. *MV* ‖ plinius *codd.* : P. *V* ‖ § 1 aliquot *codd.* : -quod *V* ‖ uergini *Bγ* : -nii *F* uirgini *M* uirginii *V* ‖ maximi *codd.* : -xime *V¹* ‖ ciuis *MVγ* : ciuis et *BF*.

§ 2 carmina *BFγ* : garauna *MV* ‖ posteritati *codd.* : -tate *M* ‖ impleret *BF* : inpl- *MV*.

§ 3 caesares *MVBF* : -ris *γ* ‖ etiam ... optimum atque *MVγ* : *om. BF* ‖ tamquam *codd.* : tanq- *F* ‖ ipsum *MVBF* : *om. γ*.

§ 4 octogensimum *MV¹F* : -gesimum *V²B*.

§ 5 praepararet : *MVBF* : repa- *γ*

tomba et se cassa le fémur. La fracture fut mal réduite et par la difficulté de l'âge ne se ressouda pas complètement.

6 Voilà l'homme dont les obsèques ont fait honneur au Prince, honneur à notre siècle, honneur aussi au forum et aux rostres. Son éloge a été prononcé par Tacite, qui était alors consul ; car il lui échut, pour couronner son bonheur, la chance suprême d'avoir le plus éloquent des panégyristes. 7 Et donc il nous a quittés comblé d'années, comblé d'honneurs, même de ceux qu'il refusa. Quant à nous, nous ne pouvons que le chercher des yeux et le regretter comme un modèle de la vie de jadis, moi surtout qui l'admirais autant que je le chérissais, et pas seulement dans la vie publique. 8 D'abord, nous étions l'un et l'autre du même pays, de municipes voisins ; nos terres mêmes et nos propriétés se touchaient ; de plus, une fois devenu mon tuteur, il me témoigna l'affection d'un père. Ainsi il appuya mes candidatures de son suffrage ; ainsi, à chacune de mes prises de fonction, il accourut du fond de ses retraites, bien qu'il eût renoncé depuis longtemps à ce genre d'obligations ; ainsi encore, le jour où les prêtres proposent ceux qu'ils jugent les plus aptes au sacerdoce, c'était toujours moi qu'il proposait. 9 Et même, lors de cette dernière maladie, comme il craignait d'être nommé dans la commission des cinq experts constituée sur avis du Sénat pour réduire les dépenses publiques, quand un homme de son rang avait encore tant d'amis parmi les anciens et les consulaires, ce fut moi, à l'âge que j'avais, qu'il choisit pour le remplacer ; et il alla jusqu'à dire : « Même si j'avais un fils, c'est à toi que je confierais ces fonctions. »

10 Voilà les raisons qui me font penser que cette mort est venue trop tôt, et qui m'obligent à la pleurer entre tes bras, s'il est permis de pleurer ou d'appeler une mort ce qui, pour un si grand homme, a mis fin à sa condition mortelle plutôt qu'à sa vie. 11 Car il vit et vivra toujours, et il tiendra même une

fallente uestigio cecidit coxamque fregit, quae parum apte collocata reluctante aetate male coit.

6 Huius uiri exsequiae magnum ornamentum principi, magnum saeculo, magnum etiam foro et rostris attulerunt. Laudatus est a consule Cornelio Tacito ; nam hic supremus felicitati eius cumulus accessit, laudator eloquentissimus. 7 Et ille quidem plenus annis abit, plenus honoribus, illis etiam quos recusauit ; nobis tamen quaerendus ac desiderandus est ut exemplar aeui prioris, mihi uero praecipue, qui illum non solum publice quantum admirabar tantum diligebam ; 8 primum quod utrique eadem regio, municipia finitima, agri etiam possessionesque coniunctae, praeterea quod ille mihi tutor relictus adfectum parentis exhibuit. Sic candidatum me suffragio ornauit ; sic ad omnes honores meos ex secessibus accucurrit, cum iam pridem eiusmodi officiis renuntiasset ; sic illo die quo sacerdotes solent nominare quos dignissimos sacerdotio iudicant me semper nominabat. 9 Quin etiam, in hac nouissima ualetudine, ueritus ne forte inter quinqueuiros crearetur qui minuendis publicis sumptibus iudicio senatus constituebantur, cum illi tot amici senes consularesque superessent, me huius aetatis per quem excusaretur elegit, his quidem uerbis : « Etiam si filium haberem tibi mandarem. »

10 Quibus ex causis necesse est tamquam immaturam mortem eius in sinu tuo defleam, si tamen fas est aut flere aut omnino mortem uocare, qua tanti uiri mortalitas magis finita quam uita est. 11 Viuit enim uiuetque semper atque

---

apte *codd.* : -tae *B* ‖ collocata *codd.* : -te *V¹* ‖ coit *MVγ* : coiit *BF*.

§ 6 exsequiae *edd.* : exeq- (-quae *V¹*) *codd.* ‖ supremus (suppr- *B¹F*) felicitati eius *BFγ* : eius supremus felicitati *MV*.

§ 7 abit *BFγ* : abiit *MV* ‖ aeui *BFγ* : uitae *MV*.

§ 8 regio *MVγ* : *om. BF* ‖ honores *BFγ* : -ris *MV* ‖ ex secessibus *Vγ* : excess- *MBF* ‖ accucurrit *MV¹* : adcucurrit *BF* accurrit *V²γ* ‖ renuntiasset *MVBF* : nunt- *γ* ‖ quo *MVγ* : qua *BF*.

§ 9 consularesque *MVBF* : consulares *γ* ‖ per quem *codd.* : perque *F*.

§ 10 flere *γ* : fleri *BF* fiere *V* fieret *M*.

§ 11 atque *codd.* : adque *M*.

place de plus en plus grande dans la mémoire et les propos des hommes, depuis qu'il a disparu de leurs yeux.

12 J'avais l'intention de t'écrire sur beaucoup d'autres questions, mais mon esprit est absorbé tout entier dans cette unique contemplation : c'est à Verginius que je pense, c'est Verginius que je vois, c'est Verginius que, sous des images désormais vaines, mais fraîches encore, j'entends, à qui je parle, que je tiens dans mes bras. Peut-être avons-nous et aurons-nous quelques citoyens qui l'égalent en mérite, mais en gloire, personne. Au revoir.

2

PLINE À SON AMI PAULINUS

Je suis fâché, et je me demande si je dois l'être, mais je suis fâché. Tu sais combien l'amitié est parfois injuste, souvent peu maîtresse d'elle-même, et toujours *susceptible*. Mais cette fois-ci mon motif est sérieux ; est-il juste, je l'ignore. En tout cas, considérant qu'il est aussi juste que sérieux, je suis très fâché de n'avoir depuis si longtemps aucune lettre de toi. 2 Tu as un seul moyen d'obtenir mon pardon, c'est de m'en envoyer, maintenant du moins, beaucoup de très longues. Ce sera à mes yeux la seule justification véritable, les autres me paraîtront fausses. Je ne vais pas t'entendre dire : « Je n'étais pas à Rome », ou « J'étais trop occupé » ; 3 quant à l'excuse « J'étais souffrant », les dieux nous en préservent ! Pour ma part, dans ma maison de campagne, je partage mon temps entre les plaisirs de l'étude et ceux de la paresse, qui sont tous deux les fruits du loisir. Au revoir.

3

PLINE À SON AMI NEPOS

La réputation qui avait précédé Isée était grande, il s'est révélé plus grand encore. Rien n'égale sa facilité, son abondance, la richesse de son élocution ; il improvise toujours, mais on dirait qu'il a pris son temps pour rédiger. Il s'exprime

etiam latius in memoria hominum et sermone uersabitur postquam ab oculis recessit.

12 Volui tibi multa alia scribere, sed totus animus in hac una contemplatione defixus est. Verginium cogito, Verginium uideo, Verginium iam uanis imaginibus, recentibus tamen, audio, adloquor, teneo ; cui fortasse ciues aliquos uirtutibus pares et habemus et habebimus, gloria neminem. Vale.

2

C. PLINIVS PAVLINO SVO S.

Irascor, nec liquet mihi an debeam, sed irascor. Scis quam sit amor iniquus interdum, impotens saepe, μικραίτιος semper. Haec tamen causa magna est, nescio an iusta ; sed ego, tamquam non minus iusta quam magna sit, grauiter irascor quod a te tam diu litterae nullae. 2 Exorare me potes uno modo, si nunc saltem plurimas et longissimas miseris. Haec mihi sola excusatio uera, ceterae falsae uidebuntur. Non sum auditurus : « Non eram Romae » uel « Occupatior eram » ; 3 illud enim nec di sinant, ut « Infirmior ». Ipse ad uillam partim studiis partim desidia fruor, quorum utrumque ex otio nascitur. Vale.

3

C. PLINIVS NEPOTI SVO S.

Magna Isaeum fama praecesserat, maior inuentus est. Summa est facultas, copia, ubertas ; dicit semper ex tempore, sed tamquam diu scripserit. Sermo Graecus, immo Atticus ;

§ 12 uolui *MV* : uolo *BFγ* ‖ hac *codd.* : ac *B* ‖ una *codd.* : *om. F* ‖ uerginium *BFγ* : uirg- *MV* ‖ cogito uerginium *BFγ* : *om. MV* ‖ uerginium iam *codd.* : uirg- iam *V* ‖ recentibus *MVγ* : *om. BF* ‖ adloquor *MV¹* : alloq-*V²BF* ‖ ciues aliquos *MVγ* : aliquos ciues *BF*.

II, 2 Paulino *BFγ* : paulino nepoti *MV* ‖ § 1 impotens *F edd.* : inp-*MVB* ‖ μικραίτιος *edd.* : μεικ- *MBF* μεικ ‖‖‖ *V* ‖ sed *MVBF* : sit *γ*.

§ 2 exorare *BFγ* : -ora *MV* ‖ non eram *VBFγ* : non enim *M*.

§ 3 illud *BFγ* : illum *MV* ‖ di *MV²* : dii *V¹BFγ* ‖ infirmior *codd.* : -mor *V*.

II, 3 § 1 Isaeum *MV* : is(a)euum *BFγ* ‖ est summa ... ubertas *MVBF* : *om. γ* ‖ scripserit *MVBF* : -erat *γ*.

en grec, ou plus précisément en attique ; ses préambules sont
soignés, sobres, plaisants, parfois majestueux et sublimes. 2
Il demande plusieurs sujets de controverses et laisse le choix
aux auditeurs, y compris souvent celui du parti à défendre ; il
se lève, se drape, et commence. Aussitôt tout se trouve presque
instantanément à sa disposition ; des pensées profondes affluent,
des expressions aussi (et quelles expressions !), choisies et
distinguées. Ses improvisations trahissent bien des lectures,
bien des préparations écrites. 3 Ses exordes sont appropriés,
ses narrations claires, ses arguments pressants, ses conclusions
vigoureuses, ses figures de style nobles. En un mot il instruit,
il charme, il émeut ; et on ne saurait dire en quoi il excelle le
plus. Il emploie souvent des *enthymèmes*, souvent aussi des
syllogismes, achevés et parfaits : même par écrit on aurait du
mérite à y parvenir. Sa mémoire est incroyable : il reprend
presque du début un discours improvisé, sans se tromper, ne
serait-ce que d'un mot. 4 Une telle *maîtrise* lui est venue à
force de travail et d'exercice, car nuit et jour tout ce qu'il fait,
tout ce qu'il écoute, tout ce qu'il dit ne vise à rien d'autre. 5
Il a dépassé les soixante ans et n'est toujours qu'un homme
d'étude ; voilà le genre de personnes chez qui l'on trouve le
plus de droiture, de simplicité, de bonté. Nous autres, qui
nous usons au forum dans de vrais procès, nous y apprenons
beaucoup de méchanceté, même sans le vouloir ; 6 tandis
que l'école, la salle de conférences, les causes imaginaires
sont choses inoffensives, innocentes et néanmoins sources
d'agrément, surtout pour les gens âgés ; car qu'y a-t-il de plus
agréable quand on est vieux que ce qui fait les délices de la
jeunesse ? 7 En conséquence je regarde Isée non seulement
comme le plus éloquent, mais aussi comme le plus heureux
des hommes. Et si tu ne brûles pas de l'envie de le connaître,
c'est que tu es de pierre ou de fer.

praefationes tersae, graciles, dulces, graues interdum et erectae. 2 Poscit controuersias plures ; electionem auditoribus permittit, saepe etiam partis ; surgit, amicitur, incipit. Statim omnia ac paene pariter ad manum, sensus reconditi occursant, uerba (sed qualia !) quaesita et exculta. Multa lectio in subitis, multa scriptio elucet. 3 Prohoemiatur apte, narrat aperte, pugnat acriter, colligit fortiter, ornat excelse. Postremo docet, delectat, adficit ; quid maxime dubites. Crebra ἐνθυμήματα, crebri syllogismi, circumscripti et effecti, quod stilo quoque adsequi magnum est. Incredibilis memoria : repetit altius quae dixit ex tempore, ne uerbo quidem labitur. 4 Ad tantam ἕξιν studio et exercitatione peruenit ; nam diebus et noctibus nihil aliud agit, nihil audit, nihil loquitur. 5 Annum sexagensimum excessit et adhuc scholasticus tantum est ; quo genere hominum nihil aut sincerius aut simplicius aut melius. Nos enim, qui in foro uerisque litibus terimur, multum malitiae, quamuis nolimus, addiscimus ; 6 schola et auditorium et ficta causa res inermis, innoxia est nec minus felix, senibus praesertim. Nam quid in senectute felicius quam quod dulcissimum est in iuuenta ? 7 Quare ego Isaeum non disertissimum tantum, uerum etiam beatissimum iudico. Quem tu nisi cognoscere concupiscis, saxeus ferreusque es.

§ 2 partis *BFγ* : -tes *MV* ‖ amicitur *MVγ* : iam igitur *BF* ‖ reconditi *codd.* : -condat *V* ‖ exculta *MVBF* : exculpta *γ* ‖ multa *BFγ* : om. *MV* ‖ lectio ... multa om. *B¹* add. *B² supra lineam* ‖ subitis *MVB²* post corr. : subditis *B² ante corr. γ* sub‖itis *F*.

§ 3 pugnat *BFγ* : ac pugnat *MV* ‖ quid *MVγ* : quod *BF* ‖ crebra ἐνθυμήματα *Bγ* : crebra ἐντυμέματο *F* crebrae νοεεμήατα (-τας *V*) *MV* ‖ crebri *MVγ* : om. *BF*.

§ 4 ἕξιν *MVBF* : in *γ*.

§ 5 sexagensimum *edd.* : sexagesi- *VBF* sexagessi- *M* ‖ sincerius aut simplicius *MVBF* : simplicius aut sincerius *γ* ‖ nolimus *MVγ* : nolumus *BF*.

§ 6 et ficta *MVB* : ut ficta *γ* ficta *F*.

§ 7 isaeum (iseum) *γ* : isaeuum *BF* ipse eum *MV* ‖ disertissimum *BF* : dissert- *MV*.

8 Viens donc, si ce n'est pour d'autres raisons ou pour nous-même, du moins pour l'entendre, lui. N'as-tu pas lu l'histoire de cet habitant de Gadès qui, impressionné par la renommée de Tite-Live et sa gloire, est venu du bout du monde pour le voir, et aussitôt après l'avoir vu est reparti ? C'est une attitude *indifférente à la beauté*, illettrée, stupide, je dirais presque indigne, que de ne pas estimer à ce prix la rencontre la plus agréable, la plus belle, la plus humaine enfin qui soit. 9 Tu vas me dire : « J'ai ici des auteurs à lire, et ils sont tout aussi éloquents. » Soit ; mais on a toujours l'occasion de lire, pas toujours celle d'écouter. Et puis, comme on dit communément, ce qu'on entend de vive voix impressionne bien davantage. Car même si ce qu'on lit est plus frappant, l'effet qui s'installe dans notre esprit est plus profond s'il est produit par la diction, l'expression du visage, le port et enfin la gestuelle de l'orateur. 10 Ou alors, nous inscrivons-nous en faux contre ce mot d'Eschine qui, après avoir lu aux Rhodiens un discours de Démosthène et provoqué l'admiration générale, aurait, dit-on, ajouté : « *Que serait-ce, si vous aviez entendu la bête elle-même ?* » Et pourtant Eschine, si nous en croyons Démosthène, avait *une voix très sonore*. Malgré cela il avouait que ce même discours aurait été bien mieux prononcé par celui qui en était l'auteur. 11 Tous ces propos n'ont qu'un but, c'est que tu viennes entendre Isée, ne serait-ce que pour l'avoir entendu. Au revoir.

4

PLINE À SON AMIE CALVINA

Si ton père avait eu des dettes envers plusieurs personnes ou même une seule à part moi, tu aurais peut-être eu raison d'hésiter à accepter un héritage lourd à porter, même pour

8 Proinde si non ob alia nosque ipsos, at certe ut hunc
audias ueni. Numquamne legisti Gaditanum quendam Titi
Liui nomine gloriaque commotum ad uisendum eum ab
ultimo terrarum orbe uenisse statimque ut uiderat abisse ?
Ἀφιλόκαλον, inlitteratum, iners ac paene etiam turpe est
non putare tanti cognitionem qua nulla est iucundior, nulla
pulchrior, nulla denique humanior. 9 Dices : « Habeo hic
quos legam non minus disertos. » Etiam ; sed legendi semper
occasio est, audiendi non semper. Praeterea multo magis,
ut uulgo dicitur, uiua uox adficit. Nam licet acriora sint
quae legas, altius tamen in animo sedent quae pronuntiatio,
uultus, habitus, gestus etiam dicentis adfigit ; 10 nisi uero
falsum putamus illud Aeschinis, qui, cum legisset Rhodiis
orationem Demosthenis admirantibus cunctis, adiecisse
fertur : τί δέ, εἰ αὐτοῦ τοῦ θηρίου ἠκούσατε ; et erat
Aeschines, si Demostheni credimus, λαμπροφωνότατος.
Fatebatur tamen longe melius eadem illa pronuntiasse ipsum
qui pepererat. 11 Quae omnia huc tendunt ut audias Isaeum,
uel ideo tantum ut audieris. Vale.

4

C. Plinivs Calvinae svae s.

Si pluribus pater tuus uel uni cuilibet alii quam mihi
debuisset, fuisset fortasse dubitandum an adires hereditatem

§ 8 at *V²γ* : ad *MV¹ om. BF* ‖ numquamne legisti *V²BFγ* : numquam
neglegisti *MV¹* ‖ liui *MVB* : liuii *F* ‖ nomine *codd.* : -mina *V¹* ‖ uisendum
codd. : uiscen- *M* ‖ ἀφιλόκαλον *edd.* : ἀφιΑοκαΛον *M* ἀφιλόκανον *BF*
om. V spatio relicto ‖ inlitteratum *M²BF* : -rarum *M¹V* ‖ cognitionem
codd. : cogit- *B¹* ‖ iucundior *MB* : ioc- *VF*.

§ 9 non minus *codd.* : minus *M¹* ‖ disertos *codd.* : disser- *F* ‖ audiendi
codd. : -endo *V¹* ‖ uulgo *codd.* : uolgo *B* ‖ pronuntiatio *MVBF* : -tiat *γ* ‖
uultus *MVF²* : uoltus *BF¹* ‖ adfigit *codd.* : -ficit *M¹*.

§ 10 aeschinis *codd.* : -nus *V* ‖ rhodiis (ro- *F¹*) *codd.* : rhodis *B* ‖ θηρίου
BFγ : θήρου *MV* ‖ ἠκούσατε *MV* : ἠκούετε *BF* ‖ λαμπροφωνότατος
(-τανος *V*) *MV* : λλμποφώτατος *BF* μικροφ- *γ ut uid.* ‖ qui pepererat
codd. : quippe pererat *M*.

§ 11 isaeum *codd.* : isae‖um *B*.

II, 4 Caluinae *BF* : galuinae (-ne *M*) *MV* caluinie *γ* ‖ § 1 alii quam
MVγ : aliquam *BF¹* aliqua *F²* ‖ mihi *MVBγ* : etiam mihi *F*.

un homme. 2 Mais je me suis laissé guider par les devoirs de la parenté, et j'ai satisfait tous ceux qui étaient, je ne dis pas plus importuns, mais plus pressés que moi, pour rester finalement ton seul créancier ; et du vivant de ton père, lors de ton mariage, j'ai contribué à ta dot pour cent mille sesterces en plus de la somme que ton père t'a attribuée en quelque sorte sur mon bien (car c'est sur mon bien qu'elle devait être payée) ; tu as donc une garantie sérieuse de ma complaisance, et tu peux compter sur elle pour défendre comme tu le dois la mémoire et l'honneur du défunt. Mais pour t'y engager par des actes plus que par des paroles, je vais faire porter à l'avoir de ton compte tout ce que ton père me devait. 3 Et tu n'as pas à craindre que cette donation me soit onéreuse. Sans doute mes ressources sont globalement modestes, mon rang coûteux, mes revenus, par suite de la gestion de mes petites terres, aussi faibles qu'incertains ; mais ce qui manque aux revenus est compensé par mon sens de l'économie, qui est comme la source d'où jaillit ma générosité. 4 Il faut pourtant la régler de façon qu'un débit excessif ne la tarisse pas ; mais s'il faut la régler, c'est envers les autres ; avec toi, au contraire, son compte sera aisément en équilibre, même si la mesure est dépassée. Au revoir.

5

PLINE À SON AMI LUPERCUS

Le plaidoyer que tu m'as plusieurs fois réclamé et que je t'ai souvent promis, je te l'envoie enfin, mais pas en entier, car une de ses parties est encore en cours de finition. 2 En attendant, il n'est pas hors de propos que je soumette à ton jugement les morceaux qui me paraissent plus achevés que le reste. Accorde-leur, je te prie, la même attention que si tu en étais l'auteur. Car je n'ai jamais rien eu entre les mains qui

etiam uiro grauem. 2 Cum uero ego ductus adfinitatis officio, dimissis omnibus qui, non dico molestiores, sed diligentiores erant, creditor solus exstiterim, cumque uiuente eo nubenti tibi in dotem centum milia contulerim, praeter eam summam quam pater tuus quasi de meo dixit (erat enim soluenda de meo), magnum habes facilitatis meae pignus, cuius fiducia debes famam defuncti pudoremque suscipere ; ad quod te ne uerbis magis quam rebus horter, quidquid mihi pater tuus debuit acceptum tibi fieri iubebo. 3 Nec est quod uerearis ne sit mihi onerosa ista donatio. Sunt quidem omnino nobis modicae facultates, dignitas sumptuosa, reditus propter condicionem agellorum nescio minor an incertior ; sed quod cessat ex reditu frugalitate suppletur, ex qua uelut fonte liberalitas nostra decurrit. 4 Quae tamen ita temperanda est ne nimia profusione inarescat ; sed temperanda in aliis, in te uero facile ei ratio constabit, etiamsi modum excesserit. Vale.

5

C. Plinivs Lvperco svo s.

Actionem et a te frequenter efflagitatam et a me saepe promissam exhibui tibi, nondum tamen totam ; adhuc enim pars eius perpolitur. 2 Interim quae absolutiora mihi uidebantur non fuit alienum iudicio tuo tradi. His tu rogo intentionem scribentis accommodes. Nihil enim adhuc inter manus habui cui maiorem sollicitudinem praestare deberem.

§ 2 cum uero $V^2BF\gamma$: cum uiro MV^1 ‖ solus : *cum hoc uerbo deest B usque ad* II, 12, 3 praebere ‖ uiuente eo $F\gamma$: ego MV ‖ dotem *codd.* : dote F ‖ quidquid M : quicq- VF.

§ 3 onerosa (-rasa V^1) ista $MV\gamma$: ista honer- (oner- F^2) F ‖ omnino nobis modicae MV : omnino modicae nobis γ nobis omnino modicae F ‖ fonte $MV\gamma$: e fonte F.

§ 4 profusione *codd.* : -fessione M^1 ‖ ei *Keil* : et $F\gamma$ *om.* MV.

II, 5 § 1 et a te $V\gamma$: et a ti M a te F ‖ nondum $MV\gamma$: non F ‖ enim MVF : *om.* γ.

§ 2 absolutiora *codd.* : -tior V ‖ uidebantur *codd.* : -batur V ‖ tradi his tu $MV\gamma$: traditum iri F.

m'ait demandé plus de soin. 3 Dans mes autres plaidoyers, en effet, le jugement du public ne portait que sur notre travail et notre conscience professionnelle ; ici il portera en plus sur notre amour de la patrie. D'où il résulte que le livre a grossi, tant nous avons plaisir à honorer et à célébrer notre pays tout en nous consacrant à sa défense et à sa gloire. 4 Mais même dans ces passages-là tu peux faire des coupures autant qu'il te paraîtra judicieux. Car chaque fois que je pense à ce qui ennuie les lecteurs et à ce qu'ils affectionnent, je me rends compte que le meilleur atout de notre livre résidera dans la modestie de ses dimensions. 5 Mais tout en exigeant de ta part cette sévérité, je me vois obligé de te réclamer aussi le contraire : que pour beaucoup de passages tu ne te montres pas trop sourcilleux. Il faut bien, en effet, faire quelques concessions aux oreilles des jeunes gens, surtout quand le sujet ne s'y oppose pas ; car il est admis que l'on traite les descriptions, qui seront assez nombreuses dans ce livre, non seulement à la manière des historiens, mais dans une certaine mesure à celle des poètes. 6 S'il se trouvait pourtant quelqu'un pour penser que nous avons adopté un ton plus souriant que ne l'exige la gravité du genre oratoire, sa morosité, si j'ose dire, devra être apaisée par les autres parties du plaidoyer. Le fait est que nous nous sommes efforcé de retenir l'intérêt des différentes catégories de lecteurs en employant plusieurs espèces de style ; 7 et si nous craignons que certains n'en désapprouvent l'une ou l'autre partie en fonction de leur tempérament propre, nous pouvons avoir, croyons-nous, la ferme conviction que l'ensemble se recommandera à tous par sa variété même. 8 C'est comme dans les grands dîners : chacun de nous s'abstient d'un certain nombre de plats, mais tous nous faisons l'éloge de l'ensemble du menu, et les mets que notre goût refuse n'enlèvent rien à l'agrément de ceux qui lui plaisent.

9 Et je voudrais donc qu'en recevant ces pages, tu te dises, non que je crois avoir atteint mon but, mais que je me suis efforcé d'y atteindre, peut-être pas en vain, pour peu que tu veuilles bien donner tes soins d'abord aux parties que tu as déjà, puis à celles qui vont suivre. 10 Tu me diras que tu ne

3 Nam in ceteris actionibus existimationi hominum diligentia tantum et fides nostra, in hac etiam pietas subicietur. Inde et liber creuit, dum ornare patriam et amplificare gaudemus pariterque et defensioni eius seruimus et gloriae. 4 Tu tamen haec ipsa, quantum ratio exegerit, reseca. Quotiens enim ad fastidium legentium deliciasque respicio, intellego nobis commendationem et ex ipsa mediocritate libri petendam. 5 Idem tamen qui a te hanc austeritatem exigo, cogor id quod diuersum est postulare, ut in plerisque frontem remittas. Sunt enim quaedam adulescentium auribus danda, praesertim si materia non refragetur ; nam descriptiones locorum, quae in hoc libro frequentiores erunt, non historice tantum, sed prope poetice prosequi fas est. 6 Quod tamen si quis exstiterit qui putet nos laetius fecisse quam orationis seueritas exigat, huius, ut ita dixerim, tristitiam reliquae partes actionis exorare debebunt. Adnisi certe sumus ut quamlibet diuersa genera lectorum per plures dicendi species teneremus 7 ac, sicut ueremur ne quibusdam pars aliqua secundum suam cuiusque naturam non probetur, ita uidemur posse confidere ut uniuersitatem omnibus uarietas ipsa commendet. 8 Nam et in ratione conuiuiorum, quamuis a plerisque cibis singuli temperemus, totam tamen cenam laudare omnes solemus, nec ea quae stomachus noster recusat adimunt gratiam illis quibus capitur.

9 Atque haec ego sic accipi uolo, non tamquam adsecutum esse me credam, sed tamquam adsequi laborauerim, fortasse non frustra, si modo tu curam tuam admoueris interim istis, mox iis quae sequuntur. 10 Dices te non posse satis

---

§ 3 existimationi *Fγ* : -one *MV* ‖ pariterque *F* : pariter *MV*.

§ 4 ad fastidium legentium *MVF* : legentium ad fastidium *γ* ‖ et ex ipsa *MVγ* : ex ipsa *F*.

§ 5 cogor *codd.* : cogo *F¹* ‖ in plerisque *codd.* : imple- *M* ‖ descriptiones *V²F* : disc- *MV¹*.

§ 6 laetius *MV¹γ* : latius *V²F* ‖ seueritas *MVF* : *om. γ* ‖ tristitiam *codd.* : tristiam *V¹* ‖ actionis *codd.* : -nes *V¹* ‖ debebunt *MVγ* : debuerunt *F*.

§ 7 confidere *codd.* : -ficere *V²* ‖ ut *MVγ* : uti *F*.

§ 8 ratione *MVF* : -nem *γ* ‖ quibus *MVγ* : a quibus *F*.

§ 9 esse me *Fγ* : me esse *MV* ‖ interim istis *V* : inter emistis *M* interemptis *F* ‖ iis *γ* : is *F* his *MV* ‖ sequuntur (secun- *MV*) *MVγ* : sequen- *F*.

peux pas t'acquitter de cette tâche assez consciencieusement, si tu n'as pas pris connaissance, d'abord, de l'ensemble du plaidoyer ; j'en conviens. Dans l'immédiat, pourtant, tu vas te familiariser avec ce que tu as déjà, et certaines de ces pages seront de nature à pouvoir être corrigées en quelques endroits. 11 En effet, si on te donnait à voir la tête ou un membre détaché d'une statue, tu ne pourrais certes pas en saisir l'harmonie et la proportion par rapport à l'ensemble, mais tu pourrais apprécier la qualité du morceau en lui-même. 12 Et il n'y a pas d'autre raison de mettre en circulation des recueils d'exordes, sinon qu'on estime qu'une partie peut avoir sa perfection, même sans le reste.

13 Le plaisir de m'entretenir avec toi m'a entraîné un peu loin ; mais je vais m'arrêter ici, pour ne pas dépasser dans une lettre la mesure que je crois nécessaire aussi de garder dans un discours. Au revoir.

6

PLINE À SON AMI AVITUS

Ce serait trop long de revenir en arrière, et peu importe comment c'est arrivé : j'ai été amené à dîner chez quelqu'un que je ne connaissais guère, et qui se croyait élégant et économe, alors qu'il m'a paru à la fois avare et dépensier. 2 Car il faisait servir à lui-même et à quelques amis des plats succulents, aux autres de grossières et maigres nourritures. Même chose pour les vins : il les avait répartis dans de petits flacons en trois catégories, non pour qu'on puisse choisir, mais pour qu'on n'ait pas le droit de refuser : la première pour lui et pour nous, la suivante pour ses amis du second rang (car il établit une hiérarchie entre ses amis), la dernière pour ses affranchis et les nôtres. 3 Ce procédé frappa mon voisin de table qui me demanda si je l'approuvais. Je répondis que non. « Mais alors, me dit-il, comment fais-tu d'ordinaire ? » « Je fais servir la même chose à tout le monde, car j'invite à un dîner, non à un affront, et je traite de la même manière

diligenter id facere, nisi prius totam actionem cognoueris ;
fateor. In praesentia tamen et ista tibi familiariora fient et
quaedam ex his talia erunt ut per partes emendari possint.
11 Etenim, si auolsum statuae caput aut membrum aliquod
inspiceres, non tu quidem ex illo posses congruentiam
aequalitatemque deprendere, posses tamen iudicare an id
ipsum satis elegans esset. 12 Nec alia ex causa principiorum
libri circumferuntur quam quia existimatur pars aliqua etiam
sine ceteris esse perfecta.

13 Longius me prouexit dulcedo quaedam tecum
loquendi ; sed iam finem faciam, ne modum quem etiam
orationi adhibendum puto, in epistula excedam. Vale.

6

C. Plinivs Avito svo s.

Longum est altius repetere nec refert quemadmodum
acciderit ut homo minime familiaris cenarem apud quendam,
ut sibi uidebatur, lautum et diligentem, ut mihi, sordidum simul
et sumptuosum. 2 Nam sibi et paucis opima quaedam, ceteris
uilia et minuta ponebat. Vinum etiam paruolis lagunculis in
tria genera discripserat, non ut potestas eligendi, sed ne ius
esset recusandi, aliud sibi et nobis, aliud minoribus amicis
(nam gradatim amicos habet), aliud suis nostrisque libertis. 3
Animaduertit qui mihi proximus recumbebat et an probarem
interrogauit. Negaui. « Tu ergo, inquit, quam consuetudinem
sequeris ? » « Eadem omnibus pono ; ad cenam enim, non ad

§ 10 his *MVγ* : iis *F*.
§ 11 auolsum *codd.* : auul- *V²*.
§ 12 quam *codd.* : qua *M*.
II, 6 § 1 homo *MVγ* : homini *F*.
§ 2 opima *Fγ* : opti- *MV* ‖ paruolis *MV¹* : paruul- *V²Fγ* ‖ discripserat
(-rant *M*) *MV¹* : descr-*V²Fγ* ‖ eligendi *codd.* : elig- *V* ‖ aliud sibi *MVγ* :
et aliud sibi *F*.
§ 3 negaui *Fγ* : *om. MV* ‖ inquit *M* : -quid *VF* ‖ eadem *Fγ* : respondi
eadem *MV*.

ceux que j'ai reçus à la même table et sur les mêmes lits. »
« Même les affranchis ? » « Oui ; 4 car je les considère alors
comme des convives et non comme des affranchis. » « Cela
te coûte cher », me dit-il. « Pas du tout. » « Comment est-ce
possible ? » « C'est possible pour la bonne raison que ce ne
sont pas mes affranchis qui boivent le même vin que moi,
c'est moi qui bois le même que mes affranchis. » 5 Et, par
Hercule, si on met un frein à sa gourmandise, il n'est pas
onéreux de partager avec plusieurs ce dont on use soi-même.
La gourmandise ! c'est elle qu'il faut refouler et en quelque
sorte mettre au pas si on veut réduire ses dépenses, et il vaut
nettement mieux y parvenir en faisant preuve de modération
qu'en se montrant désobligeant envers autrui.

6 Où veux-je en venir ? Tu es jeune et tu as beaucoup de
qualités ; je ne voudrais pas que tu t'en laisses imposer, chez
certains, par un luxe de la table qui prend les apparences de
l'économie. L'affection que je te porte me fait un devoir de
profiter de toute occasion de ce genre pour t'avertir par un
exemple concret de ce que tu dois éviter. 7 Rappelle-toi donc
qu'il n'y a rien qu'il faille fuir davantage que cette association
toute récente du luxe et de l'avarice. Ils sont ignobles pris
à part et séparément, ils le sont encore plus quand on les
réunit. Au revoir.

7

PLINE À SON AMI MACRINUS

Hier le Sénat a décerné, sur proposition du Prince, une
statue triomphale à Vestricius Spurinna, non comme à beaucoup
d'autres, qui n'ont jamais pris part à une bataille, jamais vu un
camp, jamais non plus entendu le son des trompettes, sinon
au spectacle, mais comme à ceux qui ont conquis cet honneur
par leur sueur, leur sang et leurs exploits. 2 Car Spurinna a
rétabli le roi des Bructères dans son royaume par la force des
armes, et rien qu'en agitant la menace d'une guerre il a maté
par la terreur ce peuple indomptable, ce qui est la plus belle

notam inuito cunctisque rebus exaequo quos mensa et toro
aequaui. » « Etiamne libertos ? » « Etiam ; 4 conuictores enim
tunc, non libertos puto. » Et ille : « Magno tibi constat. »
« Minime. » « Qui fieri potest ? » « Quia scilicet liberti mei
non idem quod ego bibunt, sed idem ego quod liberti. » 5
Et hercule, si gulae temperes, non est onerosum quo utaris
ipse communicare cum pluribus. Illa ergo reprimenda, illa
quasi in ordinem redigenda est, si sumptibus parcas, quibus
aliquanto rectius tua continentia quam aliena contumelia
consulas.

6 Quorsus haec ? Ne tibi, optimae indolis iuueni,
quorundam in mensa luxuria specie frugalitatis imponat.
Conuenit autem amori in te meo, quotiens tale aliquid
inciderit, sub exemplo praemonere quid debeas fugere.
7 Igitur memento nihil magis esse uitandum quam istam
luxuriae et sordium nouam societatem ; quae cum sint
turpissima discreta ac separata, turpius iunguntur. Vale.

7

C. PLINIVS MACRINO SVO S.

Here a senatu Vestricio Spurinnae principe auctore
triumphalis statua decreta est, non ita ut multis, qui numquam
in acie steterunt, numquam castra uiderunt, numquam denique
tubarum sonum nisi in spectaculis audierunt, uerum ut illis
qui decus istud sudore et sanguine et factis adsequebantur.
2 Nam Spurinna Bructerum regem ui et armis induxit in
regnum, ostentatoque bello ferocissimam gentem, quod est

§ 4 non libertos *codd.* : ne libertos *V* ‖ et ille *MVγ* : ille *F* ‖ qui fieri
potest *MVγ* : fieri potest potest *F* ‖ quod liberti *codd.* : quod et liberti *V*.
  § 5 si gulae *codd.* : singulae *F* ‖ quo *codd.* : quod *V*.
  § 6 luxuria *codd.* : -riae *M* ‖ specie *MV* : -ciem *Fγ* ‖ imponat *F* :
inp- *MV*.
  § 7 discreta ac *MVγ* : ac discreta et *F*.
  II, 7 § 1 here *MV* : heri *Fγ* ‖ spurinnae (*hic*) *MVγ* : (*post* auctore) *F*
‖ in acie steterunt numquam *Fγ* : *om.* MV.
  § 2 ostentatoque *MV* : -ntatioque *γ* -ntatque *V*.

des victoires. 3 En même temps que cette récompense de sa vaillance il a reçu une consolation à sa douleur : on a accordé l'honneur d'une statue à son fils Cottius, qu'il a perdu pendant son absence. C'est rare pour un jeune homme, mais le père avait bien mérité cela aussi : il fallait soigner sa blessure si cruelle par quelque puissant remède. 4 Au demeurant Cottius lui-même avait donné des signes si éclatants de ses qualités naturelles, que sa vie, toute brève et bornée qu'elle fût, méritait d'être prolongée par cette quasi-immortalité. Si grandes étaient sa droiture, sa dignité, son autorité même, qu'il pouvait rivaliser par ses mérites avec les illustres vieillards auxquels cet honneur l'a maintenant égalé. 5 En accordant un tel honneur, pour autant que je comprenne, on s'est fixé comme but non seulement la mémoire du défunt et la douleur de son père, mais aussi la valeur de l'exemple. Pour les jeunes gens ce sera une incitation à la pratique des vertus, de voir de telles récompenses proposées même à leur âge, pourvu qu'ils en soient dignes ; pour les premiers personnages de l'État ce sera une incitation à élever des enfants, de penser aux joies qu'ils leur donneront s'ils vivent, et aux consolations glorieuses qu'ils en auront s'ils les perdent.

6 Pour toutes ces raisons la statue de Cottius me réjouit en tant que citoyen, et tout autant à titre personnel. J'ai éprouvé pour ce jeune homme si parfait une vive affection, égale à la peine que je ressens maintenant d'avoir à le regretter ; j'aurai donc plaisir à regarder de temps en temps son image, à me retourner quelquefois pour la voir, à m'arrêter à ses pieds, à passer devant elle. 7 Car si les portraits des défunts placés dans nos demeures allègent notre chagrin, combien plus encore le font ceux qui, dans un lieu très fréquenté, nous rappellent non seulement leur aspect et les traits de leur visage, mais aussi leurs honneurs et leur gloire. Au revoir.

pulcherrimum uictoriae genus, terrore perdomuit. 3 Et hoc quidem uirtutis praemium, illud solacium doloris accepit, quod filio eius Cottio, quem amisit absens, habitus est honor statuae. Rarum id in iuuene ; sed pater hoc quoque merebatur, cuius grauissimo uulneri magno aliquo fomento medendum fuit. 4 Praeterea Cottius ipse tam clarum specimen indolis dederat ut uita eius breuis et angusta debuerit hac uelut immortalitate proferri. Nam tanta ei sanctitas, grauitas, auctoritas etiam, ut posset senes illos prouocare uirtute quibus nunc honore adaequatus est. 5 Quo quidem honore, quantum ego interpretor, non modo defuncti memoriae, dolori patris, uerum etiam exemplo prospectum est. Acuent ad bonas artes iuuentutem adulescentibus quoque, digni sint modo, tanta praemia constituta ; acuent principes uiros ad liberos suscipiendos et gaudia ex superstitibus et ex amissis tam gloriosa solacia.

6 His ex causis statua Cotti publice laetor nec priuatim minus. Amaui consummatissimum iuuenem tam ardenter quam nunc impatienter requiro. Erit ergo pergratum mihi hanc effigiem eius subinde intueri, subinde respicere, sub hac consistere, praeter hanc commeare. 7 Etenim, si defunctorum imagines domi positae dolorem nostrum leuant, quanto magis hae quibus in celeberrimo loco non modo species et uultus illorum, sed honor etiam et gloria refertur ! Vale.

§ 3 statuae rarum *MVF* : statuarum *γ* ‖ sed pater *MVF* : et pater *γ*.

§ 4 uelut *MVγ* : ueluti *F* ‖ immortalitate *edd.* : inmor- *MVF* ‖ ei *codd.* : et *M* ‖ posset *MVF* : posses *γ* ‖ adaequatus est quo quidem honore *MVF* : *om. γ*.

§ 5 acuent *MVF* : *om. γ* ‖ digni *MVγ* : ut digni *F* ‖ acuent *VF* : ac uenit *M* ‖ uiros *codd.* : ueros *M¹* ‖ gaudia *codd.* : -dio *M¹*.

§ 6 cotti *MVγ* : coctii *F* ‖ impatienter *edd.* : inp- *MVF* ‖ pergratum mihi *MVF* : mihi pergratum *γ* ‖ intueri subinde *codd.* : *om. V*.

§ 7 hae quibus *γ* : haec quibus *MV* aequibus *F* ‖ et uultus *MVF* : sed uultus *γ*.

8

PLINE À SON AMI CANINIUS

Travailles-tu, ou vas-tu à la pêche, ou à la chasse, ou le tout à la fois ? Le fait est qu'on peut faire tout cela à la fois sur les bords de notre Larius. Car on trouve une ample provision de poissons dans le lac, de gibier dans les forêts qui entourent le lac, et de pensées dans la profonde retraite qui est la tienne. 2 D'ailleurs, que tu fasses tout à la fois ou une chose seulement, je ne peux pas dire : « Je suis jaloux » ; mais je souffre de ne pouvoir en profiter également, quand j'en ai une envie aussi violente que les malades ont envie de vin, de bains, de sources. Ne briserai-je donc jamais ces liens qui me serrent, à défaut de pouvoir les dénouer ? Jamais, je pense. 3 Car aux vieilles affaires s'en ajoutent de nouvelles, sans que les premières soient terminées ; tant il y a de nœuds et pour ainsi dire de chaînes qui viennent allonger de jour en jour la longue suite de mes occupations. Au revoir.

9

PLINE À SON AMI APOLLINARIS

Je suis anxieux et tourmenté à propos de la candidature de mon ami Sextus Erucius. Je me fais du souci, et les inquiétudes que je n'ai pas ressenties pour moi, je les éprouve pour lui, qui est comme un autre moi-même. Et d'autre part ce sont mon honneur, ma réputation, ma dignité qui sont en jeu. 2 C'est moi qui ai obtenu de notre César le laticlave pour Sextus, tout comme la charge de questeur ; c'est mon appui qui lui a procuré le droit d'être candidat au tribunat, et s'il échoue au Sénat, j'aurai l'air, je le crains, d'avoir trompé César. 3 Je dois donc tout mettre en œuvre pour que tous le jugent tel

8
C. Plinivs Caninio svo s.

Studes an piscaris an uenaris an simul omnia ? Possunt enim omnia simul fieri ad Larium nostrum. Nam lacus piscem, feras siluae quibus lacus cingitur, studia altissimus iste secessus adfatim suggerunt. 2 Sed siue omnia simul siue aliquid facis, non possum dicere « Inuideo » ; angor tamen non et mihi licere quae sic concupisco ut aegri uinum, balinea, fontes. Numquamne hos artissimos laqueos, si soluere negatur, abrumpam ? Numquam, puto. 3 Nam ueteribus negotiis noua accrescunt, nec tamen priora peraguntur ; tot nexibus, tot quasi catenis maius in dies occupationum agmen extenditur. Vale.

9
C. Plinivs Apollinari svo s.

Anxium me et inquietum habet petitio Sexti Eruci mei. Adficior cura et, quam pro me sollicitudinem non adii, quasi pro me altero patior ; et alioqui meus pudor, mea existimatio, mea dignitas in discrimen adducitur. 2 Ego Sexto latum clauum a Caesare nostro, ego quaesturam impetraui ; meo suffragio peruenit ad ius tribunatus petendi, quem nisi obtinet in senatu, uereor ne decepisse Caesarem uidear. 3 Proinde adnitendum est mihi ut talem eum iudicent

---

II, 8 Caninio *F*γ : cannino *MV* ‖ § 1 lacus *F* : lacu *M* laucus *V* ‖ feras *codd.* : fera *M* ‖ studia altissimus *MVF* : studii amicissimus γ ‖ adfatim suggerunt *MV*γ : affatim suggerit *F*.

§ 2 facis *MV*γ : facias *F* ‖ aegri *MVF* : aeger γ ‖ numquamne *MV*γ : numquam *F* ‖ si soluere *MVF* : soluere γ.

§ 3 nam *MV*γ : nam in *F* ‖ accrescunt *edd.* : adcres- *MVF* ‖ extenditur *MV*γ : osten- *F*.

II, 9 § 1 inquietum *codd.* : qu- *V* ‖ sollicitudinem *codd.* : sollitu- *M* ‖ alioqui *MV*γ : -quin *F*.

§ 2 tribunatus *F*γ : -tum *MV* ‖ in senatu uereor ne *MV*γ : uereor in senatu *F*.

que le Prince, sur ma parole, a bien voulu croire qu'il était.
Même s'il n'y avait pas ces raisons pour éveiller mon zèle,
je n'en désirerais pas moins aider un jeune homme plein de
probité, de sérieux et de savoir, parfaitement digne enfin
de tout éloge, lui et sa famille tout entière. 4 Car son père,
Erucius Clarus, est un homme intègre, d'une vertu antique,
éloquent et expérimenté dans la pratique des plaidoyers, dont
il s'est toujours chargé avec une parfaite loyauté, une égale
fermeté et tout autant de tact. Il a pour oncle C. Septicius : je
ne connais rien de plus sincère, de plus franc, de plus droit,
de plus fidèle. 5 Tous rivalisent d'affection pour moi et tous
m'aiment autant ; je peux aujourd'hui m'acquitter envers
tous en la personne d'un seul. Et donc je sollicite mes amis,
je les supplie, je les assiège, je fais le tour des maisons et des
lieux de réunion, et j'expérimente par mes prières le degré
d'autorité ou d'influence que je peux avoir. 6 Je te supplie
donc de bien vouloir te charger d'une partie de ma tâche. Je
te le revaudrai si tu me le demandes ; je te le revaudrai même
si tu ne me le demandes pas. On t'aime, on t'honore, on te
rend visite ; manifeste seulement ta volonté, il ne manquera
pas de gens pour s'empresser de vouloir la même chose que
toi. Au revoir.

10

PLINE À SON AMI OCTAVIUS

Quel personnage insensible tu es, ou plutôt dur, et presque
cruel ! Retenir aussi longtemps des ouvrages si remarquables ! 2
Jusqu'à quand nous priveras-tu tous, toi d'une gloire immense,
et nous d'un pareil plaisir ? Laisse tes œuvres « voler sur les
lèvres des hommes » et se répandre dans les espaces qu'a
parcourus la langue des Romains. Notre attente est forte
et déjà longue : tu ne dois plus la tromper ni la prolonger.
Certains de tes vers se sont fait connaître et ont malgré toi

omnes qualem esse princeps mihi credidit. Quae causa si studium meum non incitaret, adiutum tamen cuperem iuuenem probissimum, grauissimum, eruditissimum, omni denique laude dignissimum, et quidem cum tota domo. 4 Nam pater ei Erucius Clarus, uir sanctus, antiquus, disertus atque in agendis causis exercitatus, quas summa fide, pari constantia nec uerecundia minore defendit. Habet auunculum C. Septicium, quo nihil uerius, nihil simplicius, nihil candidius, nihil fidelius noui. 5 Omnes me certatim et tamen aequaliter amant, omnibus nunc ego in uno referre gratiam possum. Itaque prenso amicos, supplico, ambio, domos stationesque circumeo, quantumque uel auctoritate uel gratia ualeam precibus experior, 6 teque obsecro ut aliquam oneris mei partem suscipere tanti putes. Reddam uicem si reposces, reddam et si non reposces. Diligeris, coleris, frequentaris ; ostende modo uelle te, nec deerunt qui quod tu uelis cupiant. Vale.

10

C. PLINIVS OCTAVIO SVO S.

Hominem te patientem uel potius durum ac paene crudelem, qui tam insignes libros tam diu teneas ! 2 Quousque et tibi et nobis inuidebis, tibi maxima laude, nobis uoluptate ? Sine per ora hominum ferantur isdemque quibus lingua Romana spatiis peruagentur. Magna et iam longa exspectatio est, quam frustrari adhuc et differre non debes. Enotuerunt quidam tui uersus et inuito te claustra sua refregerunt.

§ 3 adiutum *codd.* : aditum M^1 ‖ omni *MVF* : *om. γ*.

§ 4 ei *MVγ* : eius *F* ‖ disertus *codd.* : disser- *F* ‖ exercitatus *MVγ* : -citus *F* ‖ summa fide *MVF* : summas *γ*.

§ 5 prenso *MVγ* : prendo *F* ‖ supplico *MVF* : *om. γ*.

§ 6 (h)oneris *Fγ* : muneris *MV* ‖ reddam et si non reposces (-scis *MV*) *MVF* : *om. γ* ‖ diligeris *Fγ* : dileg-*MV* ‖ quod *Fγ* : id quod *MV*.

II, 10 § 1 teneas *MVF* : tenes *γ*.

§ 2 quousque *codd.* : quiusque V^1 ‖ maxima laude (-dae *M*) *MVF* : -mas -des *γ* ‖ uoluptate *MVF* : -tates *γ* ‖ isdemque *MV* : iisd- *Fγ* ‖ longa *MVγ* : longuaque *F* ‖ expectatio (exsp- *edd.*) est *MVF* : -tatione *γ* ‖ differre *codd.* : dife- *M* ‖ enotuerunt *Fγ* : enit- *MV* ‖ sua *MVγ* : tua *F*.

brisé leurs chaînes. 3 Si tu ne les ramènes pas dans le rang, ils trouveront un jour, comme des vagabonds, un maître à qui on les attribuera. 4 Ne perds pas de vue ta condition mortelle, à laquelle seule cette œuvre que tu laisseras te permet de te soustraire ; car tout le reste est fragile et périssable, tout comme les hommes eux-mêmes, qui meurent et disparaissent.

5 Tu me diras, comme d'habitude : « Mes amis aviseront. » Je te souhaite assurément d'avoir des amis assez fidèles, assez savants, assez actifs pour pouvoir et vouloir se charger de tant de soins et d'efforts ; mais n'oublie pas qu'il est peu prudent d'attendre d'autrui ce que l'on ne s'accorde pas soi-même.

6 Pour ce qui est de l'édition, elle peut attendre, c'est comme tu voudras ; mais au moins donne des lectures pour augmenter ton envie de publier et pour connaître enfin la joie que depuis longtemps je pressens pour toi, non sans raison. 7 Je m'imagine en effet l'affluence, l'admiration, les acclamations, le silence même qui t'attendent, un silence qui, lorsque je plaide ou que je donne une lecture, ne me fait pas moins plaisir que les acclamations, pourvu qu'il soit intense, attentif et avide d'entendre la suite. 8 Voilà une grande récompense, et toute prête ; cesse d'en priver tes travaux par cette hésitation interminable. Comme elle dépasse la mesure, il est à craindre qu'on ne la traite d'inertie et de paresse ou même de manque d'assurance. Au revoir.

11
PLINE À SON AMI ARRIANUS

Tu es toujours content quand il se produit au Sénat quelque événement digne de cet ordre illustre ; car si l'amour du calme t'a fait choisir la retraite, en ton cœur reste gravé le souci de la grandeur de l'État. Apprends donc ce qui s'est passé ces jours-ci : c'est un épisode fameux par la célébrité de l'intéressé, salutaire par la sévérité de l'exemple, durable par l'importance de l'affaire.

3 Hos nisi retrahis in corpus, quandoque ut errones aliquem cuius dicantur inuenient. 4 Habe ante oculos mortalitatem, a qua adserere te hoc uno monimento potes ; nam cetera fragilia et caduca non minus quam ipsi homines occidunt desinuntque.

5 Dices, ut soles : « Amici mei uiderint. » Opto equidem amicos tibi tam fideles, tam eruditos, tam laboriosos ut tantum curae intentionisque suscipere et possint et uelint ; sed dispice ne sit parum prouidum sperare ex aliis quod tibi ipse non praestes.

6 Et de editione quidem interim ut uoles ; recita saltem, quo magis libeat emittere, utque tandem percipias gaudium quod ego olim pro te non temere praesumo. 7 Imaginor enim qui concursus, quae admiratio te, qui clamor, quod etiam silentium maneat ; quo ego, cum dico uel recito, non minus quam clamore delector, sit modo silentium acre et intentum et cupidum ulteriora audiendi. 8 Hoc fructu tanto, tam parato desine studia tua infinita ista cunctatione fraudare ; quae cum modum excedit, uerendum est ne inertiae et desidiae uel etiam timiditatis nomen accipiat. Vale.

11

C. Plinivs Arriano svo s.

Solet esse gaudio tibi si quid acti est in senatu dignum ordine illo. Quamuis enim quietis amore secesseris, insidet tamen animo tuo maiestatis publicae cura. Accipe ergo quod per hos dies actum est, personae claritate famosum, seueritate exempli salubre, rei magnitudine aeternum.

§ 3 retrahis *MVγ* : -hes *F* ‖ errones *codd.* : errores *V* ‖ inuenient *MVγ* : -iant *F*.

§ 4 habe ante oculos *MVγ* : hebetando oculo *F* ‖ a qua *MVF* : ad quam *γ* ‖ uno *codd.* : uni *M* ‖ desinuntque *MVγ* : desuntque *F*.

§ 5 opto *MVF* : optimos *γ* ‖ tam laboriosos *MVγ* : *om. F*.

§ 6 de editione quidem *MVF* : deditiones *γ* ‖ utque *MVF* : ut quod *γ* ‖ pro te *Fγ* : prope *MV*.

§ 7 quo *γ* : quod *MVF*.

§ 8 uerendum *MVF* : uenerand- *γ* ‖ accipiat *M²VF* : -pias *γ* -piatur *M¹*.

II, 11 Arriano *MVF* : arinio *γ* ‖ § 1 insidet *Fγ* : -dit *MV* ‖ ergo *codd.* : ego *F¹* ‖ per *codd.* : *om. M*.

2 Marius Priscus, accusé par les Africains, dont il a été le gouverneur en tant que proconsul, a renoncé à sa défense et a demandé à passer devant la commission des juges. Tacite et moi, chargés de soutenir la cause des provinciaux, avons estimé qu'il était de notre devoir de faire savoir au Sénat que Priscus, par sa monstrueuse cruauté, avait dépassé la mesure des crimes susceptibles de passer devant une commission : c'est qu'il avait reçu des sommes d'argent pour condamner des innocents et même les faire mettre à mort. 3 Dans sa réponse, Catius Fronto demanda avec insistance que l'enquête se limitât à la loi sur les restitutions ; en expert dans l'art de faire jaillir les larmes, il déploya toutes les voiles de sa plaidoirie et y insuffla ce qu'on peut appeler un vent de compassion. 4 Grande contestation, grandes clameurs de part et d'autre, les uns soutenant que la compétence du Sénat était limitée par la loi, les autres qu'elle était indéfinie et sans restrictions, et que son droit de punir s'étendait à toutes les fautes de l'accusé. 5 Finalement le consul désigné Julius Ferox, un homme droit et intègre, émit l'avis qu'il fallait en attendant renvoyer Marius devant la commission des juges, mais qu'on devait aussi faire comparaître ceux à qui il était accusé d'avoir vendu la condamnation d'innocents. 6 Non seulement cet avis l'emporta, mais il fut finalement le seul, après de si vives discussions, à réunir un grand nombre de voix, et l'expérience montra que si la sympathie et la compassion s'expriment avec force et véhémence dans leurs premiers élans, peu à peu elles se calment comme s'éteint un feu, sous l'effet de la réflexion et du bon sens. 7 D'où il résulte que ce que beaucoup soutiennent au milieu du tumulte et des cris, personne n'a plus envie de le dire quand les autres se taisent ; car une fois qu'on est séparé de la foule, on distingue clairement les faits que la foule nous empêche de voir.

8 Arrivèrent alors ceux qui étaient sommés de comparaître, Vitellius Honoratus et Flavius Marcianus. Ils étaient accusés, Honoratus d'avoir acheté trois cent mille sesterces l'exil d'un

2 Marius Priscus accusantibus Afris, quibus pro consule praefuit, omissa defensione iudices petiit. Ego et Cornelius Tacitus, adesse prouincialibus iussi, existimauimus fidei nostrae conuenire notum senatui facere excessisse Priscum immanitate et saeuitia crimina quibus dari iudices possent, cum ob innocentes condemnandos, interficiendos etiam, pecunias accepisset. 3 Respondit Fronto Catius deprecatusque est ne quid ultra repetundarum legem quaereretur, omniaque actionis suae uela, uir mouendarum lacrimarum peritissimus, quodam uelut uento miserationis impleuit. 4 Magna contentio, magni utrimque clamores aliis cognitionem senatus lege conclusam, aliis liberam solutamque dicentibus, quantumque admisisset reus, tantum uindicandum. 5 Nouissime consul designatus Iulius Ferox, uir rectus et sanctus, Mario quidem iudices interim censuit dandos, euocandos autem quibus diceretur innocentium poenas uendidisse. 6 Quae sententia non praeualuit modo, sed omnino post tantas dissentiones fuit sola frequens, adnotatumque experimentis quod fauor et misericordia acres et uehementes primos impetus habent, paulatim consilio et ratione quasi restincta considunt. 7 Vnde euenit ut, quod multi clamore permixto tuentur, nemo tacentibus ceteris dicere uelit ; patescit enim, cum separaris a turba, contemplatio rerum quae turba teguntur.

8 Venerunt qui adesse erant iussi, Vitellius Honoratus et Flauius Marcianus ; ex quibus Honoratus trecentis milibus exsilium equitis Romani septemque amicorum eius ultimam

---

§ 2 accusantibus *MVF* : excus- *γ* ‖ pro consule *MVF* : proconsul *γ* ‖ petiit *MV* : petit *Fγ* ‖ immanitate *codd.* : inma- *V* ‖ accepisset *Fγ* : accip- *MV*.

§ 3 quaereretur *codd.* : quer- *F* ‖ actionis *Fγ* : -nes *MV* ‖ uela uir *MV* : uel a uiro *F* ‖ peritissimus *MVγ* : -ssimarum *F*.

§ 4 aliis ... aliis *Fγ* : alius ... alius *MV* ‖ cognitionem *MVF* : condit- *γ* ‖ senatus *codd.* : san- *M*.

§ 5 mario *MVF* : maior *γ* ‖ euocandos *codd.* : ē uoc- *M*.

§ 6 adnotatumque *MVγ* : adnotumque *F* ‖ fauor *MVF* : pauor *γ* ‖ uehementes *codd.* : -tis *V²*.

§ 8 et flauius marcianus ex quibus honoratus *Fγ* : *om. MV* ‖ amicorum *VF* : inimic- *M*

chevalier romain et la peine capitale de sept de ses amis, Marcianus d'avoir obtenu pour sept cent mille sesterces que divers supplices fussent infligés à un chevalier romain qui avait été frappé de verges, condamné aux mines et étranglé dans sa prison. 9 Mais Honoratus échappa à la justice du Sénat par une mort opportune, et Marcianus comparut en l'absence de Priscus. Aussi le consulaire Tuccius Cerialis demanda-t-il, en vertu du droit sénatorial, que Priscus fût informé, soit parce qu'il pensait que sa présence lui vaudrait plus de compassion, ou bien plus de haine, ou alors, et c'est ce que je crois plutôt, parce que le plus équitable était qu'ils fussent deux à faire face à une accusation commune, et deux à être punis s'ils ne pouvaient s'en justifier.

10 L'affaire fut renvoyée à la séance suivante, qui offrit un spectacle particulièrement imposant. Le Prince la présidait (car il était alors consul) ; de plus on était au mois de janvier, qui attire toujours beaucoup de monde, notamment de sénateurs ; et puis l'importance du procès, l'attente et la rumeur accrues par le report de l'audience, l'envie naturelle aux hommes d'être les témoins d'événements graves et inhabituels les avaient tous attirés de toutes parts. 11 Imagine-toi notre inquiétude, notre appréhension à nous qui devions parler sur une telle affaire dans cette illustre assemblée, en présence de César. Assurément j'ai plaidé au Sénat plus d'une fois, et je dirais même qu'on ne m'écoute nulle part avec plus de bienveillance ; mais là tout était nouveau et me troublait d'une crainte nouvelle. 12 J'avais à l'esprit, outre les problèmes que je viens de citer, la difficulté de la cause ; devant nous se tenait un homme naguère consul et septemvir épulon, et maintenant ni l'un ni l'autre. 13 Il m'était donc extrêmement pénible d'accuser un homme déjà condamné, qu'accablait l'affreuse gravité de l'accusation, mais que protégeait aussi la pitié suscitée par une condamnation quasiment acquise.

poenam, Marcianus unius equitis Romani septingentis milibus
plura supplicia arguebatur emisse ; erat enim fustibus
caesus, damnatus in metallum, strangulatus in carcere. 9
Sed Honoratum cognitioni senatus mors opportuna subtraxit,
Marcianus inductus est absente Prisco. Itaque Tuccius Cerialis
consularis iure senatorio postulauit ut Priscus certior fieret,
siue quia miserabiliorem, siue quia inuidiosiorem fore
arbitrabatur, si praesens fuisset, siue, quod maxime credo,
quia aequissimum erat commune crimen ab utroque defendi
et, si dilui non potuisset, in utroque puniri.

10 Dilata res est in proximum senatum, cuius ipse
conspectus augustissimus fuit. Princeps praesidebat (erat
enim consul) ; ad hoc Ianuarius mensis, cum cetera tum
praecipue senatorum frequentia celeberrimus ; praeterea
causae amplitudo auctaque dilatione exspectatio et fama
insitumque mortalibus studium magna et inusitata noscendi
omnes undique exciuerat. 11 Imaginare quae sollicitudo
nobis, qui metus, quibus super tanta re in illo coetu praesente
Caesare dicendum erat. Equidem in senatu non semel egi,
quin immo nusquam audiri benignius soleo ; tunc me tamen
ut noua omnia nouo metu permouebant. 12 Obuersabatur,
praeter illa quae supra dixi, causae difficultas : stabat modo
consularis, modo septemuir epulonum, iam neutrum. 13
Erat ergo perquam onerosum accusare damnatum, quem ut
premebat atrocitas criminis, ita quasi peractae damnationis
miseratio tuebatur.

unius *codd.* : unus *V¹* ‖ septingentis *MF* : septig- *V* ‖ enim *Fγ* : enim
cerialis (cerea-*M*) *MV*.
    § 9 mors *MVF* : mora *γ* ‖ tuccius *VFγ* : ductius *M* ‖ cerialis *MVγ* :
cerea- *F* ‖ arbitrabatur *MVF* : -tratur *γ* ‖ dilui *codd.* : delui *F*.
    § 10 augustissimus *MVF* : ang- *γ* ‖ ad hoc *MV* : adhuc *Fγ* ‖ exspectatio
M : expec- *VF* ‖ inusitata *codd.* : insit- *F¹*.
    § 11 nobis *MVF* : nouis *γ* ‖ senatu *MVF* : -tum *γ* ‖ audiri *MVF* : -re
γ ‖ omnia *MVF* : omnia omnia *γ*.
    § 12 obuersabatur (obseruab- *M*) *MVF* : -turque *γ*.
    § 13 ergo *MVγ* : igitur *F*.

14 Je repris tant bien que mal mon courage et mes pensées, et commençai à plaider devant un auditoire dont l'assentiment n'était pas moindre que mon trouble. Je parlai près de cinq heures, car aux douze clepsydres de longue durée que l'on m'avait accordées on en ajouta quatre, tant les développements qui, avant de parler, me paraissaient épineux et ingrats, me furent utiles au moment où je parlais. 15 Quant à César, il me témoigna tant de sympathie, tant de sollicitude même (il serait excessif de parler d'inquiétude) qu'il me fit avertir à plusieurs reprises par mon affranchi qui se tenait derrière moi, de ménager ma voix et mes poumons, quand il pensait que je m'imposais des efforts plus intenses que ce que permettait la faiblesse de ma constitution. 16 C'est Claudius Marcellinus qui me répondit pour le compte de Marcianus. Puis la séance fut levée et une nouvelle réunion convoquée pour le lendemain, car on ne pouvait plus commencer un plaidoyer sans qu'il soit interrompu par la tombée de la nuit.

17 Le lendemain parla, pour Marius, Salvius Liberalis, un homme fin, ordonné, énergique, bon orateur ; dans une cause aussi importante il déploya tous ses talents. Tacite lui répondit avec beaucoup d'éloquence et avec cette qualité éminente que possèdent ses discours, *la gravité*. 18 Pour Marius à nouveau parla Catius Fronto : ce fut remarquable et, comme l'exigeait cette étape du procès, il consacra plus de temps aux prières qu'à la défense. Le soir vint mettre fin à son plaidoyer sans d'ailleurs l'interrompre. En conséquence l'examen des preuves n'eut lieu que le troisième jour. Voilà déjà un spectacle d'une beauté toute antique : un Sénat qui ne se sépare qu'à la nuit, qu'on convoque trois jours de suite et qui, trois jours de suite, siège sans discontinuer.

19 Le consul désigné Cornutus Tertullus, un homme éminent et un ferme défenseur de la vérité, émit l'avis que les sept cent mille sesterces que Marius avait reçus devaient être versés au Trésor, que Marius devait être interdit de séjour à Rome et en Italie, et Marcianus, en plus, en Afrique. En concluant son intervention il ajouta que, puisque Tacite et moi nous étions acquittés avec conscience et courage des plaidoiries

14 Vtcumque tamen animum cogitationemque collegi, coepi dicere non minore audientium adsensu quam sollicitudine mea. Dixi horis paene quinque, nam duodecim clepsydris, quas spatiosissimas acceperam, sunt additae quattuor. Adeo illa ipsa quae dura et aduersa dicturo uidebantur secunda dicenti fuerunt. 15 Caesar quidem tantum mihi studium, tantam etiam curam (nimium est enim dicere sollicitudinem) praestitit, ut libertum meum post me stantem saepius admoneret uoci laterique consulerem, cum me uehementius putaret intendi quam gracilitas mea perpeti posset. 16 Respondit mihi pro Marciano Claudius Marcellinus. Missus deinde senatus et reuocatus in posterum ; neque enim iam incohari poterat actio, nisi ut noctis interuentu scinderetur.

17 Postero die dixit pro Mario Saluius Liberalis, uir subtilis, dispositus, acer, disertus ; in illa uero causa omnes artes suas protulit. Respondit Cornelius Tacitus eloquentissime et, quod eximium orationi eius inest, σεμνῶς . 18 Dixit pro Mario rursus Fronto Catius insigniter, utque iam locus ille poscebat, plus in precibus temporis quam in defensione consumpsit. Huius actionem uespera inclusit, non tamen sic ut abrumperet. Itaque in tertium diem probationes exierunt. Iam hoc ipsum pulchrum et antiquum, senatum nocte dirimi, triduo uocari, triduo contineri.

19 Cornutus Tertullus consul designatus, uir egregius et pro ueritate firmissimus, censuit septingenta milia quae acceperat Marius aerario inferenda, Mario urbe Italiaque interdicendum, Marciano hoc amplius Africa. In fine sententiae adiecit, quod ego et Tacitus iniuncta aduocatione diligenter et fortiter

§ 14 adsensu (assen- *F*) *MVF* : consen- *γ* ‖ spatiosissimas *MVγ* : -me *F* ‖ additae *codd.* : auditae *F*.

§ 15 etiam curam *MVFγ¹* : curam etiam *γ²*.

§ 16 marcellinus *codd.* : -cellius *V¹* ‖ incohari *γ* (?) *edd.* : inchoari *MVF* ‖ ut *MVγ* : *om. F*.

§ 17 acer *MVγ* : sacer *F* ‖ disertus *codd.* : diss- *F* ‖ illa *MVF* : ipsa *γ* ‖ omnes *MVF* : -nis *γ* ‖ eius *MVγ* : *om. F* ‖ σεμνῶς *V* : -νός *MF*.

§ 18 dirimi (-mit *V*) *MVγ* : dimitti *F* ‖ uocari *MVF* : reuoc- *γ*.

§ 19 tertullus *codd.* : -tulus *V* ‖ pro *MVγ* : *om. F*.

dont nous avions été chargés, le Sénat jugeait que nous avions agi comme l'exigeait la mission qu'il nous avait confiée. 20 À cet avis se rangèrent les consuls désignés, puis tous les consulaires jusqu'à Pompeius Collega : celui-ci proposa de verser au Trésor les sept cent mille sesterces et de condamner Marcianus à une relégation de cinq ans, tandis que pour Marius on pouvait en rester à la condamnation en restitution qu'on lui avait déjà infligée. 21 Chaque opinion réunit de nombreux partisans ; il y en eut peut-être même davantage pour la seconde, plus indulgente ou plus complaisante. Car certains, même parmi ceux qui semblaient s'être rangés à l'avis de Cornutus, se ralliaient à celui qui s'était exprimé après eux. 22 Mais quand on en vint au vote, ceux qui s'étaient positionnés près des sièges des consuls commencèrent à se ranger à l'avis de Cornutus. Alors ceux qui s'étaient laissé compter parmi les partisans de Collega passèrent du côté opposé, laissant Collega presque seul. Par la suite il se plaignit beaucoup de ceux qui l'avaient poussé dans cette voie, principalement de Regulus, qui l'avait abandonné sur un avis qu'il lui avait lui-même suggéré. Il faut dire que Regulus est d'un caractère si versatile qu'il ose tout et a peur de tout.

23 Ainsi se termina cet important procès. Il me reste cependant à m'acquitter d'*une charge*, et elle n'est pas légère : c'est Hostilius Firminus, légat de Marius Priscus, qui, pour avoir été mêlé à l'affaire, a été rudement et violemment malmené. Car il ressortait des comptes de Marcianus ainsi que de l'allocution que l'intéressé avait prononcée au sénat de Lepcis, qu'il avait prêté son concours à Priscus en se chargeant d'une tâche infâme, et qu'il avait promis cinquante mille deniers à prélever sur l'avoir de Marcianus ; et d'autre part qu'il avait reçu à titre personnel dix mille sesterces sous une rubrique honteuse, à la ligne « parfumeur », une rubrique qui ne convenait pas mal au genre de vie de cet individu, toujours soigneusement coiffé et épilé. 24 On décida, sur l'avis de Cornutus, de s'occuper de lui à la prochaine séance du Sénat ; car sur le moment – hasard ou conscience de sa culpabilité – il était absent.

functi essemus, arbitrari senatum ita nos fecisse ut dignum mandatis partibus fuerit. 20 Adsenserunt consules designati, omnes etiam consulares usque ad Pompeium Collegam : ille et septingenta milia aerario inferenda et Marcianum in quinquennium relegandum, Marium repentundarum poenae quam iam passus esset censuit relinquendum. 21 Erant in utraque sententia multi, fortasse etiam plures in hac uel solutiore uel molliore. Nam quidam ex illis quoque qui Cornuto uidebantur adsensi hunc, qui post ipsos censuerat, sequebantur. 22 Sed cum fieret discessio, qui sellis consulum adstiterant in Cornuti sententiam ire coeperunt. Tum illi qui se Collegae adnumerari patiebantur in diuersum transierunt ; Collega cum paucis relictus. Multum postea de impulsoribus suis, praecipue de Regulo questus est, qui se in sententia quam ipse dictauerat deseruisset. Est alioqui Regulo tam mobile ingenium ut plurimum audeat, plurimum timeat.

23 Hic finis cognitionis amplissimae. Superest tamen λιτούργιον non leue, Hostilius Firminus, legatus Mari Prisci, qui permixtus causae grauiter uehementerque uexatus est. Nam et rationibus Marciani et sermone quem ille habuerat in ordine Lepcitanorum, operam suam Prisco ad turpissimum ministerium commodasse stipulatusque de Marciano quinquaginta milia denariorum probabatur, ipse praeterea accepisse sestertia decem milia foedissimo quidem titulo, nomine unguentarii, qui titulus a uita hominis compti semper et pumicati non abhorrebat. 24 Placuit censente Cornuto referri de eo proximo senatu ; tunc enim, casu an conscientia, afuerat.

§ 20 adsenserunt *MVF* : -rit γ.

§ 21 erant in *MVF* : erant γ ‖ adsensi *codd.* : assen- *F*.

§ 22 illi qui *MVF* : illi γ ‖ postea de *MVF* : postea dedit γ ‖ impulsoribus *F* : inp- *MV* ‖ dictauerat *codd.* : dita- *F¹* ‖ alioqui *MVγ* : -quin *F*.

§ 23 cognitionis *codd.* : cogitatio- *V* ‖ λιτούργιον *F* : λειτ- γ μπούρτιον *MV* ‖ mari *MVγ* : marii *F* ‖ sermone *MVγ* : -ni *F* ‖ quem ille *F* : quae (-que *V*) mille *MV* ‖ lepcitanorum *MV* : leptit-*Fγ* ‖ probabatur *VF* : probatur *Mγ* ‖ decem *Fγ* : decim *MV* ‖ unguentarii (ungen- *F*) *MF* : unguentari (ungen- γ) *Vγ* ‖ qui titulus *MVF* : quin titulus γ.

§ 24 an *MVγ* : incertum an *F* ‖ afuerat *codd.* : abf- *F*.

25 Voilà, tu as les nouvelles de la ville, à ton tour écris-moi celles de la campagne. Comment vont tes jeunes arbres fruitiers, et tes vignes, et tes moissons, et tes délicates brebis ? En un mot, si tu ne me retournes pas une lettre aussi longue que celle-ci, tu n'auras plus à l'avenir qu'à en attendre une très courte. Au revoir.

12

PLINE À SON AMI ARRIANUS

Il me restait *une charge* relative au procès de Marius Priscus, comme je te l'écrivais dans ma dernière lettre ; voilà qu'elle a reçu ses derniers coups de ciseau et de lime : le travail est-il bien fait, je l'ignore. 2 Firminus, introduit devant le Sénat, répondit à l'accusation dont il connaissait la teneur. Suivirent, dans des sens opposés, les opinions des consuls désignés ; Cornutus Tertullus fut d'avis qu'on devait l'exclure du Sénat, Acutius Nerva qu'il fallait ne pas le prendre en compte dans le tirage au sort des provinces. Cette opinion prévalut comme étant la plus douce, alors qu'elle est à d'autres égards plus dure et plus sévère. 3 En effet qu'y a-t-il de plus déplorable que d'être retranché, écarté des honneurs sénatoriaux sans être exempté des tracas et des ennuis ? Quoi de plus pénible, pour un homme frappé d'un tel opprobre, que de ne pas pouvoir se cacher dans la solitude, mais de rester en vue sur les hauteurs, pour être dévisagé et montré du doigt ? 4 Et par ailleurs, du point de vue de l'État, quoi de plus paradoxal ou de plus inconvenant que de laisser un homme marqué de flétrissure par le Sénat siéger au Sénat et rester l'égal de ceux-là mêmes qui l'ont flétri ; un homme écarté du proconsulat pour s'être conduit honteusement dans ses fonctions de légat, juger des proconsuls ; un homme condamné pour des vilenies en condamner ou en absoudre d'autres ? 5 Mais

25 Habes res urbanas ; inuicem rusticas scribe. Quid arbusculae tuae, quid uineae, quid segetes agunt, quid oues delicatissimae ? In summa, nisi aeque longam epistulam reddis, non est quod postea nisi breuissimam exspectes. Vale.

12

C. Plinivs Arriano svo s.

Λιτούργιον illud, quod superesse Mari Prisci causae proxime scripseram, nescio an satis, circumcisum tamen et adrasum est. 2 Firminus inductus in senatum respondit crimini noto. Secutae sunt diuersae sententiae consulum designatorum ; Cornutus Tertullus censuit ordine mouendum, Acutius Nerua in sortitione prouinciae rationem eius non habendam. Quae sententia tamquam mitior uicit, cum sit alioqui durior tristiorque. 3 Quid enim miserius quam exsectum et exemptum honoribus senatoriis labore et molestia non carere ? Quid grauius quam tanta ignominia adfectum non in solitudine latere, sed in hac altissima specula conspiciendum se monstrandumque praebere ? 4 Praeterea quid publice minus aut congruens aut decorum notatum a senatu in senatu sedere ipsisque illis a quibus sit notatus aequari ; summotum a proconsulatu, quia se in legatione turpiter gesserat, de proconsulibus iudicare, damnatumque sordium uel damnare alios uel absoluere ?

§ 25 delicatissimae *codd.* : deligat- *M* ‖ summa *Fγ* : summam *MV* ‖ exspectes (*uel* expec-) *codd.* : exceptes *V*.

II, 12 Arriano *MV* : arrio *γ* item ad eundem *F* ‖ § 1 λιτούργιον *F* : λειτ- *γ* λίπουρπον *MV ut uid.* ‖ mari *Vγ* : marii *F* mali *M* ‖ causae *MVF* : -sa *γ* ‖ adrasum *MVγ* : abra- *F*.

§ 2 tertullus *MVF* : -tullius *γ* ‖ alioqui *codd.* : -quin *F*.

§ 3 exsectum *F* : exec- *MVγ* ‖ labore *codd.* : labor *V* ‖ praebere : *cum hoc uerbo resumitur B.*

§ 4 notatum *MVγ* : notandum *BF* ‖ ipsisque illis *MVBγ* : ipsisque illisque ipsis *F* ‖ summotum *BF* : et summotum *MVγ* ‖ proconsulibus *codd.* : -sulis *B*.

la majorité en a décidé ainsi. Car on compte les suffrages, on ne les pèse pas ; et il ne peut en être autrement dans une assemblée publique où le comble de l'inégalité réside dans l'égalité même, puisque, sans avoir le même discernement, tous ont les mêmes droits.

6 J'ai rempli ma promesse et tenu la parole que je t'ai donnée dans ma précédente lettre ; à en juger d'après le temps écoulé tu l'as reçue maintenant, car je l'ai confiée à un courrier rapide et consciencieux, à moins qu'il n'ait rencontré quelque empêchement en cours de route. 7 Ton rôle à présent est de me rétribuer d'abord de ma première lettre, puis de celle-ci, en m'adressant une épître aussi abondante que les produits de ton pays. Au revoir.

13

PLINE À SON AMI PRISCUS

Tu saisis avec empressement toutes les occasions de faire de moi ton obligé, et de mon côté il n'y a personne d'autre à qui j'aime mieux me sentir redevable. 2 Ces deux raisons m'ont déterminé à te demander, à toi de préférence, un service auquel je tiens tout particulièrement. Tu commandes une armée considérable, ce qui te donne ample matière à distribuer tes faveurs ; de plus tu as eu largement le temps de pourvoir tes amis. Tourne-toi vers les miens, ils ne sont pas nombreux. 3 Tu les voudrais nombreux, cela est sûr ; mais ma discrétion se contentera d'un ou de deux, ou plutôt d'un seul.

4 Ce sera Voconius Romanus. Son père était un homme en vue dans l'ordre équestre, et son beau-père l'est plus encore : il est à vrai dire son second père (car son affection l'a fait hériter de ce titre) ; sa mère est d'un milieu de notables. Quant à lui, il a été l'an dernier flamine de l'Espagne Citérieure (tu

5 Sed hoc pluribus uisum est. Numerantur enim sententiae,
non ponderantur ; nec aliud in publico consilio potest fieri
in quo nihil est tam inaequale quam aequalitas ipsa. Nam,
cum sit impar prudentia, par omnium ius est.

6 Impleui promissum priorisque epistulae fidem exsolui,
quam ex spatio temporis iam recepisse te colligo ; nam et
festinanti et diligenti tabellario dedi, nisi quid impedimenti
in uia passus est. 7 Tuae nunc partes, ut primum illam,
deinde hanc remunereris litteris quales istinc redire uberrimae
possunt. Vale.

13

C. Plinivs Prisco svo s.

Et tu occasiones obligandi me auidissime amplecteris et
ego nemini libentius debeo. 2 Duabus ergo de causis a te
potissimum petere constitui quod impetratum maxime cupio.
Regis exercitum amplissimum ; hinc tibi beneficiorum larga
materia, longum praeterea tempus quo amicos tuos exornare
potuisti. Conuertere ad nostros nec hos multos. 3 Malles
tu quidem multos, sed meae uerecundiae sufficit unus aut
alter, ac potius unus.

4 Is erit Voconius Romanus. Pater ei in equestri gradu
clarus ; clarior uitricus, immo pater alius (nam huic quoque
nomini pietate successit), mater e primis. Ipse citerioris
Hispaniae (scis quod iudicium prouinciae illius, quanta

§ 5 sed hoc *MVγ* : *om. BF* ‖ potest fieri *codd.* : fieri potest *F* ‖ in quo
codd. : quo *B¹* ‖ inaequale *codd.* : -les *B* ‖ impar *edd.* : inpar *MVBF*.
§ 6 impleui *F* : inpl- *MVB* ‖ priorisque *codd.* : priorique *M* ‖ recepisse
BF : recip- *MV* ‖ te *MVBF* : *om. γ* ‖ impedimenti *codd.* : inp- *M*.
§ 7 partes *codd.* : -tis *F* ‖ remunereris *MVBF* : -muneres *γ* ‖ istinc
redire *codd.* : istin credere *M*.
II, 13 § 2 impetratum (inp- *M*) *MBF* : impera- *V* ‖ hos *MVB* : hos
quidem *F*.
§ 3 malles *codd.* : males *B¹* ‖ ac *MVγ* : ad *B¹* aut *B²F*.
§ 4 is *codd.* : his *F* ‖ ei *MVγ* : plini *B* plinii *F* ‖ huic *MVγ* : huius
BF ‖ nomini pietate *MVγ* : nomine et pietati *BF* ‖ ipse *codd.* : *om. M* ‖
hispaniae *MVγ* : -niae et *F* -nia et *B* ‖ iudicium *codd.* : iudium *M* ‖ quanta
MVBF : scis quanta *γ*.

connais le discernement et le sérieux de cette province). 5 Au temps de nos études communes j'ai eu pour lui une étroite et intime amitié ; que ce fût à la ville ou dans la solitude de la campagne, nous étions inséparables ; affaires sérieuses et moments plaisants, j'ai tout partagé avec lui. 6 De fait, peut-on trouver un ami plus fidèle et un compagnon plus agréable que lui ? Quel charme dans sa conversation, quel charme aussi dans sa voix et dans l'expression de son visage ! 7 Ajoutes-y ses qualités naturelles : noblesse, finesse, agrément, affabilité, et bonne connaissance du barreau. Il écrit des lettres où l'on croirait entendre les Muses elles-mêmes parler latin. 8 Je l'aime de tout cœur et il me le rend bien. Pour ma part, depuis notre jeunesse à tous deux, autant que l'âge me l'a permis, j'ai tout fait pour lui rendre service ; et récemment encore je lui ai obtenu de notre excellent Prince le privilège des pères de trois enfants – un droit qu'il n'octroie que rarement et au choix, mais qu'il m'a accordé comme si le choix venait de lui. 9 Je ne peux mieux entretenir ces bons offices qu'en en ajoutant d'autres, vu surtout qu'il les apprécie avec une reconnaissance telle qu'en recevant les premiers il mérite les suivants.

10 Tu sais maintenant quel genre d'homme c'est, combien nous l'estimons et combien nous l'aimons ; offre-lui, je te prie, un poste en rapport avec tes qualités personnelles et ta haute situation. Mais avant tout aime-le ; car même en lui accordant la faveur la plus grande que tu pourras, tu ne peux rien lui accorder de meilleur que ton amitié. Il la mérite, jusqu'à la plus parfaite intimité : je voulais que tu le saches, et c'est pourquoi je t'ai sommairement décrit ses goûts, son caractère, bref, tout ce qui fait sa vie. 11 Je prolongerais bien mes prières, mais tu n'aimes pas qu'on te sollicite longuement, et je n'ai fait que cela de toute ma lettre ; car c'est solliciter, et même très efficacement, que de donner les raisons pour lesquelles on sollicite. Au revoir.

sit grauitas) flamen proxime fuit. 5 Hunc ego, cum simul
studeremus, arte familiariterque dilexi ; ille meus in urbe,
ille in secessu contubernalis, cum hoc seria, cum hoc iocos
miscui. 6 Quid enim illo aut fidelius amico aut sodale
iucundius ? Mira in sermone, mira etiam in ore ipso uultuque
suauitas. 7 Ad hoc ingenium excelsum, subtile, dulce, facile,
eruditum in causis agendis ; epistulas quidem scribit ut
Musas ipsas Latine loqui credas. 8 Amatur a me plurimum
nec tamen uincitur. Equidem iuuenis statim iuueni, quantum
potui per aetatem, auidissime contuli, et nuper ab optimo
principe trium liberorum ius impetraui, quod quamquam
parce et cum delectu daret, mihi tamen, tamquam eligeret,
indulsit. 9 Haec beneficia mea tueri nullo modo melius
quam ut augeam possum, praesertim cum ipse illa tam grate
interpretetur ut, dum priora accipit, posteriora mereatur.

10 Habes qualis, quam probatus carusque sit nobis,
quem rogo pro ingenio, pro fortuna tua exornes. In primis
ama hominem ; nam licet tribuas ei quantum amplissimum
potes, nihil tamen amplius potes amicitia tua, cuius esse
eum usque ad intimam familiaritatem capacem quo magis
scires, breuiter tibi studia, mores, omnem denique uitam eius
expressi. 11 Extenderem preces nisi et tu rogari diu nolles
et ego tota hoc epistula fecissem ; rogat enim, et quidem
efficacissime, qui reddit causas rogandi. Vale.

---

§ 5 arte *codd.* : -tem *M* ‖ in secessu *VB* : incessu *M* in secesse *F*.
   § 6 illo aut *MVγ* : aut illo *F* aut illos *B* ‖ fidelius *codd.* : -lis *M¹* ‖
uultuque *codd.* : uolt- *F*.
   § 7 excelsum *MVBF* : excussum *γ* ‖ epistulas (-tolas) *codd.* : -tulis
M.
   § 8 statim *BFγ* : *om. MV* ‖ iuueni *MVBF* : inueni *γ* ‖ potui *codd.* : *om.*
M ‖ delectu *BF* : dil- *MVγ* ‖ eligeret *BFγ* : liceret *MV*.
   § 9 quam ut *codd.* : quam aut *M* ‖ ipse *MVBF* : *om. γ*.
   § 10 ingenio *MVBF* : genio *γ* ‖ nam *MVγ* : ama *BF* ‖ amplissimum
potes *MVγ* : amplissimum potest *BF* ‖ nihil tamen amplius potes (potest
F) *BFγ* : *om. MV* ‖ usque ad *MVγ* : usque in *BF* ‖ uitam *M²BFγ* : -ta
M¹V.
   § 11 nolles *codd.* : noles *B¹* ‖ tota hoc *MVBF* : hoc tota *γ* ‖ efficacissime
codd. : -ssume *B*.

14

PLINE À SON AMI MAXIMUS

Tu vois juste : les causes devant les centumvirs me prennent tout mon temps et me donnent plus de tracas que d'agrément. Car elles sont pour la plupart mesquines et insignifiantes ; rarement il s'en présente une qui se distingue par le rang des personnes en cause ou par l'importance de l'affaire. 2 À cela s'ajoute qu'il y a peu de gens avec qui on ait plaisir à plaider ; les autres sont des effrontés et même, pour une grande part, de petits jeunes gens obscurs qui sont venus là pour déclamer avec un tel manque de respect et une telle inconscience que notre ami Atilius me paraît avoir trouvé le mot juste en disant que les enfants font leurs débuts au barreau dans les causes des centumvirs comme ils les font à l'école avec Homère. Le fait est qu'ici et là on aborde en premier ce qui est le plus difficile. 3 Mais par Hercule, de mon temps (comme disent les vieux) même les jeunes gens des plus grandes familles n'étaient admis que sur présentation faite par un consulaire, tant était grand le respect que l'on portait à la plus noble des tâches. 4 À présent que sont brisées les barrières de la discrétion et de la déférence, tout s'ouvre à tous ; ils ne se font plus introduire, ils font irruption.

Ils amènent à leur suite des auditeurs semblables aux orateurs, pris en location et à ferme. On s'adresse à un courtier ; au beau milieu de la basilique les sportules se distribuent aussi ouvertement que dans un triclinium ; on passe d'un procès à un autre pour un salaire standard. 5 De là vient qu'on les appelle assez spirituellement des *sophocleis* (crieurs de bravos) ; en latin on leur a donné le nom de « laudiceni » (chanteurs de louanges). 6 Il n'empêche qu'on voit croître de jour en jour cette vilaine pratique, flétrie dans les deux langues. Hier deux

14
C. Plinivs Maximo svo s.

Verum opinaris : distringor centumuiralibus causis, quae me exercent magis quam delectant. Sunt enim pleraeque paruae et exiles ; raro incidit uel personarum claritate uel negotii magnitudine insignis. 2 Ad hoc pauci cum quibus iuuet dicere ; ceteri audaces atque etiam magna ex parte adulescentuli obscuri ad declamandum huc transierunt, tam inreuerenter et temere ut mihi Atilius noster expresse dixisse uideatur sic in foro pueros a centumuiralibus causis auspicari ut ab Homero in scholis. Nam hic quoque ut illic primum coepit esse quod maximum est. 3 At hercule ante memoriam meam (ita maiores natu solent dicere) ne nobilissimis quidem adulescentibus locus erat nisi aliquo consulari producente, tanta ueneratione pulcherrimum opus colebatur. 4 Nunc refractis pudoris et reuerentiae claustris, omnia patent omnibus nec inducuntur sed inrumpunt. Sequuntur auditores actoribus similes, conducti et redempti. Manceps conuenitur ; in media basilica tam palam sportulae quam in triclinio dantur ; ex iudicio in iudicium pari mercede transitur. 5 Inde iam non inurbane Σοφοκλεῖς uocantur, isdem Latinum nomen impositum est Laudiceni ; 6 et tamen crescit in dies foeditas utraque lingua notata. Here duo nomenclatores mei (habent

II, 14 § 1 distringor *BFγ* : destr- *MV* ‖ exiles *BFγ* : -lis *M* ex illis *V* ‖ claritate *codd.* : -tatem *B¹*.

§ 2 pauci *MVγ* : in pauci *B* perpauci *F* ‖ iuuet *MVγ* : iuuat *BF* ‖ atque *codd.* : adque *M* ‖ adulescentuli *codd.* : -tulo *B¹* ‖ ut mihi atilius (atti- *F*) noster *MVBF* : atilius noster ut mihi *γ* ‖ causis *codd.* : causi *M*.

§ 3 adulescentibus *MVγ* : -tulis *BF*.

§ 4 inducuntur *BF* : ducun- *MV* incidun- *γ* ‖ actoribus *MVγ* : auct- *BF* ‖ conducti et redempti manceps (manceps *om. B*) conuenitur *MVBγ* : conuenitur a conductis et redemptis *F*.

§ 5 (*post* uocantur) ἀπὸ (ἀτσὸ *M*) τοῦ σοφῶς (σοφῶς *M* σοφὸς *γ*) καὶ καλεῖσθαι *MVBFγ* *tamquam glossema inde a Cataneo secl. edd. plerique* ‖ impositum *MF* : inp- *VB* ‖ laudiceni *BFγ* : laod- *MV*.

§ 6 crescit in dies *MVBF* : in dies crescit *γ* ‖ here *MV* : heri *BFγ²* herb *γ¹*

de mes nomenclateurs (ils ont bien l'âge des jeunes gens qui viennent de prendre la toge) se faisaient entraîner dans la claque pour trois deniers chacun. Il n'en coûte pas plus pour être un grand orateur ; à ce prix on remplit autant de bancs qu'on veut ; à ce prix on réunit une assistance considérable, on soulève des acclamations sans fin quand le chef de chœur en a donné le signal. 7 Car il faut un signal à des gens qui ne comprennent pas, qui n'écoutent même pas ; et de fait, la plupart n'écoutent pas, et ce sont eux qui applaudissent le plus fort. 8 Si tu viens à passer par la basilique et que tu veuilles connaître la façon de plaider des uns et des autres, point n'est besoin de monter sur l'estrade ni de prêter l'oreille ; tu devineras facilement : sache que celui qui plaide le plus mal, c'est celui qu'on applaudira le plus.

9 Le premier qui introduisit cette mode dans un auditoire fut Larcius Licinus, mais il se bornait à inviter des auditeurs. C'est du moins ce que je me souviens avoir entendu dire à Quintilien, mon maître. 10 Il racontait : « J'étais assistant de Domitius Afer. Un jour qu'il plaidait devant les centumvirs avec la gravité et la lenteur qui caractérisaient son débit, il entendit, venant du voisinage, une clameur immodérée et inhabituelle. Étonné, il se tut ; quand le silence fut rétabli, il reprit le discours là où il l'avait interrompu. 11 Nouvelle clameur : à nouveau il se tut et, le silence revenu, il reprit la parole. Même chose une troisième fois. À la fin il demanda quel était l'orateur ; on lui répondit : « Licinus ». Alors, mettant fin à sa plaidoirie, il déclara : « Centumvirs, notre profession est perdue. » 12 Au reste, elle commençait seulement à se perdre quand Afer la croyait déjà perdue ; mais de nos jours elle est presque radicalement éteinte et anéantie. On a honte de rapporter les discours qui sont tenus, avec quelle molle prononciation, et quelles clameurs immatures ils suscitent.

sane aetatem eorum qui nuper togas sumpserint) ternis
denariis ad laudandum trahebantur. Tanti constat ut sis
disertissimus, hoc pretio quamlibet numerosa subsellia
implentur, hoc ingens corona colligitur, hoc infiniti clamores
commouentur cum mesochorus dedit signum. 7 Opus est
enim signo apud non intellegentes, ne audientes quidem ;
nam plerique non audiunt, nec ulli magis laudant. 8 Si
quando transibis per basilicam et uoles scire quo modo
quisque dicat, nihil est quod tribunal ascendas, nihil quod
praebeas aurem ; facilis diuinatio : scito eum pessime dicere
qui laudabitur maxime.

9 Primus hunc audiendi morem induxit Larcius
Licinus, hactenus tamen ut auditores corrogaret. Ita certe
ex Quintiliano praeceptore meo audisse me memini. 10
Narrabat ille : « Adsectabar Domitium Afrum. Cum apud
centumuiros diceret grauiter et lente (hoc enim illi actionis
genus erat), audit ex proximo immodicum insolitumque
clamorem. Admiratus reticuit ; ubi silentium factum est,
repetit quod abruperat. 11 Iterum clamor, iterum reticuit, et
post silentium coepit. Idem tertio. Nouissime quis diceret
quaesiit. Responsum est : « Licinus. » Tum intermissa causa :
« Centumuiri, inquit, hoc artificium perit. » 12 Quod alioqui
perire incipiebat cum perisse Afro uideretur, nunc uero
prope funditus exstinctum et euersum est. Pudet referre quae
quam fracta pronuntiatione dicantur, quibus quam teneris
clamoribus excipiantur. 13 Plausus tantum ac potius sola

sumpserint *MVγ* : -runt *BF* ‖ trahebantur *codd.* : -batur *B¹* ‖ disertissimus
(dissert- *F*) *Fγ* : desert- *MV* ‖ implentur *VF* : inpl- *MB*.
 § 7 intellegentes *codd.* : intellig- *F* ‖ ne *codd.* : nec *M*.
 § 9 larcius *BF* : largius *MVγ* ‖ licinus *MV* : -nius *BFγ* ‖ corrogaret
MV² : conrog- *BF* corrig- *V¹* ‖ audisse me *γ* : audisse *MVBF*.
 § 10 ille *MVBF* : autem ille *γ* ‖ adsectabar *BFγ* : adfectabat *MV* ‖
apud centumuiros diceret *BFγ* : aut centum *M* agentem *V* ‖ immodicum
Fγ : inmo- *MVB* ‖ insolitumque *MVγ* : sol- *BF* ‖ ubi *MVγ* : ubi sibi *BF* ‖
abruperat *codd.* : abrump- *V¹*.
 § 11 nouissime *codd.* : -ssume *B* ‖ quaesiit *BF* : -siuit *MV* -sit *γ* (?) ‖
licinus *MVγ* : licentius *BF* ‖ inquit *Bγ* : -quid *MVF* ‖ perit *MVBFγ* : periit
codd. et edd. nonnulli.
 § 12 alioqui *codd.* : -quin *F* ‖ exstinctum *edd.* : extinc- *MVBF*.

13 Il ne manque à ces psalmodies que les battements de mains, ou plutôt seulement les cymbales et les tambourins ; quant aux hurlements (il n'y a pas d'autre mot pour désigner des acclamations qui seraient indécentes même dans un théâtre), il y en a tant et plus. 14 En ce qui nous concerne, l'intérêt de nos amis et la considération de notre âge nous arrêtent et nous retiennent encore ; notre crainte, c'est qu'on puisse penser non pas que nous avons laissé là ces pratiques indignes, mais que nous avons fui le travail. Simplement nous nous faisons plus rare : c'est le début d'une cessation progressive. Au revoir.

15

PLINE À SON AMI VALERIANUS

Comment trouves-tu tes vieux Marses ? Et ta nouvelle acquisition ? Les terres te plaisent-elles toujours, maintenant qu'elles sont devenues ta propriété ? C'est rare, car rien ne plaît autant quand on possède que quand on désire. 2 Moi, les propriétés qui me viennent de ma mère me donnent assez peu de satisfactions, mais elles me plaisent parce qu'elles viennent de ma mère, et d'ailleurs à force de supporter je me suis endurci. Ainsi finissent les plaintes continuelles : on a honte de se plaindre. Au revoir.

16

PLINE À SON AMI ANNIANUS

Tu me fais savoir avec ton exactitude habituelle que les codicilles d'Acilianus, qui m'a institué son héritier pour partie, sont à considérer comme inexistants parce qu'ils ne sont pas confirmés par le testament. 2 Ce point de droit ne

cymbala et tympana illis canticis desunt ; ululatus quidem (neque enim alio uocabulo potest exprimi theatris quoque indecora laudatio) large supersunt. 14 Nos tamen adhuc et utilitas amicorum et ratio aetatis moratur ac retinet ; ueremur enim ne forte non has indignitates reliquisse, sed laborem fugisse uideamur. Sumus tamen solito rariores, quod initium est gradatim desinendi. Vale.

15
C. Plinivs Valeriano svo s.

Quo modo te ueteres Marsi tui ? Quo modo emptio noua ? Placent agri, postquam tui facti sunt ? Rarum id quidem ; nihil enim aeque gratum est adeptis quam concupiscentibus. 2 Me praedia materna parum commode tractant, delectant tamen ut materna, et alioqui longa patientia occallui. Habent hunc finem adsiduae querellae, quod queri pudet. Vale.

16
C. Plinivs Anniano svo s.

Tu quidem pro cetera tua diligentia admones me codicillos Aciliani, qui me ex parte instituit heredem, pro non scriptis habendos quia non sint confirmati testamento ;

§ 13 ululatus *BFγ* : -atu *MV* ‖ quoque indecora *codd.* : indecora quoque *F*.

§ 14 has *MVBF* : his *γ* ‖ uideamur *codd.* : -atur *M¹* ‖ solito rariores *BF* : solito maiores *MV* solitariores *γ*.

II, 15 Valeriano *MVγ* : ualerio *BF* ‖ § 1 rarum *codd.* : pa- *V* ‖ adeptis *codd.* : ademp- *M*.

§ 2 alioqui *codd.* : -quin *F* ‖ occallui *MV* : hoc allui *B* hoc alui *F* ‖ habent *MVBF* : -bes *γ* ‖ adsiduae *codd.* : assi- *F* ‖ querellae *M* : -relae *F* quaerelle *B* quaerele *V*.

II, 16 Anniano *MVγ* : annio *B²F* anno *B¹* ‖ § 1 admones *codd.* : ammo- *F* ‖ codicillos *codd.* : -cellos *F* ‖ aciliani *edd.* : acilliani *MVBF* ‖ instituit *codd.* : instuit *V* ‖ sint *BF* : sunt *MVγ*.

m'est pas inconnu à moi non plus, puisqu'il est connu de ceux-là mêmes qui ne savent rien d'autre. Mais je me suis fait une sorte de loi personnelle de respecter les volontés des défunts, même si elles s'écartent de la légalité, comme si elles étaient exprimées dans les règles. Or il est avéré que les codicilles dont tu me parles sont écrits de la main d'Acilianus. 3 Par conséquent, bien qu'ils ne soient pas confirmés par le testament, je les respecterai comme s'ils l'étaient, vu surtout qu'ils ne laissent aucune place aux agissements d'un délateur. 4 Car s'il y avait à craindre que les biens que je donnerais ne fussent confisqués par le trésor public, je devrais peut-être me montrer plus circonspect et plus prudent; mais du moment qu'il est permis à un héritier de distribuer les biens qui lui échoient par héritage, il n'y a rien qui fasse obstacle à ma loi personnelle, à laquelle les lois de l'État ne s'opposent pas. Au revoir.

17
PLINE À SON AMI GALLUS

Tu t'étonnes que je trouve tant de charme à ma propriété du Laurentin ou, si tu préfères, des Laurentes; tu cesseras de t'étonner quand tu connaîtras l'agrément de la demeure, la qualité du site, l'étendue du rivage. 2 À dix-sept milles de Rome elle offre une retraite où l'on peut, une fois qu'on a achevé ses affaires, venir passer la nuit sans écourter ni déranger sa journée. Il y a plus d'une route pour y accéder; car les voies Laurentine et Ostienne y mènent pareillement, mais il faut quitter la Laurentine à la quatorzième borne, l'Ostienne à la onzième. D'un côté comme de l'autre on emprunte alors un chemin en partie sablonneux, assez pénible et lent pour un attelage, mais court et confortable pour un homme à cheval.

2 quod ius ne mihi quidem ignotum est, cum sit iis etiam
notum qui nihil aliud sciunt. Sed ego propriam quandam
legem mihi dixi, ut defunctorum uoluntates, etiamsi iure
deficerentur, quasi perfectas tuerer. Constat autem codicillos
istos Aciliani manu scriptos. 3 Licet ergo non sint confirmati
testamento, a me tamen ut confirmati obseruabuntur,
praesertim cum delatori locus non sit. 4 Nam si uerendum
esset ne quod ego dedissem populus eriperet, cunctantior
fortasse et cautior esse deberem ; cum uero liceat heredi
donare quod in hereditate subsedit, nihil est quod obstet illi
meae legi, cui publicae leges non repugnant. Vale.

17

C. Plinivs Gallo svo s.

Miraris cur me Laurentinum uel, si ita mauis, Laurens
meum tanto opere delectet ; desines mirari cum cognoueris
gratiam uillae, opportunitatem loci, litoris spatium. 2 Decem
septem milibus passuum ab urbe secessit, ut peractis quae
agenda fuerint saluo iam et composito die possis ibi manere.
Aditur non una uia ; nam et Laurentina et Ostiensis eodem
ferunt, sed Laurentina a quarto decimo lapide, Ostiensis ab
undecimo relinquenda est. Vtrimque excipit iter aliqua ex parte
harenosum, iunctis paulo grauius et longius, equo breue et molle.

§ 2 iis *BF* : his *MVγ* ‖ propriam *BFγ* : proximam *MV* ‖ deficerentur
codd. : -rent *F* ‖ tuerer *codd.* : uerer *M* ‖ codicillos *codd.* : -cellos *F* ‖
aciliani *MB* : acilliani *F* acillani *V* ‖ manu *codd.* : -nus *M*.

§ 4 si uerendum *codd.* : seuer- *M¹* ‖ cunctantior *MVγ* : -tatior *BF* ‖
subsedit *MVBF* : -sidit *γ* ‖ cui *MVγ* : *om. BF*.

II, 17 Gallo *codd.* : callo *B* ‖ § 1 laurens *codd.* : iaur- *M* ‖ tanto opere
MBFγ : tantop- *V* ‖ desines *MBF* : -nens *Vγ* ‖ litoris (litto- *F*) *MBF* :
-tori *V*.

§ 2 decem septem *B* : decim septim *MV* decem et septem *Fγ* ‖
passuum *MVγ* : passum *BF* ‖ saluo *codd.* : -ua *M* ‖ et ostiensis (-tensis *B¹*)
eodem ferunt (fuerunt *B*) sed laurentina *BFγ* : *om. MV* ‖ utrimque *MVBF* :
utrum- *γ* ‖ harenosum *MVγ* : ar- *BF*.

3 De tous côtés le paysage est varié, car tantôt la route se faufile dans les bois qui l'entourent, tantôt elle s'élargit et s'étale au milieu de vastes prairies. On voit là beaucoup de troupeaux de moutons, beaucoup de troupes de chevaux et de bœufs qui, chassés de la montagne par l'hiver, s'engraissent en paissant dans la tiédeur printanière.

4 La maison est assez grande pour mon usage, sans être d'un entretien coûteux. L'entrée donne sur un atrium simple mais qui ne fait pas mesquin, puis sur un portique dont l'arrondi reproduit la forme d'un D, et qui entoure une cour minuscule mais charmante. C'est un excellent abri contre le mauvais temps; car la galerie est protégée par des vitres et surtout par l'avancée du toit. 5 En son milieu s'ouvre un riant patio, puis vient un assez beau triclinium, en saillie sur le rivage, que les vagues, quand le vent d'Afrique soulève la mer, viennent baigner doucement de leurs flots déjà brisés et mourants. De tous côtés il a des portes et des fenêtres aussi grandes que des portes, et ainsi, par les côtés comme par la façade, il donne à voir en quelque sorte trois mers différentes; par l'arrière on a vue sur le patio, le portique, la petite cour, à nouveau le portique, puis l'atrium, les bois et dans le lointain les montagnes.

6 À la gauche de ce triclinium, un peu en retrait, il y a une grande chambre à coucher, puis une autre plus petite, qui par une fenêtre laisse entrer le soleil levant, et par l'autre le retient à son couchant. Par cette fenêtre on voit également la mer à ses pieds, de plus loin, mais plus en sécurité. 7 Les murs de la chambre et du triclinium forment un angle qui retient et concentre les rayons les plus directs du soleil. C'est l'appartement d'hiver, c'est aussi le gymnase de mes gens; là se taisent tous les vents, exceptés ceux qui amènent un temps couvert et nous privent d'un ciel bleu, sans nous interdire encore l'usage de cet endroit. 8 À cet angle est accolée une

3 Varia hinc atque inde facies ; nam modo occurrentibus
siluis uia coartatur, modo latissimis pratis diffunditur et
patescit ; multi greges ouium, multa ibi equorum, boum
armenta, quae montibus hieme depulsa herbis et tepore
uerno nitescunt.

4 Villa usibus capax, non sumptuosa tutela. Cuius in
prima parte atrium frugi nec tamen sordidum ; deinde
porticus in D litterae similitudinem circumactae, quibus
paruola sed festiua area includitur. Egregium hae aduersus
tempestates receptaculum ; nam specularibus ac multo
magis imminentibus tectis muniuntur. 5 Est contra medias
cauaedium hilare, mox triclinium satis pulchrum, quod in
litus excurrit ac, si quando Africo mare impulsum est, fractis
iam et nouissimis fluctibus leuiter adluitur. Vndique ualuas
aut fenestras non minores ualuis habet atque ita a lateribus,
a fronte quasi tria maria prospectat ; a tergo cauaedium,
porticum, aream, porticum rursus, mox atrium, siluas et
longinquos respicit montes.

6 Huius a laeua retractius paulo cubiculum est amplum,
deinde aliud minus, quod altera fenestra admittit orientem,
occidentem altera retinet ; hac et subiacens mare longius
quidem, sed securius intuetur. 7 Huius cubiculi et triclinii illius
obiectu includitur angulus, qui purissimum solem continet et
accendit. Hoc hibernaculum, hoc etiam gymnasium meorum
est ; ibi omnes silent uenti, exceptis qui nubilum inducunt
et serenum ante quam usum loci eripiunt. 8 Adnectitur

§ 3 uaria *MVBF* : grata *γ* ‖ boum *MVB* : bouium *γ* boumque *F* ‖
tepore *VBF* : temp- *Mγ*.
§ 4 in • D • *F* : in de *B* inde *MVγ* ‖ paruola *MVγ* : -uula *BF* ‖ hae
γ : he *F* e *B om. MV* ‖ aduersus *MVγ* : -sum *BF* ‖ specularibus *MVγ* :
-latoribus *BF*.
§ 5 cauaedium *codd.* : caued- *F* ‖ impulsum *BF* : inp- *MV* ‖ fractis
iam et *BF* : etiam fractis et *γ* fractis simul et *MV* ‖ adluitur *codd.* : allui- *F*
‖ ita *MVγ* : *om. BF* ‖ a lateribus *codd.* : alter- *B¹* ‖ a fronte *MVγ* : fronte
B ‖ tria *BFγ* : *om. MV* ‖ a tergo *codd.* : a ergo *M¹* ‖ cauaedium *MVγ* :
cauend- *BF*.
§ 6 hac *MVγ* : haec *BF*.
§ 7 triclinii *codd.* : -ni *MV* ‖ purissimum *MVBF* : plu- *γ*.

chambre voûtée en forme d'abside, qui suit la course du soleil par toutes ses fenêtres. Dans un de ses murs est insérée une armoire aménagée en bibliothèque, où l'on a mis non pas des livres à lire une fois, mais ceux qui méritent une lecture assidue. 9 À côté se trouve une suite de chambres à coucher, avec un couloir de séparation qui est construit sur un vide et muni de tuyauteries ; il recueille la chaleur, la règle comme il faut, puis la distribue et la fait parvenir partout. Le reste de ce côté du bâtiment est réservé aux pièces à l'usage des esclaves et des affranchis ; elles sont pour la plupart si jolies qu'on pourrait y mettre des hôtes.

10 De l'autre côté se trouve une chambre très élégante, puis une grande chambre à coucher ou une petite salle à manger, comme on voudra, qui brille de tout l'éclat du soleil et de la mer ; à sa suite une chambre pourvue d'une antichambre, fraîche en été grâce à sa hauteur, bonne en hiver grâce à son isolation, car elle est à l'abri de tous les vents. Elle partage une paroi mitoyenne avec une autre chambre et son antichambre. 11 Vient ensuite la salle des bains froids, spacieuse et vaste ; sur ses deux murs opposés font saillie, en quelque sorte, les arrondis de deux baignoires, d'une capacité largement suffisante, quand on pense que la mer est à proximité. À côté on a une salle de massage, la chaufferie, et encore à côté l'étuve du bain ; puis deux pièces aménagées avec plus d'élégance que de luxe ; à leur suite une merveilleuse piscine d'eau chaude, d'où l'on aperçoit la mer en nageant ; 12 non loin de là le jeu de paume, qui à la saison chaude reçoit le soleil lorsque le jour baisse. Là s'élève une tour avec deux pièces en bas et autant à l'étage, plus une salle à manger qui domine une vaste étendue de mer, une grande longueur de rivage et de charmantes villas. 13 Il y a encore une autre tour

angulo cubiculum in hapsida curuatum, quod ambitum
solis fenestris omnibus sequitur. Parieti eius in bybliothecae
speciem armarium insertum est, quod non legendos libros sed
lectitandos capit. 9 Adhaeret dormitorium membrum transitu
interiacente, qui suspensus et tubulatus conceptum uaporem
salubri temperamento huc illuc digerit et ministrat. Reliqua
pars lateris huius seruorum libertorumque usibus detinetur,
plerisque tam mundis ut accipere hospites possint.

10 Ex alio latere cubiculum est politissimum, deinde
uel cubiculum grande uel modica cenatio, quae plurimo
sole, plurimo mari lucet ; post hanc cubiculum cum
procoetone, altitudine aestiuum, munimentis hibernum ;
est enim subductum omnibus uentis. Huic cubiculo aliud et
procoeton communi pariete iunguntur. 11 Inde balinei cella
frigidaria spatiosa et effusa, cuius in contrariis parietibus
duo baptisteria uelut eiecta sinuantur, abunde capacia, si
mare in proximo cogites. Adiacet unctorium, hypocauston,
adiacet propnigeon balinei, mox duae cellae magis elegantes
quam sumptuosae ; cohaeret calida piscina mirifica, ex qua
natantes mare adspiciunt, 12 nec procul sphaeristerium, quod
calidissimo soli inclinato iam die occurrit. Hic turris erigitur
sub qua diaetae duae, totidem in ipsa, praeterea cenatio quae
latissimum mare, longissimum litus, uillas amoenissimas
possidet. 13 Est et alia turris ; in hac cubiculum in quo sol

§ 8 hapsida *MV* : haspida *BF om. γ* ‖ bybliothecae *MVγ* : bibl- *BF*.
§ 9 dormitorium *MVγ* : -tiorum *BF* ‖ qui suspensus *BFγ* : quod
suspensum *MV* ‖ tubulatus *edd.* : sub- *BF* turb- *γ* tubulatum *MV* ‖
conceptum *MVBF* : -tus *γ* ‖ illuc *codd.* : illucque *F*.
§ 10 ex *MVγ* : et ex *BF* ‖ politissimum (polli- *BF*) *BFγ* : potiss- *MV*
‖ grande ... post hanc cubiculum *MVBF* : *om. γ* ‖ sole plurimo *BF* : *om.*
MV ‖ procoetone *MVBF* : procreriore *γ* ‖ uentis *MVγ* : *om. BF* ‖ procoeton
BF : -tois *MV*.
§ 11 balinei *codd.* : balnei *V* ‖ si mare *MVγ* : sin mare *BF* ‖ unctorium
BF : unctuarium *γ* unctaria immo *MV* ‖ propnigeon *BF* : pronigeon
(-gaeon *M*) *MV* ‖ elegantes *codd.* : elig- *B¹* ‖ mirifica *MVγ* : -ce *BF* ‖
adspiciunt *M* : asp- *VBF*.
§ 12 sphaeristerium *MV* : pheristerium (-riom *F*) *BF* ‖ turris erigitur
MVBF : erigitur turris *γ* ‖ diaetae *MVBF* : zetae (*ut semper*) *γ* ‖ latissimum
BFγ : laet- *M* let- *V* ‖ uillas amoenissimas *MVγ* : amoenissimas uillas *BF*
‖ possidet *MVγ* : prospicit *BF*.

dans laquelle se trouve une chambre d'où l'on voit le soleil se lever et se coucher ; derrière elle un vaste cellier et un grenier ; au-dessous un triclinium qui ne perçoit de la mer démontée que le bruit et le fracas, et encore, affaiblis déjà et amortis ; on y a vue sur le jardin et sur l'allée qui entoure le jardin.

14 L'allée est bordée de buis et de romarin, là où le buis ne pousse pas ; car le buis a une verdure abondante dans les endroits où il est protégé par les bâtiments ; mais à ciel découvert et en plein vent les embruns de la mer, de si loin qu'ils viennent, le font sécher. 15 Le long de cette allée, sur son pourtour intérieur, une tonnelle encore jeune donne son ombre à un sol doux et souple, même sous des pieds nus. Le jardin est garni d'un grand nombre de mûriers et de figuiers, des arbres auxquels ce terrain convient particulièrement bien, alors qu'il ne réussit guère aux autres. C'est de cette vue, qui n'est pas moins plaisante que celle de la mer, que jouit la salle à manger à l'écart de la mer. Elle est entourée à l'arrière par deux pièces dont les fenêtres dominent le vestibule de la villa ainsi qu'un autre jardin, fertile et rustique.

16 À partir de là s'étend un cryptoportique presque de la taille d'un monument public. Il a des fenêtres de part et d'autre, plus nombreuses du côté de la mer, plus espacées du côté du jardin, à raison d'une pour deux. Ces fenêtres s'ouvrent sans inconvénient, toutes à la fois, quand le temps est calme et ensoleillé, et quand il est venteux et agité, du côté où les vents ne soufflent pas. 17 Devant le cryptoportique, une promenade parfumée de violettes ; la tiédeur du soleil y pénètre et se trouve réfléchie et augmentée par le cryptoportique, qui retient le soleil tout comme il coupe et détourne le vent du nord : il y a autant de chaleur par devant que de fraîcheur à l'arrière. Il arrête également le vent d'Afrique et ainsi les vents les plus opposés sont, de part et d'autre, brisés et abattus. Tel est son agrément en hiver ; il est encore plus grand en été. 18 Car

nascitur conditurque ; lata post apotheca et horreum ; sub hoc triclinium quod turbati maris non nisi fragorem et sonum patitur, eumque iam languidum ac desinentem ; hortum et gestationem uidet qua hortus includitur.

14 Gestatio buxo aut rore marino, ubi deficit buxus, ambitur ; nam buxus qua parte defenditur tectis abunde uiret ; aperto caelo apertoque uento et quamquam longinqua aspergine maris inarescit. 15 Adiacet gestationi interiore circumitu uinea tenera et umbrosa, nudisque etiam pedibus mollis et cedens. Hortum morus et ficus frequens uestit, quarum arborum illa uel maxime ferax terra est, malignior ceteris. Hac non deteriore quam maris facie cenatio remota a mari fruitur, cingitur diaetis duabus a tergo quarum fenestris subiacet uestibulum uillae et hortus alius pinguis et rusticus.

16 Hinc cryptoporticus prope publici operis extenditur. Vtrimque fenestrae, a mari plures, ab horto singulae, sed alternis pauciores. Hae, cum serenus dies et immotus, omnes, cum hinc uel inde uentis inquietus, qua uenti quiescunt sine iniuria patent. 17 Ante cryptoporticum xystus uiolis odoratus. Teporem solis infusi repercussu cryptoporticus auget, quae ut tenet solem, sic aquilonem inhibet summouetque, quantumque caloris ante, tantum retro frigoris ; similiter Africum sistit atque ita diuersissimos uentos alium alio latere frangit et finit. Haec iucunditas eius hieme, maior aestate. 18 Nam ante

§ 13 apotheca *codd.* : -thec *V* ‖ ac *BFγ* : et *MV*.

§ 14 gestatio *codd.* : gestio *V* ‖ buxo *codd.*, *pace Schuster et Mynors, sed deinde* buxus (*prius*) *BFγ* : buxu *MV* ‖ qua *codd.* : quia *B¹* ‖ aspergine *M²BF* : asparg- *V* asperig- *M¹*.

§ 15 circumitu *MVγ* : circuitu *BF* ‖ morus *codd.* : -ris *B¹* ‖ uestit *codd.* : uestri *B* ‖ ceteris *codd.* : est ceteris *M* ‖ a mari *BFγ* : mari *MV* ‖ cingitur *BFγ* : uincitur *MV* ‖ pinguis *codd.* : pinguior *F*.

§ 16 cryptoporticus *MV* : cripto-*BF* ‖ a mari *BFγ* : mari *MV* ‖ sed *MVγ* : et *BF* ‖ et immotus (inmo-*B*) *BFγ* : etiam motus *MV* ‖ uentis *MVγ* : uentus *BF* ‖ iniuria *BFγ* : incur- *MV*.

§ 17 cryptoporticum *MV* : cripto- *BF* ‖ xystus (xist- *BF et semper posthac*) ... cryptoporticus *BF* : *om. MV* ‖ cryptoporticus *B* : cripto- *F* ‖ auget *BFγ* : area *MV* ‖ summouetque (submo- *F*) *BFγ* : continetque *MV* ‖ latere *codd.* : a latere *B* ‖ eius *MVBF* : enim *γ*.

son ombre avant midi rafraîchit la promenade, après midi la partie de l'allée et du jardin qui en est proche, et à mesure que les jours croissent ou décroissent, elle se raccourcit ou s'allonge, en tombant d'un côté ou de l'autre. 19 Quant au cryptoportique lui-même, il n'est jamais mieux à l'abri du soleil que lorsque ses rayons les plus ardents tombent sur le sommet de sa voûte. Et puis par ses fenêtres ouvertes il reçoit et laisse passer les brises, et jamais on n'y est oppressé par un air lourd et confiné.

20 Au bout de la promenade, puis du cryptoportique et du jardin, s'élève un pavillon qui fait mes délices, oui, vraiment mes délices. C'est moi qui l'ai placé là. Il contient une étuve solaire ouverte d'un côté sur la promenade, de l'autre sur la mer, et de partout sur la lumière du soleil ; ensuite une chambre à coucher donnant par une double porte sur le cryptoportique et par une fenêtre sur la mer. 21 Le milieu d'une des parois présente avec une parfaite élégance le renfoncement d'un boudoir qui, par des vitrages et des rideaux que l'on ouvre ou qu'on ferme, peut tantôt se réunir à la chambre, tantôt en être séparé. Il contient un lit et deux fauteuils ; à ses pieds on a la mer, derrière soi les villas, en face les bois : autant de paysages différents qu'il distingue et réunit par un nombre équivalent de fenêtres. 22 Une chambre attenante est réservée à la nuit et au sommeil. On n'y perçoit ni les voix des esclaves, ni le grondement de la mer, ni l'agitation des tempêtes, ni la lueur des éclairs et pas même la lumière du jour, tant que les fenêtres ne sont pas ouvertes. La profondeur de cette retraite et son isolement s'expliquent parce qu'entre le mur de la chambre et celui du jardin un corridor de séparation, par le vide qu'il interpose, absorbe tous les bruits. 23 Attenante à cette chambre est une minuscule chaufferie qui par un mince clapet retient ou diffuse, selon les besoins, la chaleur venue d'en bas. Ensuite une antichambre et une chambre à coucher bien exposée au soleil qu'elle accueille dès son lever et qu'elle garde au-delà de midi, avec des rayons obliques, sans doute, mais enfin qu'elle garde.

meridiem xystum, post meridiem gestationis hortique proximam
partem umbra sua temperat, quae, ut dies creuit decreuitue, modo
breuior, modo longior hac uel illa cadit. 19 Ipsa uero cryptoporticus
tum maxime caret sole cum ardentissimus culmini eius insistit.
Ad hoc patentibus fenestris fauonios accipit transmittitque nec
umquam aere pigro et manente ingrauescit.

20 In capite xysti, deinceps cryptoporticus, horti,
diaeta est, amores mei, re uera amores. Ipse posui. In hac
heliocaminus quidem alia xystum, alia mare, utraque solem,
cubiculum autem ualuis cryptoporticum, fenestra prospicit
mare. 21 Contra parietem medium zotheca perquam eleganter
recedit, quae specularibus et uelis obductis reductisue modo
adicitur cubiculo, modo aufertur. Lectum et duas cathedras
capit ; a pedibus mare, a tergo uillae, a capite siluae : tot
facies locorum totidem fenestris et distinguit et miscet. 22
Iunctum est cubiculum noctis et somni. Non illud uoces
seruolorum, non maris murmur, non tempestatum motus,
non fulgurum lumen ac ne diem quidem sentit, nisi fenestris
apertis. Tam alti abditique secreti illa ratio, quod interiacens
andron parietem cubiculi hortique distinguit atque ita omnem
sonum media inanitate consumit. 23 Adplicitum est cubiculo
hypocauston perexiguum quod angusta fenestra suppositum
calorem, ut ratio exigit, aut effundit aut retinet. Procoeton
inde et cubiculum porrigitur in solem, quem orientem statim
exceptum ultra meridiem oblicum quidem, sed tamen seruat.

§ 18 gestationis *V* : -nes *MBF* -nem *γ* ‖ sua *codd.* : *om. F* ‖ temperat
BFγ : -rant *MV* ‖ decreuitue *MVγ* : -uitque *BF* ‖ modo *MVBF* : ut dies
modo *γ* ‖ hac (hae *M*) uel illa *MVB* : hac uel illac *F* haec uel illa *γ*.

§ 19 tum *MVγ* : tunc *BF* ‖ fauonios *Mγ* : -nius *VBF* ‖ aere *BFγ* :
aegre *MV*.

§ 20 deinceps *MVBF* : deinde *γ* ‖ amores mei *BFγ* : -ris mei *MV* ‖
solem *MVBF* : -les *γ* ‖ prospicit *MVBγ* : resp- *F* ‖ mare *MVγ* : qua mare
BF.

§ 21 zotheca *MVγ* : zioth- *B* zyoth- *F* ‖ eleganter *codd.* : elig- *M¹B¹* ‖
specularibus *BFγ* : -latoribus *MV* ‖ uillae *MBFγ* : uiliae *V*.

§ 22 seruolorum *MV* : seruul- *BFγ* ‖ fulgurum *BFγ* : -gorum *MV* ‖ ac
codd. : hac *F* ‖ sonum *MVF* : somnum *Bγ*.

§ 23 adplicitum *codd.* : appl- *F* ‖ hypocauston *codd.* : hypon ca- *M* ‖
exigit *BFγ* : exegit *MV* ‖ oblicum *MVFγ* : -liquum *B²* -loquium *B¹*.

24 Quand je me suis retiré dans ce pavillon, j'ai l'impression d'être loin même de ma villa, et j'y trouve beaucoup d'agrément, surtout à l'époque des Saturnales, quand le reste de la maison résonne des cris de joie et de la licence propre à ces journées. Ainsi je ne gêne pas les amusements de mes gens et eux ne gênent pas mon travail.

25 À ces avantages, à ces agréments il ne manque que l'eau courante, mais il y a des puits ou plutôt des sources, car la nappe est en surface. Tout compte fait, ce rivage a des atouts extraordinaires : en quelque endroit que l'on remue la terre, l'eau vient toute prête à votre rencontre, une eau pure que la proximité de la mer ne gâte pas le moins du monde. 26 Les forêts du voisinage fournissent du bois en abondance ; le reste de l'approvisionnement vient de la colonie d'Ostie. Quand on n'a pas de gros besoins, on se contente même du bourg, dont une seule villa nous sépare. On y trouve trois bains publics, ce qui est bien commode quand par hasard une arrivée imprévue ou un délai trop court dissuadent de faire chauffer le bain à la maison.

27 Le rivage s'orne en une délicieuse variété d'une suite tantôt ininterrompue tantôt discontinue de constructions qui offrent l'aspect d'une succession de villes, qu'on se trouve en mer ou sur le rivage même ; ce dernier offre parfois, après une longue période de calme, un sol meuble, mais le plus souvent il est affermi par le va-et-vient continuel des vagues. 28 La mer n'abonde pas vraiment en poissons de prix, mais elle fournit des soles et d'excellents crustacés. Cependant notre propriété offre aussi les ressources de la campagne, en particulier du lait ; car c'est là que se rassemblent les troupeaux au retour des pâturages, quand ils sont à la recherche de l'eau et de l'ombre.

24 In hanc ego diaetam cum me recepi, abesse mihi etiam
a uilla mea uideor, magnamque eius uoluptatem praecipue
Saturnalibus capio, cum reliqua pars tecti licentia dierum
festisque clamoribus personat ; nam nec ipse meorum lusibus
nec illi studiis meis obstrepunt.

25 Haec utilitas, haec amoenitas deficitur aqua salienti,
sed puteos ac potius fontes habet ; sunt enim in summo. Et
omnino litoris illius mira natura : quocumque loco moueris
humum, obuius et paratus umor occurrit, isque sincerus
ac ne leuiter quidem tanta maris uicinitate corruptus. 26
Suggerunt adfatim ligna proximae siluae ; ceteras copias
Ostiensis colonia ministrat. Frugi quidem homini sufficit
etiam uicus, quem una uilla discernit. In hoc balinea meritoria
tria, magna commoditas si forte balineum domi uel subitus
aduentus uel breuior mora calfacere dissuadeat.

27 Litus ornant uarietate gratissima nunc continua, nunc
intermissa tecta uillarum, quae praestant multarum urbium
faciem, siue mari siue ipso litore utare ; quod non numquam
longa tranquillitas mollit, saepius frequens et contrarius
fluctus indurat. 28 Mare non sane pretiosis piscibus abundat,
soleas tamen et squillas optimas egerit. Villa uero nostra
etiam mediterraneas copias praestat, lac in primis ; nam illuc
e pascuis pecora conueniunt, si quando aquam umbramue
sectantur.

---

§ 24 recepi *MVγ* : -cipi *B* -cipio *F* ‖ a uilla *MVγ* : ab illa *BF* ‖
uoluptatem *V* : uolunta- *M* uoluptatem ecce *BF* uoluptatem ex ea *γ* ‖
personat ... lusibus (nec *omisso*) *transtulerunt post* etiam § 26 *MV* ‖ illi
codd. : illis *V*.

§ 25 deficitur *codd.* : -cit *F* ‖ habet *codd.* : -bent *γ* ‖ umor *MVγ* : hu-
BF ‖ ne *MVBF* : *om. γ* ‖ corruptus *BFγ* : salsus *MV*.

§ 26 adfatim *codd.* : affat- *F* ‖ balinea *MF* : balnea *MV* ‖ balineum *BF* :
balineum *MV* ‖ domi *MVγ* : domini *BF* ‖ calfacere *codd.* : kl facere *B*.

§ 27 siue mari (-ris *M*) *MV* : siue ipso mari *BF om. γ*.

§ 28 squillas *MVγ* : esqu- *BF* ‖ copias *BFγ* : optimas *MV* ‖ praestat
codd. : -stet *V* ‖ umbramue *MVγ* : -amque *BF*.

29 Penses-tu maintenant que j'ai de bonnes raisons de venir habiter cette retraite, d'en faire ma résidence, de l'aimer ? Tu es trop citadin si elle ne te fait pas envie. Et puisse-t-elle te faire envie, pour qu'à tous ses charmes, si nombreux et si grands, ma chère villa ajoute encore le mérite inestimable de te recevoir sous son toit ! Au revoir.

18

PLINE À SON AMI MAURICUS

Quelle mission plus agréable pouvais-tu me confier que celle de chercher un précepteur pour les enfants de ton frère ? Grâce à toi je retourne à l'école et je revis en quelque sorte ces années qui me furent si douces ; je m'assieds comme autrefois parmi les jeunes gens, et je fais même l'expérience de la considération que mes travaux me valent auprès d'eux. 2 Dernièrement, dans une salle pleine, ils plaisantaient entre eux à haute voix en présence de plusieurs membres de notre ordre ; j'entrai : silence général. Je ne te raconterais pas ce détail, s'il ne faisait encore plus honneur à ces jeunes gens qu'à moi-même, et si je ne voulais te faire entrevoir, pour les fils de ton frère, la possibilité d'une bonne éducation.

3 Au reste, quand j'aurai entendu tous les maîtres, je t'écrirai ce que je pense de chacun d'eux et je tâcherai, autant du moins qu'une lettre me le permettra, de te donner l'impression que tu les as tous entendus toi-même. 4 Je te dois à toi, je dois à la mémoire de ton frère cette marque de fidélité et de dévouement, surtout dans une matière aussi importante. Car qu'est-ce qui peut compter davantage pour vous que de voir ces enfants (je dirais les tiens, si tu n'aimais maintenant ceux-là plus encore) jugés dignes d'un tel père et d'un oncle comme toi ? C'est un soin que j'aurais revendiqué, même si tu ne me l'avais pas confié.

29 Iustisne de causis iam tibi uideor incolere, inhabitare, diligere secessum ? Quem tu nimis urbanus es nisi concupiscis. Atque utinam concupiscas, ut tot tantisque dotibus uillulae nostrae maxima commendatio ex tuo contubernio accedat ! Vale.

18

C. Plinivs Mavrico svo s.

Quid a te mihi iucundius potuit iniungi quam ut praeceptorem fratris tui liberis quaererem ? Nam beneficio tuo in scholam redeo et illam dulcissimam aetatem quasi resumo ; sedeo inter iuuenes, ut solebam, atque etiam experior quantum apud illos auctoritatis ex studiis habeam. 2 Nam proxime frequenti auditorio inter se coram multis ordinis nostri clare iocabantur ; intraui, conticuerunt ; quod non referrem, nisi ad illorum magis laudem quam ad meam pertineret, ac nisi sperare te uellem posse fratris tui filios probe discere.

3 Quod superest, cum omnis qui profitentur audiero, quid de quoque sentiam scribam, efficiamque, quantum tamen epistula consequi potero, ut ipse omnes audisse uidearis. 4 Debeo enim tibi, debeo memoriae fratris tui hanc fidem, hoc studium, praesertim super tanta re. Nam quid magis interest uestra quam ut liberi (dicerem tui, nisi nunc illos magis amares) digni illo patre, te patruo reperiantur ? Quam curam mihi, etiam si non mandasses, uindicassem.

---

§ 29 iam *MVγ* : eum *BF* ‖ incolere *codd.* : -lore *M¹* ‖ diligere *codd.* : dirig- *F*.

II, 18 Maurico *MVγ* : martio *F* murcio *B* ‖ § 1 mihi iucundius (ioc- *V*) *MVγ* : iucundius (incon- *F¹*) mihi *BF* ‖ praeceptorem *codd.* : -torum *F¹* ‖ in scholam (sco-) *MVBF* : in his scholam *γ*.

§ 2 inter se *codd.* : in se *V* ‖ multis *MVγ* : -ti *BF* ‖ iocabantur *BFγ* : loqueb- *MV* ‖ referrem *codd.* : -feram *M* ‖ sperare te *MVγ* : sperarit *BF*.

§ 3 sentiam *codd.* : -tentiam *V* ‖ omnes audisse *MVBF* : audisse omnes *γ*.

§ 4 dicerem *codd.* : -rentur *V* ‖ amares digni *MVB* : amares et ut digni *F* amare digno *γ* ‖ patre *BFγ* : -tri *MV* ‖ uindicassem *codd.* : -casse *M*.

5 Et je n'ignore pas que je m'expose à des mécontentements en choisissant un précepteur, mais je dois affronter des mécontentements et même des inimitiés dans l'intérêt des fils de ton frère, avec la même sérénité que des parents pour leurs enfants.

19

PLINE À SON AMI CERIALIS

Tu m'exhortes à lire mon discours devant quelques amis. Je le ferai parce que tu m'y exhortes, mais j'ai de vives hésitations. 2 Car il ne m'échappe pas que les plaidoyers, à la lecture, perdent tout élan, toute chaleur et presque tout ce qui fait leur nom ; ce qui leur donne de l'intérêt et de la flamme, c'est l'assemblée des juges, le nombre des avocats, l'attente du résultat, la réputation non pas d'un, mais de plusieurs orateurs, les sympathies de l'auditoire qui se portent sur l'une ou l'autre partie ; de plus, les gestes de celui qui a la parole, sa démarche, ses allées et venues, et sa vigueur physique en harmonie avec tous les mouvements de son âme. 3 D'où il résulte que ceux qui plaident assis, même s'ils conservent l'essentiel des avantages qu'ils auraient eus debout, sont privés néanmoins de force et de hauteur par le fait d'être assis. 4 Et quand on donne une lecture, les principaux auxiliaires de la déclamation, les mouvements des yeux et des mains, sont comme entravés. Il ne faut donc pas s'étonner si l'attention des auditeurs se relâche quand elle n'est plus retenue par des agréments ni réveillée par des aiguillons extérieurs.

5 À cela s'ajoute que le discours dont je parle a quelque chose de combatif et presque de chicanier. Or nous sommes par nature portés à penser que ce dont la rédaction nous a demandé un effort en demandera un aussi à l'auditoire.

5 Nec ignoro suscipiendas offensas in eligendo praeceptore,
sed oportet me non modo offensas, uerum etiam simultates
pro fratris tui filiis tam aequo animo subire quam parentes
pro suis. Vale.

19
C. Plinivs Ceriali svo s.

Hortaris ut orationem amicis pluribus recitem. Faciam
quia hortaris, quamuis uehementer addubitem. 2 Neque
enim me praeterit actiones quae recitantur impetum omnem
caloremque ac prope nomen suum perdere, ut quas soleant
commendare simul et accendere iudicum consessus, celebritas
aduocatorum, exspectatio euentus, fama non unius actoris
diductumque in partes audientium studium, ad hoc dicentis
gestus, incessus, discursus etiam omnibusque motibus animi
consentaneus uigor corporis. 3 Vnde accidit ut ii qui sedentes
agunt, quamuis illis maxima ex parte supersint eadem illa
quae stantibus, tamen hoc quod sedent quasi debilitentur et
deprimantur. 4 Recitantium uero praecipua pronuntiationis
adiumenta, oculi, manus, praepediuntur. Quo minus mirum
est si auditorum intentio relanguescit, nullis extrinsecus aut
blandimentis capta aut aculeis excitata.

5 Accedit his quod oratio de qua loquor pugnax et quasi
contentiosa est. Porro ita natura comparatum est ut ea quae
scripsimus cum labore, cum labore etiam audiri putemus.

§ 5 in eligendo ... offensas *om.* V ‖ filiis *MBF* : -lis *Vγ*.
II, 19 Ceriali *MV* : cerea- *Bγ om. F* ‖ § 2 recitantur *MVF* : -tentur *Bγ*
‖ ut quas *BFγ* : ut quae *V* quae *M* ‖ soleant *MVγ* : -let *BF* ‖ iudicum *BF* :
-cium *MVγ* ‖ consessus *Vγ* : confessus *M* consensus *BF* ‖ diductumque
(-tutumque *M*) *codd.* : deduc- *F*.
§ 3 ii *codd.* : hii *F*.
§ 4 est si *BFγ* : et si *MV* ‖ intentio *Bγ* : -tior *F* -tione *MV* ‖ relanguescit
Bγ : lang- *MV* relanguescitur *F¹* languescitur *F²* ‖ aculeis *MVγ* : oculis
BF.
§ 5 accedit his *MVγ* : his accedit *BF* ‖ quasi *MV* : *om. BFγ* ‖
contentiosa *codd.* : contemptiosa *F* ‖ scripsimus *codd.* : scribimus *V* ‖ cum
labore, cum labore etiam *Postgate* : cum labore etiam cum labore *BF* cum
labore etiam *MVγ*.

6 De fait, combien sont-ils, les auditeurs au jugement assez sûr pour ne pas apprécier davantage un discours flatteur qui sonne bien, qu'une démonstration austère et serrée ? Et il est vrai que ce désaccord est tout à fait choquant, mais il existe, parce que la plupart du temps les auditeurs demandent une chose et les juges en demandent une autre, alors que l'auditeur devrait être surtout sensible à ce qui le toucherait le plus, s'il était juge. 7 Il peut arriver cependant que, malgré ces facteurs défavorables, mon livre se recommande par sa nouveauté, une nouveauté chez nous ; car chez les Grecs on trouve, quoique dans des conditions très différentes, une pratique qui ne manque pas de ressemblance. 8 En effet c'était l'usage chez eux, quand ils accusaient des projets de lois d'être en contradiction avec des lois antérieures, d'en faire la démonstration par la comparaison avec d'autres lois ; de même, pour prouver qu'il y a dans la loi de restitution ce que je prétends y être, j'ai dû fonder mes conclusions sur cette loi même ainsi que sur d'autres. Cela n'a rien qui flatte les oreilles des ignorants, mais doit rencontrer chez les gens instruits une faveur d'autant plus grande qu'elle est moindre auprès des gens sans instruction. 9 Pour notre part, si nous nous décidons à donner une lecture, nous ne ferons venir que les plus savants.

Mais examine encore bien s'il y a lieu de donner cette lecture ; j'ai aligné mes jetons, mets-les tous dans la balance et choisis celui qui donnera le meilleur décompte. Car c'est ce décompte que l'on exigera de toi ; quant à nous, nous aurons l'excuse de notre docilité. Au revoir.

20
Pline à son ami Calvisius

Prépare un as et écoute une histoire qui vaut de l'or, ou plutôt des histoires ; car la dernière m'en a rappelé de précédentes, et peu importe par laquelle je vais commencer.

6 Et sane quotus quisque tam rectus auditor quem non potius dulcia haec et sonantia quam austera et pressa delectent ? Est quidem omnino turpis ista discordia, est tamen, quia plerumque euenit ut aliud auditores, aliud iudices exigant, cum alioqui iis praecipue auditor adfici debeat quibus idem, si foret iudex, maxime permoueretur. 7 Potest tamen fieri ut, quamquam in his difficultatibus, libro isti nouitas lenocinetur, nouitas apud nostros ; apud Graecos enim est quiddam, quamuis ex diuerso, non tamen omnino dissimile. 8 Nam ut illis erat moris leges quas ut contrarias prioribus legibus arguebant aliarum collatione conuincere, ita nobis inesse repetundarum legi quod postularemus, cum hac ipsa lege, tum aliis colligendum fuit ; quod nequaquam blandum auribus imperitorum tanto maiorem apud doctos habere gratiam debet, quanto minorem apud indoctos habet. 9 Nos autem, si placuerit recitare, adhibituri sumus eruditissimum quemque.

Sed plane adhuc an sit recitandum examina tecum, omnisque quos ego moui in utraque parte calculos pone, idque elige in quo uicerit ratio. A te enim ratio exigetur, nos excusabit obsequium. Vale.

20

C. Plinivs Calvisio svo s.

Assem para et accipe auream fabulam, fabulas immo ; nam me priorum noua admonuit, nec refert a qua potissimum incipiam.

§ 6 turpis *codd.* : turbis *F* ‖ quia *MV* : quae *BF* qui *γ* ‖ auditores aliud *γ* : *om. MVBF* ‖ alioqui iis *edd.* : alioqui his *MVγ* alloquiis *BF* ‖ auditor *codd.* : audi *V*.

§ 7 in *MVBF* : *om. γ* ‖ diuerso *codd.* : adu- *V*.

§ 8 ut *codd.* : *om. F¹* ‖ collatione *MV* : conla- *BF* ‖ inesse *MVγ* : esse *BF* ‖ legi *BFγ* : lege *MV* ‖ aliis *BFγ* : alis *MV*.

§ 9 quos *BFγ* : quis *MV* ‖ moui *MVBF* : noui *γ* ‖ a te *BFγ* : at *MV* ‖ exigetur *BF* : -gitur *γ* -git *MV* ‖ excusabit *MVBF* : -auit *γ*.

II, 20 Caluisio *codd.* : *om. F* ‖ § 1 admonuit *MVB* : ammo- *F* adnuit *γ* ‖ qua *MVγ* : quo *BF*.

2 Verania, la femme de Pison, était gravement malade ; je parle du Pison qui fut adopté par Galba. Regulus vint la voir. Remarque d'abord l'impudence de cet individu, qui vient voir une femme malade, alors qu'il a été le pire ennemi de son mari et qu'elle avait elle-même toutes les raisons de le détester. 3 Passe encore, s'il s'était contenté de la visite ; mais il s'est assis tout près de son lit et l'a interrogée sur le jour et l'heure de sa naissance. Quand il a entendu la réponse, le voilà qui prend un air grave, garde les yeux fixes, remue les lèvres, bouge les doigts, calcule : et puis, rien. Après avoir longuement maintenu la pauvre femme dans l'attente, il lui dit : « Tu traverses un moment critique, mais tu t'en sortiras. 4 Et pour que cela te paraisse clair, je vais consulter un haruspice dont j'ai souvent vérifié le talent. » 5 Sans perdre de temps il fait un sacrifice et affirme que les entrailles sont en accord avec ce qu'annoncent les astres. Elle, crédule comme on l'est quand cela va mal, demande de quoi écrire et fait un legs à Regulus. Bientôt son état s'aggrave, elle meurt en traitant à grands cris cet individu de scélérat, de fourbe, de pire encore qu'un parjure, qui lui a fait un faux serment sur la vie de son fils. 6 C'est chez Regulus une pratique aussi criminelle que fréquente, de détourner la colère des dieux, qu'il trompe lui-même tous les jours, sur la tête de ce malheureux enfant.

7 Velleius Blaesus, le riche consulaire, était en proie à sa dernière maladie et désirait modifier son testament. Regulus pensait qu'il avait quelque chose à attendre de la nouvelle rédaction, parce qu'il s'était mis depuis peu à circonvenir son auteur ; il encourage donc les médecins et leur demande de tout faire pour prolonger sa vie. 8 Une fois le testament cacheté, il change de masque et tient un tout autre discours aux mêmes médecins : « Jusqu'à quand allez-vous tourmenter ce malheureux ? Pourquoi le priver d'une mort douce, quand

2 Verania Pisonis grauiter iacebat, huius dico Pisonis quem Galba adoptauit. Ad hanc Regulus uenit. Primum impudentiam hominis, qui uenerit ad aegram, cuius marito inimicissimus, ipsi inuisissimus fuerat ! 3 Esto, si uenit tantum ; at ille etiam proximus toro sedit, quo die, qua hora nata esset interrogauit. Vbi audiit, componit uultum, intendit oculos, mouet labra, agitat digitos, computat : nihil. Vt diu miseram exspectatione suspendit, « Habes, inquit, climactericum tempus, sed euades. 4 Quod ut tibi magis liqueat, haruspicem consulam quem sum frequenter expertus. » 5 Nec mora, sacrificium facit, adfirmat exta cum siderum significatione congruere. Illa, ut in periculo credula, poscit codicillos, legatum Regulo scribit. Mox ingrauescit, clamat moriens hominem nequam, perfidum ac plus etiam quam periurum, qui sibi per salutem filii peierasset. 6 Facit hoc Regulus non minus scelerate quam frequenter, quod iram deorum, quos ipse cotidie fallit, in caput infelicis pueri detestatur.

7 Velleius Blaesus, ille locuples consularis, nouissima ualetudine conflictabatur ; cupiebat mutare testamentum. Regulus, qui speraret aliquid ex nouis tabulis, quia nuper captare eum coeperat, medicos hortari, rogare quoquo modo spiritum homini prorogarent. 8 Postquam signatum est testamentum, mutat personam, uertit adlocutionem isdemque medicis : « Quousque miserum cruciatis ? Quid inuidetis

§ 2 ipsi inuisissimus *BFγ* : *om. MV*.
§ 3 at *BFγ* : ad *MV* ‖ quo die *BFγ* : qua die *MV* ‖ audiit *MVBF* : -diuit *γ* ‖ uultum *MVF²* : uol- *BF¹* ‖ labra *BFγ* : -ram *MV* ‖ ut *BFγ* : *om. MV* ‖ exspectatione *edd.* : exp- *MVBF*.
§ 4 haruspicem *MV* : aru- *BF*.
§ 5 codicillos *MB* : cud- *V* codicellos *F* ‖ ingrauescit *MVγ* : -uascit *BF* ‖ moriens *MVBF* : *om. γ* ‖ hominem *MVBγ* : o hominem *F* ‖ nequam *codd.* : -quem *V* ‖ quam *MVBF* : *om. γ* ‖ peierasset *BF* : periera- *V* perieriera- *M*.
§ 6 pueri *codd.* : *om. M¹*.
§ 7 uelleius blaesus *codd.* : ueleius blesus *V* ‖ ille *MVBF* : *om. γ* ‖ locuples *MVγ* : -plebs *BF* ‖ quoquo modo *codd.* : quo modo *V*.
§ 8 quousque *codd.* : qui us- *V*

vous ne pouvez pas lui donner la vie ? » Blaesus meurt et, à croire qu'il avait tout entendu, pour Regulus pas un sou.

9 Les deux histoires te suffisent-elles, ou en demandes-tu une troisième selon les règles de l'école ? J'ai de quoi. 10 Aurelia, une dame de la bonne société, voulait cacheter son testament et avait mis à cet effet ses plus belles tuniques. Regulus était venu pour la cérémonie. Il lui dit : « S'il te plaît, lègue-moi ces tuniques. » 11 Aurelia croyait que l'individu plaisantait, mais il était sérieux et insistait ; bref, il obligea la dame à rouvrir le document et à lui léguer les tuniques qu'elle portait ; il la regarda écrire et vérifia si elle avait bien écrit. Cela dit, Aurelia vit toujours, mais lui l'a contrainte à ce geste dérisoire, pensant qu'elle allait mourir. Voilà l'homme qui reçoit des héritages et des legs, comme s'il les méritait.

12 *Mais à quoi bon m'obstiner*, dans une société qui depuis longtemps ne récompense pas moins, ou plutôt qui récompense davantage la fourberie et la malhonnêteté que l'honneur et la vertu ? 13 Regarde Regulus : pauvre à l'origine et de milieu modeste, il est parvenu par ses pratiques scandaleuses à une telle fortune qu'un jour – il me l'a dit lui-même – qu'il consultait les dieux pour savoir s'il bouclerait bientôt ses soixante millions de sesterces, il trouva des entrailles doubles qui lui en prédisaient cent vingt millions. 14 Et il les aura, pourvu qu'il continue, comme il a commencé, à dicter les testaments d'autrui – c'est la plus malhonnête des falsifications – à ceux-là mêmes qui sont censés en être les auteurs. Au revoir.

bona morte, cui dare uitam non potestis ? » Moritur Blaesus
et, tamquam omnia audisset, Regulo ne tantulum quidem.

9 Sufficiunt duae fabulae, an scholastica lege tertiam
poscis ? Est unde fiat. 10 Aurelia, ornata femina, signatura
testamentum sumpserat pulcherrimas tunicas. Regulus cum
uenisset ad signandum, « Rogo, inquit, has mihi leges. »
11 Aurelia ludere hominem putabat, ille serio instabat ;
ne multa, coegit mulierem aperire tabulas ac sibi tunicas
quas erat induta legare ; obseruauit scribentem, inspexit
an scripsisset. Et Aurelia quidem uiuit, ille tamen istud
tamquam morituram coegit. Et hic hereditates, hic legata
quasi mereatur accipit.

12 Ἀλλὰ τί διατείνομαι in ea ciuitate in qua iam pridem
non minora praemia, immo maiora nequitia et improbitas
quam pudor et uirtus habent ? 13 Aspice Regulum, qui ex
paupere et tenui ad tantas opes per flagitia processit, ut ipse
mihi dixerit, cum consuleret quam cito sestertium sescentiens
impleturus esset, inuenisse se exta duplicia quibus portendi
miliens et ducentiens habiturum. 14 Et habebit, si modo, ut
coepit, aliena testamenta, quod est improbissimum genus
falsi, ipsis quorum sunt illa dictauerit. Vale.

bona morte *MV* : bona mortis *BF* bonam mortem γ ‖ dare uitam *codd.* :
uitam dare *M* ‖ moritur blaesus et *BF*γ : moriturus blaesus *MV*.

§ 9 fabulae *codd.* : tab- *V* ‖ an *codd.* : a *V¹* ‖ lege *MVBF* : *om.* γ ‖
poscis *codd.* : -cit *M¹*.

§ 10 has *codd.* : habes *M*.

§ 11 ne *MVBF* : nec γ ‖ tunicas *MVBF* : -cis γ ‖ obseruauit *codd.* :
-abit *B* ‖ istud *MVBF* : istuc γ ‖ et *BF*γ : *om. MV* ‖ hereditates *MV*γ : -tatis
BF ‖ quasi *MV*γ : quas *BF*.

§ 12 ἀλλὰ *codd.* : αἷα *M* ‖ τί *MV*γ : *om. BF*.

§ 13 aspice (-cere *B*) *MVBF* : adsp- *edd.* ‖ pro]cessit *hic incipit* Π ‖
sescentiens *MV* : -ies *BF*γ ‖ duplicia *MV*γ : -cata *ΠBF* ‖ miliens γ : milies
Π¹*BF* millies Π²*MV* ‖ ducentiens *edd.* : -ties *codd.*

§ 14 dictauerit *MVΠBF* : -rint γ.

LIVRE III

1

PLINE À SON AMI CALVISIUS RUFUS

Je ne pense pas avoir jamais vécu de jours plus agréables que ceux que j'ai passés récemment chez Spurinna, au point même que dans ma vieillesse, si du moins il m'est donné de vieillir, il n'est personne à qui je voudrais ressembler davantage ; il n'y a pas, en effet, de manière de vivre mieux ordonnée que la sienne. 2 Tout comme j'aime le cours invariable des astres, j'apprécie chez les hommes une vie bien réglée, surtout chez les vieux. Qu'il y ait encore chez les jeunes gens un certain désordre, disons même une certaine agitation, ce n'est pas inconvenant ; mais ce qui sied aux vieux, c'est une existence calme et régulière : chez eux l'activité vient trop tard et l'ambition est déshonorante.

3 Telle est la règle que Spurinna observe avec une constance parfaite ; mieux encore : tous ces petits actes – petits s'ils ne revenaient chaque jour –, il les accomplit en un ordre fixe et pour ainsi dire en boucle. 4 Le matin il reste sur son divan ; à la deuxième heure il demande ses chaussures et il fait une marche de trois milles pour se dégourdir l'esprit autant que le corps. S'il a des amis avec lui, la conversation porte sur les sujets les plus élevés ; sinon, on lui lit un livre, ce qui a lieu parfois même en présence d'amis, si ceux-ci ne trouvent

LIBER TERTIVS

1

C. Plinivs Calvisio Rvfo svo s.

Nescio an ullum iucundius tempus exegerim quam quo
nuper apud Spurinnam fui, adeo quidem ut neminem magis
in senectute, si modo senescere datum est, aemulari uelim ;
nihil est enim illo uitae genere distinctius. 2 Me autem ut
certus siderum cursus, ita uita hominum disposita delectat,
senum praesertim. Nam iuuenes confusa adhuc quaedam et
quasi turbata non indecent, senibus placida omnia et ordinata
conueniunt, quibus industria sera, turpis ambitio est.

3 Hanc regulam Spurinna constantissime seruat ; quin
etiam parua haec – parua, si non cotidie fiant – ordine
quodam et uelut orbe circumagit. 4 Mane lectulo continetur,
hora secunda calceos poscit, ambulat milia passuum tria
nec minus animum quam corpus exercet. Si adsunt amici,
honestissimi sermones explicantur ; si non, liber legitur,
interdum etiam praesentibus amicis, si tamen illi non

III, 1 Rufo *edd. ex indic.* : *om. codd.* ‖ § 1 exegerim *ΠBFγ* : exig-
MV ‖ nuper *codd.* : nuper et *M* ‖ enim illo *codd.* : illo etenim *F* ‖ distinctius
codd. : -ctus *B¹*.

§ 2 confusa adhuc *MVγ* : adhuc confusa *ΠBF* ‖ indecent *ΠBF* : indic-
MVγ ‖ ordinata *MΠ²BFγ* : ornata *VΠ¹* ‖ sera *MVΠ¹γ* : serua *Π²BF*.

§ 3 quin *MVΠγ* : qui *BF* ‖ parua si non *Bγ* : si non *ΠF* parua sint *MV*
‖ cotidie *ΠBF* : cotti- *MV* ‖ circumagit *codd.* : circircum- *M*.

§ 4 passuum tria nec *codd.* : passum tria et nec *γ* ‖ adsunt *codd.* :
adsint *γ* ‖ liber legitur *codd.* : liberi igitur *γ*.

rien à y redire. 5 Puis il s'assied, on reprend le livre, ou la conversation, qu'il préfère au livre ; après quoi il monte en voiture et emmène avec lui sa femme, un modèle de vertu, ou l'un de ses amis, comme moi dernièrement. 6 Quel charme dans ce tête-à-tête, quel agrément ! Quelle antique noblesse ! De quelles belles actions, de quels grands hommes on entend parler ! De quels principes on s'imprègne ! Et pourtant il a imposé cette mesure à sa modestie, de ne pas avoir l'air de donner des leçons. 7 Après un trajet de sept milles, il en fait encore un à pied, et s'assied de nouveau ou revient à sa chambre et à son travail. Car il écrit des poésies lyriques, tant en grec qu'en latin, et fort savamment ; ce sont des merveilles de charme, de grâce, de gaieté, dont l'agrément est encore rehaussé par la valeur morale de leur auteur. 8 Quand on lui annonce l'heure du bain (c'est la neuvième en hiver, la huitième en été), s'il n'y a pas de vent, il se déshabille et se promène au soleil. Puis il joue à la balle avec entrain et longtemps, car c'est aussi par ce genre d'exercice qu'il combat la vieillesse. Au sortir du bain il s'allonge, mais diffère un peu le moment du repas ; en attendant il écoute une lecture plus détendue et plus plaisante. Pendant tout ce temps, ses amis ont la liberté de s'occuper comme lui ou autrement, s'ils préfèrent. 9 On sert le dîner, aussi soigné que frugal, dans de l'argenterie massive et ancienne ; on utilise également de la vaisselle de Corinthe, dont il est un amateur mais non un passionné. Souvent le dîner est entremêlé de prestations d'acteurs, pour que même les plaisirs de la table soient assaisonnés des joies de l'esprit. Le repas empiète un peu sur la nuit, même en été, mais personne ne le trouve trop long, tant il y règne d'affabilité. 10 C'est ainsi qu'à plus de soixante-dix-sept ans il garde intacte la finesse de l'ouïe et de la vue ainsi qu'un corps souple et vigoureux, et n'a de son âge que la sagesse.

grauantur. 5 Deinde considit et liber rursus aut sermo, libro potior ; mox uehiculum ascendit, adsumit uxorem singularis exempli uel aliquem amicorum, ut me proxime. 6 Quam pulchrum illud, quam dulce secretum ! Quantum ibi antiquitatis ! Quae facta, quos uiros audias ! Quibus praeceptis imbuare ! Quamuis ille hoc temperamentum modestiae suae indixerit, ne praecipere uideatur. 7 Peractis septem milibus passuum iterum ambulat mille, iterum residit uel se cubiculo ac stilo reddit. Scribit enim et quidem utraque lingua lyrica doctissime ; mira illis dulcedo, mira suauitas, mira hilaritas, cuius gratiam cumulat sanctitas scribentis. 8 Vbi hora balinei nuntiata est (est autem hieme nona, aestate octaua), in sole, si caret uento, ambulat nudus. Deinde mouetur pila uehementer et diu ; nam hoc quoque exercitationis genere pugnat cum senectute. Lotus accubat et paulisper cibum differt ; interim audit legentem remissius aliquid et dulcius. Per hoc omne tempus liberum est amicis uel eadem facere uel alia, si malint. 9 Adponitur cena non minus nitida quam frugi in argento puro et antiquo ; sunt in usu et Corinthia, quibus delectatur nec adficitur. Frequenter comoedis cena distinguitur, ut uoluptates quoque studiis condiantur. Sumit aliquid de nocte et aestate ; nemini hoc longum est ; tanta comitate conuiuium trahitur. 10 Inde illi post septimum et septuagensimum annum aurium, oculorum uigor integer, inde agile et uiuidum corpus solaque ex senectute prudentia.

§ 5 considit $MV\Pi^1\gamma$: -det Π^2BF ‖ exempli *codd.* : -plo M^1 ‖ ut *codd.* : uti γ.

§ 6 indixerit *codd.* : indux- γ.

§ 7 passuum *codd.* : passum γ ‖ ambulat *codd.* : -labat M^1 ‖ residit *codd.* : -det F ‖ doctissime MV : -ma $\Pi BF\gamma$ ‖ mira illis $\Pi BF\gamma$: mirabilis MV ‖ hilaritas *codd.* : -tatis Π^1 ‖ sanctitas *codd.* : -titatis Π^1.

§ 8 balinei $MVF\gamma$: balnei ΠB ‖ ambulat *codd.* : -labat M^1 ‖ exercitationis *codd.* : -citionis M^1 ‖ lotus $\Pi BF\gamma$: illic MV ‖ cibum $\Pi BF\gamma$: cibos MV ‖ aliquid et dulcius *codd.* : et dulcius aliquid γ ‖ liberum *codd.* : liber M^1 ‖ malint $\Pi BF\gamma$: mallint MV.

§ 9 adponitur $MV\Pi B$: appo- F ‖ nec $MV\gamma$: et ΠBF.

§ 10 illi *codd.* : ille M ‖ septuagensimum $MV\gamma$: -gesimum ΠBF ‖ oculorum *codd.* : -rumque F.

11 Voilà la vie que j'anticipe de mes vœux et de mon imagination ; je l'embrasserai avec ardeur dès que l'âge m'aura permis de sonner la retraite. En attendant je suis accablé de mille travaux ; et là, c'est encore Spurinna qui m'offre une consolation et un modèle à suivre ; 12 car tant que son devoir l'a exigé, il a, lui aussi, rempli des charges, exercé des magistratures, gouverné des provinces et mérité par bien des travaux ses loisirs actuels. Je me fixe donc le même parcours, le même terme ; et j'en prends dès aujourd'hui l'engagement devant toi : si tu me vois aller au-delà, cite-moi à ton tribunal en vertu de cette lettre et condamne-moi au repos dès qu'on ne pourra plus m'accuser de paresse. Au revoir.

2

PLINE À SON AMI VIBIUS MAXIMUS

Ce que j'aurais offert moi-même à tes amis, si j'en avais comme toi la possibilité, je pense avoir le droit de te le demander aujourd'hui pour les miens. 2 Arrianus Maturus est un personnage de premier plan à Altinum ; quand je dis de premier plan, je ne parle pas de ses moyens, qui sont considérables, mais de son intégrité, de sa justice, de sa dignité, de sa sagesse. 3 Il est mon conseil dans les affaires, mon juge dans les travaux de l'esprit, car il offre un maximum de droiture, de sincérité, d'intelligence. 4 Il m'aime on ne peut plus chaleureusement, comme toi. Il n'a pas le goût de l'intrigue ; aussi est-il resté dans l'ordre équestre, alors qu'il aurait pu facilement atteindre le niveau le plus élevé. Je n'en dois pas moins chercher à lui procurer honneur et illustration. 5 Il me plairait donc beaucoup de pouvoir lui obtenir quelque distinction supplémentaire sans qu'il s'y attende, sans qu'il le sache, peut-être même sans qu'il le veuille, mais une distinction qui donne de l'éclat et non de l'embarras. 6 À la première occasion où tu disposeras de quelque chose de ce genre, fais-l'en profiter, s'il te plaît. Tu auras en moi, tu auras en lui le plus reconnaissant des débiteurs ; car bien qu'il ne recherche pas cette sorte de faveurs, il les accueille avec autant de reconnaissance que s'il les convoitait. Au revoir.

11 Hanc ego uitam uoto et cogitatione praesumo, ingressurus auidissime ut primum ratio aetatis receptui canere permiserit. Interim mille laboribus conteror, quorum mihi et solacium et exemplum est idem Spurinna ; 12 nam ille quoque, quoad honestum fuit, obiit officia, gessit magistratus, prouincias rexit, multoque labore hoc otium meruit. Igitur eundem mihi cursum, eundem terminum statuo, idque iam nunc apud te subsigno ut, si me longius euehi uideris, in ius uoces ad hanc epistulam meam et quiescere iubeas cum inertiae crimen effugero. Vale.

2

C. Plinivs Vibio Maximo svo s.

Quod ipse amicis tuis obtulissem, si mihi eadem materia suppeteret, id nunc iure uideor a te meis petiturus. 2 Arrianus Maturus Altinatium est princeps ; cum dico princeps, non de facultatibus loquor, quae illi large supersunt, sed de castitate, iustitia, grauitate, prudentia. 3 Huius ego consilio in negotiis, iudicio in studiis utor ; nam plurimum fide, plurimum ueritate, plurimum intellegentia praestat. 4 Amat me, nihil possum ardentius dicere, ut tu. Caret ambitu ; ideo se in equestri gradu tenuit, cum facile posset adscendere altissimum. Mihi tamen ornandus excolendusque est. 5 Itaque magni aestimo dignitati eius aliquid adstruere inopinantis, nescientis, immo etiam fortasse nolentis, adstruere autem quod sit splendidum nec molestum ; 6 cuius generis quae prima occasio tibi, conferas in eum rogo ; habebis me, habebis ipsum gratissimum debitorem. Quamuis enim ista non adpetat, tam grate tamen excipit quam si concupiscat. Vale.

§ 11 quorum *MV*γ : qui horum *ΠBF* ‖ et exemplum *codd.* : exemplum *V*.
§ 12 quoad *codd.* : quod γ ‖ fuit ... (III, 3, 6) potes *om. MV* ‖ ad *codd.* : *om.* γ.
III, 2 Vibio *edd. ex indic.* : *om. codd.* ‖ § 1 si *ΠBF* : *om.* γ.
§ 3 praestat amat me *ΠF*γ : praestatam ad me *B*.
§ 4 tu caret ambitu *ΠBF* : uitaret ambitum γ ‖ posset *Π²BF* : possit *Πᴵ*γ.
§ 5 aestimo *ΠBF* : existimo γ.
§ 6 me habebis *ΠBF* : *om.* γ ‖ adpetat *codd.* : appet- *F*.

3

PLINE À SON AMIE CORELLIA HISPULLA

J'avais pour ton père, un homme si digne et si vertueux, autant de respect sans doute que d'attachement ; en souvenir de lui et par estime pour toi je te porte une affection sans égale. Il est donc naturel que tous mes vœux, et même autant que possible tous mes efforts visent à ce que ton fils devienne semblable à son grand-père, et je dirai surtout du côté maternel ; encore qu'un heureux destin lui ait donné aussi un grand-père paternel illustre et distingué, sans parler d'un père et d'un oncle dont le mérite éclatant attire tous les regards. 2 En grandissant il ne leur deviendra semblable, à eux tous, qu'à condition qu'on lui inculque de bons principes ; il est donc de la plus haute importance de bien choisir celui de qui il les recevra. 3 Jusqu'à présent, en raison de son jeune âge, on l'a gardé auprès de toi et il a eu des précepteurs à domicile, ce qui limite ou même supprime les risques de dérives. Mais maintenant ses études doivent franchir le seuil de la maison, il faut maintenant chercher un maître de rhétorique latine dont l'école se fonde sur la sévérité, la tenue et surtout la moralité. 4 En effet, notre jeune homme a reçu de la nature et du sort, en plus de tous les autres dons, une remarquable beauté physique, et à cet âge dangereux il faut lui chercher plus qu'un précepteur : un gardien et un guide.

5 Je crois donc pouvoir te signaler Julius Genitor. Il est mon ami, mais mon jugement n'est pas faussé par mon affection, qui est née de mon jugement. C'est un homme irréprochable et digne, et même un peu trop rude et sévère pour le laisser-aller de notre époque. 6 Pour la valeur de son éloquence tu peux faire confiance à plusieurs personnes, car le talent oratoire se manifeste à découvert et se voit aussitôt, tandis que la vie privée a de profonds replis et de vastes abîmes. Sur ce point, accepte-moi comme caution de Genitor. De la part de cet homme ton fils n'entendra rien que de profitable, n'apprendra

3

C. PLINIVS CORELLIAE HISPVLLAE SVAE S.

Cum patrem tuum, grauissimum et sanctissimum
uirum, suspexerim magis an amauerim dubitem, teque et
in memoriam eius et in honorem tuum unice diligam, cupiam
necesse est atque etiam quantum in me fuerit enitar ut filius
tuus auo similis exsistat ; equidem malo materno, quamquam
illi paternus etiam clarus spectatusque contigerit, pater
quoque et patruus inlustri laude conspicui. 2 Quibus omnibus
ita demum similis adolescet, si imbutus honestis artibus
fuerit, quas plurimum refert a quo potissimum accipiat. 3
Adhuc illum pueritiae ratio intra contubernium tuum tenuit,
praeceptores domi habuit, ubi est erroribus modica uel
etiam nulla materia. Iam studia eius extra limen proferenda
sunt, iam circumspiciendus rhetor Latinus cuius scholae
seueritas, pudor, in primis castitas constet. 4 Adest enim
adulescenti nostro cum ceteris naturae fortunaeque dotibus
eximia corporis pulchritudo, cui in hoc lubrico aetatis non
praeceptor modo, sed custos etiam rectorque quaerendus
est.

5 Videor ergo demonstrare tibi posse Iulium Genitorem.
Amatur a me ; iudicio tamen meo non obstat caritas hominis,
quae ex iudicio nata est. Vir est emendatus et grauis, paulo
etiam horridior et durior, ut in hac licentia temporum. 6
Quantum eloquentia ualeat, pluribus credere potes ; nam
dicendi facultas aperta et exposita statim cernitur, uita
hominum altos recessus magnasque latebras habet, cuius

III, 3 Corelliae *ΠBF* : corneliae γ ‖ hispullae *edd. ex indic.* : isp- *F
om. ΠBγ* ‖ suae γ : *om. ΠBF* ‖ § 1 teque et γ : teque *ΠBF* ‖ unice *Π²F¹*γ :
inuice *Π¹* uince *BF²* ‖ conspicui *ΠBF* : -cuus γ.

§ 2 adolescet *codd.* : -cit γ ‖ si *BF*γ : sibi *Π*.

§ 3 proferenda γ : conf- *BF* conferanda *Π*.

§ 4 quaerendus *Π*γ : quer- *BF*.

§ 5 iudicio *Π²BF* : idicio *Π¹* iucio γ ‖ licentia *ΠBF* : -tiam γ.

§ 6 nam : *hic resumuntur MV*

rien qu'il eût été préférable d'ignorer ; aussi souvent que toi et moi, ce maître lui rappellera de quels titres de noblesse il porte le poids, de quels noms, de quels grands noms il est le soutien. 7 Ainsi donc, avec l'aide des dieux, confie-le à un précepteur dont il apprendra d'abord les bonnes mœurs, et ensuite l'éloquence qu'il est fâcheux d'apprendre sans les bonnes mœurs. Au revoir.

4

PLINE À SON AMI CAECILIUS MACRINUS

Les amis que j'avais près de moi et les propos du public ont approuvé ma conduite, à ce qu'il me semble ; malgré tout il me serait précieux de savoir ce que tu en penses, toi. 2 Car tu es l'homme dont j'aurais voulu solliciter les conseils quand rien n'était commencé ; tu es aussi celui dont je désire au plus haut point connaître le jugement, maintenant que tout est fait. J'allais entreprendre la construction, à mes frais, d'un monument public en Toscane et j'y avais fait un saut, muni d'une autorisation d'absence en tant que préfet du Trésor, quand une délégation de la province de Bétique, venue porter plainte contre le proconsulat de Caecilius Classicus, me demanda au Sénat comme avocat. 3 Mes excellents et tout dévoués collègues invoquèrent aussitôt les contraintes de notre charge commune et tentèrent de me faire excuser et dispenser. On prit un sénatus-consulte tout ce qu'il y a de plus honorable pour moi, qui me donnait comme défenseur aux provinciaux, s'ils obtenaient mon consentement. 4 Les délégués, introduits à nouveau devant le Sénat, me demandèrent une seconde fois, maintenant que j'étais en séance, d'être leur avocat. Ils faisaient appel à ma loyauté, dont ils avaient eu l'expérience contre Baebius Massa, et mettaient en avant la solidarité née de cette

pro Genitore me sponsorem accipe. Nihil ex hoc uiro filius
tuus audiet nisi profuturum, nihil discet quod nescisse rectius
fuerit, nec minus saepe ab illo quam a te meque admonebitur
quibus imaginibus oneretur, quae nomina et quanta sustineat.
7 Proinde fauentibus dis trade eum praeceptori a quo mores
primum, mox eloquentiam discat, quae male sine moribus
discitur. Vale.

4

C. Plinivs Caecilio Macrino svo s.

Quamuis et amici quos praesentes habebam et sermones
hominum factum meum comprobasse uideantur, magni
tamen aestimo scire quid sentias tu. 2 Nam cuius integra
re consilium exquirere optassem, huius etiam peracta
iudicium nosse mire concupisco. Cum publicum opus mea
pecunia incohaturus in Tuscos excucurrissem, accepto ut
praefectus aerari commeatu, legati prouinciae Baeticae,
questuri de proconsulatu Caccili Classici, aduocatum me
a senatu petierunt. 3 Collegae optimi meique amantissimi,
de communis officii necessitatibus praelocuti, excusare
me et eximere temptarunt. Factum est senatus consultum
perquam honorificum, ut darer prouincialibus patronus, si
ab ipso me impetrassent. 4 Legati, rursus inducti, iterum
me iam praesentem aduocatum postulauerunt, implorantes
fidem meam, quam essent contra Massam Baebium experti,

---

pro (oro *MV*) genitore me sponsorem *codd.* : progenitorem et sponsorem
γ ‖ admonebitur *codd.* : -mouebitur γ ‖ quibus imaginibus oneretur
ΠBFγ : *om. MV*.

§ 7 proinde *codd.* : deinde γ ‖ dis γ : diis *codd.*

III, 4 Caecilio *edd. ex indic.* : *om. codd.* ‖ suo *MVγ* : *om. ΠBF.*

§ 2 iudicium *codd.* : ind- *B* ‖ incohaturus *Mγ* : inchoa- *VΠBF* ‖ tuscos
codd. : tuscios γ ‖ aerari *MVBγ* : aerarii *F* ‖ questuri *codd.* : quaest- *V* ‖
proconsulatu *codd.* : -tus *Π²* ‖ caecili *MVFγ* : -lii *ΠB* ‖ petierunt *codd.* :
petiue- *propter numeros Mynors.*

§ 3 officii *codd.* : -cit *M¹* ‖ et *codd.* : *om.* γ ‖ ipso *codd.* : iso *F¹.*

§ 4 implorantes (inpl- *MVB*) *codd.* : comproba- γ ‖ baebium *codd.* :
bebium *V*

défense. À la suite de quoi le Sénat exprima très clairement son approbation, qui précède d'ordinaire ses décrets. Je pris alors la parole : « Je renonce, Pères Conscrits, à penser que j'ai fourni des raisons valables de me faire excuser. » On approuva la modestie et la formulation de ce propos.

5 Ce qui m'a poussé à me décider en ce sens, ce n'est pas seulement l'accord unanime du Sénat, bien qu'il fût déterminant, ce sont encore d'autres considérations, moins importantes, mais des considérations quand même. Il me venait à l'esprit que nos aînés vengeaient les injustices faites même à leurs hôtes privés en se chargeant de l'accusation ; il me paraissait d'autant plus honteux de négliger les droits d'une hospitalité publique. 6 Par ailleurs, en me rappelant à quels dangers m'avait déjà exposé mon intervention en faveur de la Bétique dans un précédent procès, je pensais que je devais conserver le mérite d'un service ancien en en ajoutant un nouveau. Car le monde est ainsi fait : on annule les bienfaits antérieurs si on ne les complète pas par d'autres, plus récents. On obligera les gens tant qu'on voudra ; si on leur oppose un seul refus, ils ne se souviennent que de ce qu'on leur a refusé.

7 Une autre pensée me guidait, c'est que Classicus était mort, et qu'ainsi se trouvait écarté ce que ce genre de procès présente de plus affligeant, la mise en accusation d'un sénateur. Je constatais donc que mon intervention me vaudrait autant de reconnaissance que s'il était en vie, mais pas de haine. 8 Enfin je calculais que, si je m'acquittais de ce service encore cette fois-ci, la troisième, j'aurais une excuse plus facile au cas où je serais confronté à quelqu'un que mon devoir m'interdirait d'accuser. Car toutes les obligations ont des limites, et la complaisance est le meilleur moyen de nous préparer la permission de reprendre notre liberté.

adlegantes patrocini foedus. Secuta est senatus clarissima adsensio, quae solet decreta praecurrere. Tum ego « Desino, inquam, patres conscripti, putare me iustas excusationis causas attulisse. » Placuit et modestia sermonis et ratio.

5 Compulit autem me ad hoc consilium non solum consensus senatus, quamquam hic maxime, uerum et alii quidam minores, sed tamen numeri. Veniebat in mentem priores nostros etiam singulorum hospitum iniurias uoluntariis accusationibus exsecutos ; quo deformius arbitrabar publici hospitii iura neglegere. 6 Praeterea, cum recordarer quanta pro isdem Baeticis superiore aduocatione etiam pericula subissem, conseruandum ueteris officii meritum nouo uidebatur. Est enim ita comparatum ut antiquiora beneficia subuertas nisi illa posterioribus cumules. Nam quamlibet saepe obligati, si quid unum neges, hoc solum meminerunt quod negatum est.

7 Ducebar etiam quod decesserat Classicus amotumque erat quod in eiusmodi causis solet esse tristissimum, periculum senatoris. Videbam ergo aduocationi meae non minorem gratiam quam si uiueret ille propositam, inuidiam nullam. 8 In summa computabam, si munere hoc iam tertio fungerer, faciliorem mihi excusationem fore, si quis incidisset quem non deberem accusare. Nam cum est omnium officiorum finis aliquis, tum optime libertati uenia obsequio praeparatur.

patrocini *MVγ* : -nii *ΠBF* ‖ decreta *codd.* : -rata *B¹* ‖ patres conscripti *cod. unus aut alter* : p. c. *MVΠγ om. BF* (*sed uide infra* reputare *BF*) ‖ putare *MVΠγ* : repu- *BF* ‖ attulisse *codd.* : adtu- *B.*

§ 5 alii *codd.* : ali *γ* ‖ quidam minores *MVγ* : quidem minoris *ΠBF* ‖ tamen numeri *ΠBFγ* : tam innu- *MV* ‖ uoluntariis (-ris *γ*) accusationibus *Mγ* : accusationibus uoluntariis *ΠBF* accusationibus *V* ‖ hospitii *ΠBFγ* : -ti *MV* ‖ neglegere *codd.* : neglere *B.*

§ 6 isdem *MVγ* : iisdem *ΠBF* ‖ baeticis *codd.* : beat- *B* ‖ superiore *MVγ* : priore *ΠBF* ‖ antiquiora *codd.* : antiqui hora *M* ‖ cumules *codd.* : -las *M* ‖ meminerunt *codd.* : emin- *V.*

§ 7 etiam quod *codd.* : etiam quo *F* ‖ tristissimum *codd.* : -mus *M¹* ‖ aduocationi *codd.* : -nis *M.*

§ 8 iam *MVγ* : om. *ΠBF* ‖ quem non ... cum est *om. γ* ‖ optime *codd.* : -mae *B* ‖ libertati *ΠBFγ* : -berati *MV.*

9 Tu connais maintenant les motifs de ma décision ; il te reste à prononcer ton jugement pour ou contre, en quoi tu me feras autant plaisir par ta franchise, si tu n'es pas de mon avis, que par ton approbation, si tu me donnes raison. Au revoir.

5

PLINE À SON AMI BAEBIUS MACER

Je suis très heureux que la lecture fréquente et attentive des ouvrages de mon oncle t'inspire le désir de les posséder tous et que tu m'en demandes la liste complète. 2 Je vais donc faire office de catalogue et t'indiquer aussi dans quel ordre ils ont été rédigés, car c'est une information qui ne manque pas non plus d'intérêt aux yeux des spécialistes.

3 LE LANCER DU JAVELOT DANS LA CAVALERIE, un livre ; il l'a composé avec autant de talent que de soin, quand il servait dans l'armée comme préfet d'aile. LA VIE DE POMPONIUS SECUNDUS, deux livres. Cet homme avait pour lui une affection extraordinaire ; il s'est acquitté en quelque sorte d'une dette envers la mémoire d'un ami. 4 LES GUERRES DE GERMANIE, vingt livres ; il y a rassemblé toutes les guerres que nous avons menées contre les Germains. Il les a commencés quand il servait dans l'armée en Germanie. Un rêve lui en a donné l'idée : pendant son sommeil lui apparut le fantôme de Drusus Néron, qui avait conquis une grande partie de la Germanie et y était mort ; il lui confiait le soin de sa mémoire et le priait de le sauver d'un oubli injuste. 5 L'HOMME DE LETTRES, trois livres divisés en six volumes en raison de leur étendue ; il y suit la formation de l'orateur, du berceau à la maturité. QUESTIONS DE GRAMMAIRE, huit livres écrits sous Néron, dans les dernières années du règne, quand toute espèce de sujet un tant soit peu libre et noble était devenu dangereux du fait de la servitude ambiante.

9 Audisti consilii mei motus ; superest alterutra ex parte
iudicium tuum, in quo mihi aeque iucunda erit simplicitas
dissentientis quam comprobantis auctoritas. Vale.

5

C. Plinivs Baebio Macro svo s.

Pergratum est mihi quod tam diligenter libros auunculi
mei lectitas ut habere omnes uelis quaerasque qui sint omnes.
2 Fungar indicis partibus atque etiam quo sint ordine scripti
notum tibi faciam ; est enim haec quoque studiosis non
iniucunda cognitio.

3 De iacvlatione eqvestri unus ; hunc, cum praefectus
alae militaret, pari ingenio curaque composuit. De vita
Pomponi Secvndi duo ; a quo singulariter amatus hoc
memoriae amici quasi debitum munus exsoluit. 4 Bellorvm
Germaniae uiginti ; quibus omnia quae cum Germanis
gessimus bella collegit. Incohauit cum in Germania
militaret, somnio monitus : adstitit ei quiescenti Drusi
Neronis effigies, qui Germaniae latissime uictor ibi periit,
commendabat memoriam suam orabatque ut se ab iniuria
obliuionis adsereret. 5 Stvdiosi tres, in sex uolumina
propter amplitudinem diuisi, quibus oratorem ab incunabilis
instituit et perficit. Dvbii sermonis octo ; scripsit sub
Nerone nouissimis annis, cum omne studiorum genus
paulo liberius et erectius periculosum seruitus fecisset.

§ 9 consilii *codd.* : -lium γ.

III, 5 Baebio *edd. ex indic.* : *om. codd.* ‖ suo *codd.* : *om. B* ‖ § 1
auunculi *MV*γ : auonc- *ΠBF* ‖ sint *codd.* : sunt *V*.

§ 2 fungar indicis *codd.* : fungari dicis *B* ‖ haec *codd.* : hoc *M*.

§ 3 equestri unus *codd.* : unus equestri γ ‖ pomponi *MVΠB* : -nii *F*γ
‖ amatus *ΠBF*γ : est amatus *MV*.

§ 4 uiginti *codd.* : xx *F* ‖ quibus : *post hoc uerbum deest Π* ‖ incohauit
edd. : inchoauit *MVBF* ‖ ei *codd.* : enim ei *F* ‖ uictor *codd.* : -riae *M* ‖
periit *MVBF* : perit γ ‖ commendabat *VBF* : commed- *M* commendat γ ‖
iniuria *codd.* : -riae *M*.

§ 5 tres *codd.* : *om. B¹* ‖ oratorem *BF*γ : -tionem *MV* ‖ ab incunabilis
codd. : ab cun- *F* ‖ perficit γ : -fecit *MVBF* ‖ erectius *VBF* : rec- *M*γ.

6 LA SUITE D'AUFIDIUS BASSUS, trente et un livres. L'HISTOIRE
NATURELLE, trente-sept livres, un ouvrage étendu, plein
d'érudition, aussi varié que la nature elle-même.

7 Tu t'étonnes que tant de volumes, dont beaucoup ont
demandé un travail aussi minutieux, aient pu être menés à
bien par un homme chargé d'occupations. Tu t'étonneras
davantage, quand tu sauras que pendant un certain temps il
a plaidé dans des procès, qu'il est mort à cinquante-cinq ans,
et qu'entre ces deux moments il a été tiraillé et accaparé à
la fois par de hautes fonctions et par l'amitié des princes. 8
Mais il avait une intelligence vive, une ardeur incroyable, une
considérable capacité de veille. Il commençait à travailler à
la lumière de la lampe aux fêtes de Vulcain, pour avoir non
pas d'heureux auspices, mais le temps d'étudier, et cela dès la
nuit tombée, en hiver à partir de la septième heure ou au plus
tard de la huitième, et souvent de la sixième. Il faut dire qu'il
avait le sommeil vraiment facile ; parfois celui-ci le prenait et
le quittait au milieu même de son travail. 9 Avant le jour il se
rendait chez l'empereur Vespasien (qui, lui aussi, travaillait la
nuit), et de là il allait à ses fonctions officielles. Revenu chez
lui, il accordait le reste de son temps à l'étude. 10 Souvent,
après un déjeuner qu'il prenait léger et digeste à la mode
ancienne, en été, s'il avait un moment, il s'étendait au soleil,
on lui lisait un livre, il l'annotait et en tirait des extraits. Car
il n'a jamais rien lu sans en extraire des passages ; il disait
même qu'il n'y a pas de livre si mauvais qu'on ne puisse en
tirer quelque profit. 11 Après être resté au soleil il prenait
d'ordinaire un bain froid, puis il goûtait et dormait un peu ;
ensuite c'était comme une nouvelle journée de travail jusqu'à
l'heure du dîner. Pendant le repas on lui lisait un livre, on
prenait des notes, le tout au pas de charge. 12 Je me souviens
qu'un de ses amis avait arrêté le lecteur de service qui avait
prononcé quelques mots de travers et l'avait fait recommencer ;
mon oncle lui dit : « Mais tu avais compris ? » et sur un signe

6 A fine Avfidi Bassi triginta unus. Natvrae historiarvm triginta septem, opus diffusum, eruditum nec minus uarium quam ipsa natura.

7 Miraris quod tot uolumina multaque in his tam scrupulosa homo occupatus absoluerit. Magis miraberis, si scieris illum aliquamdiu causas actitasse, decessisse anno sexto et quinquagensimo, medium tempus distentum impeditumque qua officiis maximis, qua amicitia principum egisse. 8 Sed erat acre ingenium, incredibile studium, summa uigilantia. Lucubrare Vulcanalibus incipiebat, non auspicandi causa sed studendi, statim a nocte multa, hieme uero ab hora septima uel, cum tardissime, octaua, saepe sexta. Erat sane somni paratissimi, non numquam etiam inter ipsa studia instantis et deserentis. 9 Ante lucem ibat ad Vespasianum imperatorem (nam ille quoque noctibus utebatur), inde ad delegatum sibi officium. Reuersus domum quod relicum temporis studiis reddebat. 10 Post cibum saepe, quem interdiu leuem et facilem ueterum more sumebat, aestate, si quid otii, iacebat in sole, liber legebatur, adnotabat excerpebatque. Nihil enim legit quod non excerperet ; dicere etiam solebat nullum esse librum tam malum ut non aliqua parte prodesset. 11 Post solem plerumque frigida lauabatur, deinde gustabat dormiebatque minimum ; mox quasi alio die studebat in cenae tempus. Super hanc liber legebatur, adnotabatur, et quidem cursim. 12 Memini quendam ex amicis, cum lector quaedam perperam pronuntiasset, reuocasse et repeti coegisse ; huic auunculum meum dixisse : « Intellexeras nempe ? » Cum

§ 6 triginta unus *codd.* : xxx unus *F* ‖ naturae *MVγ* : -ra *BF* ‖ triginta septem *codd.* : xxxvii *F*.

§ 7 his *MV* : iis *BF* is *γ* ‖ aliquamdiu (-quandiu *M²V*) *codd.* : -quando *M¹* ‖ decessisse *codd.* : desce- *V* ‖ quinquagensimo *MV* : -gesimo *BF* ‖ officiis *BFγ* : -cis *MV* ‖ qua *BFγ* : quam *MV*.

§ 8 uigilantia *MVBF* : instantia *γ* ‖ lucubrare *codd.* : lugub- *M* ‖ ab *BF* : ad *γ om. MV* ‖ paratissimi *MVBF* : parciss- *γ* ‖ inter *MVBF* : in *γ* ‖ deserentis *MVγ* : defer- *B²F* differ- *B¹*.

§ 9 ille *BFγ* : illo *MV* ‖ relicum *Mγ* : -iquum *F* -iquom *B* -iqum *V*.

§ 10 sumebat *codd.* : -etur *M¹* ‖ otii *codd.* : totii *M¹*.

§ 11 dormiebatque *BFγ* : dedorm- *MV* ‖ minimum *codd.* : non minimum *F*.

affirmatif de l'autre : « Alors pourquoi l'as-tu arrêté ? Nous avons perdu plus de dix lignes avec ton interruption. » Tant il était économe de son temps. 13 Il se levait de table en été quand il faisait encore jour, en hiver durant la première heure de la nuit, comme s'il obéissait à une loi.

14 Voilà ce qu'était sa vie au milieu des occupations et des bruits de la ville. À la campagne seul le temps du bain était soustrait à l'étude ; quand je dis du bain, je parle du temps qu'il passait dans l'eau ; car pendant qu'on le frictionnait et qu'on l'essuyait, il écoutait une lecture ou dictait quelque chose. 15 En voyage il s'estimait dégagé de tout souci et ne s'adonnait à rien d'autre ; à ses côtés se tenait un secrétaire muni d'un livre et de tablettes, et les mains protégées en hiver par des gants, pour que même la rigueur de la température n'enlève aucun instant à l'étude. Et pour cette raison il circulait même à Rome en chaise à porteurs. 16 Je me souviens qu'il m'a reproché un jour de me déplacer à pied : « Tu pouvais, me dit-il, ne pas perdre ces heures. » Car il considérait comme perdu tout le temps qu'on ne consacrait pas à l'étude. 17 C'est grâce à cette tension constante qu'il a achevé tous ces volumes que je t'ai cités et qu'il m'a laissé cent soixante cahiers d'extraits, couverts recto verso d'une écriture minuscule, procédé qui en multiplie le nombre. Il racontait lui-même qu'il aurait pu, pendant sa procuratèle en Espagne, vendre ces cahiers à Larcius Licinus pour quatre cent mille sesterces, et ils étaient un peu moins nombreux à l'époque.

18 Ne te semble-t-il pas, quand tu penses à tout ce qu'il a lu, à tout ce qu'il a écrit, qu'il n'a pu exercer aucune charge ni être l'ami du Prince ; et à l'inverse, en apprenant quels efforts il a consacrés à l'étude, qu'il n'a ni assez écrit, ni assez lu ? Quels sont en effet les travaux qui ne puissent rencontrer un

ille adnuisset, « Cur ergo reuocabas ? Decem amplius uersus hac tua interpellatione perdidimus. » Tanta erat parsimonia temporis. 13 Surgebat aestate a cena luce, hieme intra primam noctis et tamquam aliqua lege cogente.

14 Haec inter medios labores urbisque fremitum. In secessu solum balinei tempus studiis eximebatur ; cum dico balinei, de interioribus loquor ; nam, dum destringitur tergiturque, audiebat aliquid aut dictabat. 15 In itinere quasi solutus ceteris curis huic uni uacabat ; ad latus notarius cum libro et pugillaribus, cuius manus hieme manicis muniebantur, ut ne caeli quidem asperitas ullum studii tempus eriperet. Qua ex causa Romae quoque sella uehebatur. 16 Repeto me correptum ab eo cur ambularem : « Poteras, inquit, has horas non perdere. » Nam perire omne tempus arbitrabatur quod studiis non impenderetur. 17 Hac intentione tot ista uolumina peregit electorumque commentarios centum sexaginta mihi reliquit, opisthographos quidem et minutissimis scriptos ; qua ratione multiplicatur hic numerus. Referebat ipse potuisse se, cum procuraret in Hispania, uendere hos commentarios Larcio Licino quadringentis milibus nummum ; et tunc aliquanto pauciores erant.

18 Nonne uidetur tibi recordanti quantum legerit, quantum scripserit, nec in officiis ullis nec in amicitia principis fuisse, rursus, cum audis quid studiis laboris impenderit, nec scripsisse satis nec legisse ? Quid est enim quod non aut illae

§ 13 cena luce *MVγ* : luce cena *BF* ‖ et *BF* : sed *MVγ*.

§ 14 labores *MVBF* : -ris *γ* ‖ fremitum *BFγ* : -tu *M* tremitu *V* ‖ secessu *MV* : -ssum *BFγ* ‖ tempus ... balinei *om. γ* ‖ destringitur (detr-*M¹*) *MVBF* : distr- *γ* ‖ tergiturque *MVBF* : terget- *γ*.

§ 15 ne caeli *MBF* : nec caeli *Vγ* ‖ quoque *MVBF* : *om. γ*.

§ 16 has *BF* : *om. MVγ* ‖ horas *MBFγ* : *om. V* ‖ perdere ... studiis non *om. M* ‖ nam perire omne tempus arbitrabatur quod *BFγ* : perire enim arbitrabatur quicquid *V* ‖ impenderetur (inpend- *M²V* inped- *M¹*) *MVγ* : inpertiretur *BF*.

§ 17 elec]torumque ... opisthographos *om. B¹ add. B² ima pag.* ‖ reliquit *MVγ* : -quid *B²F* ‖ opisthographos *MVγ* : ophisto- *B²F* ‖ minutissimis *BFγ* : -ssime *MV* ‖ potuisse se *MVγ* : *om. BF* ‖ procuraret *MBF* : -rarent *γ* probare *V* ‖ larcio *B* : lartio *F* largio *MVγ* ‖ licino *MV* : -nio *BFγ* ‖ quadringentis milibus *MVBF* : cccc *γ* ‖ erant *codd.* : erunt *V*.

§ 18 quantum scripserit *BFγ* : *om. MV* ‖ nec legisse *MB²F* : negleg- *V* ne leg- *B¹* ‖ illae *MV* : ille *BF* illa *γ*.

obstacle dans de telles charges, ou qu'une aussi constante
application ne soit capable de mener à bien ? 19 Aussi me
font-ils sourire, ceux qui m'appellent un homme d'étude :
comparé à lui, je ne suis qu'un grand paresseux. Mais suis-je le
seul, quand mon temps est pris tantôt par le service de l'État,
tantôt par les devoirs envers mes amis ? Parmi les médiocres
qui, leur vie durant, s'adonnent aux lettres, quel est celui qui,
comparé à un tel homme, ne rougirait pas en pensant qu'il
est livré au sommeil et à la paresse ?

20 J'ai allongé ma lettre malgré mon intention de me
borner à répondre à ta question sur les ouvrages qu'il a laissés.
J'ai bon espoir cependant que les autres renseignements ne
te seront pas moins agréables que ses livres mêmes, et qu'ils
peuvent t'inciter non seulement à les lire, mais aussi, en te
piquant d'émulation, à produire quelque chose de comparable.
Au revoir.

6

PLINE À SON AMI ANNIUS SEVERUS

Grâce à un héritage qui m'est échu je viens d'acheter
une statue de Corinthe, pas très grande assurément, mais
charmante et d'un excellent modelé, pour autant que je m'y
connaisse, moi qui ne suis qu'un très faible connaisseur en
toute matière, sans doute, et sûrement en celle-ci. Mais cette
statue, même moi je la comprends. 2 Elle est nue et ne peut
cacher ses défauts, si elle en a, ni éviter de montrer ses beautés.
Elle représente un vieillard debout ; les os, les muscles, les
tendons, les veines, les rides mêmes ont toute l'apparence de
la vie ; les cheveux sont rares et ne couvrent que l'arrière ; le
front est large, la figure plissée, le cou maigre ; les muscles
des bras sont mous, les seins sont flasques, le ventre est creux.
3 De dos aussi il paraît le même âge, pour autant que cela
se voie de dos. Quant au bronze, à en juger par sa couleur
naturelle, il est antique et vénérable. Bref, tout est de nature à
captiver les regards des artistes et à charmer ceux des ignorants.

occupationes impedire aut haec instantia non possit efficere ? 19 Itaque soleo ridere cum me quidam studiosum uocant, qui, si comparer illi, sum desidiosissimus. Ego autem tantum, quem partim publica, partim amicorum officia distringunt ? Quis ex istis qui tota uita litteris adsident, collatus illi non quasi somno et inertiae deditus erubescat ?

20 Extendi epistulam, cum hoc solum quod requirebas scribere destinassem, quos libros reliquisset ; confido tamen haec quoque tibi non minus grata quam ipsos libros futura, quae te non tantum ad legendos eos, uerum etiam ad simile aliquid elaborandum possunt aemulationis stimulis excitare. Vale.

6

C. Plinivs Annio Severo svo s.

Ex hereditate quae mihi obuenit emi proxime Corinthium signum, modicum quidem sed festiuum et expressum, quantum ego sapio, qui fortasse in omni re, in hac certe perquam exiguum sapio ; hoc tamen signum ego quoque intellego. 2 Est enim nudum, nec aut uitia, si qua sunt, celat aut laudes parum ostentat. Effingit senem stantem ; ossa, musculi, nerui, uenae, rugae etiam ut spirantis apparent ; rari et cedentes capilli, lata frons, contracta facies, exile collum ; pendent lacerti, papillae iacent, uenter recessit. 3 A tergo quoque eadem aetas, ut a tergo. Aes ipsum, quantum uerus color indicat, uetus et antiquum ; talia denique omnia ut possint artificum oculos tenere, delectare imperitorum.

§ 19 quidam *codd.* : -dem *M* ‖ qui si *MVγ* : quasi *BF* ‖ publica partim *MVBF* : *om.* γ ‖ amicorum officia *codd.* : officia amicorum *F*.

§ 20 cum *BFγ* : quamuis *MV* ‖ destinassem *codd.* : dist- *V* ‖ non minus *MVBF* : minus γ ‖ ipsos *codd.* : ipso *M* ‖ futura : *post hoc uerbum deest B usque ad* III, 11, 9 amicos.

III, 6 Annio *edd. ex indic.* : *om. codd.*

§ 2 apparent *MVF* : adpa- *Mynors* ‖ papillae *codd.* : pupi- *F* ‖ uenter recessit *MVγ* : recessit uenter *F*.

§ 3 artificum *MVF* : -cium γ.

4 Voilà ce qui m'a incité à l'acheter, tout novice que je suis. Et si je l'ai achetée, ce n'est pas pour la garder chez moi (car je n'ai jusqu'à présent aucun bronze de Corinthe chez moi), mais pour l'exposer en un lieu fréquenté de notre ville natale, de préférence dans le temple de Jupiter ; 5 elle me paraît en effet une offrande digne d'un temple et digne d'un dieu.

Occupe-toi donc de cette affaire, comme tu le fais toutes les fois que je te demande un service, et commande dès maintenant un socle, du marbre que tu voudras ; tu y feras graver mon nom et ma carrière, si tu penses qu'elle doit y figurer aussi. 6 De mon côté je t'enverrai la statue dès que j'aurai trouvé quelqu'un qui l'acceptera sans difficulté, ou bien – c'est ce que tu préfères – je l'apporterai avec moi. Car j'ai l'intention de faire un saut chez toi, si les obligations de ma charge me le permettent. 7 Tu te réjouis de la promesse de ma venue, mais tu vas froncer le sourcil, quand j'aurai ajouté : « pour quelques jours » ; les raisons qui m'empêchent encore de partir m'interdisent aussi de m'absenter plus longtemps. Au revoir.

7

PLINE À SON AMI CANINIUS RUFUS

On a annoncé récemment que Silius Italicus a mis fin à ses jours dans sa propriété de Naples en refusant toute nourriture. 2 C'est la maladie qui fut la cause de sa mort. Il lui était venu une tumeur incurable qu'il ne pouvait plus supporter et qui lui fit chercher la mort avec une constance irrévocable, après avoir été jusqu'à son dernier jour heureux et comblé par le sort, n'était qu'il perdit le plus jeune de ses deux fils ; mais il a laissé l'aîné et le meilleur en une situation florissante et même consulaire. 3 Il avait compromis sa réputation sous Néron (il passait pour avoir été accusateur sans mandat) mais s'était conduit dans l'amitié de Vitellius en homme sage et de bonne compagnie. Revenu avec gloire de son proconsulat d'Asie, il avait lavé la tache de ses anciens agissements par

4 Quod me quamquam tirunculum sollicitauit ad emendum. Emi autem non ut haberem domi (neque enim ullum adhuc Corinthium domi habeo), uerum ut in patria nostra celebri loco ponerem, ac potissimum in Iouis templo ; 5 uidetur enim dignum templo, dignum deo donum.

Tu ergo, ut soles omnia quae a me tibi iniunguntur, suscipe hanc curam et iam nunc iube basim fieri, ex quo uoles marmore, quae nomen meum honoresque capiat, si hos quoque putabis addendos. 6 Ego signum ipsum, ut primum inuenero aliquem qui non grauetur, mittam tibi uel ipse, quod mauis, adferam mecum. Destino enim, si tamen officii ratio permiserit, excurrere isto. 7 Gaudes quod me uenturum esse polliceor, sed contrahes frontem, cum adiecero « ad paucos dies » ; neque enim diutius abesse me eadem haec quae nondum exire patiuntur. Vale.

7

C. Plinivs Caninio Rvfo svo s.

Modo nuntiatus est Silius Italicus in Neapolitano suo inedia finisse uitam. 2 Causa mortis ualetudo. Erat illi natus insanabilis clauus cuius taedio ad mortem inreuocabili constantia decucurrit usque ad supremum diem beatus et felix, nisi quod minorem ex liberis duobus amisit ; sed maiorem melioremque florentem atque etiam consularem reliquit. 3 Laeserat famam suam sub Nerone (credebatur sponte accusasse), sed in Vitelli amicitia sapienter se et comiter gesserat, ex proconsulatu Asiae gloriam reportauerat, maculam ueteris industriae laudabili otio abluerat.

§ 4 corinthium *codd.* : -thum *V¹* ‖ celebri *MVγ* : caelebre *F*.
§ 5 iube basim *codd.* : iubeas im *M*.
§ 6 mauis *codd.* : magis *V* ‖ enim si *MVF* : *om. γ*.
§ 7 adiecero *MVF* : adiero *γ* ‖ nondum *MVF* : non *γ*.
III, 7 Caninio *Fγ* : cannio *MV* ‖ rufo *F* : *om. MVγ* ‖ § 1 silius *MV* : siluius *F* Silicus *γ*.
§ 2 minorem ... sed *MVγ* : *om. F* ‖ melioremque florentem *codd.* : meliorem florentemque *F* ‖ atque *codd.* : *om. F*.

une retraite digne d'éloges. 4 Il fut alors parmi les premiers de l'État sans exercer de pouvoir et sans susciter l'envie. On venait le saluer et lui présenter des respects ; souvent, étendu sur un lit, dans une chambre où l'affluence ne devait rien à sa fortune, il passait ses journées en de savants entretiens, quand il n'était pas occupé à écrire. 5 Il écrivait des poèmes avec plus de soin que de talent, et les soumettait parfois au jugement du public en en donnant des lectures. 6 À la fin, comme son âge le lui conseillait, il quitta Rome et s'établit en Campanie, d'où même l'entrée solennelle d'un nouveau Prince ne le fit pas bouger. 7 C'est tout à l'honneur de César, sous qui l'on a pu prendre cette liberté, et tout à l'honneur de celui qui a osé en profiter. Il était *amateur d'art*, au point qu'on lui reprochait sa manie d'acheter. 8 Il possédait plusieurs villas dans les mêmes endroits, et quand il s'était entiché des nouvelles il négligeait les précédentes. Partout beaucoup de livres, beaucoup de statues, beaucoup de portraits ; à ces derniers, non content de les posséder, il rendait encore un culte, avant tout à celui de Virgile, dont il célébrait l'anniversaire plus religieusement que le sien propre, principalement à Naples, où il visitait son tombeau comme si c'eût été un temple.

9 Dans cette existence tranquille il dépassa sa soixante-quinzième année, en prenant soin de sa santé plutôt qu'en étant vraiment malade ; et de même qu'il avait été le dernier consul créé par Néron, il mourut le dernier de tous ceux que Néron avait créés consuls. 10 Autre chose remarquable : de tous les consulaires néroniens le dernier à disparaître est celui sous le consulat duquel Néron a péri. À cette pensée je suis saisi de pitié pour la fragilité humaine. 11 Qu'y a-t-il d'aussi limité, d'aussi court que la plus longue des vies humaines ? N'as-tu pas l'impression que Néron, c'était hier ? Et cependant, de tous ceux qui ont exercé le consulat sous son règne, il ne reste plus personne. D'ailleurs, pourquoi m'en étonner ?

4 Fuit inter principes ciuitatis sine potentia, sine inuidia ;
salutabatur, colebatur multumque in lectulo iacens, cubiculo
semper non ex fortuna frequenti, doctissimis sermonibus dies
transigebat, cum a scribendo uacaret. 5 Scribebat carmina
maiore cura quam ingenio, non numquam iudicia hominum
recitationibus experiebatur. 6 Nouissime ita suadentibus
annis ab urbe secessit, seque in Campania tenuit, ac ne
aduentu quidem noui principis inde commotus est. 7 Magna
Caesaris laus sub quo hoc liberum fuit, magna illius qui hac
libertate ausus est uti. Erat φιλόκαλος usque ad emacitatis
reprehensionem. 8 Plures isdem in locis uillas possidebat,
adamatisque nouis priores neglegebat. Multum ubique
librorum, multum statuarum, multum imaginum, quas non
habebat modo, uerum etiam uenerabatur, Vergili ante omnes,
cuius natalem religiosius quam suum celebrabat, Neapoli
maxime, ubi monimentum eius adire ut templum solebat.

   9 In hac tranquillitate annum quintum et septuagensimum
excessit, delicato magis corpore quam infirmo ; utque
nouissimus a Nerone factus est consul, ita postremus ex
omnibus quos Nero consules fecerat decessit. 10 Illud etiam
notabile : ultimus ex Neronianis consularibus obiit quo
consule Nero perit. Quod me recordantem fragilitatis humanae
miseratio subit. 11 Quid enim tam circumcisum, tam breue
quam hominis uita longissima ? An non uidetur tibi Nero
modo modo fuisse ? Cum interim ex iis qui sub illo gesserant
consulatum nemo iam superest. Quamquam quid hoc miror ?

§ 4 frequenti *Fγ* : praesenti *MV* ‖ transigebat *Vγ* : -siebat *MF*.
   § 7 ausus *Fγ* : usu *MV* ‖ erat *codd.* : erata *M* ‖ φιλόκαλος *Fγ* : -αλον
MV ‖ emacitatis *F* : ciuitatis *MVγ*.
   § 8 priores *codd.* : -ris *γ* ‖ uergili *edd.* : -lii *MV* uirgilii *Fγ* ‖ suum
Mγ : suam *VF* ‖ monimentum *codd.* : monum- *F*.
   § 9 septuagensimum *codd.* : -gesimum *F* ‖ excessit *MVγ* : dec- *F* ‖
delicato *Fγ* : deliga- *MV*.
   § 10 perit *MVγ* : periit *F* ‖ fragilitatis *MVF* : -tas *γ*.
   § 11 tam breue ... an non *om. γ* ‖ tam breue *om. V* ‖ modo modo
MVγ : modo *BF* ‖ iis *F* : his *MVγ* ‖ gesserant *MVγ* : -runt *F*.

12 Naguère L. Pison, le père de ce Pison qui fut tué en Afrique par Valerius Festus, victime d'un crime abominable, disait souvent qu'il ne voyait plus au Sénat aucun de ceux dont il avait demandé l'avis quand il était consul lui-même. 13 Si étroites sont les bornes qui mettent un terme à la longévité, quel que soit notre nombre, que je trouve non seulement dignes d'excuse, mais même dignes d'éloges les larmes célèbres versées par un roi. On raconte qu'après avoir parcouru des yeux son immense armée, Xerxès fondit en larmes à la pensée qu'une fin si prochaine était promise à tant de milliers d'hommes. 14 C'est une raison de plus pour que nous prolongions ce peu de temps, fugitif et périssable, sinon par nos actions (car l'occasion en est dans la main d'autrui), du moins par nos travaux, et, dans la mesure où il nous est refusé de vivre longtemps, que nous laissions une œuvre qui témoigne que nous avons vécu. 15 Je sais que tu n'as pas besoin de stimulants, mais mon affection pour toi m'invite à t'aiguillonner même dans ta course, comme tu as coutume de faire pour moi. C'est *une excellente émulation*, quand des amis s'exhortent mutuellement et s'excitent l'un l'autre au désir de l'immortalité. Au revoir.

8

PLINE À SON AMI SUÉTONE

Tu fais preuve de ton habituelle déférence à mon égard, quand tu me demandes avec tant de précautions de faire transférer le tribunat que j'ai obtenu pour toi du clarissime Neratius Marcellus, sur la personne de Caesennius Silvanus, ton parent. 2 Or, s'il me serait fort agréable de te savoir toi-même tribun, il ne me plairait pas moins de voir un autre le devenir grâce à toi. J'estime en effet qu'il ne serait pas cohérent de vouloir procurer un accroissement d'honneurs à quelqu'un et de lui refuser le titre de bienfaiteur de sa famille, qui est plus beau que tous les honneurs.

12 Nuper L. Piso, pater Pisonis illius qui a Valerio Festo per summum facinus in Africa occisus est dicere solebat neminem se uidere in senatu quem consul ipse sententiam rogauisset. 13 Tam angustis terminis tantae multitudinis uiuacitas ipsa concluditur, ut mihi non uenia solum dignae, uerum etiam laude uideantur illae regiae lacrimae ; nam ferunt Xersen, cum immensum exercitum oculis obisset, inlacrimasse, quod tot milibus tam breuis immineret occasus. 14 Sed tanto magis hoc, quidquid est temporis futilis et caduci, si non datur factis (nam horum materia in aliena manu), certe studiis proferamus et, quatenus nobis denegatur diu uiuere, relinquamus aliquid quo nos uixisse testemur. 15 Scio te stimulis non egere ; me tamen tui caritas euocat ut currentem quoque instigem, sicut tu soles me. Ἀγαθὴ δ᾽ἔρις, cum inuicem se mutuis exhortationibus amici ad amorem immortalitatis exacuunt. Vale.

8

C. Plinivs Svetonio Tranqvillo svo s.

Facis pro cetera reuerentia quam mihi praestas, quod tam sollicite petis ut tribunatum, quem a Neratio Marcello clarissimo uiro impetraui tibi, in Caesennium Siluanum, propinquum tuum, transferam. 2 Mihi autem sicut iucundissimum ipsum te tribunum, ita non minus gratum alium per te uidere. Neque enim esse congruens arbitror, quem augere honoribus cupias, huic pietatis titulis inuidere, qui sunt omnibus honoribus pulchriores.

§ 12 L. *MVγ* : lucius *F* ‖ piso pater *VFγ* : *om. M*.

§ 13 xersen *F* : xerxen *MVγ* ‖ tam *MVF* : *om. γ*.

§ 14 tanto *Fγ* : eo *MV* ‖ quidquid *codd.* : quicquid *F* ‖ temporis futilis (fuit ilis *MV*) *MVF* : futilis temporis *γ* ‖ caduci si *Fγ* : caducis *MV* ‖ in *MVF* : *om. γ* ‖ certe *Fγ* : nos certe *M* noscere *V*.

§ 15 me tamen *MVγ* : tamen *F*.

III, 8 Suetonio *Itali* : sueto *F om. MVγ* ‖ § 1 caesennium *F* : ces- *MVγ*.

§ 2 sicut *MVF* : sicut est *γ* ‖ augere *codd.* : agere *M* ‖ honoribus *Fγ* : *om. MV* ‖ sunt *MVγ* : sunt in *F*.

3 Je vois en outre qu'il est également louable de mériter des faveurs et de les accorder, et que tu t'assureras donc une double gloire en transmettant à quelqu'un d'autre ce que tu as mérité toi-même. Je comprends bien, par ailleurs, que j'en tirerai aussi quelque considération, si grâce à ton initiative nul n'ignore que mes amis sont en mesure non seulement d'exercer le tribunat, mais encore de l'accorder. 4 Je consens donc à ton désir si respectable. Ton nom n'est pas encore porté sur le registre et il nous est donc loisible de substituer celui de Silvanus au tien ; je souhaite que le service que tu lui rends lui soit aussi agréable que le mien l'est pour toi. Au revoir.

9

PLINE À SON AMI CORNELIUS MINICIANUS

Je peux maintenant te décrire en détail tout le travail dont j'ai dû venir à bout dans le procès de la province de Bétique. 2 Car la cause était complexe et les plaidoiries furent nombreuses et fort diverses. Pourquoi cette diversité ? Pourquoi tant de plaidoiries ? Caecilius Classicus, un individu ignoble et ouvertement malfaisant, avait exercé le proconsulat dans cette province avec autant de violence que de cupidité, l'année même où Marius Priscus était en poste en Afrique. 3 Or Priscus était originaire de Bétique et Classicus d'Afrique. D'où le mot assez joli que colportaient les habitants de la Bétique, car même le chagrin donne souvent de l'esprit : « Fléau prêté, fléau rendu. » 4 Mais Marius fut poursuivi officiellement par une seule ville et un certain nombre de particuliers, alors que sur Classicus s'est abattue une province entière. 5 Il échappa au procès par une mort – accidentelle ou volontaire ; car cette mort donna lieu à de mauvais bruits, tout en laissant subsister des doutes. De fait, s'il paraissait vraisemblable qu'il ait voulu quitter la vie, sachant qu'il ne pouvait se justifier, il semblait tout aussi étonnant qu'il ait échappé par la mort à la honte d'une condamnation, lui qui n'avait pas eu honte de commettre des actes condamnables.

3 Video etiam, cum sit egregium et mereri beneficia et dare, utramque te laudem simul adsecuturum, si quod ipse meruisti alii tribuas. Praeterea intellego mihi quoque gloriae fore, si ex hoc tuo facto non fuerit ignotum amicos meos non gerere tantum tribunatus posse, uerum etiam dare. 4 Quare ego uero honestissimae uoluntati tuae pareo. Neque enim adhuc nomen in numeros relatum est, ideoque liberum est nobis Siluanum in locum tuum subdere ; cui cupio tam gratum esse munus tuum quam tibi meum est. Vale.

9

C. Plinivs Cornelio Miniciano svo s.

Possum iam perscribere tibi quantum in publica prouinciae Baeticae causa laboris exhauserim. 2 Nam fuit multiplex actaque est saepius cum magna uarietate. Vnde uarietas, unde plures actiones ? Caecilius Classicus, homo foedus et aperte malus, proconsulatum in ea non minus uiolenter quam sordide gesserat, eodem anno quo in Africa Marius Priscus. 3 Erat autem Priscus ex Baetica, ex Africa Classicus. Inde dictum Baeticorum, ut plerumque dolor etiam uenustos facit, non inlepidum ferebatur : « Dedi malum et accepi. » 4 Sed Marium una ciuitas publice multique priuati reum peregerunt, in Classicum tota prouincia incubuit. 5 Ille accusationem uel fortuita uel uoluntaria morte praeuertit. Nam fuit mors eius infamis, ambigua tamen ; ut enim credibile uidebatur uoluisse exire de uita, cum defendi non posset, ita mirum pudorem damnationis morte fugisse quem non puduisset damnanda committere.

§ 3 cum *Fγ* : quam *MV* ‖ egregium *codd.* : egrium *V¹* ‖ praeterea *codd.* : propterea *V* ‖ ex *MVF* : *om. γ*.

§ 4 honestissimae *codd.* : -me *M* ‖ numeros *codd.* : -ro *V* ‖ subdere *MFγ* : subsedere *V* ‖ cui *MVF* : *om. γ* ‖ gratum esse *codd.* : esse gratum *M* ‖ est ... diligenter (III, 9, 28) *Fγ* : *om. MV*.

III, 9 Cornelio *F* : *om. γ.* ‖ § 3 uenustos *γ* : uentos *F*.

6 La Bétique n'en persistait pas moins dans son accusation, même envers un défunt. La procédure est prévue par la loi, mais elle était tombée en désuétude, et ce fut l'occasion de la remettre en vigueur après une longue interruption. Les habitants de la Bétique allèrent plus loin : ils portèrent plainte en même temps contre les associés et les subordonnés de Classicus et demandèrent une enquête sur chacun d'eux personnellement. 7 Je plaidais pour la Bétique, avec à mes côtés Lucceius Albinus, un orateur à l'éloquence abondante et ornée ; je lui portais depuis longtemps une affection qu'il me rendait bien, mais cette collaboration me le rendit plus cher encore. 8 Il est vrai que la gloire a quelque chose *qui ne se partage pas*, surtout dans nos travaux ; entre nous cependant nulle rivalité, nul conflit, puisque, tous deux attachés au même joug, nous dépensions nos efforts non pour nous-mêmes, mais pour notre cause. Son importance et son intérêt nous ont paru exiger que nous ne cherchions pas à soulever un tel fardeau chacun en une seule plaidoirie. 9 Nous craignions que le temps, la voix, les forces ne nous fassent défaut, si nous voulions embrasser comme en une gerbe unique tant de griefs et tant d'accusés ; puis, que l'attention des juges, devant la multitude des noms et des accusations, ne vienne à se lasser, voire à se brouiller ; ensuite que les protections dont bénéficiait chaque accusé, une fois réunies et confondues, ne fassent jouer les forces de tous au profit de chacun ; enfin que les plus puissants n'offrent les plus humbles comme des victimes expiatoires et ne s'en tirent au prix du châtiment d'autrui. 10 En effet le favoritisme et les complaisances ne triomphent jamais mieux que lorsqu'ils peuvent se cacher sous quelque apparence de sévérité. 11 Nous avions pour nous guider l'exemple célèbre de Sertorius, qui appela un soldat très vigoureux et un autre très faible, et, leur désignant la queue d'un cheval – tu connais la suite. Nous de même, devant une file aussi nombreuse d'accusés, nous voyions bien que nous ne pouvions en venir à bout qu'en les attaquant l'un après l'autre.

6 Nihilo minus Baetica etiam in defuncti accusatione perstabat. Prouisum hoc legibus, intermissum tamen et post longam intercapedinem tunc reductum. Addiderunt Baetici quod simul socios ministrosque Classici detulerunt nominatimque in eos inquisitionem postulauerunt. 7 Aderam Baeticis mecumque Lucceius Albinus, uir in dicendo copiosus, ornatus ; quem ego cum olim mutuo diligerem, ex hac officii societate amare ardentius coepi. 8 Habet quidem gloria, in studiis praesertim, quiddam ἀκοινώνητον ; nobis tamen nullum certamen, nulla contentio, cum uterque pari iugo non pro se, sed pro causa niteretur, cuius et magnitudo et utilitas uisa est postulare ne tantum oneris singulis actionibus subiremus. 9 Verebamur ne nos dies, ne uox, ne latera deficerent, si tot crimina, tot reos uno uelut fasce complecteremur ; deinde ne iudicum intentio multis nominibus multisque causis non lassaretur modo, uerum etiam confunderetur ; mox ne gratia singulorum collata atque permixta pro singulis quoque uires omnium acciperet ; postremo ne potentissimi uilissimo quoque quasi piaculari dato alienis poenis elaberentur. 10 Etenim tum maxime fauor et ambitio dominatur cum sub aliqua specie seueritatis delitescere potest. 11 Erat in consilio Sertorianum illud exemplum, qui robustissimum et infirmissimum militem iussit caudam equi – reliqua nosti. Nam nos quoque tam numerosum agmen reorum ita demum uidebamus posse superari, si per singulos carperetur.

§ 6 nihilo minus γ : nichil hominus F.
§ 7 aderam F : -rant γ ‖ lucceius γ : luceius F¹ ut uid. lucius F² ‖ albinus F : alui- γ.
§ 8 gloria Beroaldus : -riam Fγ ‖ ἀκοινώνητον γ : ἀκοινονόητον F.
§ 9 uerebamur F : -batur γ ‖ nos γ : nobis F ‖ uox F : nox γ ‖ ne iudicum γ : iudicum F ‖ singulorum F : -let γ ‖ elaberentur F : elaboraren- γ.
§ 11 infirmissimum F : firm- γ ‖ equi γ : sequi F ‖ tam F : iam γ.

12 Nous avons décidé de démontrer d'abord la culpabilité de Classicus lui-même ; c'était le moyen le plus approprié d'atteindre ses complices et ses agents, car on ne pouvait prouver qu'ils avaient été complices et agents que s'il était, lui, coupable. Parmi eux il y en a deux que nous avons immédiatement joints à Classicus : Baebius Probus et Fabius Hispanus, pourvus l'un et l'autre de solides appuis, et Hispanus, en plus, de réelles qualités oratoires. Et donc, pour ce qui concernait Classicus, la tâche fut rapide et facile. 13 Il avait laissé un document autographe mentionnant ce qu'il avait reçu à la suite de chaque affaire, de chaque procès ; il avait même envoyé à une petite amie à Rome une lettre pleine de vantardise et de forfanterie, où il écrivait : « Hourra, hourra ! Je viens à toi libéré de mes dettes ; j'ai déjà fait rentrer quatre millions de sesterces en vendant une partie des gens de la Bétique. »

14 Pour ce qui concernait Hispanus et Probus, il fallut beaucoup de sueur. Avant d'aborder les faits que nous leur reprochions, j'ai cru nécessaire de m'appliquer à établir que l'exécution d'un ordre tombe sous le coup d'une accusation ; si je ne l'avais pas fait, il ne m'eût servi à rien de prouver qu'ils en avaient exécuté. 15 Car leur défense ne consistait pas à nier, mais à invoquer notre indulgence pour la contrainte qu'ils avaient subie : ils étaient des provinciaux, obligés par la crainte à obéir à tout ordre des proconsuls. 16 Claudius Restitutus, qui me répondit – c'est un homme qui a de la pratique, l'esprit vif et qui est préparé à tout imprévu – dit souvent qu'il ne s'était jamais senti plongé dans un tel brouillard et dans une telle perturbation que lorsqu'il se vit enlever par avance et arracher à son système de défense les arguments dans lesquels il mettait toute sa confiance. 17 Et voici le résultat de notre stratégie : le Sénat décida que les biens que Classicus détenait avant son proconsulat seraient séparés du reste ; les premiers seraient laissés à sa fille, les autres rendus aux spoliés. Un article additionnel dit que les sommes qu'il avait versées à ses créanciers devaient faire retour. Quant à Hispanus et Probus, ils furent relégués pour cinq ans ; tant parurent graves des faits dont on se demandait initialement s'ils étaient vraiment répréhensibles.

12 Placuit in primis ipsum Classicum ostendere nocentem ; hic aptissimus ad socios eius et ministros transitus erat, quia socii ministrique probari nisi illo nocente non poterant ; ex quibus duos statim Classico iunximus, Baebium Probum et Fabium Hispanum, utrumque gratia, Hispanum etiam facundia ualidum. Et circa Classicum quidem breuis et expeditus labor. 13 Sua manu reliquerat scriptum, quid ex quaque re, quid ex quaque causa accepisset ; miserat etiam epistulas Romam ad amiculam quandam, iactantes et gloriosas, his quidem uerbis : « Io, io, liber ad te uenio ; iam sestertium quadragiens redegi parte uendita Baeticorum. » 14 Circa Hispanum et Probum multum sudoris. Horum ante quam crimina ingrederer, necessarium credidi elaborare ut constaret ministerium crimen esse, quod nisi fecissem, frustra ministros probassem. 15 Neque enim ita defendebantur ut negarent, sed ut necessitati ueniam precarentur ; esse enim se prouinciales et ad omne proconsulum imperium metu cogi. 16 Solet dicere Claudius Restitutus, qui mihi respondit, uir exercitatus et uigilans et quamlibet subitis paratus, numquam sibi tantum caliginis, tantum perturbationis offusum, quam cum praerepta et extorta defensioni suae cerneret, in quibus omnem fiduciam reponebat. 17 Consilii nostri exitus fuit : bona Classici quae habuisset ante prouinciam, placuit senatui a reliquis separari, illa filiae, haec spoliatis relinqui. Additum est ut pecuniae quas creditoribus soluerat reuocarentur. Hispanus et Probus in quinquennium relegati ; adeo graue uisum est quod initio dubitabatur an omnino crimen esset.

§ 12 transitus erat γ : -tusque F ‖ fabium F : fauium γ ‖ utrumque gratia hispanum F : *om.* γ.

§ 13 manu F : -nus γ ‖ io io F^1 : hio hio F^2 *om.* γ ‖ sestertium quadragiens (-gies F) F *edd.* : hs cccc γ.

§ 15 se F : si γ.

§ 16 offusum γ : eff- F.

§ 17 haec γ : ac F ‖ dubitabatur F : uideba- γ.

18 Quelques jours plus tard, ce furent Claudius Fuscus, gendre de Classicus, et Stilonius Priscus, qui avait été tribun de cohorte sous Classicus, que nous accusâmes, avec un résultat inégal : Priscus fut interdit de séjour en Italie pour deux ans, Fuscus fut acquitté.

19 Dans la troisième audience nous avons pensé que la meilleure solution était de grouper plusieurs accusés ; on évitait ainsi, si la procédure traînait en longueur, qu'une impression de satiété et d'ennui n'affaiblisse l'équité et la sévérité des juges ; et d'ailleurs il ne restait que des accusés de moindre importance, réservés à dessein pour ce moment, à l'exception notable de la femme de Classicus, qui était l'objet de multiples soupçons sans qu'on ait pu apparemment la convaincre par des preuves suffisantes. 20 Quant à la fille de Classicus, qui était elle aussi parmi les accusés, même les soupçons étaient sans prise sur elle. Aussi, quand je vins à citer son nom dans la dernière partie de mon plaidoyer (à la fin il n'y avait plus à craindre, comme au début, que mes paroles n'affaiblissent le poids de toute l'accusation), je pensai que l'attitude la plus honnête était de ne pas accabler une personne innocente, et je le déclarai ouvertement et de diverses manières. 21 Car tantôt j'interrogeais les représentants de la province : m'avaient-ils révélé un fait qu'ils étaient sûrs de pouvoir prouver ? Tantôt je demandais conseil au Sénat : pensait-il que si j'avais quelque talent d'orateur, je devais en faire comme une arme pour égorger une innocente ? Enfin je terminai tout le développement par cette conclusion : « On me dira : C'est donc toi qui juges ? Non, je ne juge pas, mais je n'oublie pas que j'ai été choisi parmi les juges pour remplir le rôle d'avocat. »

22 Ainsi se termina cette affaire aux multiples implications : certains furent acquittés, la plupart condamnés et même relégués, les uns pour un temps, d'autres à perpétuité. 23 Le même sénatus-consulte a rendu pleinement témoignage à notre activité, notre conscience, notre fermeté, seule récompense digne et juste pour une si lourde tâche.

18 Post paucos dies Claudium Fuscum, Classici generum, et Stilonium Priscum, qui tribunus cohortis sub Classico fuerat, accusauimus dispari euentu : Prisco in biennium Italia interdictum, absolutus est Fuscus.

19 Actione tertia commodissimum putauimus plures congregare, ne si longius esset extracta cognitio, satietate et taedio quodam iustitia cognoscentium seueritasque languesceret ; et alioqui supererant minores rei data opera hunc in locum reseruati, excepta tamen Classici uxore, quae sicut implicita suspicionibus ita non satis conuinci probationibus uisa est. 20 Nam Classici filia, quae et ipsa inter reos erat, ne suspicionibus quidem haerebat. Itaque, cum ad nomen eius in extrema actione uenissem (neque enim ut initio, sic etiam in fine uerendum erat ne per hoc totius accusationis auctoritas minueretur), honestissimum credidi non premere immerentem, idque ipsum dixi et libere et uarie. 21 Nam modo legatos interrogabam docuissentne me aliquid quod re probari posse confiderent, modo consilium a senatu petebam putaretne debere me, si quam haberem in dicendo facultatem, in iugulum innocentis quasi telum aliquod intendere. Postremo totum locum hoc fine conclusi : « Dicet aliquis : Iudicas ergo ? Ego uero non iudico, memini tamen me aduocatum ex iudicibus datum. »

22 Hic numerosissimae causae terminus fuit, quibusdam absolutis, pluribus damnatis atque etiam relegatis, aliis in tempus, aliis in perpetuum. 23 Eodem senatus consulto industria, fides, constantia nostra plenissimo testimonio comprobata est, dignum solumque par pretium tanti laboris.

§ 18 claudium *F* : cluuium *γ* ‖ stilonium *F* : stillo- *γ*.
§ 19 alioqui (-quin *F*²) *F* : et alioqui *γ* ‖ implicita *F* : in placita *γ* ‖ conuinci *F* : -uici *γ*.
§ 20 idque *F* : ut quae *γ*.
§ 21 quod re *γ* : quod *F*.
§ 23 pretium *γ* : -tio *F* ‖ tanti laboris *F* : laboris tanti *γ*.

24 Tu peux t'imaginer notre fatigue après tant de plaidoyers, tant de débats, tant de témoins à interroger, à soutenir, à réfuter. 25 Et puis quelles difficultés, quels ennuis, quand il fallait refuser les sollicitations secrètes des amis de tant d'accusés et résister à leurs attaques publiques ! Je te citerai une seule de mes répliques. Certains parmi les juges se récriaient contre moi en faveur d'un accusé très influent : « Son innocence, leur dis-je, ne sera pas moindre, si je dis tout. » 26 Cela te donnera une idée des conflits et même des attaques que nous avons supportés, quoique pour peu de temps ; car l'honnêteté, dans l'immédiat, blesse ceux à qui elle résiste, mais ensuite elle devient l'objet de leur respect et de leurs éloges. Je ne pouvais mieux te plonger au cœur de toute l'affaire.

27 Tu me diras : « Elle ne valait pas tant de peine ; qu'ai-je besoin d'une aussi longue lettre ? » Alors ne me demande pas sans cesse ce qui se passe à Rome. Et pourtant n'oublie pas qu'une lettre n'est pas trop longue quand elle embrasse tant de journées, tant d'enquêtes, et enfin tant d'accusés et de causes. 28 De tout cela je pense avoir rendu compte d'une façon aussi sobre que scrupuleuse.

J'ai été imprudent en disant « scrupuleuse » ; il me vient à l'esprit une circonstance que j'ai omise, et c'est un peu tard. Mais, au prix d'un retour en arrière, je vais te la raconter. C'est ce que fait Homère et que font beaucoup d'autres à son exemple ; c'est d'ailleurs très élégant, mais de ma part ce ne sera pas le but recherché. 29 L'un des témoins, peut-être furieux d'avoir été cité contre son gré, ou suborné par un des accusés pour désarmer l'accusation, exigea la mise en accusation de Norbanus Licinianus, délégué de la province et enquêteur, au motif qu'il avait prévariqué dans l'affaire de Casta (c'est la femme de Classicus). 30 La loi prévoit

24 Concipere animo potes quam simus fatigati, quibus totiens agendum, totiens altercandum, tam multi testes interrogandi, subleuandi, refutandi. 25 Iam illa quam ardua, quam molesta, tot reorum amicis secreto rogantibus negare, aduersantibus palam obsistere ! Referam unum aliquid ex iis quae dixi. Cum mihi quidam e iudicibus ipsis pro reo gratiosissimo reclamarent : « Non minus, inquam, hic innocens erit, si ego omnia dixero. » 26 Coniectabis ex hoc quantas contentiones, quantas etiam offensas subierimus, dumtaxat ad breue tempus ; nam fides in praesentia eos quibus resistit offendit, deinde ab illis ipsis suspicitur laudaturque. Non potui magis te in rem praesentem perducere.

27 Dices : « Non fuit tanti ; quid enim mihi cum tam longa epistula ? » Nolito ergo identidem quaerere quid Romae geratur. Et tamen memento non esse epistulam longam, quae tot dies, tot cognitiones, tot denique reos causasque complexa sit. 28 Quae omnia uideor mihi non minus breuiter quam diligenter persecutus.

Temere dixi « diligenter » : succurrit quod praeterieram, et quidem sero ; sed quamquam praepostere, reddetur. Facit hoc Homerus multique illius exemplo ; est alioqui perdecorum, a me tamen non ideo fiet. 29 E testibus quidam, siue iratus quod euocatus esset inuitus, siue subornatus ab aliquo reorum ut accusationem exarmaret, Norbanum Licinianum, legatum et inquisitorem, reum postulauit, tamquam in causa Castae (uxor haec Classici) praeuaricaretur. 30 Est lege cautum ut

§ 24 potes *F* : -test γ ‖ quibus totiens *F* : quibus γ.
§ 25 reorum *F* : eorum γ ‖ iis *F* : his γ ‖ quae γ : que *F* ‖ gratiosissimo *F* : -mi γ ‖ hic *F* : *om.* γ ‖ erit *F* : erat γ.
§ 26 suspicitur *F* : -cetur γ ‖ potui magis *F* : magis potui γ.
§ 27 fuit γ : fui *F* ‖ geratur γ : gerebat- *F* ‖ non esse γ : esse non *F* ‖ complexa sit *F* : -xas γ.
§ 28 persecutus *F* : -to γ ‖ succurrit : *hoc uerbo resumuntur MV* ‖ praepostere reddetur (-dditur *V*) *MV* : potest recrederetur *F* ‖ facit *codd.* : facere *M¹* ‖ fiet *MV*γ : fiat *F*.
§ 29 licinianum *codd.* : lac- *F* ‖ inquisitorem *F*γ : -tiorem *MV* ‖ reum *MV*γ : rerum *F*.

qu'on en finisse d'abord avec l'accusé, avant d'enquêter sur le prévaricateur, apparemment parce que l'accusation elle-même est le meilleur moyen d'évaluer la fiabilité de l'accusateur. 31 Mais Norbanus ne trouva de protection ni dans les dispositions de la loi, ni dans son titre de délégué, ni dans sa fonction d'enquêteur, tant avait allumé de haines cet individu par ailleurs couvert d'infamie et qui avait su profiter du règne de Domitien, comme beaucoup d'autres. La province l'avait alors choisi pour mener l'enquête, non en considération de son honnêteté et de sa conscience, mais parce qu'il était l'ennemi de Classicus qui l'avait condamné à la relégation. 32 Il demandait qu'on lui donne un délai et qu'on lui communique les points de l'accusation. Il n'obtint ni l'un ni l'autre et fut obligé de répondre sur-le-champ. Il répondit, mais le naturel méchant et dépravé de cet individu me fait douter si ce fut avec aplomb ou avec fermeté, en tout cas ce fut avec beaucoup de présence d'esprit. 33 On lui reprocha bien des choses qui lui firent plus de tort que la prévarication ; et même deux consulaires, Pomponius Rufus et Libo Frugi, lui portèrent un coup sérieux en témoignant que sous Domitien il avait prêté assistance devant la justice aux accusateurs de Salvius Liberalis. 34 Il fut condamné et relégué dans une île. Aussi en accusant Casta ai-je insisté principalement sur le fait que son accusateur avait succombé sous le grief de prévarication. Mais mon insistance fut vaine ; il arriva en effet cette chose contradictoire et inédite, qu'après que l'accusateur eut été condamné pour prévarication, l'accusée fut acquittée.

35 Tu veux savoir ce que nous faisions pendant ces péripéties ? Nous avons indiqué au Sénat que c'était de Norbanus que nous tenions les informations relatives au procès intenté par la collectivité et qu'il nous fallait reprendre l'instruction à zéro, si sa prévarication était démontrée. En conséquence, tant qu'il resta mis en cause nous demeurâmes à notre place. Par la suite Norbanus assista à toutes les séances du procès et garda jusqu'au bout la même fermeté ou, si l'on veut, la même audace.

reus ante peragatur, tunc de praeuaricatore quaeratur, uidelicet quia optime ex accusatione ipsa accusatoris fides aestimatur. 31 Norbano tamen non ordo legis, non legati nomen, non inquisitionis officium praesidio fuit ; tanta conflagrauit inuidia homo alioqui flagitiosus et Domitiani temporibus usus ut multi, electusque tunc a prouincia ad inquirendum non tamquam bonus et fidelis, sed tamquam Classici inimicus (erat ab illo relegatus). 32 Dari sibi diem, edi crimina postulabat ; neutrum impetrauit, coactus est statim respondere. Respondit, malum prauumque ingenium hominis facit ut dubitem confidenter an constanter, certe paratissime. 33 Obiecta sunt multa quae magis quam praeuaricatio nocuerunt ; quin etiam duo consulares, Pomponius Rufus et Libo Frugi, laeserunt eum testimonio, tamquam apud iudicem sub Domitiano Salui Liberalis accusatoribus adfuisset. 34 Damnatus et in insulam relegatus est. Itaque cum Castam accusarem, nihil magis pressi quam quod accusator eius praeuaricationis crimine corruisset ; pressi tamen frustra ; accidit enim res contraria et noua, ut accusatore praeuaricationis damnato rea absolueretur.

35 Quaeris quid nos, dum haec aguntur ? Indicauimus senatui ex Norbano didicisse nos publicam causam, rursusque debere ex integro discere, si ille praeuaricator probaretur ; atque ita, dum ille peragitur reus, sedimus. Postea Norbanus omnibus diebus cognitionis interfuit eandemque usque ad extremum uel constantiam uel audaciam pertulit.

§ 30 quia *Vγ* : qui *M* qua *F* ‖ accusatoris *codd.* : -res *V*.

§ 31 conflagrauit *codd.* : confragla- *M* ‖ electusque *MVF* : -tus *γ*.

§ 32 diem edi *γ* : idem et edi *MV* diem ad diluenda *F* ‖ postulabat *MVγ* : -lauit *F* ‖ prauumque *MVF* : paruum- *γ* ‖ an *codd.* : ac *M*.

§ 33 nocuerunt *codd.* : nec uerum *M* ‖ consulares *codd.* : -ris *M* ‖ et libo *VF* : et libro *M* edibo *γ* ‖ salui *MVγ* : saluii *F*.

§ 34 in *Fγ* : *om. MV* ‖ frustra *codd.* : -ta *M* ‖ accusatore *codd.* : -sare *V* ‖ absolueretur *MVγ* : solu- *F*.

§ 35 senatui *codd.* : -tu *V* ‖ nos publicam ... discere *om. V¹ add. V² ima pag.* ‖ eandemque *MVF* : tand- *γ*.

36 Je me demande si je n'ai pas encore omis quelque chose,
et une fois encore j'ai failli en omettre une. Le dernier jour
Salvius Liberalis fit de graves reproches aux autres délégués
en affirmant qu'ils n'avaient pas porté plainte contre tous ceux
pour lesquels la province leur avait donné mandat, et comme
il a de la passion et de l'éloquence, il les mit en mauvaise
posture. J'ai pris la défense de ces gens pleins de qualités et
aussi de reconnaissance ; le fait est qu'ils disent à qui veut
l'entendre que c'est grâce à moi qu'ils ont échappé à cette
bourrasque. 37 Ce sera ici la fin de ma lettre, oui, vraiment
la fin ; je n'ajouterai pas une syllabe, même si je m'aperçois
que j'ai encore oublié quelque chose. Au revoir.

10

PLINE À SON AMI VESTRICIUS SPURINNA ET À COTTIA

J'ai rédigé quelque chose sur votre fils, mais je ne vous
l'ai pas dit lors de mon récent séjour auprès de vous, d'abord
parce que je ne l'avais pas écrit pour vous en parler, mais
pour satisfaire à mon affection et à mon chagrin ; et ensuite
parce que je pensais qu'en apprenant que j'avais donné une
lecture publique, comme tu me l'as dit toi-même, Spurinna,
tu avais appris aussi le sujet de ma lecture. 2 En outre j'ai
craint de vous troubler en ces jours de fête, si je vous rappelais
le souvenir d'un deuil si pénible. Maintenant encore j'ai
hésité un moment : vous enverrais-je seulement ce dont j'ai
donné lecture et que vous me réclamez, ou y ajouterais-je les
pages que je pense réserver pour un autre volume ? 3 Et de
fait, mon affection ne peut se contenter de consacrer un seul
petit livre à une mémoire si chère et si sacrée, dont la gloire
se répandra plus loin si on a pris soin de la partager et de la
répartir. 4 Mais tandis que j'hésitais en me demandant si je
vous montrerais tout ce que j'ai déjà rédigé ou si j'attendrais
encore pour certaines parties, il m'a paru plus franc et plus
amical de vous envoyer le tout, surtout quand vous m'assurez

36 Interrogo ipse me an aliquid omiserim rursus, et rursus paene omisi. Summo die Saluius Liberalis reliquos legatos grauiter increpuit, tamquam non omnes quos mandasset prouincia reos peregissent ; atque, ut est uehemens et disertus, in discrimen adduxit. Protexi uiros optimos eosdemque gratissimos ; mihi certe debere se praedicant quod illum turbinem euaserint. 37 Hic erit epistulae finis, re uera finis ; litteram non addam, etiamsi adhuc aliquid praeterisse me sensero. Vale.

10

C. Plinivs Vestricio Spvrinnae svo et Cottiae s.

Composuisse me quaedam de filio uestro non dixi uobis, cum proxime apud uos fui, primum quia non ideo scripseram ut dicerem, sed ut meo amori, meo dolori satisfacerem ; deinde quia te, Spurinna, cum audisses recitasse me, ut mihi ipse dixisti, quid recitassem simul audisse credebam. 2 Praeterea ueritus sum ne uos festis diebus confunderem, si in memoriam grauissimi luctus reduxissem. Nunc quoque paulisper haesitaui, id solum quod recitaui mitterem exigentibus uobis, an dicerem quae in aliud uolumen cogito reseruare. 3 Neque enim adfectibus meis uno libello carissimam mihi et sanctissimam memoriam prosequi satis est, cuius famae latius consuletur si dispensata et digesta fuerit. 4 Verum haesitanti mihi omnia quae iam composui uobis exhiberem an adhuc aliqua differrem, simplicius et amicius uisum est omnia, praecipue cum adfirmetis intra

§ 36 summo die *Fγ* : *om. MV* ‖ increpuit *MVF* : -pauit *γ* ‖ non *codd.* : *om. M* ‖ disertus *codd.* : diss- *F*.

§ 37 erit *MVγ* : *om. F* ‖ adhuc aliquid *MVγ* : aliquid adhuc *F*.

III, 10 Vestricio *edd. ex indic.* : *om. codd.* ‖ spurinnae *codd.* : -inae *M* ‖ suo *MVF* : *om. γ* ‖ et cottiae *MVγ* : *om. F*. ‖ § 1 quia *codd.* : quidem *M* ‖ ideo *MVF* : id is *γ* ‖ quia te *Fγ* : quia *MV* ‖ audisses *Fγ* : -isse et *M* -isset *V*.

§ 2 si in *Fγ* : si *MV* ‖ quae *codd.* : que *F*.

§ 3 memoriam *MVγ* : *om. F* ‖ est *MVF* : *om. γ* ‖ cuius *codd.* : cunius *M* ‖ consuletur *MVF* : -leretur *γ*.

§ 4 exhiberem *MVγ* : -bere *F* ‖ differrem *codd.* : -fferem *V* ‖ adfirmetis *MVγ* : -matis *F*.

que cela ne sortira pas de chez vous jusqu'à ce que je décide de le publier. 5 Il me reste à vous demander d'user de la même franchise en m'indiquant les adjonctions, les modifications ou les suppressions que vous jugeriez souhaitables. 6 Il est difficile d'appliquer son attention à ces détails quand on est dans le chagrin ; oui, c'est difficile, mais cependant, si un sculpteur ou un peintre faisait le portrait de votre fils, vous lui signaleriez ce qu'il devrait exprimer ou corriger ; de même en ce qui me concerne, instruisez-moi, guidez-moi, car je m'efforce de tracer une image non pas fragile et périssable, mais, selon votre opinion, immortelle. Et elle sera d'autant plus durable qu'elle sera plus vraie, plus belle, plus parfaite. Au revoir.

11
PLINE À SON AMI JULIUS GENITOR

Notre cher Artémidore a un caractère si foncièrement bon qu'il exagère les services de ses amis. C'est ainsi qu'il proclame à la ronde celui que je lui ai rendu : ce qu'il dit est vrai, mais dépasse mon mérite. 2 En fait, quand les philosophes avaient été chassés de Rome, je suis allé le trouver dans sa résidence suburbaine ; or, ce qui rendait la chose plus voyante et donc plus dangereuse, j'étais préteur. De plus, comme il lui fallait à ce moment-là une assez forte somme pour payer des dettes contractées pour des motifs parfaitement honorables, et que certains de ses amis riches et haut placés retenaient leur souffle, je l'ai empruntée moi-même et l'ai mise à sa disposition sans intérêts. 3 Et j'ai agi ainsi à une époque où sept de mes amis avaient été mis à mort ou relégués : mis à mort Senecio, Rusticus, Helvidius, relégués Mauricus, Gratilla, Arria, Fannia ; quand tant de foudres tombées autour de moi avaient quasiment failli me brûler et que des indices sûrs me laissaient prévoir que la même fin me menaçait, moi aussi.

uos futura donec placeat emittere. 5 Quod superest, rogo ut
pari simplicitate, si qua existimabitis addenda, commutanda,
omittenda, indicetis mihi. 6 Difficile est huc usque intendere
animum in dolore ; difficile, sed tamen ut scalptorem, ut
pictorem, qui filii uestri imaginem faceret, admoneretis quid
exprimere, quid emendare deberet, ita me quoque formate,
regite, qui non fragilem et caducam, sed immortalem, ut
uos putatis, effigiem conor efficere ; quae hoc diuturnior
erit, quo uerior, melior, absolutior fuerit. Valete.

11

C. Plinivs Ivlio Genitori svo s.

Est omnino Artemidori nostri tam benigna natura ut officia
amicorum in maius extollat. Inde etiam meum meritum ut
uera, ita supra meritum praedicatione circumfert. 2 Equidem,
cum essent philosophi ab urbe summoti, fui apud illum in
suburbano, et quo notabilius, hoc est periculosius, esset, fui
praetor. Pecuniam etiam, qua tunc illi ampliore opus erat, ut
aes alienum exsolueret contractum ex pulcherrimis causis,
mussantibus magnis quibusdam et locupletibus amicis,
mutuatus ipse gratuitam dedi. 3 Atque haec feci, cum septem
amicis meis aut occisis aut relegatis, occisis Senecione,
Rustico, Heluidio, relegatis Maurico, Gratilla, Arria, Fannia,
tot circa me iactis fulminibus quasi ambustus mihi quoque
impendere idem exitium certis quibusdam notis augurarer.

§ 5 addenda *codd.* : addein- *M*.
§ 6 huc usque ... difficile *Fγ* : *om. MV* ‖ scalptorem *F* : sculp- *γ*
scrip-*MV* ‖ ut pictorem *codd.* : et pictorem *γ* ‖ filii *codd.* : fili *V* ‖ formate
MVγ : forma *F* ‖ ualete *uel γ uel Itali* : uale *MVF*.
III, 11 Iulio *F* : *om. MVγ* ‖ § 1 nostri *codd.* : -tro *M*.
§ 2 summoti *codd.* : sunt moti *F* ‖ hoc est *MVF* : hoc *γ* ‖ esset *codd.* :
esse et *M* ‖ exsolueret *codd.* : exol- *F* ‖ magnis *codd.* : magis *V¹*.
§ 3 atque *Fγ* : ad *MV* ‖ relegatis *Fγ* : relig- *MV* (*et iterum infra*) ‖
senecione *codd.* : senecti- *V* ‖ heluidio *Fγ* : elu-*V* et uidio *M* ‖ gratilla *Fγ* :
-tilla *MV* ‖ quasi *codd.* : qui si *V¹* ‖ ambustus *codd.* : conb- *F²*.

4 Je ne crois pas pour autant avoir mérité les éloges excessifs qu'il me décerne partout, mais seulement avoir évité la honte. 5 Car j'ai aimé et admiré C. Musonius, son beau-père, autant que me le permettait la différence d'âge ; quant à Artémidore, dès le temps où j'étais tribun militaire en Syrie, je me suis attaché à lui comme à un ami intime, et j'ai donné un premier indice de ce que je possédais quelques qualités naturelles en montrant que je comprenais la valeur d'un homme qui est un sage ou ce qui se rapproche le plus d'un sage et lui est le plus semblable. 6 Car parmi tous ceux qui de nos jours se donnent le nom de philosophes on en trouvera à peine un ou deux qui aient la même intégrité, la même franchise. Je passe sur son endurance à supporter pareillement les hivers et les étés, sur sa résistance à la fatigue qui ne le cède à personne, sur son abstinence de tout plaisir dans la nourriture et dans la boisson, sur la réserve qu'il impose à ses yeux et à ses pensées. 7 Ce sont là de grandes qualités, mais chez quelqu'un d'autre ; chez lui elle sont bien modestes, si on les compare à ses autres vertus qui lui ont valu d'être choisi pour gendre par C. Musonius parmi une foule de prétendants de toute condition.

8 Quand je me rappelle tout cela, j'ai plaisir assurément à ce qu'il me comble de si grands éloges devant d'autres et surtout devant toi ; mais je crains qu'il ne dépasse une mesure que dans sa gentillesse il ne sait pas toujours observer (tu vois, je reviens à mon point de départ). 9 Car c'est la seule erreur dans laquelle cet homme par ailleurs si sage tombe quelquefois, une erreur honorable sans doute, mais une erreur quand même : il estime ses amis plus que ce qu'ils valent. Au revoir.

4 Non ideo tamen eximiam gloriam meruisse me, ut ille
praedicat, credo, sed tantum effugisse flagitium. 5 Nam et C.
Musonium, socerum eius, quantum licitum est per aetatem,
cum admiratione dilexi et Artemidorum ipsum iam tum cum
in Syria tribunus militarem arta familiaritate complexus
sum, idque primum non nullius indolis dedi specimen,
quod uirum aut sapientem aut proximum simillimumque
sapienti intellegere sum uisus. 6 Nam ex omnibus qui nunc
se philosophos uocant, uix unum aut alterum inuenies tanta
sinceritate, tanta ueritate. Mitto qua patientia corporis hiemes
iuxta et aestates ferat, ut nullis laboribus cedat, ut nihil in
cibo, in potu uoluptatibus tribuat, ut oculos animumque
contineat. 7 Sunt haec magna, sed in alio ; in hoc uero
minima, si ceteris uirtutibus comparentur quibus meruit ut
a C. Musonio ex omnibus omnium ordinum adsectatoribus
gener adsumeretur.

8 Quae mihi recordanti est quidem iucundum quod me
cum apud alios, tum apud te, tantis laudibus cumulat ; uereor
tamen ne modum excedat, quem benignitas eius (illuc enim
unde coepi reuertor) solet non tenere. 9 Nam in hoc uno
interdum uir alioqui prudentissimus honesto quidem, sed
tamen errore uersatur, quod pluris amicos suos quam sunt
arbitratur. Vale.

§ 4 eximiam *Fγ* : nimiam *MV*.

§ 5 cum admiratione *Fγ* : eadem ratione *MV* ‖ militarem *MVF* : -ris
γ ‖ idque *Fγ* : itque *MV*.

§ 6 qui nunc se *MVγ* : quos nunc *F* ‖ uix *MVF* : *om. γ* ‖ aestates
MVF : aetate *γ* ‖ ut nullis *MVF* : et nulli *γ*.

§ 7 comparentur ... omnibus *MVγ* : *om. F*.

§ 8 quae *codd.* : que *F* ‖ quod me cum *MVF* : *om. γ* ‖ unde coepi
(cepi *M*) reuertor solet non *MVγ* : reuertor unde coepi non solet *F*.

§ 9 uir *MVF* : *om. γ* ‖ alioqui *codd.* : aliqui *M* ‖ amicos : *cum hoc
uerbo resumitur B*.

12

PLINE À SON AMI CATILIUS SEVERUS

Je viendrai à ton dîner, mais dès maintenant je pose la condition qu'il soit simple, peu coûteux, que sa seule abondance soit dans les entretiens socratiques, et que même là il ne dépasse pas la mesure. 2 Il y aura des visites dès l'aube, et il n'a pas été donné à Caton lui-même de les rencontrer impunément, bien que C. César lui en fasse un reproche qui tourne à l'éloge. 3 Il raconte en effet que ceux qu'il a rencontrés lui ont découvert la tête et ont rougi de le voir ivre ; puis il ajoute : « On aurait cru que ce n'était pas Caton qui avait été pris en faute par eux, mais qu'ils l'avaient été par Caton. » Pouvait-on mieux reconnaître le prestige de Caton qu'en le respectant à ce point jusque dans son ivresse ? 4 Quant à notre dîner, s'il y faut de la mesure dans les préparatifs et la dépense, il en faut aussi dans la durée. Car nous ne sommes pas de ceux que même leurs ennemis ne peuvent critiquer sans faire en même temps leur éloge. Au revoir.

13

PLINE À SON AMI VOCONIUS ROMANUS

Je t'ai envoyé à ta demande le texte du discours de remerciement qu'en tant que consul j'ai adressé récemment au meilleur des Princes, et je te l'aurais envoyé même si tu ne me l'avais pas demandé. 2 Je voudrais qu'à son propos tu considères la beauté du sujet autant que sa difficulté. Dans les autres, en effet, c'est la nouveauté par elle-même qui retient l'attention du lecteur, tandis que dans celui-ci tout est connu, divulgué, déjà dit ; ce qui fait que le lecteur, laissé pour ainsi dire sans occupation et sans curiosité, ne s'intéresse qu'au style, en quoi il est d'autant plus difficile de le satisfaire quand il n'y a pas d'autre critère. 3 Et encore, s'il prenait en considération, dans le même temps, le plan, les transitions

12
C. PLINIVS CATILIO SEVERO SVO S.

Veniam ad cenam, sed iam nunc paciscor, sit expedita, sit parca, Socraticis tantum sermonibus abundet, in his quoque teneat modum. 2 Erunt officia antelucana, in quae incidere impune ne Catoni quidem licuit, quem tamen C. Caesar ita reprehendit ut laudet. 3 Describit enim eos quibus obuius fuerit, cum caput ebrii retexissent, erubuisse ; deinde adicit : « Putares non ab illis Catonem, sed illos a Catone deprehensos. » Potuitne plus auctoritatis tribui Catoni quam si ebrius quoque tam uenerabilis erat ? 4 Nostrae tamen cenae, ut apparatus et impendii, sic temporis modus constet. Neque enim ii sumus quos uituperare ne inimici quidem possint, nisi ut simul laudent. Vale.

13
C. PLINIVS VOCONIO ROMANO SVO S.

Librum quo nuper optimo principi consul gratias egi misi exigenti tibi, missurus etsi non exegisses. 2 In hoc consideres uelim ut pulchritudinem materiae, ita difficultatem. In ceteris enim lectorem nouitas ipsa intentum habet, in hac nota, uulgata, dicta sunt omnia ; quo fit ut quasi otiosus securusque lector tantum elocutioni uacet, in qua satisfacere difficilius est cum sola aestimatur. 3 Atque utinam ordo saltem et transitus et figurae simul spectarentur ! Nam inuenire

III, 12 Catilio *BFγ* : -tilo *M* -tillo *V* ‖ seuero *F* : *om. MVBγ* ‖ § 1 nunc *MVγ* : non *BF* ‖ sit (*prius*) *MVγ* : *om. BF*.

§ 2 in quae *codd.* : inque *B*.

§ 3 fuerit *BFγ* : -rat *MV* ‖ ebrii *codd.* : ebreii *V* ‖ deprehensos *MVBF* : repr- *γ* ‖ auctoritatis *codd.* : -ritas *F*.

§ 4 apparatus *MVBF* : adp- *Mynors* ‖ impendii (inp-) *MVBF* : impendi *γ* ‖ sic *MVBγ* : si *F* ‖ ne *MVBF* : nec *γ*.

III, 13 Voconio *F* : *om. MVBγ* ‖ § 1 exegisses *codd.* : exig- *V*.

§ 3 utinam *BFγ* : ut in *MV* ‖ nam inuenire *codd.* : nam ut inuenire *V*

et les figures ! Car des pensées brillantes, des expressions qui font de l'effet, cela se trouve parfois même chez les barbares, tandis qu'une disposition judicieuse et des figures variées appartiennent exclusivement aux esprits cultivés. 4 Mais il ne faut pas toujours rechercher les tournures élevées et sublimes. Car de même que dans la peinture rien ne met mieux la lumière en valeur que l'ombre, de même dans le discours il faut savoir aussi bien baisser le ton que l'élever. 5 Mais pourquoi rappeler cela à un parfait connaisseur ? Mieux vaut te dire : signale ce qui, à ton avis, demande à être corrigé. Car je serai plus enclin à croire que tu approuves le reste, quand je verrai qu'il y a des passages que tu désapprouves. Au revoir.

14
PLINE À SON AMI ACILIUS

C'est un sort atroce, qui mériterait mieux qu'une lettre, que ses esclaves ont infligé à Larcius Macedo, un personnage de rang prétorien. C'était d'ailleurs un maître hautain et cruel, qui ne se souvenait pas assez, ou plutôt ne se souvenait que trop, que son père avait été esclave. 2 Il prenait un bain dans sa villa de Formies. Tout à coup ses esclaves l'entourent. L'un l'attaque à la gorge, l'autre le frappe au visage, un autre lui meurtrit la poitrine, le ventre et même, c'est honteux à dire, les parties intimes ; et quand ils le croient mort, ils le jettent sur le dallage brûlant pour s'assurer s'il vivait encore. Lui, ayant perdu connaissance ou fait semblant de l'avoir perdue, resta étendu immobile, leur faisant croire qu'il était bel et bien mort. 3 C'est alors seulement qu'on l'emporte comme s'il avait succombé à un coup de chaleur ; il est pris en charge par des esclaves restés fidèles, ses concubines accourent avec des lamentations et des cris. Ainsi réveillé par le bruit et ranimé par la fraîcheur de la pièce, il ouvre les yeux et fait quelques mouvements, laissant voir qu'il est en vie (il ne risquait plus rien).

praeclare, enuntiare magnifice interdum etiam barbari solent,
disponere apte, figurare uarie nisi eruditis negatum est. 4
Nec uero adfectanda sunt semper elata et excelsa. Nam ut in
pictura lumen non alia res magis quam umbra commendat,
ita orationem tam summittere quam attollere decet. 5 Sed
quid ego haec doctissimo uiro ? Quin potius illud : adnota
quae putaueris corrigenda. Ita enim magis credam cetera tibi
placere, si quaedam displicuisse cognouero. Vale.

14

C. Plinivs Acilio svo s.

Rem atrocem nec tantum epistula dignam Larcius Macedo,
uir praetorius, a seruis suis passus est, superbus alioqui
dominus et saeuus, et qui seruisse patrem suum parum,
immo nimium meminisset. 2 Lauabatur in uilla Formiana.
Repente eum serui circumsistunt. Alius fauces inuadit, alius os
uerberat, alius pectus et uentrem atque etiam, foedum dictu,
uerenda contundit ; et cum exanimem putarent, abiciunt in
feruens pauimentum ut experirentur an uiueret. Ille, siue quia
non sentiebat, siue quia se non sentire simulabat, immobilis
et extentus fidem peractae mortis impleuit. 3 Tum demum
quasi aestu solutus effertur ; excipiunt serui fideliores,
concubinae cum ululatu et clamore concurrunt. Ita et
uocibus excitatus et recreatus loci frigore sublatis oculis
agitatoque corpore uiuere se (et iam tutum erat) confitetur.

---

enuntiare *MVBF* : et nunt- *γ* ‖ figurare *codd.* : -gurae *B¹*.

§ 4 adfectanda *MVγ* : adiecta *BF* ‖ elata *MVBF* : et lata *γ* ‖ res magis
codd. : res est magis *V*.

§ 5 ego *BFγ* : egi *MV* ‖ haec *codd.* : hoc *F* ‖ illud *MVBF* : illa *γ*.

III, 14 Acilio *MBFγ* : acillio *V* ‖ § 1 epistula *codd.* : -lam *V* ‖ larcius
uel γ uel Itali : largius *MVBF* ‖ alioqui *MVBF* : aliqui *γ* ‖ saeuus *VBF* :
seuus *M¹* seruus *M²γ*.

§ 2 os *codd.* : uos *M* ‖ quia se *MVγ* : quia *BF* ‖ non sentire *MVBF* :
sentire non *γ*.

§ 3 aestu (-tus *M*) solutus *codd.* : solutus aestu *F¹* ‖ serui *codd.* : -uo
M¹ ‖ excitatus et *MVBF* : -tatos ut *γ* ‖ tutum *MVBF* : ut tum *γ*.

4 Fuite éperdue des esclaves ; la plupart ont été arrêtés, les autres sont recherchés. Quant au maître, difficilement rappelé à la vie pour quelques jours, il est mort avec la consolation de savoir les coupables punis, vengé qu'il fut de son vivant comme les autres le sont après leur mort.

5 Tu vois à combien de dangers, d'outrages, de dérisions nous sommes exposés ; personne ne peut se sentir en sécurité pour la raison qu'il est indulgent et bienveillant, car l'assassinat des maîtres ne procède pas d'un acte réfléchi, mais d'un élan criminel.

Mais en voilà assez. 6 Quoi de neuf à part cela ? Quoi ? Rien ; sinon je continuerais, car ma feuille n'est pas pleine et, puisqu'on est jour de fête, il m'est permis d'allonger ma broderie. Je vais ajouter une chose qui me vient opportunément à l'esprit, à propos du même Macedo. Un jour qu'il était dans un bain public à Rome, il se produisit un incident digne d'attention et même lourd de menaces, comme la suite l'a montré. 7 Un de ses esclaves avait légèrement touché un chevalier romain pour lui demander de les laisser passer ; le chevalier se retourna et administra non pas à l'esclave qui l'avait touché, mais à Macedo lui-même une gifle d'une telle violence qu'il faillit en tomber. 8 Ainsi le bain a été pour cet homme, par paliers en quelque sorte, le lieu d'un outrage d'abord, puis celui de sa mort. Au revoir.

15

PLINE À SON AMI SILIUS PROCULUS

Tu me demandes de lire tes écrits dans ma retraite et d'examiner s'ils méritent d'être publiés ; tu recours aux prières, tu allègues un précédent, car tu veux que je soustraie à mes études quelques-uns de mes moments perdus pour les consacrer aux tiennes ; tu ajoutes que Marcus Tullius encourageait le talent des poètes avec une admirable bienveillance. 2 Mais je n'ai pas besoin, moi, d'être prié ni exhorté, car j'ai pour la poésie en tant que telle la plus religieuse vénération et pour

4 Diffugiunt serui ; quorum magna pars comprehensa est, ceteri requiruntur. Ipse paucis diebus aegre focilatus non sine ultionis solacio decessit, ita uiuus uindicatus ut occisi solent.

5 Vides quot periculis, quot contumeliis, quot ludibriis simus obnoxii ; nec est quod quisquam possit esse securus quia sit remissus et mitis ; non enim iudicio domini, sed scelere perimuntur.

Verum haec hactenus. 6 Quid praeterea noui ? Quid ? Nihil ; alioqui subiungerem, nam et charta adhuc superest et dies feriatus patitur plura contexi. Addam quod opportune de eodem Macedone succurrit. Cum in publico Romae lauaretur, notabilis atque etiam, ut exitus docuit, ominosa res accidit. 7 Eques Romanus a seruo eius, ut transitum daret, manu leuiter admonitus conuertit se nec seruum a quo erat tactus, sed ipsum Macedonem tam grauiter palma percussit ut paene concideret. 8 Ita balineum illi quasi per gradus quosdam primum contumeliae locus, deinde exitii fuit. Vale.

15

C. Plinivs Silio Procvlo svo s.

Petis ut libellos tuos in secessu legam, examinem an editione sint digni ; adhibes preces, adlegas exemplum ; rogas enim ut aliquid subsiciui temporis studiis meis subtraham, impertiam tuis ; adicis M. Tullium mira benignitate poetarum ingenia fouisse. 2 Sed ego nec rogandus sum nec hortandus ;

§ 4 diffugiunt *codd.* : diffig- *V* ‖ aegre focilatus *MVBF* : est refociliatus *γ*.

§ 5 quot (*ter*) *codd.* : quod (*ter*) *M* ‖ simus *codd.* : sumus *V* ‖ scelere *codd.* : cel- *M*.

§ 6 quid nihil *codd.* : quod nihil *B¹* ‖ subiungerem *MVγ* : -gere *BF* ‖ charta *MVγ* : quarta *BF* ‖ contexi *codd.* : -xti *V*.

§ 7 eques *codd.* : aeques *F* ‖ tactus *codd.* : tacitus *V* ‖ palma *BF* : palam *Mγ* palamque *V* ‖ concideret *MVBF* : -rit *γ*.

§ 8 balineum *MV* : balneum *BF*.

III, 15 Silio *edd. ex indic.* : *om. codd.* ‖ § 1 editione sint digni *codd.* : -tiones indigni *M* ‖ subsiciui *MVBF* : subciui *γ* ‖ M. *BF* : marcum *MV*.

§ 2 ego nec *MVBF* : ego *γ* ‖ hortandus *MVBF* : cohor- *γ*

toi l'amitié la plus profonde. Je ferai donc ce que tu souhaites, avec autant d'attention que de plaisir. 3 Or il me semble que je peux te répondre dès maintenant que ton ouvrage est beau et qu'il ne mérite pas d'être tenu sous le boisseau, pour autant que j'ai pu en juger par les passages dont tu as donné lecture en ma présence, si toutefois ton art de la lecture ne m'en a pas imposé, car tu lis avec infiniment d'agrément et de savoir-faire. Je suis convaincu cependant que mes oreilles ne me séduisent pas au point de briser par leurs attraits toutes les pointes de mon goût ; 4 il se peut qu'elles les émoussent et les gauchissent, mais elles ne sauraient du moins les abolir ou les arracher. 5 Ce n'est donc pas à la légère que je rends dès maintenant mon jugement sur l'ensemble ; quant aux parties, je m'en ferai une opinion en les lisant. Au revoir.

16
PLINE À SON AMI NEPOS

Il me semble avoir remarqué que parmi les actions et les paroles des hommes et des femmes, les unes ont plus de réputation, les autres plus de grandeur. 2 Mon opinion a été confirmée par l'entretien que j'ai eu hier avec Fannia. Elle est la petite-fille de la célèbre Arria qui fut pour son mari à la fois une consolation et un exemple dans la mort. Elle me rapportait de sa grand-mère beaucoup de faits non moins grands que celui-là, mais moins connus ; je pense que tu éprouveras autant d'admiration en les lisant que j'en ai ressenti en les entendant raconter.

3 Caecina Paetus, son mari, était malade, et leur fils aussi, tous deux en danger de mort, à ce qu'il semblait. Le fils mourut ; il était d'une rare beauté, d'une égale pureté de mœurs, et ses parents ne l'aimaient pas moins pour ses autres qualités que parce qu'il était leur fils. 4 Elle prépara ses funérailles et

nam et poeticen ipsam religiosissime ueneror et te ualdissime
diligo. Faciam ergo quod desideras tam diligenter quam
libenter. 3 Videor autem iam nunc posse rescribere esse opus
pulchrum nec supprimendum, quantum aestimare licuit ex
iis quae me praesente recitasti, si modo mihi non imposuit
recitatio tua ; legis enim suauissime et peritissime. Confido
tamen me non sic auribus duci ut omnes aculei iudicii mei
illarum delenimentis refringantur ; 4 hebetentur fortasse et
paulum retundantur, euelli quidem extorquerique non possunt.
5 Igitur non temere iam nunc de uniuersitate pronuntio ; de
partibus experiar legendo. Vale.

16

C. Plinivs Nepoti svo s.

Adnotasse uideor facta dictaque uirorum feminarumque
alia clariora esse, alia maiora. 2 Confirmata est opinio mea
hesterno Fanniae sermone. Neptis haec Arriae illius quae
marito et solacium mortis et exemplum fuit. Multa referebat
auiae suae non minora hoc, sed obscuriora ; quae tibi existimo
tam mirabilia legenti fore quam mihi audienti fuerunt.

3 Aegrotabat Caecina Paetus maritus eius, aegrotabat et
filius, uterque mortifere, ut uidebatur. Filius decessit eximia
pulchritudine, pari uerecundia, et parentibus non minus
ob alia carus quam quod filius erat. 4 Huic illa ita funus

nam et *codd.* : nam *F* ‖ poeticen *MVBF* : -cem *γ* ‖ religiosissime *codd.* :
-mam *M* ‖ ualdissime *BF* : ualed- *M* ualid- *Vγ*.

§ 3 rescribere esse *MVγ* : *om. BF* ‖ aestimare (extim- *γ*) licuit *BFγ* :
est iam placuit *MV* ‖ iis *γ* : his *MVBF* ‖ et peritissime *BFγ* : *om. MV*.

§ 4 iudicii *MBF* : -dici *Vγ* ‖ delenimentis *B¹* : delini- *B²F* delimentis
MVγ ‖ refringantur *codd.* : refrig- *M* ‖ paulum *MVγ* : paululum *BF* ‖ euelli
MVγ : reuelli *BF*.

§ 5 legendo *BFγ* : deleg- *MV*.

III, 16 § 1 facta *codd.* : factaque *B* ‖ dictaque *codd.* : *om. B¹ add.*
B² supra lineam.

§ 2 hoc sed *MVBF* : haec est *γ* ‖ obscuriora *codd.* : obscru- *M*.

§ 3 caecina ... aegrotabat *γ et (omisso* maritus eius) *MV* : *om. BF* ‖
pari *codd.* : *om. M*.

conduisit le cortège de manière que son mari ne s'aperçût de rien ; bien plus, à chaque fois qu'elle entrait dans sa chambre, elle feignait que leur fils était en vie et même qu'il se portait mieux ; bien souvent, quand son mari lui demandait comment allait l'enfant, elle répondait : « Il s'est bien reposé, il a mangé avec appétit. » 5 Puis, quand ses larmes longtemps contenues prenaient le dessus et allaient jaillir, elle sortait ; alors elle s'abandonnait à sa douleur ; rassasiée de pleurs, elle se séchait les yeux, se composait le visage et revenait, en laissant pour ainsi dire son deuil à la porte. 6 Il est admirable sans doute, comme elle l'a fait, de dégainer une arme, de se percer la poitrine, d'en retirer le poignard et de le tendre à son mari en ajoutant ces paroles immortelles et quasi divines : « C'est sans douleur, Paetus. » Mais en agissant ainsi, en prononçant ces mots, elle avait devant les yeux la gloire et l'immortalité ; or il y a plus de grandeur, sans attendre la récompense de l'immortalité ni celle de la gloire, à dissimuler ses larmes, à cacher son deuil et à jouer encore le rôle d'une mère quand on a perdu son fils.

7 Scribonianus avait pris les armes en Illyrie contre Claude ; Paetus avait été de son parti, et après la mort de Scribonianus on l'emmenait à Rome. 8 On allait l'embarquer ; Arria priait les soldats de la laisser monter à bord avec lui. « Vous allez tout de même, dit-elle, donner à un consulaire quelques pauvres esclaves pour lui apporter sa nourriture, l'habiller, le chausser : tous ces services je les lui rendrai à moi seule. » 9 Elle n'obtint rien ; alors elle loua une barque de pêcheur et suivit l'énorme bateau sur cette minuscule embarcation.

C'est elle aussi qui en présence de Claude dit à la femme de Scribonianus, au moment où celle-ci allait faire des révélations : « Moi, je t'entendrais, quand Scribonianus a été tué entre tes bras, et que tu es toujours en vie ! » Ce qui montre bien que la décision de sa mort glorieuse ne lui est pas venue à l'improviste.

parauit, ita duxit exsequias ut ignoraret maritus ; quin immo, quotiens cubiculum eius intraret, uiuere filium atque etiam commodiorem esse simulabat, ac persaepe interroganti quid ageret puer, respondebat : « Bene quieuit, libenter cibum sumpsit. » 5 Deinde, cum diu cohibitae lacrimae uincerent prorumperentque, egrediebatur ; tunc se dolori dabat ; satiata siccis oculis, composito uultu redibat, tamquam orbitatem foris reliquisset. 6 Praeclarum quidem illud eiusdem, ferrum stringere, perfodere pectus, extrahere pugionem, porrigere marito, addere uocem immortalem ac paene diuinam : « Paete, non dolet. » Sed tamen ista facienti, ista dicenti gloria et aeternitas ante oculos erant ; quo maius est sine praemio aeternitatis, sine praemio gloriae abdere lacrimas, operire luctum amissoque filio matrem adhuc agere.

7 Scribonianus arma in Illyrico contra Claudium mouerat ; fuerat Paetus in partibus et occiso Scriboniano Romam trahebatur. 8 Erat ascensurus nauem ; Arria milites orabat ut simul imponeretur. « Nempe enim, inquit, daturi estis consulari uiro seruolos aliquos, quorum e manu cibum capiat, a quibus uestiatur, a quibus calcietur : omnia sola praestabo. » 9 Non impetrauit ; conduxit piscatoriam nauculam, ingensque nauigium minimo secuta est.

Eadem apud Claudium uxori Scriboniani, cum illa profiteretur indicium, « Ego, inquit, te audiam, cuius in gremio Scribonianus occisus est, et uiuis ? » Ex quo manifestum est ei consilium pulcherrimae mortis non subitum fuisse.

---

§ 4 exsequias $BF^2\gamma$: exeq- MVF^1 ‖ interroganti $MVBF$: -gante γ.

§ 5 tunc $MV\gamma$: tum BF ‖ redibat $BF\gamma$: -iebat MV ‖ reliquisset *codd.* : relinq- V.

§ 6 eiusdem ... pugionem *om.* M^1 *add.* M^2 *ima pag.* ‖ paete non dolet $BF\gamma$: non dolet paete MV ‖ ista dicenti $MV\gamma$: dicenti BF ‖ quo $BF\gamma$: quod MV ‖ aeternitatis sine praemio $MVBF$: *om.* γ.

§ 7 in illyrico $MV\gamma$: illyrico BF ‖ et $MV\gamma$: *om.* BF.

§ 8 consulari *codd.* : -solari B^1 ‖ uiro *codd.* : uero M ‖ seruolos MV : seruul- $BF\gamma$ ‖ capiat MBF : accipiat $V\gamma$ ‖ praestabo $MVBF$: -tabit γ.

§ 9 nauculam MV : nauicul- $BF\gamma$ ‖ nauigium $MVBF$: nauium γ ‖ indicium *codd.* : iud- M^1 ‖ occisus (-issus B) est MBF : occisus $V\gamma$ ‖ manifestum *codd.* : -tus M.

10 Mieux encore : quand Thrasea, son gendre, la suppliait de ne pas s'obstiner à vouloir mourir et qu'il lui disait, entre autres arguments : « Veux-tu donc que ta fille, s'il faut un jour que je disparaisse, meure avec moi ? » elle répondit : « Si elle a vécu avec toi aussi longtemps et dans la même harmonie que moi avec Paetus, oui, je le veux. » 11 Cette réponse avait augmenté l'inquiétude des siens et on la surveillait plus attentivement ; elle s'en aperçut et dit : « Vous perdez votre peine : vous pouvez me rendre la mort difficile, vous ne pouvez pas me la rendre impossible. » 12 Sur ces mots elle bondit de son fauteuil, se frappa la tête contre le mur d'en face de toute la force de son élan et s'écroula. On la fit revenir à elle. « Je vous avais annoncé, dit-elle, que je trouverais de quoi me frayer un chemin vers la mort, si dur soit-il, si vous m'en refusiez un facile. » 13 Ces paroles ne te paraissent-elles pas empreintes de plus de grandeur que le fameux « Paetus, c'est sans douleur » auquel elles ont ouvert la voie ? Et cependant les unes jouissent partout d'une immense renommée, tandis que les autres n'en ont aucune. D'où l'on peut conclure, comme je l'ai dit au début, que certains faits ont plus de réputation, d'autres plus de grandeur. Au revoir.

17

PLINE À SON AMI JULIUS SERVIANUS

Tout va-t-il bien, qu'aucune lettre de toi ne me parvient plus depuis longtemps ? Ou est-ce que tout va bien, mais que c'est toi qui es trop occupé ? Ou alors tu n'es pas trop occupé, mais les occasions d'écrire sont rares ou nulles ? 2 Enlève-moi cette inquiétude que je ne peux plus supporter, enlève-la moi au besoin en m'envoyant un courrier tout exprès. Je lui paierai le voyage, je lui donnerai même une gratification, pourvu qu'il m'apporte les nouvelles que j'ai envie d'entendre. 3 Quant à moi je vais bien, si c'est aller bien que de vivre dans l'incertitude et l'anxiété, à attendre d'heure en heure et à craindre pour un être si cher tous les accidents qui menacent l'humanité. Au revoir.

10 Quin etiam, cum Thrasea, gener eius, deprecaretur ne mori pergeret interque alia dixisset : « Vis ergo filiam tuam, si mihi pereundum fuerit, mori mecum ? » respondit : « Si tam diu tantaque concordia uixerit tecum quam ego cum Paeto, uolo. » 11 Auxerat hoc responso curam suorum ; attentius custodiebatur ; sensit et : « Nihil agitis, inquit, potestis enim efficere ut male moriar, ut non moriar non potestis. » 12 Dum haec dicit, exsiluit cathedra aduersoque parieti caput ingenti impetu impegit et corruit. Focilata « Dixeram, inquit, uobis inuenturam me quamlibet duram ad mortem uiam, si uos facilem negassetis. » 13 Videnturne haec tibi maiora illo « Paete, non dolet » ad quod per haec peruentum est ? Cum interim illud quidem ingens fama, haec nulla circumfert. Vnde colligitur quod initio dixi, alia esse clariora, alia maiora. Vale.

17

C. PLINIVS IVLIO SERVIANO SVO S.

Rectene omnia, quod iam pridem epistulae tuae cessant ? An omnia recte, sed occupatus es tu ? An tu non occupatus, sed occasio scribendi uel rara uel nulla ? 2 Exime hunc mihi scrupulum, cui par esse non possum, exime autem uel data opera tabellario misso. Ego uiaticum, ego etiam praemium dabo, nuntiet modo quod opto. 3 Ipse ualeo, si ualere est suspensum et anxium uiuere, exspectantem in horas timentemque pro capite amicissimo quidquid accidere homini potest. Vale.

§ 10 thrasea (tra- *BF*) *MBF* : -seam *V* ‖ dixisset uis *MV*γ : dixisse tu is *BF*.

§ 11 ut non *MV*γ : ne *BF*.

§ 12 exsiluit γ (?) *edd.* : exil- *MVBF* ‖ cathedra *MV*γ : -dram *BF* ‖ et *MVBF* : *om.* γ ‖ dixeram *codd.* : -rem *B¹* ‖ facilem *MV*γ : facerem *B¹* facere *B²F*.

§ 13 uidenturne *codd.* : -turque *B¹* ‖ illo *BF*γ : *om. MV*.

III, 17 Iulio *edd. ex indic.* : *om. codd.* ‖ seruiano *BF* : fer- γ seueriano *MV* ‖ § 1 occasio (hocc- *B*) *MVBF* : occupatio γ.

§ 2 hunc *codd.* : nunc *B¹* ‖ misso *codd.* : miso *V* ‖ nuntiet modo *codd.* : nuntiet mihi modo *M*.

§ 3 si *codd.* : se *B¹* ‖ timentemque *MVBF* : timentem γ.

18
PLINE À SON AMI VIBIUS SEVERUS

Les devoirs du consulat m'ont imposé d'adresser au nom de l'État des remerciements au Prince. Après l'avoir fait au Sénat en tenant compte du cadre et des circonstances, comme le veut la tradition, j'ai estimé que ce qui convenait le mieux à un bon citoyen était de reprendre les mêmes arguments en un volume plus ample et plus copieux. 2 Je voulais d'abord faire valoir à notre empereur, par des louanges sincères, les vertus qui sont les siennes, puis montrer aux princes à venir, non sur un ton magistral, mais à la lumière d'un exemple, quelle était la route qui leur permettrait le mieux d'atteindre à la même gloire. 3 Car enseigner ce que doit être un prince est une noble tâche sans doute, mais pesante et plutôt présomptueuse ; en revanche faire l'éloge d'un excellent prince et montrer ainsi à ses successeurs, comme du haut d'un observatoire, la lumière qu'ils ont à suivre, c'est faire œuvre tout aussi utile, mais sans arrogance.

4 Il y a une chose qui ne m'a pas fait un mince plaisir : ayant décidé de donner lecture de mon ouvrage à mes amis, je les avais fait informer non par des cartons d'invitation ou des programmes, mais en leur disant « si cela ne te gêne pas » ou « si tu as vraiment le temps, » (et, comme tu sais, on n'a jamais le temps à Rome et c'est toujours une gêne d'aller écouter une lecture). De plus, il faisait un temps détestable : or ils sont venus à mon invitation deux jours de suite, et quand par discrétion j'ai voulu arrêter là ma lecture, ils m'ont demandé d'ajouter une troisième journée. 5 Est-ce à moi que je dois attribuer cet honneur ou à nos études ? Je préfère que ce soit à nos études, qui étaient presque éteintes et qui maintenant revivent.

18

C. Plinivs Vibio Severo svo s.

Officium consulatus iniunxit mihi ut rei publicae nomine principi gratias agerem. Quod ego in senatu cum ad rationem et loci et temporis ex more fecissem, bono ciui conuenientissimum credidi eadem illa spatiosius et uberius uolumine amplecti, 2 primum ut imperatori nostro uirtutes suae ueris laudibus commendarentur, deinde ut futuri principes non quasi a magistro, sed tamen sub exemplo praemonerentur, qua potissimum uia possent ad eandem gloriam niti. 3 Nam praecipere qualis esse debeat princeps, pulchrum quidem sed onerosum ac prope superbum est ; laudare uero optimum principem ac per hoc posteris uelut e specula lumen quod sequantur ostendere, idem utilitatis habet, adrogantiae nihil.

4 Cepi autem non mediocrem uoluptatem quod hunc librum cum amicis recitare uoluissem, non per codicillos, non per libellos, sed « si commodum » et « si ualde uacaret » admoniti (numquam porro aut ualde uacat Romae aut commodum est audire recitantem), foedissimis insuper tempestatibus per biduum conuenerunt, cumque modestia mea finem recitationi facere uoluisset, ut adicerem tertium diem exegerunt. 5 Mihi hunc honorem habitum putem an studiis ? Studiis malo, quae prope exstincta refouentur.

III, 18 Vibio *Mommsen* : uirio *F om. MVBγ* ‖ § 1 iniunxit *MVBF* : -xisti *γ* ‖ publicae *Fγ* : p. (*sic*) *MVB* ‖ quod *MVBF* : cum *γ* ‖ loci *codd.* : loce *B¹*.

§ 2 ut *MVBF* : om. *γ* ‖ quasi a *MBF* : quasi *Vγ* ‖ possent *codd.* : posse *B¹* ‖ eandem *codd.* : eadem *B¹* ‖ niti *MV²B²Fγ* : om. *V¹B¹*.

§ 3 ac prope *MVγ* : hac prope *BF* ‖ ac per *M²Vγ* : hac per *BF* a *M¹* ‖ utilitatis *codd.* : -litas *F* ‖ adrogantiae *MVB¹* : arrog- *B²F*.

§ 4 codicillos *MV* : -cellos *B²F* quo dicilos *B¹* ‖ admoniti (atm- *B¹*) *BFγ* : -nui *MV* ‖ ut *codd.* : om. *B¹*.

§ 5 mihi *MVBF* : nihil *γ* ‖ studiis (*bis*) *MVγ* : (*semel*) *BF* ‖ malo *BF* : mallo *MV* ‖ exstincta *γ* (?) *edd.* : exti- *MVBF*.

6 D'ailleurs quel est le sujet qui a motivé une telle assiduité ? Un sujet que même au Sénat, où il fallait bien le supporter, nous trouvions importun au bout d'un court moment ; et il se trouve aujourd'hui des personnes pour en donner lecture et l'entendre traiter trois jours durant, non que ces discours soient plus éloquents qu'autrefois, mais parce qu'on les écrit avec plus de liberté, donc aussi avec plus de plaisir. 7 Et voilà encore un point qui va s'ajouter aux éloges de notre Prince : c'est qu'une matière auparavant aussi mal vue que mensongère soit devenue maintenant à la fois véridique et agréable.

8 Pour ma part j'ai beaucoup admiré l'empressement des auditeurs, mais aussi leur goût ; j'ai remarqué en effet que les passages les moins ornés étaient ceux qui leur plaisaient peut-être le plus. 9 Je n'oublie pas, sans doute, que j'ai lu devant un petit nombre de personnes ce que j'ai écrit pour tout le monde ; il n'empêche : je m'attends à ce que tous aient le même jugement et je me réjouis du goût sévère de mes auditeurs. Et si jadis au théâtre le public a appris aux solistes à mal chanter, j'en viens à espérer aujourd'hui que ce même public leur apprendra peut-être à chanter juste. 10 Car tous ceux qui écrivent pour plaire écriront en fonction de ce qu'ils croient susceptible de plaire. Pour ma part, je suis convaincu que dans le genre de sujet que je traite une rédaction un tant soit peu fleurie est justifiée, puisque ce sont les parties au style serré et concis, plus que celles qui sont souriantes et quasi exubérantes, qui peuvent paraître empruntées et artificielles. Je n'en souhaite pas moins ardemment que vienne enfin le jour (et puisse-t-il être déjà venu !) où les parties austères et sévères feront reculer celles qui sont aimables et charmantes, même là où leur présence paraît légitime.

11 Voilà mes faits et gestes pendant trois jours ; en te les faisant connaître j'ai voulu que malgré ton absence tu prennes autant de plaisir au nom des belles-lettres et au mien que tu aurais pu en ressentir si tu avais été là. Au revoir.

6 At cui materiae hanc sedulitatem praestiterunt ? Nempe quam in senatu quoque, ubi perpeti necesse erat, grauari tamen uel puncto temporis solebamus, eandem nunc et qui recitare et qui audire triduo uelint inueniuntur, non quia eloquentius quam prius, sed quia liberius ideoque etiam libentius scribitur. 7 Accedet ergo hoc quoque laudibus principis nostri, quod res antea tam inuisa quam falsa, nunc ut uera ita amabilis facta est.

8 Sed ego cum studium audientium tum iudicium mire probaui ; animaduerti enim seuerissima quaeque uel maxime satisfacere. 9 Memini quidem me non multis recitasse quod omnibus scripsi, nihilo minus tamen, tamquam sit eadem omnium futura sententia, hac seueritate aurium laetor, ac sicut olim theatra male musicos canere docuerunt, ita nunc in spem adducor posse fieri ut eadem theatra bene canere musicos doceant. 10 Omnes enim qui placendi causa scribunt qualia placere uiderint scribent. Ac mihi quidem confido in hoc genere materiae laetioris stili constare rationem, cum ea potius quae pressius et adstrictius quam illa quae hilarius et quasi exsultantius scripsi, possint uideri accersita et inducta. Non ideo tamen segnius precor ut quandoque ueniat dies (utinamque iam uenerit !) quo austeris illis seuerisque dulcia haec blandaque uel iusta possessione decedant.

11 Habes acta mea tridui ; quibus cognitis uolui tantum te uoluptatis absentem et studiorum nomine et meo capere, quantum praesens percipere potuisses. Vale.

---

§ 6 at *BFγ* : ad *MV* ‖ sedulitatem *codd.* : sed utili- *B* ‖ quam *BFγ* : qua *MV* ‖ eandem *MVB²F* : ead- *B¹γ* ‖ ideoque *BFγ* : ideo *MV*.

§ 8 animaduerti enim *Mγ* : anima aduerti enim *V* aduerti enim *B²F* enim aduerti enim *B¹* ‖ seuerissima *BFγ* : uer- *MV*.

§ 9 non multis *MVBF* : multis *γ* ‖ sit *MVγ* : si *BF* ‖ hac *MVγ* : ac *BF*.

§ 10 constare *codd.* : constacere *B* ‖ pressius *MVγ* : pressus *BF* ‖ accersita *MBF* : -tate *V* arcessita *γ* ‖ inducta *codd.* : -duta *F¹* ‖ ueniat *MVγ* : -niet *BF*.

§ 11 tantum te *MVBF* : te tantum *γ* ‖ et studiorum *BFγ* : studiorum *MV*.

19

Je t'invite, selon mon habitude, à prendre part à un conseil sur mon patrimoine. Une propriété voisine et même enclavée dans mes terres est à vendre. J'y trouve bien des choses qui m'attirent, et d'autres, non moindres, qui m'en détournent. 2 Ce qui m'attire, c'est d'abord le bel effet que produirait la jonction ; ensuite la possibilité, aussi utile qu'agréable, de visiter les deux domaines en une seule occasion et moyennant les frais d'un seul voyage, de les confier à un même intendant et quasiment aux mêmes gérants, d'habiter et d'embellir l'une des villas et de se contenter d'entretenir l'autre. 3 Je fais entrer dans ce calcul la dépense du mobilier, celle des domestiques, des jardiniers, des ouvriers et même celle de l'équipage de chasse ; car il y a une grande différence selon qu'on réunit tout cela en un même endroit ou qu'on le disperse en plusieurs. 4 D'un autre côté je crains qu'il ne soit imprudent d'exposer une si grande propriété aux mêmes effets du climat, aux mêmes aléas ; il paraît plus sûr de faire face aux caprices de la fortune avec des propriétés séparées. Il y a aussi beaucoup d'agrément à changer de région et d'air et, tout simplement, à voyager d'un de ses domaines à l'autre.

5 Puis, et c'est le point capital de notre délibération, le terrain est fertile, gras, bien irrigué ; il se compose de terres labourables, de vignes, de forêts qui fournissent du bois dont on peut tirer un revenu modeste mais sûr. 6 Pourtant cette fertilité est mise à mal par le faible rendement des cultivateurs. Car le précédent propriétaire a plusieurs fois vendu leurs instruments laissés en gage ; diminuant ainsi pour un temps les arriérés des fermiers, il a tari leurs capacités pour la suite, et cette déficience a fait grossir à nouveau leurs arriérés.

19
C. Plinivs Calvisio Rvfo svo s.

Adsumo te in consilium rei familiaris, ut soleo. Praedia agris meis uicina atque etiam inserta uenalia sunt. In his me multa sollicitant, aliqua nec minora deterrent. 2 Sollicitat primum ipsa pulchritudo iungendi ; deinde, quod non minus utile quam uoluptuosum, posse utraque eadem opera, eodem uiatico inuisere, sub eodem procuratore ac paene isdem actoribus habere, unam uillam colere et ornare, alteram tantum tueri. 3 Inest huic computationi sumptus supellectilis, sumptus atriensium, topiariorum, fabrorum atque etiam uenatorii instrumenti ; quae plurimum refert unum in locum conferas an in diuersa dispergas. 4 Contra uereor ne sit incautum rem tam magnam isdem tempestatibus, isdem casibus subdere ; tutius uidetur incerta fortunae possessionum uarietatibus experiri. Habet etiam multum iucunditatis soli caelique mutatio ipsaque illa peregrinatio inter sua.

5 Iam, quod deliberationis nostrae caput est, agri sunt fertiles, pingues, aquosi ; constant campis, uineis, siluis, quae materiam et ex ea reditum sicut modicum ita statum praestant. 6 Sed haec felicitas terrae imbecillis cultoribus fatigatur. Nam possessor prior saepius uendidit pignora, et dum reliqua colonorum minuit ad tempus, uires in posterum exhausit, quarum defectione rursus reliqua creuerunt.

III, 19 Rufo *F* : *om. MVBγ* ‖ § 1 meis *MVBF* : mei *γ*.

§ 2 sollicitat *MVF* : -tant *Bγ* ‖ paene *codd.* : poene *M* ‖ actoribus (hact- *B*) *MBF* : accusat- *V*.

§ 3 supellectilis sumptus *MVBF* : *om. γ* ‖ topiariorum *codd.* : -rioro *B¹* ‖ fabrorum *codd.* : faurorum *B* ‖ uenatorii *MF* : -tori *Bγ* -torū *V*.

§ 4 isdem (hisd- *BF*) casibus *BFγ* : *om. MV*.

§ 5 iam (*om. B¹*) quod *MVBF* : quod iam *γ* ‖ et ex ea *BF* : ex ea *MV om. γ* ‖ statum *MVB¹γ* : statutum *B²F*.

§ 6 ad *codd.* : at *V* ‖ posterum *BFγ* : postremum *MV* ‖ quarum *BFγ* : quorum *MV* ‖ creuerunt *MVBF* : -rint *γ*.

7 Il faut donc les équiper en esclaves, d'autant plus chers qu'ils seront de qualité, car je n'emploie nulle part des esclaves enchaînés et par ici personne n'en a.

Il me reste à te faire savoir à quel prix on pourrait, semble-t-il, l'acheter : trois millions de sesterces, non qu'autrefois il n'en ait valu cinq, mais la pénurie actuelle des fermiers et les conditions défavorables de notre époque ont fait baisser le revenu des terres et donc aussi leur prix. 8 Tu me demandes si je peux réunir facilement même ces trois millions ; il est vrai que presque tout mon avoir est en domaines ; mais j'ai quelque argent placé, et il ne me sera pas difficile d'emprunter ; ma belle-mère m'en avancera : je puise dans sa caisse comme si c'était la mienne. 9 Ce point donc ne doit pas t'inquiéter, si les autres ne te paraissent pas dissuasifs, et ce sont eux que je voudrais que tu examines avec la plus grande attention. Car en toute matière, et particulièrement dans la gestion d'une fortune, tu possèdes énormément d'expérience et de savoir-faire. Au revoir.

20
PLINE À SON AMI MAESIUS MAXIMUS

Tu t'en souviens ? Tu as souvent appris dans tes lectures quels violents conflits a provoqués la loi sur le suffrage secret, et combien elle a valu à son auteur de gloire ou de critiques. 2 Eh bien aujourd'hui, au Sénat, on a adopté sans aucune opposition cette procédure comme étant la meilleure ; tous, le jour des comices, ont réclamé des tablettes. 3 Il faut dire que nous avions dépassé, dans nos scrutins publics à haute voix, le désordre des assemblées populaires. On ne savait plus ni observer son tour de parole, ni garder un silence réservé, ni même rester à sa place avec dignité. 4 Ce n'étaient de tous

7 Sunt ergo instruendi, eo pluris quod frugi, mancipiis ; nam
nec ipse usquam uinctos habeo nec ibi quisquam.

Superest ut scias quanti uideantur posse emi : sestertio
triciens, non quia non aliquando quinquagiens fuerint, uerum
et hac penuria colonorum et communi temporis iniquitate ut
reditus agrorum sic etiam pretium retro abiit. 8 Quaeris an
hoc ipsum triciens facile colligere possimus. Sum quidem
prope totus in praediis, aliquid tamen fenero, nec molestum
erit mutuari ; accipiam a socru, cuius arca non secus ac mea
utor. 9 Proinde hoc te non moueat, si cetera non refragantur,
quae uelim quam diligentissime examines. Nam cum in
omnibus rebus tum in disponendis facultatibus plurimum
tibi et usus et prouidentiae superest. Vale.

20

C. PLINIVS MAESIO MAXIMO SVO S.

Meministine te saepe legisse quantas contentiones
excitarit lex tabellaria, quantumque ipsi latori uel gloriae
uel reprehensionis attulerit ? 2 At nunc in senatu sine
ulla dissensione hoc idem ut optimum placuit ; omnes
comitiorum die tabellas postulauerunt. 3 Excesseramus sane
manifestis illis apertisque suffragiis licentiam contionum.
Non tempus loquendi, non tacendi modestia, non denique
sedendi dignitas custodiebatur. 4 Magni undique dissonique

---

§ 7 pluris *MVγ* : -res *BF* ‖ mancipiis *MVBF* : -pis *γ* ‖ usquam *MVBF* :
unq- *γ* ‖ ibi *codd.* : ipsi *M* ‖ posse *MVBF* : *om.* *γ* ‖ triciens *γ* (?) *edd.* :
-cies *MVBF* ‖ quinquagiens *γ* (?) *edd.* : -gies *MVF* quinquaies *B* ‖ abiit *MV*
MV : hab- *BF* auit *γ*.

§ 8 triciens *ut supra, sed* trices *B¹* ‖ sum quidem *codd.* : sunt quidam
B¹ ‖ fenero *M* : fenore (faen- *V*) *VBFγ* ‖ nec *codd.* : *om.* *F¹* ‖ mutuari
codd. : mat- *B¹* ‖ arca *MV* : archa *BF* ‖ ac mea utor *Mγ* : hac (ac *V*) me
auctor *VBF*.

§ 9 refragantur *codd.* : -frangatur *B* ‖ examines *MVBF* : -animes *γ*.

III, 20 Maesio *edd. ex indic.* : mesio *F om. MVBγ*.

§ 2 at *BFγ* : ad *MV* ‖ senatu *codd.* : -tus *M* ‖ hoc idem *codd.* : hoc
quidem *F* ‖ tabellas *codd.* : -lla *B¹*.

§ 3 non tacendi *BFγ* : nec tacendi *V* nec non tacendi *M* ‖ sedendi
MVγ : -nti *BF*.

côtés que clameurs discordantes, tous se portaient en avant avec leurs candidats, il se formait dans l'enceinte de nombreuses files et autant de groupes, dans une indécente confusion ; tant nous nous étions écartés des coutumes de nos pères, chez qui l'ordre, la réserve et le calme respectaient toujours la majesté et l'honneur du lieu.

5 Il existe encore des vieillards à qui j'aime entendre raconter le déroulement normal des comices : à l'appel du nom d'un candidat, profond silence ; l'intéressé parlait pour lui-même, décrivait sa vie, citait pour leur témoignage et leurs éloges soit celui sous les ordres de qui il avait servi comme légat, soit celui dont il avait été questeur, soit l'un et l'autre quand il le pouvait, et ajoutait quelques-uns de ceux qui soutenaient sa candidature ; ces derniers s'exprimaient avec dignité et en peu de mots. Cela faisait plus d'effet que des supplications. 6 Parfois le candidat attaquait la naissance d'un concurrent, ou son âge, ou même sa moralité. Le Sénat l'écoutait avec une gravité de censeur. Et ainsi les élections se gagnaient au mérite plus souvent qu'à l'influence.

7 Ces usages, désormais corrompus par la pratique immodérée de l'intrigue, nous ont fait recourir au suffrage secret en guise de remède ; et pendant quelque temps ce fut un vrai remède, car il était nouveau et inhabituel. 8 Mais je crains qu'à mesure que le temps passe le remède lui-même ne produise de nouveaux abus. Le danger, en effet, c'est que dans le secret des suffrages ne s'insinuent des comportements impudents, car combien sont-ils à garder le même souci de l'honneur en secret qu'en public ? 9 Beaucoup craignent l'opinion publique, bien peu leur conscience. Mais je m'inquiète trop vite de l'avenir ; en attendant, grâce au vote à bulletins secrets, nous aurons les magistrats qui méritaient le plus d'être élus. Car les choses se sont passées dans ces comices comme dans les procès des récupérateurs : saisis pour ainsi dire à l'improviste nous avons été des juges impartiaux.

10 Si je t'écris cela, c'est d'abord pour te donner des nouvelles, et ensuite pour te parler quelquefois des affaires de l'État, une matière dont l'occasion se présente plus rarement

clamores, procurrebant omnes cum suis candidatis, multa agmina in medio multique circuli et indecora confusio ; adeo desciueramus a consuetudine parentum, apud quos omnia disposita, moderata, tranquilla maiestatem loci pudoremque retinebant.

5 Supersunt senes ex quibus audire soleo hunc ordinem comitiorum : citato nomine candidati, silentium summum ; dicebat ipse pro se, explicabat uitam suam, testes et laudatores dabat uel eum sub quo militauerat, uel eum cui quaestor fuerat, uel utrumque si poterat ; addebat quosdam ex suffragatoribus ; illi grauiter et paucis loquebantur. Plus hoc quam preces proderat. 6 Non numquam candidatus aut natales competitoris aut annos aut etiam mores arguebat. Audiebat senatus grauitate censoria. Ita saepius digni quam gratiosi praeualebant.

7 Quae nunc immodico fauore corrupta ad tacita suffragia quasi ad remedium decucurrerunt ; quod interim plane remedium fuit, erat enim nouum et subitum. 8 Sed uereor ne procedente tempore ex ipso remedio uitia nascantur. Est enim periculum ne tacitis suffragiis impudentia inrepat. Nam quoto cuique eadem honestatis cura secreto quae palam ? 9 Multi famam, conscientiam pauci uerentur. Sed nimis cito de futuris : interim beneficio tabellarum habebimus magistratus qui maxime fieri debuerunt. Nam ut in reciperatoriis iudiciis, sic nos in his comitiis quasi repente adprehensi sinceri iudices fuimus.

10 Haec tibi scripsi, primum ut aliquid noui scriberem, deinde ut non numquam de re publica loquerer, cuius materiae nobis quanto rarior quam ueteribus occasio, tanto minus

§ 4 multique *BFγ* : -taque *MV* ‖ desciueramus *codd.* : descibera- *B* ‖ parentum *MVBF* : -tium *γ*.

§ 5 militauerat *BFγ* : legatus *MV* ‖ cui *MVBF* : sub quo *γ* ‖ paucis *MVBF* : parce *γ*.

§ 6 competitoris *MV* : conpedito- *F* conpotito- *B*.

§ 8 suffragiis ... honestatis *om. B¹ add. B² in marg.* ‖ inrepat *codd.* : incre- *M* ‖ cura *BFγ* : cum *MV*.

§ 9 reciperatoriis *codd.* : -toris *M* ‖ adprehensi *MVBF* : -prensi *γ*.

§ 10 scriberem *BFγ* : -rim *MV*.

qu'à nos prédécesseurs et qu'il faut d'autant moins laisser
échapper. 11 Et puis, par Hercule, jusqu'à quand ces banalités :
« Comment vas-tu ? Es-tu en bonne santé ? » Donnons à nos
lettres aussi un contenu moins terre-à-terre, moins insignifiant,
moins limité à nos intérêts privés. 12 Il est vrai que tout
dépend d'un homme qui, dans l'intérêt général, s'est chargé
seul des soucis et des tracas de tous ; mais par une heureuse
combinaison, des sortes de ruisseaux coulent jusqu'à nous de
cette source généreuse ; nous pouvons y boire nous-mêmes
et pour ainsi dire en faire profiter par nos lettres nos amis
absents. Au revoir.

21

PLINE À SON AMI CORNELIUS PRISCUS

J'apprends que Martial nous a quittés et cela me fait de
la peine. C'était un homme qui avait du talent, de l'esprit,
de la vivacité ; il mettait dans ses écrits beaucoup de piquant
et de mordant, mais non moins de sincérité. 2 Je m'étais fait
un plaisir de lui offrir, à son départ, l'argent du voyage ; je
l'avais accordé à notre amitié, je l'avais accordé aussi aux
jolis vers qu'il a composés sur moi. 3 C'était une coutume
chez les Anciens, que ceux qui avaient écrit des éloges de
personnalités ou de villes se voient récompenser par des
honneurs ou des sommes d'argent ; mais à notre époque,
comme d'autres usages beaux et nobles, celui-ci a été un des
premiers à tomber en désuétude. Car depuis que nous avons
cessé d'avoir une conduite louable, nous pensons que les
louanges aussi n'ont plus lieu d'être.

4 Tu me demandes quels sont ces jolis vers pour lesquels
je lui ai témoigné ma reconnaissance. Je te renverrais au
volume lui-même, si je n'en savais quelques-uns par cœur ;
s'ils te plaisent, tu chercheras les autres dans son livre. 5 Il
s'adresse à la Muse, lui demande de s'enquérir de ma maison
aux Esquilies et de s'y présenter avec respect :

omittenda est. 11 Et hercule quousque illa uulgaria « Quid
agis ? Ecquid commode uales ? » Habeant nostrae quoque
litterae aliquid non humile nec sordidum nec priuatis rebus
inclusum. 12 Sunt quidem cuncta sub unius arbitrio, qui pro
utilitate communi solus omnium curas laboresque suscepit ;
quidam tamen salubri temperamento ad nos quoque uelut
riui ex illo benignissimo fonte decurrunt, quos et haurire
ipsi et absentibus amicis quasi ministrare epistulis possumus.
Vale.

21

C. Plinivs Cornelio Prisco svo s.

Audio Valerium Martialem decessisse et moleste fero.
Erat homo ingeniosus, acutus, acer, et qui plurimum in
scribendo et salis haberet et fellis nec candoris minus. 2
Prosecutus eram uiatico secedentem ; dederam hoc amicitiae,
dederam etiam uersiculis quos de me composuit. 3 Fuit
moris antiqui, eos qui uel singulorum laudes uel urbium
scripserant, aut honoribus aut pecunia ornare ; nostris uero
temporibus ut alia speciosa et egregia, ita hoc in primis
exoleuit. Nam postquam desimus facere laudanda, laudari
quoque ineptum putamus.

4 Quaeris qui sint uersiculi quibus gratiam rettuli ?
Remitterem te ad ipsum uolumen, nisi quosdam tenerem ;
tu, si placuerint hi, ceteros in libro requires. 5 Adloquitur
Musam, mandat ut domum meam Esquilis quaerat, adeat
reuerenter :

§ 11 agis *codd.* : ages *B¹* ‖ ecquid *MV* : eo quid *B¹* eho quid *B²F* et
quid *γ* ‖ nostrae quoque *MVBF* : quoque nostrae *γ*.

§ 12 ex illo *MVBF* : ab illo *γ*.

III, 21 Cornelio *F* : *om. MVBγ* ‖ § 1 in *codd.* : *om. B¹* ‖ haberet
codd. : -re *V*.

§ 3 fuit *MVBF* : erat *γ* ‖ antiqui *MVB¹γ* : -quis *B²F* ‖ exoleuit *codd.* :
-lebit *B¹* ‖ desimus *MVγ* : -siimus *BF*.

§ 4 rettuli *MV* : retuli *BF* retulerim *γ* ‖ remitterem *MVBF* : mitt- *γ*.

§ 5 esquilis *MV* : -liis *BF* etquillis *uel sim. γ* ‖ quaerat *codd.* : requirat *F*

Cependant garde-toi de mal choisir ton heure,
en frappant dans l'ivresse à sa porte savante :
il consacre ses jours à l'austère Minerve
et veut faire écouter à tous les centumvirs
des discours que nos lointains descendants
compareront peut-être à ceux de l'Arpinate.
Tu courras moins de risque aux lumières du soir :
c'est là son heure, où Lyée se déchaîne,
quand triomphe la rose,
quand les cheveux ruissellent de parfums.
C'est alors le moment où même les Catons,
si sévères soient-ils, devront lire mes vers.

6 Un homme qui a écrit cela sur moi, n'ai-je pas eu raison, à l'époque, de lui exprimer toute mon amitié lors de son départ, et aujourd'hui de pleurer sa mort comme celle d'un ami très cher ? Il m'a donné ce qu'il pouvait de mieux, et il m'aurait donné davantage, s'il avait pu. D'ailleurs que peut-on donner à l'homme de plus important que la renommée, la gloire et l'immortalité ? On me dira que les vers qu'il a écrits ne seront pas immortels ; peut-être pas, mais lui les a écrits en pensant qu'ils le seraient. Au revoir.

Sed ne tempore non tuo disertam
pulses ebria ianuam uideto.
Totos dat tetricae dies Mineruae,
dum centum studet auribus uirorum
hoc quod saecula posterique possint
Arpinis quoque comparare chartis.
Seras tutior ibis ad lucernas ;
haec hora est tua, cum furit Lyaeus,
cum regnat rosa, cum madent capilli.
Tunc me uel rigidi legant Catones.

6 Meritone eum qui haec de me scripsit et tunc dimisi
amicissime et nunc ut amicissimum defunctum esse doleo ?
Dedit enim mihi quantum maximum potuit, daturus amplius
si potuisset. Tametsi quid homini potest dari maius quam
gloria et laus et aeternitas ? At non erunt aeterna quae
scripsit ; non erunt fortasse, ille tamen scripsit tamquam
essent futura. Vale.

uideto *VF*γ : uide// *B* uide *M* ‖ totos *MVBF* : totas γ ‖ tetricae *codd.* :
terticae *B¹ ut uid.* ‖ arpinis *codd.* : tarp- *V* ‖ tutior *codd.* : tutor *B¹* ‖ hora
codd. : ora *M* ‖ tua *MV*γ : qua *BF* ‖ furit *BF*γ : fuit *MV* ‖ cum (*bis*) *MVBF* :
dum (*bis*) γ ‖ me *codd.* : *om. V*.
    § 6 de me *codd.* : des ne *V* ‖ scripsit *MVBF* : *om.* γ ‖ nunc ut *codd.* :
nunc *M* ‖ maximum *MVBF* : -xime γ ‖ et laus *codd.* : laus *F* ‖ aeternitas
*MV*γ : aeternitas harum *BF* ‖ at *BF*γ : ad *MV*.

COMMENTAIRE

LIVRE I

I, 1

Il résulte clairement de ce court texte de présentation que sa rédaction est postérieure à celle de l'ensemble des lettres du livre I. – Le choix du destinataire-dédicataire, C. Septicius Clarus, un personnage de rang équestre, élevé à la préfecture du prétoire par Hadrien, s'explique notamment par ses intérêts littéraires. C'est un ami de Suétone, qui lui dédie ses *Vies des Douze Césars*, et le beau-frère d'un autre chevalier aux goûts littéraires, Erucius Clarus, à qui est adressée la lettre I, 16.

L'usage d'une lettre en guise de préface ou de dédicace est bien connu (plusieurs livres de Martial, les *Silves* de Stace, la lettre de Quintilien à son éditeur Tryphon au livre I de l'*Inst. Or.*, etc.) ; en tête d'une œuvre qui est elle-même un recueil de lettres, son emploi relève de l'évidence. On notera cependant que le procédé ne sera pas repris en tête des livres suivants, où il sera remplacé par d'autres solutions.

§ 1. *Paulo curatius* : en IX, 2, 1-4, Pline souligne, en toute modestie, la différence qui sépare son activité épistolaire de celle de Cicéron ; cf. aussi III, 20, 11. Sur l'association de la notion de *cura* avec la rédaction des lettres : Stat., *Silu.* I, 3, 104 : *seu tua non alia splendescat epistula cura*, et Sen., *Epist.* 75, 1 : *Minus tibi accuratas a me epistulas mitti quereris. Quis enim accurate loquitur, nisi qui uult putide loqui ?* Ce dernier parallèle serait de nature à accréditer la leçon *accuratius* donnée par les mss *B* et *F*. Mais la forme *curatius* se lit chez Tacite, qui privilégie les simples aux dépens des composés : Tac., *Ann.* I, 13, 6 (avec le commentaire de E. Koestermann, Heidelberg, 1963, t. I, p. 113-114) ; II, 27, 1 ; XIV, 21, 1 ; XVI, 22, 3.

Non seruato temporis ordine... : Pline dissimule le soin avec lequel il a composé le livre I en recherchant des effets de *uarietas*. Sur cette coquetterie littéraire, cf. aussi IV, 14, 3 : *ipsa uarietate temptamus efficere ut alia aliis, quaedam fortasse omnibus placeant*, ainsi que II, 5, 7 et VIII, 21, 4.

I, 2

§ 1. Placée après la dédicace, la lettre 2 est une réflexion sur l'art d'écrire et sur l'intérêt, voire la nécessité, de publier. L'ouvrage dont il est question pourrait être le *De Heluidi ultione*. Sur Arrianus Maturus, cf. III, 2.

Rogo ... et legas et emendes : sur la pratique de ces révisions, cf. I, 8, 3-4 ; V, 3, 7-11 ; VIII, 21 (lettre adressée à Arrianus). – Le mot ζῆλος implique l'idée d'*imitatio-aemulatio*. Sur ceux qu'on appelait οἱ εὔζηλοι, les raffinés, cf. VII, 12, 2.

§ 2. Démosthène est ici l'emblème du style attique classique, c'est-à-dire équilibré, tandis que Calvus (C. Licinius Macer Calvus, 82 - ca. 47 av. J.-C.) représente la densité et la dureté de l'atticisme : cf. Cic., *Brut.* 283-285 ; voir H. Malcovati, *ORF*[4], 1953, n° 165, p. 492-500 ; H. Bardon, *La litt. lat. inconnue*, I, Paris, 1952, p. 225-226.

Caluum nuper meum : Pline reconnaît ici une certaine évolution de son goût, qui n'implique évidemment pas qu'il prenne désormais Calvus pour modèle unique, mais qui lui permet une plus grande variété de tons et de styles, selon les auditeurs ou les lecteurs auxquels il s'adresse. Ce choix est dans la droite ligne de la doctrine professée par Quintilien. Pour Démosthène, Eschine et Cicéron en tant que modèles, cf. I, 5, 11-13 ; 20, 4 ; VII, 30, 5 ; IX, 26 ; voir E. Norden, *Die antike Kunstprosa*[4], Leipzig, 1922, p. 251 sqq. et 318 sqq. ; E. Lefèvre, « Plinius-Studien VII, Cicero das unerreichbare Vorbild », *Gymnasium* 103, 1996, p. 333-353.

Vim tantorum uirorum : sur la *uis* de Démosthène : Quint. XII, 10, 23. – De son côté Cicéron, tout en louant les qualités d'intelligence de Calvus, lui déniait la vigueur : *uis non erat* (*Fam.* XV, 21, 4 = *CUF* VII, lettre DLXIII ; voir J. Beaujeu, *ad loc.*, p. 203-204).

Pauci quos aequus : Verg., *Aen.* VI, 129-130 (discours de la Sibylle à Énée) : *Pauci quos aequus amauit / Iuppiter...*

§ 3. Le thème de la *desidia* suggère que la rédaction de cette lettre se situe en 97-98, entre la préfecture de l'*aerarium militare* et celle du trésor de Saturne. En I, 8, 2 Pline se dit encore *desidiosus*.

§ 4. Le mot λήκυθος désigne un petit vase ou une fiole ; son équivalent latin est *ampulla*. On peut citer Cic., *Att.* I, 14, 3 = *CUF* I, lettre XX, 3 : *Totum hunc locum quem ego uarie ... soleo pingere, de flamma, de ferro* (*nosti illas* ληκύθους) ... ; Hor., *A.P.* 96-97 : *cum pauper et exul uterque / proicit ampullas et sesquipedalia uerba* ; Hor., *Epist.* I, 3, 14 : *an tragica desaeuit et ampullatur in arte* ? ; Callimach. frg. 10, 13 Pfeiffer[1] = frg. 215 Pfeiffer, Oxford, 1949, I, p. 211 : ἥτις τραγῳδὸς μοῦσα ληκυθίζουσα. La métaphore demeure énigmatique ; on a songé aux parfums, aux couleurs ('paint-pots', selon Sherwin-White), aux sonorités.

§ 6. *Libelli* semble désigner le *De Heluidi ultione*, toujours mentionné ainsi au pluriel (IV, 21, 3 ; VII, 30, 5 ; IX, 13, 1 et 24). – *Bibliopolae* : voir Th. Birt, *Kritik und Hermeneutik nebst Abriss des antiken Buchwesens*, Munich, 1913, p. 308 sq. et 315 sq. ; et quelques données dans C. Salles, *Lire à Rome*, Paris, 1992, p. 159 sqq.

I, 3

Caninius est un riche propriétaire terrien de Côme. Dans les sept ou huit lettres qui lui sont adressées (le destinataire de VII, 25 est douteux), il est souvent question de littérature, Pline exhortant son correspondant à écrire et à publier.

§ 1. *Comum* : Sur les occupations de Caninius à Côme cf. II, 8. Les éléments de sa villa peuvent être comparés à ceux des villas de Pline lui-même, celle des Laurentes (II, 17) et celle de Toscane (V, 6). Voir E. Lefèvre, « Plinius-Studien III. Die Villa als geistiger Lebensraum », *Gymnasium* 94, 1987, p. 247-262.

Euripus uiridis et gemmeus : cf. Calp., *Ecl.* 2, 57 sq. : *uirides quas gemmeus undas / fons agit.* – *Lacus* : l'ordre de la description suggère qu'il ne s'agit pas du lac de Côme mais d'un bassin qui recueille les eaux de l'euripe. – *Subiectus et seruiens* constituent sans doute, au départ, une métaphore d'origine juridique, mais il ne saurait s'agir d'une « servitude » au sens moderne, foncier, du terme. Le bassin est en contrebas, *subiectus*, et se rend utile, *seruiens*. – Cela dit, il existait bien des villas qui surplombaient le lac de Côme (VI, 24, 2 ; IX, 7, 3-4), mais les termes qui décrivent leur situation sont différents.

§ 2. *Vnus ex multis* : Cic., *Brut.* 274 : *qui non fuit orator unus e multis.*

I, 4

Pompeia Celerina est la belle-mère de Pline. À l'époque où se situe cette lettre, sa fille est décédée. Son amitié envers Pline ne se démentit jamais ; cf. I, 18, 3 ; III, 19, 8.

§ 1. *In Perusino tuo* : le voyage de Pline pourrait avoir coïncidé avec son absence de Rome mentionnée en I, 7. La lettre daterait ainsi de l'automne 97 (plutôt que 96). Pline se rendait à sa villa de Tifernum Tiberinum. Il a suivi la *uia Flaminia*, passant ainsi par Ocriculum, Narnia, Carsulae ; puis il l'a quittée (sans doute à Mevania) pour rejoindre Pérouse. Sur ces localités : Plin., *NH* III, 52-53 et 113 (voir notre éd., *CUF* (2ᵉ éd.), 2004, *ad loc.*). Pompeia Celerina possédait des propriétés dans (ou à proximité de) chacune de ces villes. – Il existait une route plus courte, par Ameria et Tuder, mais Pline ne l'empruntait qu'exceptionnellement, d'où son émerveillement en découvrant la source du Clitumne (VIII, 8).

Etiam balineum : la surprise de Pline vient de ce que l'installation thermale, normalement au repos en l'absence

du propriétaire, a été spécialement réactivée pour lui ; cf.
II, 17, 26.

I, 5

La date de cette lettre est assurée par les § 10 et 11. La
cérémonie d'entrée en charge du préteur se situe en principe
le 1ᵉʳ janvier ; Junius Mauricus, le frère d'Arulenus Rusticus,
est sans doute revenu d'exil au début de 97.

§ 1. Après la mort de Domitien, le 18 sept. 96, on assista
à de nombreuses attaques contre les délateurs. M. Aquilius
Regulus avait accusé, sous Néron, Q. Sulpicius Camerinus
et son fils en 67, et entre 65 et 68 Ser. Cornelius Orfitus,
consul en 51, et M. Licinius Crassus (Tac., *Hist.* IV, 42,
et J. Hellegouarc'h, éd. *CUF, ad loc.*, p. 138-139). Sous
Domitien il semble avoir cessé ses activités de délateur
(quoi qu'insinue Pline), car on ne connaît aucune victime
de lui à cette époque, pour se consacrer exclusivement au
tribunal des centumvirs. Martial (II, 74 ; IV, 16) dit même
qu'il a défendu et parfois sauvé des accusés.

§ 2. L. Junius Arulenus Rusticus : défenseur des droits
du Sénat et membre de l'opposition stoïcienne, dans la
mouvance de Thrasea Paetus. Sur sa condamnation à mort,
Tac., *Agr.* 45. – Il avait été l'auditeur de Plutarque (Plut.,
De curios. 15 = Traité 36, *CUF* VII, 1). Il fut blessé en
essayant d'engager des pourparlers lors de l'ultime résistance
des partisans de Vitellius face à l'armée de Vespasien. Le
philosophe Musonius Rufus fut en grand danger dans les
mêmes circonstances (Tac., *Hist.* III, 80-81).

§ 3. Herennius Senecio s'était attiré la haine d'Aquilius
Regulus en brocardant son manque d'éloquence : *Orator
est uir malus dicendi imperitus* (IV, 7, 5). Il fut accusé par
Mettius Carus (VII, 19, 5), qui avait préparé également
une accusation contre Pline lui-même (VII, 27, 14). – Dans
l'échange verbal qui oppose Carus à Regulus, le premier
s'approprie en quelque sorte ses victimes, quitte à concéder à
Regulus la satisfaction d'avoir fait mettre à mort M. Licinius
Crassus Frugi, consul en 64 (Tac., *Hist.* IV, 42), ainsi que

le vieux consulaire Q. Sulpicius Camerinus, beau-père du frère de Licinius Crassus, et son fils.

§ 4. *Capitaliter* : sur les dommages collatéraux d'une extrême gravité qui pouvaient résulter d'une accusation devant les centumvirs : V, 1, 7-8. Mais la loi réprimait les condamnations injustifiées (voir Th. Mommsen, *Droit pénal rom.* II, p. 348-352), d'où la prudence de Regulus, qui se bornait à laisser ses futures victimes se compromettre en paroles imprudentes, ce qui permettait à d'autres délateurs de passer à l'attaque. – Sur le tribunal des centumvirs, ses dysfonctionnements et les griefs de Pline : II, 14 ; V, 9 ; VI, 33.

§ 5. *Timonis uxori* : Sherwin-White, suggère que Timon pourrait être un des philosophes amis d'Arulenus Rusticus. Sa femme Arrionilla était-elle de la parenté d'Arria, l'épouse de Thraséa ? Le cas serait comparable à celui du philosophe Artémidore qui épousa Musonia, la fille de Musonius Rufus. – *Metti Modesti* : le procès concernait peut-être une propriété en province : Mettius Modestus avait été légat en Syrie.

§ 7. *At ego ... pronuntiatum est* : cf. Publ. Syr. 142 Meyer = 165 Duff : *Damnati lingua uocem habet, uim non habet.*

§ 8. Fabius Justus, consul suffect en 102, est le dédicataire du *Dial. des Or.* de Tacite, ami à la fois de Pline et de Regulus. Vestricius Spurinna, consul II en 98, consul III en 100, est alors un homme de grande influence.

§ 9. Le portique de Livie, sur le mont Oppius, est proche de la maison de Pline sur l'Esquilin dans le quartier des Esquilies ; cf. III, 21, 5 ; et voir *Lexicon topogr. Vrbis Romae*, IV, 1999, p. 127-129 ; et M.-J. Kardos, *Lexique de topographie romaine*, II, Paris, 2002, s. v.

§ 11. *In praetoris officio* : les préteurs entraient en charge le 1er janvier. La cérémonie d'investiture avait lieu à leur domicile. – *Secretum petit* : même formule pour une demande d'audience sans témoins auprès de l'empereur dans Suet., *Tib.* 25, 8 et *Cal.* 23, 4.

§ 11-12. Satrius Rufus intervient aussi dans le débat au Sénat relaté en IX, 13 ; il y prend la défense de Publicius

Certus (IX, 13, 17). – *Cum Cicerone aemulatio* : voir E. Lefèvre, cité à I, 2, 2.

Eloquentia saeculi nostri : c'est le slogan des partisans d'une éloquence moderne. Dans Tac., *Dial.* 16, 4, Aper commence son discours en se référant à *saeculum nostrum*; et il y revient à la fin de son exposé, en 23, 5. Un peu plus loin, Maternus reprend l'expression au vol, en 24, 1. Or, justement, Regulus est un partisan de cette éloquence moderne, qui est celle des délateurs de son époque, tandis que Pline se présente comme un admirateur inconditionnel de Cicéron. En fait la pratique de Pline est nuancée et son admiration pour Cicéron n'a rien d'exclusif; le propos est ici nettement polémique.

§ 14. *Nequissimus* : le roitelet, *regulus*, avait mauvaise réputation (Plut., *Praecepta ger. reip.* 12 = Traité 52, *CUF* XI, 1). – Une expression analogue se lit chez Cic., *Dom.* 48 : *hoc ministro, omnium non bipedum solum, sed etiam quadripedum impurissimo.*

§ 15. *Locuples, factiosus, curatur a multis* : sur la richesse de Regulus : II, 20, 13-14; sur le nombre de flatteurs qui l'entouraient : IV, 2, 4.

Labantur : il s'agirait d'un procès pour accusations calomnieuses, à quoi fait référence *huius consilio* au § 10. Le projet de Pline sera repris en IX, 13.

I, 6

§ 1. *Cepi* : La chasse évoquée ici peut se situer au moment du voyage en Étrurie mentionné en I, 4. Les parties de chasse de Pline semblent limitées à ses séjours en Toscane : V, 6, 46; V, 18, 2; IX, 36, 6. Le billet IX, 10, en écho à la présente lettre, est également adressé à Tacite. Notons que, quelques siècles plus tard, Rutilius Namatianus participera à une chasse au sanglier dans la même région (*De reditu* 615-630). – Voir J. Aymard, *Essai sur les chasses romaines*, Paris, 1951; R. Haeussler, « Abermals Plinius' Eberjagden », *Philologus* 131, 1987, p. 82-85.

§ 2. *Solitudo* : en IX, 10, 2, une pensée analogue est
attribuée à Tacite. Elle est souvent exprimée par Horace ; cf.
aussi Quint. X, 3, 22 et Tacite lui-même, *Dial.* IX, 6.

I, 7

Le § 4 paraît situer la rédaction de cette lettre au mois
de septembre ; l'année doit être 97. Le dédicataire n'apparaît
avec certitude qu'ici et en II, 10.

§ 1. Hom., *Iliade* XVI, 250.

§ 2. *Aduocationem* : le procès oppose la province de
Bétique à un personnage que l'on ne connaît pas avec
certitude, mais qui est peut-être identique au dénommé
Gallus cité au § 4 ; ce dernier est sans doute le même que
le destinataire de II, 17 et de VIII, 20. Il doit s'agir d'une
affaire *de repetundis*, à en juger par la mention du procès
de Massa.

Periculis meis : dans le procès qui opposa la Bétique
à Baebius Massa en 93, Pline fut désigné, avec Herennius
Senecio, comme avocat de la province. Sur les dangers qu'il
courut : cf. III, 4, 6 et plus explicitement VII, 33.

§ 3. *Sis probaturus* : A.-M. Guillemin, *CUF, ad loc.*, cite
Sen., *Ben.* VI, 33, 1 : *dic illis non quod uolunt audire, sed
quod audisse semper uolent.* – Sur les interférences possibles
entre l'amitié et le sens du devoir : Cic., *Laelius* X, 35.

§ 4. *Idus Octobris* : les proconsuls reviennent de leurs
provinces en juillet-août ; la date proposée par Pline tient
compte du délai nécessaire à la mise en place de l'accusation.
La date la plus probable est en 97 : en 98/99, Pline, en
tant que préfet du trésor du Saturne, est présent à Rome
dès le 1ᵉʳ octobre. L'accusé de ce procès – Gallus ou un
autre – a donc dû être gouverneur de la Bétique de juin
96 à juin 97.

Hom., *Iliade* I, 528.

§ 5. *Tu me tuis agere non pateris* : le thème est repris
et amplifié en II, 10.

§ 6. *Cariotas* : sur ce genre de cadeaux : VII, 21, 4.
Le fait de les mentionner dans la conclusion d'une lettre

peut n'être qu'une convention littéraire, mais la réalité de l'usage est indiscutable. A. Krieckhaus, « Vermutungen zu zwei Korrespondenten des jüngeren Plinius », *RhM* 144, 2001, p. 175-185, suggère qu'Octavius Rufus avait une propriété en Afrique du Nord. Mais les palmiers-dattiers appelés *caryotae* prospéraient aussi en Syrie, en Judée, etc. : cf. Varro, *RR* II, 1, 27 ; Plin., *NH* XIII, 44.

I, 8

Une des lettres les plus anciennes, écrite peu après la mort de Domitien (18 sept. 96). Est-elle postérieure à I, 16, où Pompeius Saturninus apparaît comme un ami de fraîche date, comme le croit Sherwin-White ? Rien n'est moins sûr.

§ 1. *Aliquid ... mitterem* : il s'agit de l'envoi d'une œuvre non encore publiée, avec demande de correction. Par ce geste de confiance, Pompeius Saturninus se voit reconnu au nombre des *amici* de Pline.

§ 2. *Ab homine desidioso* : Pline n'est plus en charge. – *Aliquid noui operis* : il n'a encore composé ni le *De Heluidi ultione*, ni le *Pro patria*. Le discours de la bibliothèque de Côme a pu être prononcé peu avant la mort de Domitien et rédigé peu après celle-ci (d'où les multiples questions que se pose Pline sur l'opportunité de sa publication). – *Rursus uaces* : Saturninus, qui n'est pas de Côme (Pline dit *municipes meos*, non *nostros*) a pu entendre une première fois le discours de Pline lors d'une *recitatio*.

§ 3. *Lima* : l'image de la lime pour signifier le travail de correction est attestée au moins depuis Hor., *A.P.* 291. Cf. aussi Vell. II, 9, 3 ; Ov., *Trist.* I, 7, 30. L'image est prise en un sens un peu différent chez Quint. II, 12, 8. – Sur les qualités de style de Pompeius Saturninus lui-même, dont Pline prétend souvent s'inspirer : I, 16, 2 sqq.

§ 5. *Munificentia* : référence possible au *templum Aeternitatis Romae et Augusti*, édifié aux frais de L. Caecilius Secundus et dédié par son fils Secundus. Voir E. Pais, *Corporis Inscr. lat. supplementa italica*, fasc. I = *Atti della*

R. Accad. dei Lincei, ser. 4, vol. 5, Rome, 1888, n° 745, p. 100 (mais le commentaire de Mommsen, reproduit par Pais, laisse planer un doute sur l'identité des personnages).

§ 8. Sur l'importance de prolonger les bienfaits et de ne pas s'en tenir à un acte de générosité isolée : V, 11, 3.

§ 10. *Ludos aut gladiatores* : sur une donation de ce genre : VI, 34 : Maximus a offert à la ville de Vérone un combat de gladiateurs à la mémoire de sa femme. – *Alimenta* : cf. VII, 18. De façon générale, voir P. Veyne, « La table des Ligures Baebiani et l'institution alimentaire de Trajan », *MEFR* 69, 1957, p. 81-135 ; 70, 1958, p. 177-241 ; Id., « Les "alimenta" de Trajan », dans *Les empereurs romains d'Espagne*, Colloques CNRS, Paris, 1965, p. 163-179 ; R. Duncan-Jones, « The Purpose and Organization of the Alimenta », *PBSR* 32, 1964, p. 123-146 ; V. Sirago, *L'Italia agraria sotto Traiano*, Louvain 1958, p. 276 sqq. On notera que la mesure adoptée ici par Pline se situe déjà sous Domitien ; Nerva lui aussi semble avoir encouragé le mouvement.

§ 11. *Suscipiat* : le but premier des *alimenta* était de relancer la démographie, comme le montre clairement *Pan.* 26-28. Pline évoque souvent la dénatalité des classes moyennes ou supérieures : IV, 15, 3. Cf. aussi Quint. I, 6, 36.

§ 12. *Enitendum haberemus* : même tournure en I, 7, 6 (*certandum habent*) et en *Pan.* 15, 2 (*discendum haberes*).

§ 14. *Sequi enim gloria, non adpeti debet* : cf. Sall., *Cat.* 54, 6 : *quo minus petebat gloriam, eo magis illum assequebatur.*

§ 16. *Apud populum* : devant l'assemblée du peuple ; cf. IV, 7, 2 : *aliquis ... qui legeret eum* (sc. *librum*) *populo.*

I, 9

Le loisir dont jouit encore Pline indique que la lettre est juste antérieure à son entrée en charge de la préfecture du trésor de Saturne.

§ 1. Sur les obligations mondaines et les pertes de temps, pour qui vit à Rome, cf. p. ex. III, 18, 4 ; Hor., *Sat.* II, 6, 23-39 ; *Ep.* II, 2, 65 sqq. ; Mart. X, 70. Le thème a une nette coloration satirique.

§ 2. *Officio togae uirilis* : la prise de la toge virile se célébrait d'ordinaire aux *Liberalia*, le 17 mars (Ov., *Fast.* III, 771-790 ; Cic., *Att.* VI, 1, 12). Mais le texte de Pline suggère que d'autres dates étaient possibles. Sur la cérémonie des fiançailles : Gell., *NA* IV, 4 ; voir J. Carcopino, *La vie quotidienne à Rome à l'apogée de l'empire*, Paris, 1939, p. 101 sqq.

In aduocationem : une véritable assistance juridique, qui est un travail d'avocat, et non pas seulement un simple accompagnement à titre amical ; cf. I, 22, 6, etc. – *In consilium* : des magistrats, des juges ou de simples particuliers faisaient appel, à l'occasion, aux compétences juridiques de certains sénateurs. En VI, 11, 1, Pline est *adhibitus in consilium a praefecto Vrbis*. L'empereur lui-même ne dédaignait pas de le consulter : IV, 22 ; VI, 22 et 31.

§ 3. *Quot dies ... absumpsi* : fait écho à Sen., *Breu.* 7, 7 : *Ille reus, quot dies abstulit ? Quot ille candidatus ?*

§ 4. *Aut lego aliquid aut scribo* : ce programme résume en quelque sorte l'emploi du temps de Pline dans ses villas des Laurentes ou de Toscane : I, 22, 11 ; IV, 6 ; IX, 36.

§ 6. *O dulce otium ... o mare, o litus* : même exclamation enthousiaste de la part de Mart. X, 51, 5 sqq. : *o soles, o tunicata quies ! o nemus, o fontes ...* – Le calme et la solitude sont propices à l'inspiration : I, 6, 2 ; et déjà Hor., *Ep.* II, 2, 77 sqq.

§ 7. Là encore on songe à Sen., *Breu.*, notamment 18-19.

§ 8. *Satius est ... otiosum esse quam nihil agere* : Atilius n'a rien inventé ; Scipion l'Africain disait déjà, chez Cic., *De off.* III, 1, 1 : *numquam se minus otiosum esse quam cum otiosus ... esset.*

I, 10

La lettre est postérieure à l'accession au trône de Nerva et au retour des philosophes ; l'éloge d'Euphratès a précisément pour but de justifier cette mesure. Elle est postérieure aussi à la nomination de Pline à l'*aerarium* de Saturne au début de 98.

§ 1. *Maxime floret* : cf. aussi I, 13, 1. Le constat de Tacite, *Agr.* 3, 1 est moins optimiste.

§ 2. Sur Euphratès, voir R. Goulet (dir.), *Dict. des philosophes antiques*, t. III, Paris, 2000, p. 337-342. La manière dont Pline le présente dans la suite souligne à la fois la qualité de son enseignement philosophique et de sa parénèse, et les talents de sophiste qu'il manifeste dans l'élégance de sa présentation et le charme de sa conversation. – *In Syria* : quand Pline était tribun militaire de la *legio III Gallica*. Il rencontra dans les mêmes circonstances le philosophe Artémidore ; c'était au début du règne de Domitien, avant que les philosophes expulsés par Vespasien ne fussent autorisés à revenir à Rome (III, 11, 5).

§ 4. *Nisi artifex* : cette comparaison d'origine socratique est utilisée aussi par Epict. IV, 8, 15 sqq. à propos du même Euphratès.

§ 5. Même jugement sur l'ampleur du style de Platon chez Cic., *Or.* I, 5 : *amplitudo Platonis*. Selon Diogène Laërce III, 14, Platon, qui s'appelait en réalité Aristoclès, tenait son surnom de la largeur de son front, ou de sa taille, ou enfin de l'abondance de son débit oratoire.

Sermo est copiosus et uarius : Maternus use des mêmes termes pour qualifier le style d'Aper : Tac., *Dial.* 24, 1 : *quam copiose ac uarie uexauit antiquos* ! L'expression est reprise dans le discours de Messalla, qui la situe dans l'optique d'une rhétorique cicéronienne, *ibid.*, 31, 2.

§ 6. *Proceritas corporis*, etc. : cf. le portrait idéalisé de Trajan, *Pan.* 4, 7.

§ 7. *Nullus horror in cultu* : sur la tenue volontairement négligée de certains philosophes, notamment de tendance cynico-stoïcienne : Sen., *Epist.* 5, 1-2 ; Tac., *Ann.* XVI, 22, 4 : *habitum uultumque eius sectantur, rigidi et tristes* (à propos de Thrasea) ; Quint. I, *proh.* 15 : *uultum et tristitiam et dissentientem a ceteris habitum pessimis moribus praetendebant*, repris et développé en XII, 3, 12 ; Épictète IV, 8, 15 sqq. (ci-dessus § 4).

§ 8. Ce mariage est sociologiquement comparable à celui de la fille de Musonius avec Artémidore (III, 11, 5). Mais quoi qu'en dise Pline, la situation sociale et financière d'Euphratès était certainement confortable : Apoll. Tyan. V, 38 ; VI, 13 ; VIII, 7, 11, in *Flavii Philostrati opera*, éd.² C. L. Kayser, I, Leipzig, 1870 ; voir P. Grimal, cité ci-dessous § 10.

§ 9. *Distringor officio* : la préfecture du trésor de Saturne, un *officium* présenté comme *districtum* en X, 9 et comme *laboriosissimum et maximum* en *Pan.* 91, 1.

§ 10. P. Grimal, « Deux figures de la Correspondance de Pline : le philosophe Euphratès et le rhéteur Isée », *Latomus* XIV, 1955, p. 370-383 ; repris dans Id., *Rome. La littérature et l'histoire*, Rome, *CEFR* 93, 1986, t. I, p. 389-401, en l'occurrence p. 398 : « Euphratès lui [à Pline] répondit que l'exercice de la justice appartient, lui aussi, à la Sagesse. Euphratès rencontrait là un point essentiel de la doctrine du Moyen Portique [...] : la valeur relative de l'action et de la contemplation. »

I, 11

§ 1. *Nihil esse quod scribas* : la pensée n'a rien d'original : cf. Cic., *Att.* IV, 8a, 4 = *CUF* II, lettre CXVII, 4 et *Fam.* XVI, 26, 2 = *CUF* XI, lettre DCCCCLIV, 2. – *Ego ualeo* : la formule, réduite aux seules initiales, *s. u. b. e. e. u.*, se retrouve par ex. dans une lettre de Vatinius à Cicéron, *Fam.* V, 9 = *CUF* VIII, lettre DCLXXXII. On en connaît diverses variantes : *Fam.* V, 1 = *CUF* I, lettre XIII, de Q. Metellus ; *Fam.* V, 2 = *CUF* I, lettre XIV, au même ; *Fam.* V, 7 = *CUF* I, lettre XV, à Pompée ; *Fam.* V, 10a = *CUF* IX, lettre DCCXVI, à nouveau de P. Vatinius. Elle se lit aussi, souvent sous la variante *s. u. b. e. u.*, dans les lettres adressées à Terentia : *Fam.* XIV, 5 = *CUF* V, lettre CCLXXX et *Fam.* XIV, 8-24 *passim* = *CUF* VI, lettres CCCCXXXIX bis–CCCCLX bis *passim*, ainsi que dans une lettre de Dolabella : *Fam.* IX, 9 = *CUF* VI, lettre CCCCXXX. En l'attribuant aux *priores*, Pline indique qu'elle n'est plus en usage de son temps.

I, 12

§ 1. *Sponte* : Corellius Rufus est encore en vie au moment du procès de Publicius Certus (IX, 13, 6) vers la mi-97 ; son décès doit se situer peu avant ou peu après la mort de Nerva. Il réussit donc à survivre à Domitien (cf. § 8). – *Natura* : une mort naturelle (vieillesse, maladie) ; *fatalis* : une mort violente (accident, meurtre).

§ 3. *Ad hoc consilium compulit* : l'attitude de Titius Aristo, I, 22, 8-10, est un peu différente. Sur la justification du suicide stoïcien : Sen., *Epist.* 58, 32-36. – *Optimam famam* : même couple *conscientia - fama* en I, 8, 14 ; III, 20, 9 ; V, 1, 10. – *Filiam* : Corellia Hispulla ; *uxorem* : Hispulla ; *nepotem* : le fils de Corellia Hispulla, né vers 89-90. Parmi les *sorores* nous connaissons Corellia (VII, 11, 3).

§ 4. *Patrius* : cf. ci-dessous III, 3, 1 (*Corellius proauus*). On n'a pas de renseignements sur ce personnage et il ne figure pas dans la *PIR*².

§ 8. *Latroni* : Domitien confisquait les biens de ses victimes politiques et se faisait mettre au nombre des héritiers des grandes fortunes : Suet., *Dom.* 12, 1-4 : *nihil pensi habuit quin praedaretur omni modo* ... Mais cette rapacité (cf. *ibid.* 3, 3 : *inopia rapax*) était due en partie à l'augmentation des dépenses de l'État, notamment de la solde de l'armée. Cf. notre étude : « La solde de l'armée romaine, de Polybe à Domitien », *AIIN* XXX, 1983 (1985), p. 95-121. – *Quod optabat* : ce souhait pouvait être sincère, mais, comme le fait remarquer Sherwin-White, aucun sénateur ne fut impliqué dans l'assassinat de Domitien : Suet., *Dom.* 17 ; Cass. Dio LXVII, 15-16.

§ 9. C. Geminius n'est pas identifié : *PIR*[2] IV, G 143.

§ 10. On connaît quatre personnages du nom de Julius Atticus : *PIR*[2] J 116-119 ; mais rien ne prouve que cette relation de Pline soit l'un d'eux. Ce ne semble pas être non plus le *speculator* mentionné par Tac., *Hist.* I, 35. – Κέκρικα : l'entretien de Corellius Rufus et de son médecin s'est passé tout entier en grec.

§ 11. *Quae illi omnibus carior erat* : l'idée remonte au moins à Platon, *Criton* 51 a ; on la retrouve chez Cic., *De off.* I, 57, où elle semble avoir une coloration stoïcienne : *omnium societatum nulla est grauior, nulla carior quam ea quae cum re publica est uni cuique nostrum.* Elle exprime une hiérarchie des différents niveaux de la société humaine, et n'a rien à voir avec d'autres textes qu'on cite parfois (Hom., *Od.* IX, 27 sqq., ou Theogn. 788), où il est simplement dit que tout homme préfère sa propre patrie à tous les autres pays.

§ 12. *Testem, rectorem, magistrum* : sur le rôle de Corellius comme conseiller et ami de Pline : IV, 17, 4-9 ; V, 1, 5 ; IX, 13, 6. – *Caluisio* : il s'agit de C. Calvisius Rufus, de Côme.

I, 13

Cette lettre date de fin avril ou début mai (§ 1) 97. – Voir R. J. Starr, « Pliny the Younger on private recitations and C. Titius on irresponsible judges », *Latomus* 49, 1990, p. 464-472.

§ 1. *Vigent studia* : c'est un des bienfaits du régime de Nerva. Cf. I, 10, 1.

§ 2. Les *stationes* sont des lieux de rendez-vous publics (II, 9, 5 : *domos stationesque circumeo* ; et Iuu. XI, 4).

§ 3. *In Palatio* : Claude se promène dans le jardin attenant à la Domus Tiberiana sur le Palatin. L'anecdote est d'autant plus piquante qu'il donnait ses propres *recitationes* (Suet., *Claud.* 41). – Le consulaire M. Servilius Nonianus fut, entre autres, le patron de Perse ; *PIR*[1] S 420.

I, 14

Lettre de peu postérieure au retour d'exil de Mauricus au début de 97. Rappelons que Junius Mauricus est le frère d'Arulenus Rusticus; ils furent condamnés tous deux en 93 : I, 5, 2 et 10.

§ 1. *Petis* : de façon analogue Mauricus a demandé à Pline de le conseiller dans le choix d'un précepteur pour ses neveux en II, 18. Le fait est que Pline, dans ses fonctions judiciaires, voyait bon nombre de jeunes gens de bonne famille : II, 14; VI, 11 et 23. Mais il est possible, voire probable, que Mauricus ait posé ce genre de questions à d'autres personnes aussi. – *Fratris tui filiae* : Sherwin-White fait observer que les enfants d'Arulenus sont étonnamment jeunes à cette date et suggère qu'ils sont peut-être issus d'un second mariage.

§ 3. *Minicius Acilianus* : contrairement à A.-M. Guillemin, mais avec Sherwin-White, nous pensons que c'est le même homme dont la mort et le testament favorable à Pline sont mentionnés en II, 16.

§ 4. *Nostra Italia* : l'adjectif *noster* semble indiquer que Mauricus et Arulenus étaient également Cisalpins; cf. VI, 34, 1 : *Veronensibus nostris*. – *Retinet ac seruat* : Tac., *Ann.* XVI, 5, 1, dit de même : *remotis e municipiis seueraque adhuc et antiqui moris retinente Italia...* ; et *ibid.* III, 55, 3 : *noui homines, e municipiis et coloniis atque etiam prouinciis in senatum crebro adsumpti, domesticam parsimoniam intulerunt.*

§ 5. Le terme *princeps* n'a pas ici de signification institutionnelle précise; cf. I, 10, 8 (*prouinciae princeps*); des personnages sont qualifiés de *princeps* de leur ville : III, 2, 2 (d'Altinum) et Cic. *Fam.* XIII, 3 = *CUF* VI, lettre CCCCLXV (de Lucques). – *Adlectus* : pendant sa censure en 73-74, Vespasien compléta les rangs d'un Sénat durement décimé : *honestissimo quoque Italicorum ac prouincialium adlecto*, comme dit Suet., *Vesp.* IX, 2. Macrinus correspondait à cette définition. Le fait qu'on lui ait proposé le rang de sénateur prétorien suggère qu'il avait alors dépassé la trentaine (Sherwin-White). – *Quietem* : il s'agit non pas de repos, d'*otium*, mais de la poursuite d'une carrière tranquille, loin des dangers que comportait une carrière sénatoriale. D'autres membres de l'ordre équestre firent le même choix ; par ex. Arrianus Maturus, *Altinatium princeps*, III, 2, 4 : *caret ambitu, ideo se in equestri gradu tenuit.*

§ 6. La moralité sévère des femmes de Padoue était proverbiale ; cf. Mart. XI, 16, 7-8. Le fait que Pline parle de la grand-mère d'Acilianus suggère que sa mère était morte à cette date. – *P. Acilius* : Acilianus tient son cognomen du gentilice de cet oncle maternel, qui est sans doute, selon Sherwin-White, le destinataire de III, 14.

§ 9. *Amplas facultates* : au minimum le cens sénatorial, soit 1 million de sesterces, ce qui explique l'offre de promotion que lui fit Vespasien, mais sans doute bien plus. Il fallait une solide fortune pour offrir à plusieurs fils la possibilité de poursuivre de coûteuses carrières : cf. VI, 19, 1-2 (libéralités des candidats) ; VII, 11, 4 (jeux donnés par Pline pendant sa préture).

§ 10. *Fide mea spondeo* : formule de recommandation analogue chez Cic., *Fam.* XIII, 10, 3 = *CUF* VI, lettre CCCCLXII, 3 : *promitto in meque recipio fore eum tibi et uoluptati et usui.*

I, 15

§ 1. On peut comparer ce billet avec d'autres lettres sur le thème de la *cena* : II, 6 et III, 12 ; et bien entendu Hor., *Epist.* I, 5 ; Mart. V, 78 ; et Iuu. V ; voir A.-M. Guillemin, *La vie littéraire*, p. 136 sqq. – *Ad assem* est une expression proverbiale ; cf. Hor., *Sat.* I, 1, 43 *uilem redigatur ad assem* ; *Ep.* II, 2, 27-28 *ad assem perdiderat.*

§ 2. On se gardera cependant de prendre cette lettre pour un document objectif sur la cuisine romaine décrite par J. André, *L'alimentation et la cuisine à Rome*, Paris, 1981, ou E. Stein-Hölkeskamp, *Das römische Gastmahl. Eine Kulturgeschichte*, Munich, 2005. – *Halica cum mulso* :

la bouillie d'orge, *halica* ou *alica* (cf. Plin., *NH* III, 60 et XVIII, 112-114) est souvent associée au vin miellé : ainsi Mart. XIII, 6, 1 : *Nos alicam, poterit mulsum tibi mittere diues.* Le vin miellé est sans doute plus cher que l'*alica*, mais on aurait tort, quoi que pense Sherwin-White, de considérer l'une comme un plat de pauvre et l'autre comme une boisson de luxe. Les épigrammes XII, 81 et XIII, 6 de Martial sont à prendre *cum grano salis*. – Pline l'Ancien, *NH* XIX, 55 décrit l'emploi de la glace sur un ton de nette désapprobation ; mais son neveu n'en a cure : l'usage était solidement ancré dans les habitudes culinaires et mondaines de la société romaine ; voir J. André, Pline, *NH* XIX, éd. *CUF*, *ad loc.* – La mention des divers légumes situe (fictivement ?) cette invitation à dîner à la fin du printemps ou en été.

Comoedos, et non *comoedum* : la tradition manuscrite impose le pluriel. Les comédiens, engagés par Pline ou esclaves dans sa maison (cf. V, 19, 3), étaient prévus pour présenter, sinon une comédie entière, du moins des scènes choisies. L'évolution du théâtre sous l'Empire avait pour effet de limiter les œuvres classiques à la sphère privée : III, 1, 9 ; IX, 17, 3 ; IX, 40, 2. En V, 9, 2, Pline écrit : *comoedias audio et specto mimos.* La différence des verbes est éloquente : il s'agit, pour les comédies, de lectures à plusieurs voix plutôt que de représentations proprement dites.

§ 3. Les *Gaditanae* sont des chanteuses et danseuses de Gadès : Mart. V, 78, 26 : *de Gadibus inprobis puellae.* Leurs chants ou leurs danses sont appelés *Gaditana*, au neutre pluriel : Mart. III, 63, 5.

I, 16

Le destinataire est Erucius Clarus le fils. – Voir H. Krasser, cité ci-dessous I, 17.

§ 1. Pompeius Saturninus est le destinataire de la lettre I, 8 ; il est inconnu par ailleurs. – *Tenet, habet, possidet* : la formule a une coloration juridique, *possidere* désignant une propriété légale, par opposition à *tenere*, qui s'applique à une possession de fait : Papin., *Dig.* 41, 2, 49, 1 : *rem peculiarem tenere possunt, habere possidere non possunt*; et cf. Ulp., *Dig.* 43, 3, 1, 8.

§ 2. *Sententiae* : L'emploi des *sententiae* s'est beaucoup développé dans l'éloquence de l'époque impériale, mais les théoriciens de la parole en ont souvent préconisé un usage modéré : *Rhet. Her.* IV, 24-25 ; Quint. VIII, 3, 32-34. En revanche, Cicéron en jugeait plus favorablement et Pline, dans son admiration pour Saturninus, prend la suite. La phrase dans son ensemble fait écho à *De or.* I, 31 et II, 34 : *Quid autem subtilius quam crebrae acutaeque sententiae ?* – *Sonantia uerba* : le goût de Saturninus est proche de celui de Pline : un asianisme tempéré d'atticisme. Cf. VII, 12, 4, contre les excès de l'atticisme : *Nam cum suspicarer futurum ut tibi tumidius uideretur, quoniam est sonantius et elatius*. Et cf. II, 19, 6 ; IX, 26, 5. – Pour un usage modéré des *uerba antiqua* : Quint. VIII, 3, 24-30.

§ 3. Saturninus est un des premiers représentants du mouvement archaïsant, dont Aulu-Gelle et Fronton seront les chefs de file ; voir R. Marache, *La critique littéraire de langue latine et le développement du goût archaïsant au IIᵉ siècle de notre ère*, Rennes, 1952 ; Id., *Mots nouveaux et mots archaïques chez Fronton et Aulu-Gelle*, Paris, 1957. Cela étant, Sherwin-White a raison de faire observer que par *ueteres* Pline désigne peut-être simplement les orateurs de l'époque cicéronienne, par opposition à l'*eloquentia saeculi nostri* : I, 5, 11-12.

§ 4. Toute cette analyse fait penser au style de Tacite, dont elle semble illustrer la genèse ; voir J. Hellegouarc'h, « Le style de Tacite : bilan et perspectives », dans *ANRW* II, 33, 4 p. 2385-2453 ; J. Dangel, « Les structures de la phrase oratoire chez Tacite : Étude syntaxique, rythmique et métrique », *ibid.*, p. 2454-2538, l'un et l'autre avec d'abondantes bibliographies. – Mais *sublimitas* s'emploie aussi pour le style de Démosthène : Quint. XII, 10, 23.

§ 5. « L'association des noms de Catulle et de Calvus pour désigner un style pur et châtié à la manière ancienne est traditionnelle dans la littérature impériale. Elle se retrouve

dans Hor., *Sat.* I, 10, 19 ; Prop. II, 25, 4 ; II, 34, 87-89 :
Ov., *Am.* III, 9, 62, etc. » (A.-M. Guillemin, *CUF*, *ad loc.*).
On ajoutera Pline lui-même : IV, 27, 4.

§ 6. Sur les talents littéraires de la femme de Pompeius
Saturninus (et de quelques autres), voir M. Puig Rodriguez
Escalona, « Escritoras romanas en Plinio el Joven », *CFC(L)*
13, 1997, p. 73-82. – Le mariage précoce des jeunes-filles
et les fortes différences d'âge entre époux expliquent que
le mari ait eu souvent à faire l'éducation culturelle, en
particulier littéraire, de sa femme. Ainsi Pline lui-même,
IV, 19 ; et cf. Cic., *De orat.* III, 45.

§ 8. *Imagines* : il s'agit de portraits des grands auteurs,
placés dans les bibliothèques près de leurs œuvres (IV, 28) ;
A.-M. Guillemin, *CUF*, *ad loc.*, cite Iuu. VII, 29 ; Mart.
VII, 44 ; VII, 84 ; IX, *praef.*

I, 17

§ 1. C'est l'empereur, en l'occurrence Nerva, qui donne
l'autorisation d'élever une statue sur le Forum ou en tout
autre lieu public : II, 7 ; Suet., *Calig.* 34 (Caligula). Mais
Cass. Dio LX, 25 fait état d'un édit de Claude défendant
qu'on érige une statue dans un lieu public sans l'autorisation
du Sénat. Ici le bénéficiaire posthume de la statue est sans
doute le plus jeune des deux L. Junii Silani Torquati, un
contemporain de Capito : cf. *CIL* VI, 1438. Il fut tué lors
de la répression de la conjuration de Pison : Tac., *Ann.* XVI,
7-9. Le geste de Nerva est un hommage rendu aux victimes
de Néron et permet à l'empereur de prendre ses distances
vis-à-vis de la tyrannie de Domitien.

§ 2. *Amicitia principis* : le terme pourrait signifier que
Capito faisait partie du *consilium principis* : cf. III, 5, 7 (la
carrière de Pline l'Ancien) et IV, 24, 3 ; voir J. Crook, *Consilium
Principis*, Cambridge 1955. Mais il est aussi employé en un
sens plus large, comme lorsque l'empereur parle de titulaires
des grandes fonctions équestres : X, 7 (un préfet d'Égypte).
– Voir H. Krasser, « *Claros colere uiros* oder über engagierte
Bewunderung », *Philologus* 137, 1993, p. 62-71.

§ 3. En 22, sous Tibère, les portraits de Brutus et de Cassius « brillèrent par leur absence » (ainsi Tac., *Ann.* III, 76) aux funérailles de Junia, qui était pourtant la sœur de l'un et la femme de l'autre. La présentation un peu trop voyante des mêmes *imagines* dans sa *domus* causa la perte du jurisconsulte C. Cassius Longinus en 65 : Tac., *Ann.* XVI, 7 ; Suet., *Nero* 37, 2. – *Carminibus* : il s'agirait, selon H. Bardon, *La litt. lat. inconnue*, II, p. 221, d'épigrammes en distiques élégiaques placés sous les portraits des grands hommes de l'histoire romaine.

I, 18

La référence à l'activité judiciaire de Pline implique sans doute que la rédaction de cette lettre est antérieure à son entrée en charge dans la préfecture du trésor de Saturne. Sur les rapports de Suétone avec Pline, voir Sherwin-White, p. 127.

§ 1. Suétone n'est de loin pas le seul à croire à la véracité des songes : on peut citer C. Fannius (V, 5, 5-6) et Pline l'Ancien lui-même, au témoignage de son neveu (III, 5, 4 ; cf. *NH* X, 211 et XXV, 17). La question avait intéressé les philosophes, qui s'interrogeaient sur la validité des formes de la divination : Cic., *De diuin.* I, 39 sqq. (exposé de Quintus Cicéron, d'inspiration stoïcienne) et II, 119 sqq. (réponse nuancée de Cicéron lui-même).

Hom., *Iliade* I, 63.

§ 3. Junius Pastor, inconnu par ailleurs, pourrait être l'ami de Mart., IX, 22, 1 (*PIR*[1], II, J 520-521). – *Socrus mea* : il s'agit soit de Pompeia Celerina, soit de la mère de la première femme (qui reste pour nous anonyme et hypothétique) de Pline. – *In quadruplici iudicio* : autres exemples de cette procédure dans IV, 24, 1 et VI, 33, 3. – *Caesaris amicos* : après la mort de Domitien, Pline a évité de désigner celui-ci par ses titres impériaux, pour respecter la *damnatio memoriae*. Il doit donc s'agir ici de Titus.

§ 4. Hom., *Iliade* XII, 243. La citation est introduite par un mot grec, λογισάμενος. « C'est Patrocle qui tient ce fier langage, refusant d'écouter les conseils de Polydamas, le représentant du peuple, qui lui conseille d'abandonner la lutte. » (A. Flobert, p. 55).

§ 5. *Quod dubites ne feceris* : cf. Cic., *De off.* I, 30 : *Quocirca bene praecipiunt qui uetant quidquam agere quod dubites aequum sit an iniquum.*

§ 6. Les ajournements de procès devant le tribunal des centumvirs étaient soumis à des conditions restrictives ; pour un ex., cf. V, 9.

I, 19

§ 1. Pline et Romatius Firmus ont suivi les leçons du même *grammaticus* à Côme. – D'autres générosités de Pline dans un cadre familial ou social proche sont mentionnées en II, 4 et VI, 32.

§ 2. Ce texte nous permet de connaître le montant du cens exigé des décurions dans un municipe de l'Italie. Mais ce montant n'était sans doute pas uniforme dans toute la péninsule.

Le cens équestre était de 400 000 sesterces depuis la fin de la République. La plus ancienne attestation est dans Hor., *Epist.* I, 1, 58, avec, *ibid.* 62, une référence à la loi Roscia de 67 av. J.-C. Cf. Plin., *NH* XXXIII, 32, et notre commentaire dans la *CUF*, *ad loc.* ; Th. Mommsen, *Staatsrecht* III, p. 499 ; C. Nicolet, *L'ordre équestre à l'époque républicaine*, *BEFAR* 207, Paris, 1974, p. 55 sqq. ; Id., (dir.), *Des ordres à Rome*, Paris, Publ. Sorbonne, 1984, p. 154. – La libéralité de Pline a pour effet de permettre à Romatius Firmus de siéger dans les *decuriae iudicum*. Pline comptait sans doute sur cet allié, d'où son mécontentement quand Romatius s'est permis l'une ou l'autre absence (IV, 29).

I, 20

Sur cette lettre : P. Cugusi, « Qualche riflessione sulle idee retoriche di Plinio il Giovane : *Epistulae* 1, 20 e 9, 26 », dans *Plinius der Jüngere und seine Zeit*, p. 95-122.

§ 1. Le personnage anonyme mentionné ici pourrait être l'atticiste Lupercus, ou Pompeius Saturninus, dont le style, au dire de Pline, I, 16, 4, était empreint de *breuitas*. Il faut noter cependant qu'une discussion littéraire analogue à celle-ci, dans la lettre IX, 26 précisément adressée à Lupercus, commence elle aussi par l'évocation d'un interlocuteur anonyme. Il n'est donc pas impossible, quoi que pense Sherwin-White, qu'il s'agisse dans les deux cas d'une simple fiction littéraire. – Ajoutons que *breuitas* a ici deux sens successifs : la brièveté du développement et celle du style. La question de la *breuitas* dans le développement est reprise au § 23 ci-dessous, à propos des plaidoiries. Le problème est à nouveau posé en VI, 2, 5-9, où Pline se plaint du manque d'intérêt et de la paresse tant des avocats que des auditeurs.

§ 3. C'est la doctrine exposée par Longin., *Subl.* 12, 2 : αὔξησις, πλῆθος, ἐπιμονή.

§ 4. Lysias passe pour le représentant du χαρακτὴρ ἰσχνός, *genus subtile*. L'atticisme propose comme modèles contre l'asianisme Lysias et Démosthène. Toute cette question est longuement développée dans Cic., *Brut.*, *passim*, notamment 35 sqq. et 284 sqq., et dans *Orat.* 20 sqq. Les orateurs les plus fréquemment cités sont Démosthène, Lysias, Hypéride, Eschine, en des groupements d'ailleurs variables : si la palme revient régulièrement à Démosthène, des orateurs comme Lysias ou Hypéride sont tantôt opposés, tantôt associés. Lorsqu'on en vient à un parallèle entre Grecs et Romains, Caton est souvent comparé à Lysias : Cic., *Brut.* 63 sqq., mais Atticus manifeste son désaccord : *ibid.*, 293-294.

Pour les qualités respectives des orateurs latins : Quint. X, 2, 24 sqq. Asinius Pollio était plus un imitateur des Anciens qu'un atticiste à proprement parler : Tac., *Dial.* 21, 7 : *Asinius quoque ... uidetur mihi inter Menenios et Appios studuisse. Pacuuium certe et Accium non solum tragoediis sed etiam orationibus suis expressit ; adeo durus et siccus est.* Sur l'élégance et la pureté de langage de César orateur : Cic., *Brut.* 261-262. Quint. X, 1, 114 souligne également sa vigueur et sa pénétration ; Tac., *Dial.* 21, 5, est plus réservé. Quant à M. Caelius Rufus, Cic., *Brut.* 273, met en balance son *antiqua dictio* avec sa *splendida et grandis et eadem in primis faceta et perurbana ... oratio.* Quint. X, 1, 115, lui reconnaît du talent tout en émettant des réserves qui semblent se situer, comme chez Cicéron d'ailleurs, au plan politique. Mais Tac., *Dial.* 21, 3-4, le traite carrément d'amateur de vieilleries...

§ 5. Longin., *Subl.* 36, 3-4, pense que l'ampleur augmente la beauté des discours, mais n'étend pas ce raisonnement aux statues et autres œuvres d'art. L'amour des statues colossales est-il typiquement romain, comme le croit A.-M. Guillemin, *CUF*, *ad loc.*, qui mentionne la statue de Néron-Hélios (Mart., *Spect.* 2) et le colosse équestre de Domitien (Stat., *Silu.* I, 1) ? On peut en douter, pour peu qu'on songe au colosse de Rhodes ou au sphinx d'Égypte.

Sur les § 6-8, voir A. M. Riggsby, « Pliny on Cicero and oratory : self-fashioning in the public eye », *AJPh* 116, 1995, p. 123-135.

§ 6. *Pauciora dixisse quam ediderint* : ce sera vrai du *Pan. de Trajan* (III, 18, 1). Et c'est vrai de certains discours de Cicéron, tel le *Pro Milone*, sans parler des *Verrines* (*actio secunda*), qui ne furent jamais prononcées, mais dont l'ampleur dépasse largement la durée admissible d'un plaidoyer.

§ 7. Dans le *Pro Murena*, entre les §§ 57 et 58, les manuscrits portent la mention *De Postumi criminibus, de Serui adulescentis*, qui montre que Cicéron a omis dans la version publiée la discussion de certains points du dossier, jugés trop techniques et littérairement peu rentables. Le *Pro Vareno* est perdu. On peut encore consulter J. Humbert, *Les plaidoyers écrits et les plaidoiries réelles de Cicéron*, Paris, 1925. – En un sens tout différent, Quint. XII, 10, 49 sqq., explique qu'un discours publié est généralement plus court que sa version orale, pour la bonne raison que l'auteur a amélioré son style en vue de la publication et qu'il a éliminé les longueurs, qui sont inévitables dans le feu de l'improvisation.

§ 8. Cic., *Cluent*. 199 : *qui totam hanc causam uetere instituto solus peroraui*. Mais le même (*Brut.* 207-209) désapprouve le recours à des avocats multiples pour défendre une seule cause. – Le *Pro C. Cornelio* est perdu. Asconius, *In Corn.* 54 (p. 62 Clark), dit que Cicéron tira de son *Pro Cornelio* deux discours publiés : une amplification comparable à celle des cinq *Verrines*, quoique moindre.

§ 9. *Aliud est actio bona aliud oratio* : il y faut en effet des qualités différentes, comme l'explique Quint. XII, 10, 49 sqq., cité ci-dessus, § 7.

§ 10. Cic., *Verr.* IV, 5.

§ 11. *Longissima tempora largiuntur* : VI, 2, 6 fait écho à cette phrase. Dans les procès criminels la durée des plaidoiries était limitée par des dispositions légales : cf. II, 11, 14 et IV, 9, 9, ainsi que Tac., *Dial.* 38. Dans les procès civils en revanche – et c'est d'eux qu'il s'agit ici – la durée des plaidoiries était fixée par le juge ou convenue entre les parties : cf. VI, 2, 3 et 7.

Vsus, magister egregius, cf. VI, 29, 4 : *nec me praeterit usum et esse et haberi optimum dicendi magistrum*.

§ 13. *Aliquid ... quod agnoscant* : A.-M. Guillemin, *CUF, ad loc.*, cite Quint. III, 7, 23-25 ; IV, 5, 14 ; et surtout VIII, 3, 71 : *ad se refert quisque quae audit, et id facillime accipiunt animi quod agnoscunt*.

§ 14. *Statim uideo* : pourtant Regulus avait coutume de demander un temps de parole illimité (VI, 2, 3 : *libera tempora petebat*). Il se peut que l'affirmation ici rapportée concerne non la durée des plaidoiries, mais la violence de leurs attaques ; voir A.-M. Guillemin, *La vie littéraire*, p. 104.

§ 15. Πάντα λίθον κινῶ : la première attestation de ce proverbe semble être dans Eur., *Heraclid.* 1002 : πάντα κινῆσαι πέτρον.

§ 17. Quatre vers extraits des Δῆμοι d'Eupolis (412 av. J.-C.) : Th. Kock, *Com. Att. Frg.* I, p. 281, frg. 94, avec une légère variante. Le passage est souvent cité dans l'Antiquité : Zenobius (IIe siècle apr. J.-C., auteur d'un recueil de proverbes probablement remanié à l'époque byzantine) V, 63, dans E. L. Leutsch et F. G. Schneidewin, *Corpus paroemiograph. gr.*, 1839-1851, t. I, p. 146 ; et chez les Latins : Cic., *De orat.* III, 138 ; *Brut.* 38 et 59 ; Quint. X, 1, 82.

§ 19. Aristoph., *Acarn.* 530-531. Autres citations de ce passage chez Quint. XII, 10, 24 ; Plut., *Pericl.* 8, 4.

§ 20. *Optimus ... modus est* : le proverbe est ancien ; ainsi par ex. Plaut., *Poen.* 238 : *modus omnibus rebus ... optimum est habitu.*

§ 21. Comme son maître Quintilien, Pline cherche à se situer à mi-distance entre le style sec et le style surabondant. Mais, quitte à avoir un défaut, l'un et l'autre préfèrent celui de l'abondance ; Quint. II, 4, 4 : *Vitium utrumque, peius tamen illud quod ex inopia quam quod ex copia uenit* ; cf. Quint. II, 4, 9 et la comparaison générale des trois styles, avec une certaine prééminence accordée au sublime : Quint. XII, 10, 58-65. Pline reviendra sur ces questions en VII, 12 et surtout en IX, 26.

§ 22. Ἀμετροεπῆ renvoie à Hom., *Iliade* II, 212 : Θερσίτης δ'ἔτι μοῦνος ἀμετροεπὴς ἐκολῴα. « Thersite, seul, persiste à piailler sans mesure. » Son nom signifie « l'Effronté ». – Χειμερίησιν, Hom., *Iliade* III, 222, qualifie l'éloquence d'Ulysse ; λιγέως, *ibid.*, 214, celle de Ménélas. On trouve une allusion à ces deux vers chez Quint. XII, 10, 64.

I, 21

On connaît un L. Plinius Paternus Pusillienus (*AÉ* 1916, 116), qui est un notable de Côme. Mart. XII, 53 est adressé à un Paternus, présenté comme riche et avare. Mais tout rapprochement avec le destinataire de cette lettre ne peut être qu'hypothétique.

I, 22

La lettre est antérieure à la prise de fonction de la préfecture du trésor de Saturne ; elle date donc probablement de l'été 97.

§ 2. Même compliment en VIII, 14, 1 : *Cum sis peritissimus et priuati iuris et publici, cuius pars senatorium est.* Aulu-Gelle, *NA* XI, 18, 16, lui rend hommage ; cf. Papin., *Dig.* 37, 12, 5. Voir W. Kunkel, *Herkunft und soziale Stellung der röm. Juristen*, Weimar, 1952 (et rééd. Graz-Vienne-Cologne, 1967), p. 141-144 et 318-320. Titius Aristo était l'élève du grand C. Cassius Longinus. – *Quantum exemplorum* : Quint. V, 11, 6, définit ainsi les *exempla* : *id est rei gestae aut ut gestae utilis ad persuadendum id quod intenderis commemoratio.* Leur usage était important dans l'éloquence, surtout politique et judiciaire.

§ 3. *Cunctatio* : la lenteur de l'élocution est un signe de *grauitas* : II, 14, 10.

§ 5. *Ex facto petit* : trait de la morale stoïcienne : Sen., *Epist.* 16, 3 ; 20, 1-2 ; 24, 15 ; 34, 4 ; 108, 35 sq.

§ 6. Le *habitus corporis* de Titius Aristo est à l'inverse de celui des philosophes de métier ou des rhéteurs, comme Euphratès ou Isée : I, 10, 6 ; II, 3. L'ensemble du passage suggère fortement qu'Aristo n'est pas sénateur. – *Porticus* : parmi ces lieux de rendez-vous Martial cite le portique des Argonautes, III, 20, 11, et ceux d'Europe et de l'Hécatostylon au Champ de Mars, II, 14, ainsi que le portique de Pompée, à côté de son théâtre ; voir par ex. *Lexicon topogr. Vrbis Romae*, IV, 1999, p 118-119 (*porticus Argonautarum*) ; p. 227-229 (*saepta*) ; V, 1999, p. 35-38 (*theatrum Pompei*) ; et M.-J. Kardos, *Lexique de topographie romaine*, II, Paris, 2002, *s.v.*

§ 8. Aristo réunit son *consilium* personnel pour décider de son éventuel suicide en connaissance de cause : une attitude conforme à la morale stoïcienne. Cf. ci-dessus I, 12 (la mort de Corellius Rufus), où nous citons Sen., *Epist.* 58, 32-36, à quoi il faut ajouter *ibid.* 24, 22-25. Voir Y. Grisé, *Le suicide dans la Rome antique*, Montréal, Paris, 1982.

§ 11. *Studiosum otium* : l'emploi du temps de Pline dans sa villa des Laurentes est décrit en IX, 40.

I, 23

Sur cette lettre : B. Oehl, « Plinius, der Volkstribunat und der Prinzipat. Überlegungen zu *epist.* I, 23 », *Gymnasium* 109, 2002, p. 311-322.

Compte tenu de l'entrée en charge des tribuns de la plèbe le 10 décembre, cette lettre peut dater du début de 97 ou même de décembre 96. Le destinataire, Q. Pompeius Falco, semble être le premier de sa famille en ligne paternelle à entamer une carrière sénatoriale (*ILS* 1105 et 1035-1036 ; *PIR*² P 602). Cela explique peut-être qu'il ait éprouvé le besoin de consulter Pline sur la manière de se comporter dans sa nouvelle fonction. L'onomastique complète de Pompeius Falco ne comporte pas moins de 12 éléments en plus de son prénom ; parmi eux figure le cognomen Murena. On a donc supposé que le personnage était identique au tribun de la plèbe Murena cité en IX, 13, 19 ; cf. R. Syme, *Tacitus*, p. 76, n. 1.

§ 1. Sous le Principat l'activité des tribuns se limite à quelques interventions dans des procès civils ou criminels et parfois dans les débats du Sénat. Ils gardent en principe leur droit d'*intercessio* et d'*auxilium*, mais l'exercent rarement. Leur liberté d'action est assez réduite (cf. Tac., *Ann.* XIII, 28) et le dernier mot revient toujours à l'empereur, qui est lui-même revêtu tous les ans de la puissance tribunicienne. Sous la République on connaît, en matière judiciaire, le cas du tribun L. Quinctius, qui non seulement plaida dans un procès, mais usa de contrainte physique envers un juge pour le forcer à siéger : Cic., *Cluent.* 74 (Th. Mommsen, *Droit pénal*, II, p. 40, n. 4) ; cf. Cic., *Quinct.* 29, recours au droit d'*auxilium* ; *Tull.* 38-39, appel à l'*intercessio* contre une décision d'un magistrat.

Inanem umbram et sine honore nomen : le rapprochement avec Luc. I, 135, *magni nominis umbra* (à propos de Pompée) et II, 302-303, *tuumque nomen ... et inanem prosequar umbram* (à propos de la Liberté) n'est pas seulement formel : il s'inscrit dans le contexte douloureux du passage de la *libera res publica*, dont le tribunat de la plèbe est un des symboles, à l'empire. Pline lui-même, VIII, 24, 4, emploiera la même phraséologie en parlant de la liberté perdue de la Grèce : *reliquam umbram et residuum libertatis nomen*.

§ 2. De la même manière, en tant que préfet du trésor de Saturne, Pline s'est d'abord abstenu de plaider, avant d'accepter de s'engager, non sans hésitations, dans le procès intenté à Marius Priscus : X, 3 a, et la réponse de Trajan, X, 36.

I, 24

Date incertaine. Le destinataire pourrait être celui de VI, 25, mais il est inconnu. – Voir E. Lefèvre, *Plinius-Studien* III, cité ci-dessus en I, 3.

§ 1. *Tranquillus* : Suétone, désigné par son cognomen. – Le thème de la propriété à la campagne de l'homme de lettres remonte pour le moins à Horace. Le poète appelle son domaine de Sabine *agellus*, *Epist.* I, 14, 1, comme fait ici Pline, ou *ager*, *Epist.* I, 16, 4, ou encore *modus agri non ita magnus*, *Sat.* II, 6, 1. Dans la même tradition Martial, I, 55, 3 souhaite *esse sui nec magni ruris arator*.

§ 3. Ce sont les avantages mêmes que Pline apprécie dans sa villa des Laurentes : II, 17, 2 et 4.

§ 4. *Scholasticis* : à cette image de l'homme d'étude s'oppose la lettre I, 18, qui montre Suétone bel et bien engagé dans l'activité judiciaire.

LIVRE II

II, 1

Lettre écrite avant la mort de Nerva (27 janvier 98), sous le consulat suffect de Tacite, qui se situe sans doute dans la deuxième moitié (septembre-octobre ?) de 97.

§ 1. *Publicum funus* : Domitien, qui subit la *damnatio memoriae*, n'avait pas eu de funérailles aux frais de l'État. C'était d'ailleurs un privilège rare ; Trajan l'accorda pour son ami Licinius Sura (Cass. Dio LXVIII, 15, 3).

§ 2. Verginius Rufus écrasa la révolte de Vindex en Gaule et se vit offrir l'Empire par son armée à la mort de Néron ; mais il refusa et se rallia à Galba ; cf. son épitaphe en IX, 19, 1. Après la bataille de Bédriac et le suicide d'Othon l'armée lui proposa à nouveau la dignité impériale, mais il opposa un nouveau refus et fut ensuite épargné par Vitellius : Tac., *Hist.* I, 8 ; II, 51 et 68. Le même Tacite, *Hist.* I, 52, rapporte les propos peu flatteurs du légat de légion Fabius Valens à son encontre : *imparem si recepisset imperium, tutum si recusasset.* Apparemment mis sur la touche sous les Flaviens, Verginius Rufus est consul ordinaire III avec Nerva consul III en 97 : un honneur (*summum fastigium*, dit Pline) qui ressemble à une réparation. D'où aussi le *funus publicum.* – *Historias* : la lettre IX, 19, 5 le montre lecteur des *Historiae* de Cluvius Rufus.

§ 3. *Caesares* : il s'agit peut-être non seulement de Galba et de Vitellius, mais aussi de Domitien, dont Tacite, *Agr.* 41, rappelle qu'il était *infensus uirtutibus*.

§ 5. L'accident s'est donc produit dans la *domus* de Verginius Rufus, lors d'une sorte de « répétition générale » de son discours, et non au Sénat lors de la cérémonie d'entrée en charge, le 1er janvier 97. – G. Casanova, dans *Aegyptus* 78, 1998, p. 121, évalue le poids du volume que tenait Verginius Rufus à 300 gr., ou au grand maximum à 500 gr. ; si le vieillard l'a laissé échapper, ce n'est pas en raison de son poids, comme le suggère Pline (*grandiorem, ipso pondere*), mais parce que ses mains tremblaient.

§ 6. Ce texte est le seul document qui mentionne le consulat suffect de Tacite et permet de le dater ; voir R. Syme, *Tacitus*, p. 129 sq.

§ 8. Pline est de Côme, Verginius de Milan : ils sont donc tous deux originaires de la Transpadane, qui est la onzième *regio* de l'Italie dans la *discriptio* augustéenne : Plin., *NH* III, 123. On a fait observer que dans d'autres lettres Pline emploie parfois le mot *regio* en un sens plus vague, mais ce n'est pas le cas ici. – *Possessiones coniunctae* : *ILS* 982 mentionne un *saltuarius* (sorte de garde forestier ou de garde champêtre) de Verginius sur le territoire de Mediolanum : la propriété devait être d'une certaine importance. – *Ex secessibus* : en plus de ses propriétés en Transpadane Verginius Rufus possédait au moins un autre domaine, à Alsium en Toscane : VI, 10. – *Sacerdotes solent nominare* : cf. IV, 8, 3. Pline n'accédera à l'augurat qu'en 104. Que la recommandation de Verginius Rufus ait été inefficace montre l'âpreté de la compétition, due au petit nombre de postes disponibles.

II, 2

Date indéterminable, mais sans doute 96 ou 97.

§ 3. *Ad uillam* : peut-être la villa des Laurentes, plus propice au repos et aux *studia* que celle de Toscane, où la gestion du domaine et les devoirs du propriétaire prenaient plus de temps : I, 9, 4-6 ; IV, 6 ; VII, 30, 2-3.

II, 3

Le destinataire est Maecilius Nepos, plutôt que P. Metilius Nepos.

§ 1. Isée, sophiste grec d'origine assyrienne, est un pur rhéteur, et non un philosophe, comme se piquaient de l'être Euphratès (I, 10) et Artémidore (III, 11). Il est cité dans la liste des sophistes par Philostrate, *V. soph.* I, 20. Celui-ci loue le style d'Isée, à distance égale entre l'excès d'ornements et la sécheresse. Mais Juvénal, III, 73-74, voit en lui le type même de l'éloquence volubile et torrentueuse, telle que la pratiquaient les *Graeculi esurientes* : *sermo promptus et Isaeo torrentior*. Pline lui-même, V, 20, 4, condamne la *uolubilitas* d'un autre asiatique, Fonteius Magnus, un Bithynien. – *Tamquam diu scripserit* : même affirmation de la part de Philostrate. Sur cette technique d'une improvisation simulée, voir ci-dessous § 4.

§ 2. *Amicitur* : on notera l'importance de la mise en scène dans cette performance oratoire conçue comme un spectacle : cf. IV, 11, 3 : *postquam se composuit circumspexitque habitum suum.*

§ 3. Les *enthymêmata* sont des raisonnements apparentés au syllogisme, mais sous une forme plus compacte ; ils sont décrits et analysés par Quint. V, 10, 1-3 ; V, 14 en entier et plus particulièrement 1-4 et 24-26 ; VIII, 5, 9-11 ; cf. aussi Cic., *Top.* 53-57.

§ 4. Les avocats rédigeaient des développements et les apprenaient par cœur, pour avoir l'air de les improviser : Quint. II, 4, 27. Ainsi, l'exorde d'un discours était particulièrement apprécié, s'il paraissait improvisé : Quint. IV, 1, 54.

§ 6. *Felix* : en I, 22, 6 au contraire, Pline, faisant l'éloge de Titius Aristo, soutient que l'éloquence politique et judiciaire est bien plus utile, et donc plus estimable, que l'activité des rhéteurs qui déclament dans les gymnases et sous les portiques.

§ 8. L'histoire de ce Gaditain n'est pas autrement connue.

§ 9. *Viua uox* est une locution quasi proverbiale qui se lit chez Sen. Rhet., *Contr.* I, *praef.* 11 ; Sen., *Epist.* 6, 5 ; Quint. II, 2, 8. Les trois textes soulignent la valeur irremplaçable de la parole vivante, bien plus efficace qu'un discours écrit. Cf. aussi Gell., *NA* XIV, 2, 1, qui oppose la *uox uiua* aux *muti magistri* que sont les livres, implicitement considérés comme un pis-aller.

§ 10. Pline cite à nouveau cette anecdote en IV, 5. Elle est brièvement évoquée par Quint. XI, 3, 7 et figure déjà chez Cic., *De orat.* III, 213, où l'on apprend qu'il s'agit du *Discours sur la couronne* de Démosthène (330 av. J.-C.), qu'Eschine lut aux habitants de Rhodes où il s'était réfugié. Ce que Démosthène avait dit d'Eschine (*Cor.* p. 313) est ici placé dans la bouche de ce dernier. Cf. encore Val.-Max. VIII, 10, ext. 1 ; Plin., *NH* VII, 110 (voir le commentaire de R. Schilling, éd. *CUF*, *ad loc.*).

II, 4

§ 1. Il s'agissait pour Calvina de décider si elle acceptait (*adire*, terme juridique) l'héritage de son père, qui était obéré de dettes. L'acceptation ou le refus devaient être notifiés dans un certain délai : Gaius, *Inst.* II, 164 sqq. – Voir M. Ducos, « Les testaments dans les lettres de Pline le Jeune », dans *Mélanges C. Moussy*, Louvain-Paris, 1998, p. 344 [341-346].

§ 2. Il faut comprendre sans doute que lors de son mariage Calvina a reçu : a) de son père, en guise de dot, une somme d'un montant non précisé, somme que le père avait empruntée à Pline ; b) de Pline lui-même, directement, un complément de 100.000 sesterces. « The letter is a remarkable document of Roman lack of delicacy » (Sherwin-White). Pourtant Pline définit clairement la légitimité autant que les limites de l'éloge de soi : I, 8, 14-15 ; cf. Plut., *De se ipsum laudando* = Traité 40, *CUF* VII, 2. – *Suscipere* : si Calvina renonçait à l'héritage, les dettes du défunt resteraient impayées, ce qui ruinerait sa réputation, *fama*, et son honneur, *pudor*.

§ 3. Sherwin-White évalue l'ensemble de la fortune de Pline à environ 12 à 15 millions de sesterces, qui pouvaient produire environ 800.000 à un million de sesterces de revenu annuel, auxquels il faut ajouter le traitement de 300.000 sesterces par an pour la préfecture du trésor de Saturne. Plus optimistes, R. P. Duncan Jones, cité ci-dessous, et R. Saller, dans *CAH* XI[2], p. 823, créditent Pline d'une fortune de 20 millions de sesterces. C'est là un patrimoine confortable, enviable même, mais qui reste loin des sommets atteints par certains. R. P. Duncan Jones, *The Economy of the Roman Empire : Quantitative Studies*, Cambridge, 1974, 2e éd. 1982, p. 343-344, propose une liste des 29 plus grosses fortunes du Haut-Empire (voir aussi A. Chastagnol, *Le Sénat romain*, p. 145). En tête, avec 400 millions de sesterces, viennent le sénateur Cn. Cornelius Lentulus (mort en 25 apr. J.-C.) et Narcisse, l'affranchi de Claude. L. Volusius Saturninus (mort en 56), avec une fortune supérieure à 300 millions, se classe troisième. Le philosophe Sénèque, Q. Vibius Crispus (mort vers 83/93) et l'affranchi Pallas figurent *ex aequo* au 4e rang, avec 300 millions. L'ennemi de Pline, M. Aquillius Regulus (mort vers 102/105) est le 17ᵉ du classement; de ses 60 millions une partie est comptée par anticipation. Notre Pline, avec ses 20 millions au maximum, est 21ᵉ sur 29 fortunes chiffrées ! Cf. aussi Plin., *NH* XXXIII, 134-135, et notre commentaire, *CUF*, *ad loc.*

Reditus ... agellorum : Pline fait souvent état du revenu décevant que lui offrent ses propriétés : II, 15 ; III, 19 ; VIII, 2 ; IX, 20 et 37. Sherwin-White impute cet état de choses à la mort prématurée du père de Pline et aux trop fréquentes et longues absences de Pline lui-même. Il faut peut-être ajouter les effets d'une crise évoquée dans plusieurs des textes qu'on vient de citer.

Liberalitas nostra decurrit : les générosités de Pline reposent donc sur ses revenus ou ses économies; la seule lettre où il fait allusion à la vente d'une de ses propriétés est VII, 11, et encore n'est-ce que pour rendre service à Corellia. Sur la nécessité de concilier les bienfaits et l'intégrité du patrimoine, cf. Cic., *De off.* II, 52-55, mais la perspective est assez différente.

II, 5

Le plaidoyer mentionné dans cette lettre précède la préfecture du trésor de Saturne; la lettre elle-même est antérieure au milieu de l'année 100. Le destinataire, Lupercus, est peut-être l'amateur de poésie auquel s'adresse l'épigramme de Martial I, 117.

§ 1. Quel est ce discours ? On est tenté de penser à celui de Côme (I, 8), d'autant plus que Pline dit dans la suite (§ 3) qu'il prend plaisir à *ornare patriam et amplificare*. Mais Pline appelle ce discours *sermo* ou *oratio*, jamais *actio*; ce dernier terme est réservé aux plaidoyers. Il ne semble pas qu'on puisse songer à l'*In Priscum*, qui est postérieur. Resterait alors, parmi les discours connus, celui prononcé au Sénat contre Certus, et que Pline appelle *actio* en IV,

21, 3 et IX, 13, 24. À moins qu'il ne faille imaginer, avec Sherwin-White, un procès civil concernant des intérêts de la ville de Côme (d'où *ornare patriam* et, plus loin, *defensioni*), analogue à celui qu'évoque VI, 18 pour Firmum.

§ 3. *Diligentia, fides, pietas* : ce sont les qualités exigées d'un orateur dans les affaires publiques ou judiciaires : cf. II, 11, 19 ou encore III, 9, 23.

§ 5. *Adulescentium auribus* : non les juges du procès, mais les jeunes gens qui liront la version écrite du plaidoyer. Ils sont par nature sensibles à la richesse du style : Quint. II, 4, 5-9. En affirmant qu'il faut leur faire quelques concessions, Pline illustre le style mixte, qu'il a adopté depuis peu ; cf. I, 2. – *Historice, poetice* : l'histoire se situe en quelque sorte à mi-chemin entre le discours et la poésie : V, 8, 9-11 ; VII, 9, 8 : *nam saepe in oratione quoque non historica modo, sed prope poetica descriptionum necessitas incidit* (passage cité par A. Foucher, *Historia proxima poetis*, coll. Latomus 255, Bruxelles, 2000, p. 381).

§ 6. Quint. XII, 10, 69-72 décrit en détail les avantages de la diversité des styles selon les genres des discours et leurs parties, ainsi que selon la variété des auditeurs. Ainsi s'explique, ci-dessous § 10, que Lupercus puisse corriger valablement, aux yeux de Pline, des éléments de son discours, sans avoir pu lire l'ensemble.

II, 6

Le destinataire semble être le jeune Junius Avitus, dont Pline, VIII, 23, 2 se présente comme le conseiller et protecteur. Julius Avitus (V, 21, 3 sqq.) est moins probable. – La lettre date alors de 97-98, avant le départ de Junius Avitus en Germanie et Pannonie.

§ 2. Le reproche est fréquent chez les moralistes ou les poètes satiriques : Mart. I, 20 ; III, 60 ; IV, 68 ; VI, 11, etc. ; Iuu. V, 24 sqq. Sur la manière dont en usait César : Suet., *Iul*. 48. – Les *minores amici* sont les clients. La répartition des « amis » par classes ou degrés (*gradatim*) provient de la nécessité d'organiser la *salutatio* matinale, à la suite de l'augmentation vertigineuse des clientèles. Sénèque, *De ben.* VI, 34, 2 fait remonter l'origine de cette pratique à C. Gracchus et à Livius Drusus.

§ 3. Ce qui paraît donc choquant à Pline, c'est qu'une répartition nécessaire au bon déroulement de la *salutatio* soit transposée dans la *cena*, qui devrait être conviviale. – *Libertos* : l'invitation à une *cena* a pu parfois remplacer la sportule, ou inversement. C'est ce qui se passa pour les libéralités impériales : Suet., *Nero* 16 ; *Dom.* 7.

§ 4. Pline l'Ancien, *NH* XIV, 91 rapporte l'anecdote de Caton, consul en 195 av. J.-C., se rendant dans sa province d'Espagne et se vantant, à son retour, de n'avoir bu d'autre vin que celui de ses rameurs. Pline ajoute : *in tantum dissimilis istis qui etiam conuiuis alia quam sibimet ipsis ministrant aut procedente mensa subiciunt* ; ce qui ne signifie pas, quoi qu'en pense Sherwin-White, que cet usage existait déjà du temps de Caton, car les verbes y sont au présent, mais est destiné seulement à opposer les mœurs corrompues du temps de Pline à la vertueuse simplicité de Caton (un thème caractéristique de l'encyclopédiste).

II, 7

Lettre antérieure à la mort de Nerva.

§ 1. *Principe auctore* : il s'agit bien de Nerva. On connaît par Cass. Dio LXVIII, 15, 3 et 16, 2 les noms des quatre consulaires que Trajan a honorés d'une statue : Spurinna n'y figure pas. – Spurinna fut consul suffect II en 98 et consul III en 100. La statue triomphale semble avoir été un honneur supérieur à celui des *ornamenta triumphalia*.

Sudore et sanguine : issue de l'*Aiax* d'Ennius (Vahlen[2], *Scen.* 18), l'expression est souvent reprise dans les textes, avec parfois de légères variantes : Cic., *De leg. agr.* II, 16 et 69 ; Liu. VII, 38, 6. L'allitération contribua à en faire un proverbe. Cicéron, *De off.* I, 61, cite le vers d'Ennius en entier.

§ 2. Tacite, *Germ.* 33 raconte comment les Bructères ont été massacrés – plus de 60.000 morts – par une coalition de peuples germains, sous les yeux de l'armée romaine impavide. L'historien exagère-t-il l'importance de ces faits sous l'effet de son amitié pour Vestricius Spurinna ? Toujours est-il que ce dernier n'eut qu'à intervenir à la tête de ses troupes pour remettre les choses en ordre quasiment sans coup férir. La date est contestée : sous Vespasien, sous Domitien, ou peut-être en 97-98. – *Quod est pulcherrimum uictoriae genus* : idée et expression analogues dans *Pan.* 16, 4 : *pulchrius hoc omnibus triumphis.*

§ 3. Le nom du jeune Cottius vient de celui de sa mère, Cottia. Mais de cela il ne découle pas nécessairement, quoi que dise de Sherwin-White, que Cottius soit, chez le fils, un cognomen. Pompeius Falco, ci-dessus I, 23, porte tout de suite après son prénom, donc en position de gentilice, le nom de Roscius, sans doute parce que sa mère était une Roscia. I. Kajanto, *The latin cognomina*, Helsinki, 1965, rééd. Rome, 1982, p. 164, ne connaît que le cognomen Cottio, avec un suffixe –io (ce n'est pas un datif-ablatif !). – Y a-t-il un rapport avec les souverains qui ont donné leur nom aux Alpes Cottiennes ? On en tirerait un indice sur l'origine de la famille.

Honor statuae : il ne s'agit évidemment pas d'une statue triomphale, comme celle de son père, mais l'honneur rendu est néanmoins important.

§ 4. En III, 10 Pline mentionne l'éloge funèbre qu'il a écrit de Cottius et la lecture publique qu'il en a donnée. Il y a ici comme une esquisse de ce discours.

§ 5. *Ad liberos suscipiendos* : on cherche par tous les moyens à résoudre l'angoissant problème de la dénatalité : cf. I, 8, 11.

§ 7. *In celeberrimo loco* : peut-être l'un des forums impériaux.

II, 8

Cette lettre est postérieure à I, 3, qui est adressée au même correspondant. En I, 3 Caninius s'occupait de l'aménagement de sa villa et de son domaine ; il est maintenant plus libre de son temps. À l'inverse Pline, qui était précédemment de loisir, se sent maintenant surchargé d'affaires : sans doute des procès devant les centumvirs (II, 14, 1), ou des besognes que lui vaut la préfecture du trésor de Saturne (I, 10, 9). – Voir E. Lefèvre, « Plinius-Studien III », cité ci-dessus I, 3.

§ 2. *Vinum, balinea, fontes* : même thème à propos d'une maladie réelle de Pline, VII, 1, 4-6.

§ 2-3. *Hos artissimos laqueos ... quasi catenis* : la même image s'applique chez Sen., *Tranq.* 10, 1 sqq. à la condition humaine en général.

II, 9

La lettre date de fin 97. Le destinataire est consul suffect au cours de l'année 97 (et non en janvier 98). Il est peut-être un des patrons de Martial : Mart. IV, 86 ; VII, 26 ; X, 30 ; XI, 15.

§ 1. Dès le début de son règne, en 14, Tibère transféra au Sénat le choix des magistrats hérités du système républicain (voir Th. Mommsen, *Staatsrecht* III, 2, p. 1223). La compétition était vive, car il y avait généralement plus de candidats que de places disponibles ; seuls les *candidati Caesaris* étaient assurés d'être élus. Et justement, la restriction *quam pro me sollicitudinem non adii* suggère que Pline a parcouru jusqu'alors la totalité de son cursus comme *candidatus Caesaris* de Domitien (*Pan.* 95).

In discrimen adducitur : même idée en VI, 6, 9 : *suscepi candidatum et suscepisse me notum est ... si datur Nasoni quod petit, illius honor, si negatur, mea repulsa est.*

§ 2. En leur conférant le laticlave l'empereur permet à de jeunes gens d'origine équestre d'entamer une carrière sénatoriale. Sur l'origine et l'évolution de cette pratique, voir A. Chastagnol, « 'Latus clavus' et 'Adlectio' : l'accès des hommes nouveaux au Sénat romain sous le Haut-Empire », *Rev. Hist. Droit* LIII, 1975, p. 375-394 ; et Id., *Le Sénat romain*, chap. III-VI, en part. p. 37-40, 65-66 et 69-77. – Il a pu paraître surprenant (Sherwin-White, *ad loc.*) que

Pline ne mentionne ni une des fonctions du vigintivirat ni le tribunat de légion, qui étaient en principe obligatoires avant l'exercice de la questure. Mais Sextus Erucius n'est plus très jeune – Pline l'appelle *iuuenis*, non *adulescens* – et il semble être le premier de sa famille en ligne directe à entrer au Sénat. De tels hommes pouvaient bénéficier d'une accélération de leur carrière initiale (voir Th. Mommsen, *Staatsrecht* II, 2, p. 921).

§ 4. Le père de Sextus Erucius, de rang équestre, n'a guère d'influence au Sénat. Pour un cas semblable : VI, 6, 4. Rappelons que C. Septicius Clarus est le dédicataire du recueil des lettres.

§ 5. *Stationesque* : cf. I, 13, 2.

II, 10

En I, 7 déjà Pline manifestait son impatience de lire des vers d'Octavius Rufus. Les deux lettres sont sans doute proches dans le temps.

§ 2. *Per ora hominum ferantur* : réminiscence du vers célèbre d'Ennius : *... uolito uiuos per ora uirum*, cité par Cicéron, *Tusc.* I, 34 ; cf. Vahlen², *Varia* 17-18, p. 215. En V, 8, 3 Pline reprend la citation sous une forme un peu différente : *uictorque uirum uolitare per ora*. – L'expression *lingua Romana*, ou *sermo Romanus*, est impériale : Tac., *Agr.* 21, 2 ; Quint. II, 14, 1 ; Apul., *De mundo* 313.

§ 3. Dans plusieurs épigrammes du livre I (29, 38, 52, 53, 72), Martial accuse un plagiaire du nom de Fidentinus de réciter ses vers comme s'il en était l'auteur.

§ 7. Quelques exemples de *recitationes* pliniennes : le discours de Côme, I, 8 ; la vie de Cottius, III, 10 ; le *Panégyrique*, III, 18. Et cf. VII, 17, sur l'opportunité de « réciter » des plaidoyers.

II, 11

Le procès de Marius Priscus se situe à la mi-janvier 100, donc la lettre est de la fin janvier ou du début février de la même année. Sherwin-White propose, pour l'ensemble de l'affaire, la chronologie suivante : Marius Priscus est proconsul en 97-98. Il est accusé de la forme mineure d'extorsion et se voit désigner des avocats dans la deuxième moitié de 98 (cf. X, 3). La session du Sénat qui choisit l'inculpation de *saeuitia* se situe avant novembre 98 ou plutôt au début de 99. Suit un délai pour rassembler les preuves et témoignages en Afrique ; entre-temps Priscus a été condamné sur les accusations mineures devant une commission du Sénat. L'enquête majeure reprend au Sénat en décembre 99, puis l'affaire est renvoyée aux séances de janvier 100.

Sur les malversations des gouverneurs et l'attitude du Sénat : P. A. Brunt, « Charges of Provincial Maladministration under the early Principate », *Historia* 10, 1961, p. 189-227 ; J. Bleicken, « Senatsgericht und Kaisergericht. Eine Studie zur Entwicklung des Prozessrechtes im frühen Prinzipat », *Abh. Akad. Wiss. Göttingen*, 53, 1962 ; R. J. A. Talbert, *The Senate of Imperial Rome*, Princeton, 1984, p. 460-487.

§ 2. *Accusantibus Afris* : Les accusateurs sont la ville de Lepcis Magna et un certain nombre de particuliers (*multique priuati*, III, 9, 4). « Il est tentant de revêtir du manteau de l'unanimité des actions éparses, de particuliers ou de cités comme le fait, sciemment, Pline envers Marius Priscus. » (M. Dondin-Payre, « Le proconsul d'*Africa* malhonnête ; mythe et réalité », dans *L'Africa Romana, Atti VI convegno*, A. Mastino (éd.), Sassari, 1989, p. 108 [103-111]).

Iudices petiit : la procédure découle du *S. C. Caluisianum* de 4 av. J.-C., légèrement modifié par la suite (*FIRA* I, 68, 5). Les consuls ont introduit le procès devant le Sénat et celui-ci a désigné en son sein les avocats des plaignants. Si l'affaire ne portait que sur des extorsions de fonds simples, sans circonstances aggravantes (*saeuitia*), elle passait devant un jury de cinq *iudices* sénatoriaux qui devaient rendre leur sentence dans les trente jours. En réclamant d'être jugé de cette façon, – car il renonce volontairement à se défendre sur des faits mineurs d'extorsion simple – Marius Priscus espère éviter la procédure lourde qui porterait sur des faits criminels et passerait devant l'ensemble du Sénat.

Adesse prouincialibus iussi : les avocats chargés de soutenir la cause des provinciaux sont désignés par le Sénat au terme d'un tirage au sort. Dans un premier temps Pline avait allégué sa charge de préfet du trésor de Saturne pour se faire dispenser (III, 4, 3 ; X, 3, 2). – *Crimina quibus dari iudices possent* : cf. *S. C. Caluisianum* 99-100 : ἐάν τινες... χρήματα πραχθέντες ἀπαιτεῖν βουληθῶσι χωρὶς τοῦ κεφαλῆς εὐθύνειν τὸν εἰληφότα. La comparution devant la commission des cinq juges est donc impossible.

§ 3. Catius Fronto croit ou fait semblant de croire qu'un procès *de repetundis* ne peut pas dépasser le niveau de la commission des cinq juges. Il est vrai que la culture juridique des sénateurs était assez faible (VIII, 14, 1-10) et que depuis le procès de Baebius Massa en 93 aucune procédure, semble-t-il, n'avait dépassé ce premier stade.

§ 5. La proposition de Julius Ferox est contraire aux dispositions du *S. C. Caluisianum*, qui rendait les deux procédures exclusives l'une de l'autre. Elle a l'avantage a) de donner des gages aux deux partis de l'opinion sénatoriale ; b) d'assurer au moins la condamnation de Marius Priscus par les cinq juges, au cas où la procédure plénière se solderait par un acquittement. – *Euocandos* : la *lex Iulia* permettait de requérir la comparution des témoins, mais le *S. C. Caluisianum* 139-141 limitait ce droit de coercition à dix personnes présentes en Italie (III, 9, 29).

§ 8. *La lex Iulia de ui publica*, d'époque augustéenne, protège les citoyens romains en Italie et dans les provinces contre toute coercition ou violence de la part de magistrats : *Act. Apost.* XVI, 37 ; XXII, 25-29 (saint Paul) ; X, 96, 3-4 (Pline envers les chrétiens). Mais, dans le cas de crimes particulièrement graves, il est arrivé qu'un gouverneur de province condamne à mort un citoyen romain sans être inquiété par la suite. Ce fut peut-être le cas de Priscus. Pour ce qui est de l'*exsilium*, la question est de savoir s'il faut donner ici à ce mot son sens propre, et dans ce cas Priscus aurait gravement excédé ses droits, ou si Pline l'emploie en un sens plus large pour *relegatio* (cf. III, 9, 31 ; X, 56, 2-4), ce qui, une fois encore, disculperait Priscus de tout abus de pouvoir.

In carcere : la condamnation *in metallum* implique la perte des droits civiques ; l'étranglement dans la prison, rare à l'époque de Pline, est considéré comme une mise à mort archaïque et particulièrement déshonorante.

§ 9. Marcianus tombe sous le coup de la loi pour corruption de juges. Quant à Priscus, sa condamnation en première instance lui interdisait désormais d'assister aux séances du Sénat, à moins d'y être convoqué (§ 12). – *Iure senatorio* : il s'agit d'une demande préalable, antérieure aux débats proprement dits.

§ 14. D'ordinaire quatre clepsydres équivalent à une heure ; 12 + 4 clepsydres feraient donc quatre heures. Mais on pouvait allonger leur écoulement ; pour le plaidoyer de Pline leur durée a été augmentée au maximum (*spatiosissimas* est sans doute un superlatif absolu), si bien que Pline a pu parler près de cinq heures (de janvier). N'oublions pas que les heures des Anciens, qui équivalent à 1/12 du jour solaire ou de la nuit, n'ont pas de durée fixe ; *AÉ* 2003, 1279 signale une clepsydre en bronze avec des heures de longueur variable, selon les saisons. Le dispositif pouvait être utilisé pour permettre à certains avocats de parler plus longuement, et Pline a peut-être bénéficié d'une complaisance de ce genre : la courte durée des heures du mois de janvier justifierait une telle mesure.

§ 15. *Libertum meum* : le secrétaire de Pline. Ce détail est très rarement mentionné (Cass. Dio LX, 16, 3).

§ 17. *Respondit Cornelius Tacitus* : ce qui signifie que Tacite, en réponse à Salvius Liberalis, a plaidé à charge contre Marius Priscus. – Σεμνῶς : c'est le concept de *grauitas*.

§ 18. Rappel de ces faits, en des termes similaires, dans *Pan.* 76, 1.

§ 19. Les consuls désignés s'expriment en premier. Sur la *lex de Senatu habendo* : Gell., *NA* IV, 10, en particulier § 9 (voir Th. Mommsen, *Staatsrecht* III, 2, p. 965 sqq.). – *Vrbe Italiaque interdicendum* : la *relegatio* prend ici la forme, non d'une assignation à résidence, mais d'une interdiction de séjour, ce qui est moins sévère. On notera cependant que les deux condamnations proposées, tant pour Marius Priscus que pour Marcianus, sont à perpétuité. Pompeius Collega proposera de limiter la condamnation de Marcianus à cinq ans seulement. – Sur la forme du remerciement, cf. III, 9, 23.

§ 22. Sur le déroulement du vote lors de cette séance : *Pan.* 76, 2. Et en général sur le vote par *discessio* : VIII, 14, 19 sqq. – Les sénateurs ont donc fini par se ranger à la plus sévère des deux propositions. La condamnation n'était pourtant pas bien dure et, comme me le fait observer X. Loriot, c'était là toute l'ambiguïté du privilège accordé au Sénat par Auguste, de se constituer en Haute Cour pour juger ses propres membres. D'où cette conclusion rageuse de Juvénal, I, 49-50 :

> *Exul ab octaua Marius bibit et fruitur dis*
> *Iratis : at tu uictrix prouincia ploras.*

In sententia quam ipse dictauerat : Regulus, qui n'est alors ni consulaire ni même, semble-t-il, *praetorius*, a susurré son opinion à l'oreille de Pompeius Collega, dont la *sententia* a plus de poids.

§ 23. Λιτούργιον : diminutif d'époque tardive pour λειτουργία. Quelques mss écrivent λειτ-.

§ 24. *Proximo senatu* : vraisemblablement le 3 février.

II, 12

Lettre postérieure d'une quinzaine de jours à la précédente.

§ 1. Λιτούργιον : cf. ci-dessus II, 11, 23.

§ 2. *Respondit crimini noto* : cf. également II, 11, 23. – *Ordine mouendum* : exclusion du Sénat pour cause d'*infamia*. Il paraît inutile de faire référence ici, contre l'avis de Sherwin-White, aux pouvoirs censoriaux du *princeps* (voir Th. Mommsen, *Staatsrecht* III, 2, p. 878 sqq., surtout p. 882). – *In sortitione prouinciae* : Firminus aurait pu obtenir le

gouvernement d'une des provinces sénatoriales de rang
prétorien, une petite dizaine au total. Tacite, *Ann.* III, 69,
1 donne un exemple analogue d'exclusion de la *sortitio
prouinciae* pour cause d'*infamia*.

Durior tristiorque : A.-M. Guillemin, *CUF*, *ad loc.*, fait
le rapprochement avec Tac., *Ann.* VI, 40, 2 *: At C. Galba
consularis et duo Blaesi uoluntario exitu cecidere, Galba
tristibus Caesaris litteris prouinciam sortiri prohibitus,
Blaesis* ... Mais, malgré les concordances textuelles (*tristibus*),
la situation est très différente, car nous sommes alors
dans les années de terreur du régime de Tibère. Le § 3
explique pourquoi la condamnation de Firminus est *durior
tristiorque*.

§ 5. *Nihil est tam inaequale* ...: la même pensée, exprimée
dans les mêmes termes, conclura la lettre IX, 5 en forme de
pointe : *Nihil est ipsa aequalitate inaequalius.*

II, 13

La date de cette lettre, son destinataire et la personnalité
de Voconius Romanus ont fait l'objet de multiples discussions,
résumées par Sherwin-White, p. 173-175. On ajoutera : L.
Vidman, « Zur Datierung von Plinius Ep. II, 13 », *LF* 109,
1986, p. 65-71. Le destinataire est peut-être L. Javolenus
Priscus, légat de la province impériale de Syrie entre env.
95 et 101, date à laquelle A. Julius Bassus lui succéda
(*ILS* 1015). On l'identifiait précédemment avec L. Neratius
Priscus, consul suffect en 97 et légat de Pannonie (mais pas
avant 103 : il faudrait donc déplacer la date de la lettre).
C'était d'autant plus tentant que la lettre VI, 15, précisément
adressée à Voconius Romanus, donne de Javolenus un portrait
peu flatteur. Mais on peut aussi penser que ce genre de petite
méchanceté mondaine, si on veut l'imputer à Pline, et si le
destinataire de II, 13 est bien Javolenus, n'en acquiert que
plus de sel... La présente lettre paraît antérieure à X, 4, où
Pline sollicite de Trajan l'admission de Voconius Romanus
au Sénat, après avoir déjà formulé cette demande auprès de
Nerva. Elle peut être de peu antérieure à la mort de Nerva

(27 janvier 98), et X, 4 de peu postérieure. D'ailleurs tout suggère qu'au moment de la lettre II, 13, Romanus n'est pas encore sénateur, mais qu'il est resté chevalier.

§ 2. *Exercitum amplissimum* : Priscus est légat de rang consulaire d'une province impériale pourvue de plusieurs légions, ce qui est le grade le plus élevé. Ces provinces étaient alors au nombre de huit : les deux Germanies, les deux Mésies, la Pannonie, la Bretagne, la Syrie et la Cappadoce-Galatie. – *Beneficiorum larga materia* : les gouverneurs de province recrutaient eux-mêmes bon nombre de leurs collaborateurs et même des préfets et tribuns militaires : III, 2 ; IV, 4 ; VII, 22.

§ 4. Le père de Voconius Romanus est Voconius Placidus, son beau-père (le second mari de sa mère) Licinius Macrinus. – *Pietate* : l'affection et le sens du devoir du beau-père lui ont fait adopter Voconius Romanus, qui est le fils de sa femme. – *Hispaniae flamen* : les flamines provinciaux assurent la présidence du Conseil de la province et gèrent le culte de l'empereur ainsi que les fêtes et les jeux dans la capitale. C'était une charge très dispendieuse, car elle impliquait des libéralités quasi obligatoires. La charge étant annuelle, *proxime* signifie ici « l'an dernier ».

§ 5. *Contubernalis* est à prendre au sens figuré ; il s'agit d'une amitié littéraire et personnelle.

§ 7. *Latine loqui credas* : certaines de ces lettres sont mentionnées élogieusement en IX, 28. Pour l'expression, on songe à Quint. X, 1, 99 : *Licet Varro Musas, Aeli Stilonis sententia, Plautino dicat sermone locuturas fuisse, si Latine loqui uellent* ... On peut citer aussi l'épitaphe de Naevius reproduite par Gell., *NA* I, 24, 2, mais le parallèle est moins direct.

§ 8. *Ab optimo principe* : Il s'agit ici de Nerva. Pline applique le qualificatif d'*optimus princeps* à Nerva en IX, 13, 23 ; à Nerva et Trajan en *Pan.* 7, 4 et 88, 5 ; à Trajan seul en *Pan.* 2, 7 et 88 *passim*. *Optimus* n'est devenu un élément officiel de la titulature impériale qu'en 114. – *Daret* : ce subjonctif marque-t-il une sorte de basculement implicite dans le discours indirect, somme le suggère Sherwin-White, rien n'est moins sûr. Par analogie avec *quamuis*, *quamquam* est assez souvent suivi du subjonctif dans la prose impériale : voir A. Ernout, *Syntaxe latine*, § 349.

II, 14

Lettre écrite sans doute peu avant que Pline n'accède à la préfecture du trésor de Saturne, donc fin 97. Huit lettres de Pline sont adressées à un Maximus, sans mention de prénom ni de gentilice. Dans trois de ces lettres (VI, 34 ; VII, 26 ; VIII, 24) Maximus est plus jeune que Pline, qui prend à son égard les allures d'un mentor ; le destinataire des cinq autres (II, 14 ; VI, 11 ; VIII, 19 ; IX, 1 et 23) a sensiblement le même âge que Pline. Sherwin-White propose de l'identifier avec Novius Maximus, destinataire de IV, 20 et de V, 5.

§ 1. D'ordinaire Pline est fier et satisfait du travail qu'il fournit devant le tribunal des centumvirs : IV, 16 et 24 ; VI, 23 et 33 ; IX, 23. Il lui arrive pourtant de maugréer contre cette activité, par ex. lorsqu'il compare l'éloquence du barreau aux discours-conférences du rhéteur Isée : II, 3, 5-6. – *Personarum claritate* : un tel cas se présente en VI, 33, 2.

§ 2. *Audaces* : dans le *De orat.* III, 94 Cicéron fait dire à l'orateur Crassus que les écoles des rhéteurs grecs sont un *impudentiae ludus*. Tacite, *Dial.* 35, 1 cite cette expression dans le cadre du discours de Messala, partisan de la rhétorique ancienne. De son côté Quint. XII, 6, 2 attribue cette *impudentia* à l'âge trop précoce auquel on fait plaider les jeunes orateurs. Par ailleurs cette jeunesse des avocats s'explique sans doute par le fait que la plupart des hommes d'âge mûr préféraient occuper des postes dans l'administration impériale : IV, 24, 3. – *Auspicari* : Pline lui-même a commencé à plaider à l'âge de 18 ans et a parrainé ensuite d'autres jeunes gens pour leurs débuts judiciaires : VI, 23. Ce qui compte à ses yeux c'est moins l'âge que le respect et les bonnes manières.

In scholis : il résulte de Quint. I, 8, 5 que les enfants commencent les exercices de lecture par Homère et Virgile ;

ils s'imprègnent ainsi de la *sublimitas* de ces œuvres, mais leur compréhension en profondeur est réservée pour plus tard.

§ 4. *Basilica* : la basilique Julia, siège du tribunal des centumvirs. – Sur la distribution de sportules lors de dîners, cf. W. J. Slater, « Handouts at Dinner », *Phoenix* 54, 2000, p. 107-122.

§ 5. *Laudiceni* : σοφοκλεῖς fait jeu de mots avec le nom de Sophocle, Σοφοκλῆς. Le libellé de ce qui suit, ἀπὸ τοῦ + infinitif, est typique d'une glose ; Pline n'expliquerait pas aussi lourdement le jeu de mots. La présence de la glose (qui donne d'ailleurs une étymologie correcte) dans les trois branches de la tradition manuscrite montre simplement qu'elle s'est insinuée très tôt. Parmi les éditeurs modernes, Mynors paraît le seul à l'accepter dans le texte. *Sophos*, bien attesté en latin impérial (Pétrone, Martial) équivaut à « bravo » : cf. F. Biville, « Sophos uniuersi clamamus », dans J.-M. André, J. Dangel, P. Demont (éd.), *Les loisirs et l'héritage de la culture antique*, Coll. Latomus 230, Bruxelles 1996, p. 310-318. Dans le mot latin *laudiceni*, l'élément *-cenus* est apparenté au verbe *canere*, « chanter » (cf. *tibicen*) ; le sens est donc : « qui chantent les louanges ». Une dérivation inexacte à partir de *cena*, relayée par A.-M. Guillemin, *CUF*, *ad loc.*, vient sans doute d'une mauvaise interprétation de Mart. VI, 48.

§ 8. *Tribunal ascendas* : il arrivait que des personnages importants et même parfois de simples curieux prennent place sur la tribune : IV, 16, 2 ; VI, 33, 4.

§ 9. Ce texte donne peut-être un *terminus ante quem* pour la mort de Quintilien. En VI, 6, 3 Pline évoque ses leçons et celles de Nicétès Sacerdos.

§ 10. Domitius Afer est mort en 59 (Tac., *Ann.* XIV, 19) ; Quintilien est né vers 35 : il avait donc au maximum 24 ans au moment où se situe l'incident rapporté. Sherwin-White l'appelle « an adult admirer, not a pupil » ; soit, mais un adulte plutôt en début de carrière.

Ex proximo : les quatre chambres du tribunal des centumvirs siégeaient dans la nef de la basilique Julia sans séparation matérielle : Quint. XII, 5, 6.

§ 12. Dans Cic., *Brut.* 287 les adjectifs *fractum* et *minutum* vont de pair avec une éloquence néo-attique. Ici il est question, au contraire, du style asiatique ; on peut rapprocher Tac., *Dial.* 26, 2 : *Neque enim oratorius iste, immo hercule ne uirilis quidem cultus est, quo plerique temporum nostrorum actores ita utuntur ut lasciuia uerborum et leuitate sententiarum et licentia compositionis histrionalis modos exprimant.*

§ 13. *Cymbala, tympana* et *ululatus* se réfèrent au culte en l'honneur d'Attis, célébré du 15 au 24 mars lors des *Megalensia* ou fêtes de Cybèle, par des prêtres phrygiens eunuques, les galles. On pense au célèbre poème 63 de Catulle, en galliambes.

II, 15

§ 1. « Valérianus, qui possédait depuis longtemps un domaine dans le pays des Marses, à l'est de Rome, vient d'en acquérir un autre, nous ne savons où. » (A.-M. Guillemin, *CUF, ad loc.*).

§ 2. Sur les terres de Pline, héritage de sa mère, cf. aussi VII, 11, 5-6. Pour la modicité des revenus qu'elles rapportent, cf. ci-dessus II, 4, 3 et la note *ad loc.*

II, 16

Nous maintenons, contre Sherwin-White et Mynors, l'adresse à Annianus (αγ), et non à Annius (β), qui serait Annius Severus, destinataire de III, 6 et V, 1 (*PIR²* A 689). La lettre peut dater d'env. 100-101, si l'on admet que Pline n'est plus préfet du trésor de Saturne. – Voir M. Ducos, « Les testaments dans les lettres de Pline le Jeune », cité ci-dessus II, 4, surtout p. 345.

§ 1. Le jeune sénateur prétorien Minicius Acilianus fait l'objet d'une recommandation de Pline en I, 14. L'héritage dont il veut faire profiter Pline est peut-être celui-là même qui est mentionné au début de III, 6. Que cette lettre soit adressée à Annius Severus ne prouve pas que II, 16 le soit aussi.

Les codicilles sont des dispositions ajoutées à un testament après qu'il a été scellé ; en principe ils ne sont valables que si leur existence éventuelle a été annoncée dans le testament lui-même : Gaius, *Inst.* II, 270 a.

§ 2. Minicius Acilianus a laissé Pline héritier *ex parte*. Les codicilles qu'il a rédigés après son testament enjoignent à Pline de verser une partie de l'héritage qui lui revenait à une ou plusieurs personnes nommément désignées. Pline pourrait ne pas en tenir compte, car ils sont *non confirmati* ; mais il choisit, par respect envers le défunt, d'exécuter sa volonté en considérant en somme lesdits codicilles testamentaires comme des fidéicommis. Plus tard cette façon de faire tendit à devenir la règle. L'attitude de Pline annonce peut-être cette évolution : cf. V, 7, 2.

§ 3. Le mot *delator* n'a ici aucune coloration politique. Il s'agit de quelqu'un qui traque les irrégularités dans les testaments pour faire rentrer de l'argent dans l'*aerarium Saturni* et être lui-même payé au pourcentage. Mais Pline explique pourquoi il n'a rien à craindre de ce côté-là.

II, 17

La description de la villa suburbaine des Laurentes, qui constitue le sujet de cette lettre, est à comparer avec celle de la villa de Toscane en V, 6. Les antécédents ne sont pas rares dans la littérature de l'époque impériale : Sen., *Epist.* 55, 6-7 (la villa de Servilius Vatia) ; Mart. III, 58 ; IV, 64 ; XII, 50 (la villa de Faustinus à Baïes, celle de Julius Martialis sur le Janicule, et celle d'un riche anonyme) ; Stat., *Silu.* I, 3 ; I, 5 ; II, 2 (la villa de Manilius Vopiscus à Tibur, les thermes de Claudius Etruscus, la villa de Pollius Felix à Sorrente). Mais Pline les dépasse tous par l'ampleur méticuleuse de sa description. La comparaison avec Vitr., *De arch.* VI, 3-6 (sur les *domus* et les *uillae*) se révèle décevante et souligne surtout l'énorme progrès du luxe sous l'Empire ; mais pour les questions de vocabulaire cf. l'éd. de L. Callebat, *CUF*, notamment p. xiv-xx.

Les études archéologiques et les tentatives de reconstitution de la villa des Laurentes, comme de celle de Toscane, ont été nombreuses. On en trouvera une liste quasi exhaustive dans É. Aubrion, « La 'Correspondance' de Pline le Jeune : problèmes et orientations actuelles de la recherche », dans *ANRW* II, 33, 2 (1989), p. 337 [304-374] ; P. De La Ruffinière Du Prey, *The Villas of Pliny from Antiquity to Posterity*, Chicago 1994 ; N. Méthy, *Les lettres de Pline le Jeune*, p. 345, n. 98 et 99. Signalons particulièrement à date récente : R. Förtsch, *Archäologischer Kommentar zu den Villenbriefen des jüngeren Plinius*, Mayence, 1993 ; B. Bergmann, « Visualizing Pliny's Villas », *JRA* 8, 1995, p. 406-420 ; H. Mielsch, « Traditionelle und neue Züge in den Villen des Plinius », dans L. Castagna, E. Lefèvre (éd.), *Plinius der Jüngere und seine Zeit*, Munich, Leipzig, 2003, p. 317-324. – Plus rares sont les études centrées sur les goûts de Pline et son style de vie : E. Lefèvre, « Plinius-Studien I. Römische Baugesinnung und Landschaftsauffassung in den Villenbriefen (2, 17 ; 5, 6) », *Gymnasium* 84, 1977, p. 519-541 ; G. Maselli, « Moduli descrittivi nelle ville pliniane : percezione, animazione, concezione dello spazio », *BStudLat* 25, 1995, p. 90-104 ; A. M. Riggsby, « Pliny in Space (and Time) », *Arethusa* 36, 2, 2003, p. 167-186 ; N. Méthy, *op. cit.*, p. 340-353.

Le caractère suburbain de la villa des Laurentes explique que l'accent soit mis en priorité sur les éléments d'architecture, tandis que le caractère plus rural de la propriété de Toscane justifie une évocation plus détaillée de sa situation foncière.

La description se déroule en trois temps : 1) § 4-13, le corps de logis central ; 2) § 14-19, le jardin et le cryptoportique ; 3) § 20-24, le pavillon. L'introduction, § 1-3, et la conclusion, § 25-28, donnent des informations sur les alentours.

Introduction.

§ 1. Le site doit être proche du *uicus Augustanus*, près de l'actuel Castel Fusano ; cf. § 26. – *Laurens*, pl. *Laurentes* désigne le peuple. L'*oppidum Laurentum* correspond au lieu du débarquement d'Énée dans l'*ager Laurens* : cf. Mela II,

71 (avec le commentaire de A. Silberman, *CUF, ad loc.*),
et Plin., *NH* III, 56 (avec notre commentaire, *CUF*, 2ᵉ éd.,
ad loc.). Quant à *Laurentinus*, c'est l'adjectif dérivé de
Laurentes. – Les *Laurentes* ont formé à partir des Antonins
une seule cité avec Lavinium, sous le nom de *Laurolauinium*
ou *Laurentes Lauinates*. – Sherwin-White fait judicieusement
remarquer que l'apparente incertitude de Pline, *uel, si ita
mauis, Laurens*, fait écho à Cat. 44, 1-5 : *O funde noster
seu Sabine seu Tiburs*, etc. Peut-être même est-ce la seule
raison d'être de cette hésitation : un clin d'œil littéraire,
en somme. Pline l'Ancien, *NH, Praef.* 1, appelait Catulle
conterraneum meum.

§ 2. Dix-sept mille pas font un peu plus de 25 km. Pour
la *Laurentina*, voir A. La Regina (éd.), *Lexicon topogr. Vrbis
Romae, Suburbium*, III, p. 213-227 (A. Buccellato). – P.
V. Cova, « I viaggi di Plinio il Giovane », *BStudLat* 29,
1999, p. 136-140.

§ 3. Il n'y a pas (ou plus) d'agriculture dans la région,
mais seulement des forêts et de l'élevage. Pline décrit en
quelques mots les effets de la transhumance.

Première partie.

La description se déroule en trois étapes : a) l'axe est-
ouest, avec le vestibule et le grand salon, § 4-5 ; b) le côté
sud, § 6-9 ; c) le côté nord, § 10-13.

§ 4. *In D litterae similitudinem circumactae* : nous
pensons que c'est la partie rectiligne de la colonnade qui borde
l'atrium ; mais d'autres restitutions (Winnefeld) impliquent
l'inverse. – *Specularibus* : l'usage de fenêtres en verre est
encore un luxe. Sen., *Epist.* 90, 25, les présente comme une
invention toute récente ; cf. aussi Sen., *Nat.* IV B, 13, 7.

§ 5. *Cauaedium* : le *cauum aedium* est défini par Varron,
L.L. V, 161, comme un lieu couvert, à l'intérieur de la maison,
laissé libre pour l'ensemble des activités communes. Il en
distingue deux types : à toit fermé ou avec une ouverture.
De son côté Vitruve, VI, 3, 1 mentionne cinq types de *caua
aedium* qui peuvent être classés dans les deux groupes définis
par Varron. Cf. Vitr. VI, éd. L. Callebat, *CUF*, p. 94-97. On

notera qu'au temps de Pline l'expression *cauum aedium* est devenue un mot unique, *cauaedium*.

Quasi tria maria prospectat : ceci implique que l'axe principal de la demeure est perpendiculaire au rivage. – Le dernier salon, face à la mer, correspond à peu près à l'*oecus cyzicenus* de Vitr. VI, 3, 10 ; cf. L. Callebat, *CUF*, *ad loc.*, citant R. Förtsch (mentionné ci-dessus), p. 175-178.

§ 7. L'exposition plein sud favorise le chauffage de ces pièces. Sur l'importance de l'exposition : Colum. I, 5, 5-8 et Vitr. VI, 4.

§ 8. *In hapsida curuatum* : *hapsis*, plus souvent écrit *apsis* et *absis*, du grec ἀψίς. Les absides sont apparues d'abord dans les basiliques, avant d'être intégrées dans l'architecture domestique. On en trouve un exemple dans la Villa des Mystères à Pompéi. – *Fenestris omnibus* suggère qu'il s'agit ici d'une sorte de bow-window.

§ 9. *Dormitorium membrum* : un ensemble de chambres à coucher ; *membrum* désigne un appartement ou un corps de bâtiment. Au § 8 en revanche *cubiculum* s'applique à une chambre, une pièce à vivre. – *Suspensus* : construit sur des piles ; *tubulatus* : avec des tubulures dans les parois. Cf. aussi Sen., *Epist.* 90, 25. Sénèque et Pline décrivent ainsi l'installation que les modernes appellent improprement « hypocauste » ; cf. § 11 ci-dessous et V, 6, 25.

§ 10. *Cenatio* : le terme appartient au latin impérial. – *Procoeton* : transcription de προκοιτών, antichambre ; cf. ci-dessous § 23. Le mot apparaît dès Varron, *R.R.* II, *praef.* 2, dans un passage où l'auteur fustige l'abus des mots grecs. Mais au temps de Pline tous ces termes sont entrés dans l'usage courant.

§ 11. *Baptisteria* : βαπτιστήριον, piscine ; cf. V, 6, 25. (Le sens chrétien provient de la pratique du baptême par immersion.) – *Hypocauston* est employé ici, évidemment, en son sens véritable de « chambre de chauffe, chaufferie » ; cf. V, 6, 25 ; et Stat., *Silu.* I, 5, 59. – Le *propnigeum* (*-on*, προπνιγεῖον) est déjà mentionné par Vitr. V, 11, 2. On ne le retrouve que dans les *Not. Tir.* 114, 33, au prix, d'ailleurs, d'une légère correction : cf. *ThLL*, s. v. – Il semble que dans la villa des Laurentes, le « grand réservoir d'eau chaude... ait été intérieur et chauffé artificiellement. Aux Tusci au contraire il était extérieur et chauffé par le soleil (V, 6, 25), ce qui s'accorderait bien avec le caractère des deux villas, l'une habitation d'hiver, l'autre habitation d'été » (A.-M. Guillemin, *CUF*, *ad loc.*). Sherwin-White estime que la description de cette installation thermale est peu claire ; mais toute son analyse est faussée par le fait qu'il prend l'*hypocauston* pour une seconde étuve, parallèle au *propnigeum*. En réalité l'ordre suivi est tout à fait classique : *cella frigidaria*, *propnigeum*, *calida piscina* ; il ne manque que la *tepidaria*, présente en V, 6, 25-26 sous le nom de *media*, mais absente aussi de la description de la palestre grecque chez Vitr. V, 11, 2.

§ 12. Un *sphaeristerium* (σφαιριστήριον) est souvent aménagé dans les bains : cf. V, 6, 27 ; Suet., *Vesp.* 20, 1. Le jeu de paume se pratique en général juste avant le bain, lequel se prend « à la neuvième heure en hiver, à la huitième en été » (III, 1, 8) ; d'où l'utilité de cette exposition au soleil couchant, *inclinato iam die*.

Diaetae : sur ces tours avec leurs *diaetae* voir P. Grimal, *Les jardins romains*, p. 276-278. Elles figurent sur de nombreuses mosaïques et peintures pariétales. – *Possidet* : nous choisissons la *lectio difficilior*. La métaphore implique situation au-dessus et vue sur. Dans le même esprit mais en sens inverse, *seruit ac subiacet*, V, 6, 23.

§ 13. Cet *horreum* se trouve donc au premier étage, plus sec et sans doute mieux protégé que le rez-de-chaussée des rongeurs et autres parasites ; disposition analogue chez Colum. I, 6, 9-10 et XII, 52, 3.

Deuxième partie
§ 14. Sur l'emploi du buis, du romarin et d'autres plantes voir P. Grimal, *Les jardins romains*, p. 294-296.

§ 15. *Malignior* : cf. Verg., *Georg.* II, 179 : *Difficiles terrae ... collesque maligni* ; et Pline lui-même, *Pan.* 31, 6 : *Ita beneficio tuo nec maligna tellus*.

Vestibulum uillae : Pline a fait le tour du corps de logis principal et est revenu à son point de départ, le vestibule. Sherwin-White souligne le chiasme des éléments de la description dans les § 13-15 : *triclinium – hortus et gestatio – gestatio – hortus – cenatio* (= *triclinium*). – *Pinguis et rusticus* : sur le côté rustique et vieux-romain de ces jardins voir P. Grimal, *Les jardins romains*, p. 372.

§ 16. Le cryptoportique n'est pas attenant à la villa proprement dite ; il mène au pavillon du § 20 ; la villa des Papyri d'Herculanum présente une disposition semblable : voir P. Grimal, *Les jardins romains*, p. 227, fig. 13. – *Hinc* ne désigne pas *uestibulum uillae*, quoi que pense Sherwin-White, mais la villa dans son ensemble.

Singulae ... pauciores : Sherwin-White souligne avec raison l'inanité ou l'arbitraire de toutes les corrections proposées. En admettant, comme on le fait généralement, que *alternis* a une valeur adverbiale, nous comprenons que le côté du cryptoportique tourné vers le jardin a moitié moins de fenêtres que celui qui regarde vers la mer : *singulae sed* (ou *et*) *alternis* signifiant littéralement : « une pour une, mais seulement une fois sur deux ».

§ 17. *Xystus* : existe aussi au neutre, *xystum*. Chez les Grecs, c'est un portique couvert où s'exerçaient les athlètes : Vitr. V, 11, 4 et VI, 7, 5 ; ce sens est encore perceptible dans la plus ancienne attestation en latin, Cic., *Att.* I, 8, 2 = *CUF* I, lettre IV, 2, de février 67 av. J.-C. : *gymnasi xystique*. Dans l'usage romain, c'est une promenade plantée de buissons ou d'arbres : Cic., *Brut.* 10 ; Suet., *Aug.* 72, 3. Sur ce changement sémantique, cf. Vitr. VI, 7, 5 ; et voir P. Grimal, *Les jardins romains*, p. 262-265. Sur les xystes dans les autres propriétés de Pline : V, 6, 16 (en Toscane) ; IX, 7, 4 (à Côme).

Troisième partie
§ 20. *Diaeta* : un pavillon comparable est décrit par Stat., *Silu.* II, 2, 83 sqq. – *Heliocaminus* : ἡλιοκάμινος, chambre exposée au soleil, étuve solaire ; cf. Ulp., *Dig.* VIII, 2, 17 : *heliocamino uel solario*.

§ 21. *Zotheca*, ζωθήκη, semble absent des textes grecs conservés. De l'idée de « renfoncement de mur » dérivent deux acceptions : 1) alcôve, boudoir, comme ici, ou pour le diminutif *zothecula* en V, 6, 38 ; 2) niche, placard, en particulier niche destinée à recevoir un buste ou une statue : Sidon., *Ep.* VIII, 16, 3 ; IX, 11, 6 ; *CIL* VI, 10409 ; VIII, 7079 ; XIV, 2793 = *ILS* 5449.

§ 22. *Andron* : ἀνδρών désigne en principe l'appartement des hommes, comme le gynécée est celui des femmes : Festus 20, 17 L. Mais ici le sens est clairement « couloir, corridor ». Il en est de même chez Vitr. VI, 7, 5, qui pose l'équivalence *mesauloe = andrones*, et qui s'étonne longuement de cette évolution de sens en milieu romain, laquelle, selon L. Callebat, *CUF*, *ad loc.*, « reste sans explication plausible ».

§ 23. *Aut effundit aut retinet* : dispositif analogue dans la villa de Toscane, V, 6, 25.

Conclusion

§ 25. Les jeux d'eau qui ornent la villa de Tifernum, V, 6, 36-40, manquent ici.

§ 26. *Vicus* : il s'agit du *uicus Augustanus* : *RE* XII, 1, col. 1009 ; *CIL* XIV, p. 183 ; voir J. Carcopino, *Virgile et les origines d'Ostie*, Paris, 1919 (rééd. 1968), p. 183 sqq.

Calfacere dissuadeat : cf. I, 4, 1. Il arrivait donc, comme le fait remarquer A.-M. Guillemin, que l'on rencontre des personnages distingués dans les bains publics : III, 14, 6. Mais le sénateur Larcius Macedo y fut victime d'un incident violent et aurait mieux fait de rester chez lui...

II, 18

§ 1. Junius Mauricus, de retour d'exil, prend en charge les enfants de son frère Arulenus Rusticus, condamné à mort en 93 ; Pline joue le rôle d'un conseiller. En I, 14 il a proposé un mari pour la fille de Rusticus ; ici il est prié de trouver un *rhetor Latinus* pour ses fils, dont l'aîné au moins a passé l'étape du *grammaticus*. L'un de ces fils pourrait être Q. Junius Rusticus, le futur consul de 133, qui poussa Marc Aurèle vers la philosophie stoïcienne : M. Aur. I, 7 (cf. P. Hadot, C. Luna, éd. Marc Aurèle, *CUF*, I, p. LXXXIV-LXXXIX) ; Fronto, *Ad Antoninum* I, 2, 3, p. 88, 3 van den Hout[2].

§ 2. *Probe discere* : il s'agit aussi de garantir les qualités morales du rhéteur ; cf. III, 3, 6.

§ 3. *Profitentur* : intransitif ou avec un complément implicite : « enseigner ». Cf. IV, 11, 1-2. Les professeurs étaient apparemment nombreux et leur attitude très concurrentielle : IV, 13, 10 ; Iuu. VII, 150 sqq. Il n'est pas question ici des chaires officielles d'éloquence grecque et latine créées par Vespasien. – *Quid de quoque sentiam scribam* : cette lettre n'a pas été publiée ; le § 5 explique pourquoi.

II, 19

Cette lettre date de l'année 100, si l'on admet que le discours en question est l'*In Priscum*. Le destinataire est peut-être le consulaire Tuccius Cerialis cité en II, 11, 9.

§ 1. Pline n'était pas très porté à « réciter » ses propres œuvres, même s'il s'est habitué progressivement à ce genre de prestations : cf. II, 10, 7 et la note *ad loc.* S'agissant ici d'un plaidoyer dans un procès civil, il a dû penser que le sujet risquait de ne pas intéresser l'auditoire.

§ 2. *Nomen suum* : leur nom d'*actio*.

§ 3. L'usage était de « réciter » assis : cf. IX, 34, 2.

§ 6. Quoi que pense Sherwin-White, l'opposition ne concerne ici ni les styles du discours ni les classes d'âge, mais les différences de goût entre les auditeurs d'une *recitatio* et les juges d'un procès.

§ 8. *Colligendum fuit* : « Pliny's comparison is rather forced. » (Sherwin-White). Nous dirions même : cela n'a rien à voir. Il est question d'un côté de la γραφὴ παρανόμων qui, dans l'Athènes classique depuis Périclès, permettait d'empêcher le vote d'une résolution ou d'une loi contraire aux lois démocratiques existantes (voir M. Humbert, *Institutions politiques et sociales de l'Antiquité*, 6e éd., Dalloz, 1997,

§ 156) ; et d'autre part de l'effort qu'a dû fournir Pline dans son plaidoyer contre Marius Priscus pour montrer que l'accusé tombait sous le coup, non seulement de la *lex repetundarum*, mais aussi d'autres lois, telle la *lex Iulia de ui publica*. Cf. II, 11 *passim*.

§ 9. *In utraque parte calculos pone* : cf. V, 2, 1 : *parem calculum ponere*.

II, 20

Sur cette lettre : M. Ducos, « Les testaments dans les lettres de Pline le Jeune », cité ci-dessus II, 4.

§ 1. *Assem para* : Pline se met dans le rôle d'un conteur ambulant. – *Noua* : l'histoire de Verania est la plus récente ; celle de Blaesus remonte à 93.

§ 2. L. Calpurnius Piso Frugi Licinianus, adopté par Galba le 10 janvier 69 et tué dès le 15 par des partisans d'Othon : Tac., *Hist*. I, 14-19 et 39-44 ; Plut., *Galba* 23 et 27 ; *CIL* VI, 2051, tab. I, lin. 24-27. Verania (Gemina) assura les funérailles de son mari (Tac., *ibid*. 43 ; Plut., *ibid*. 27) ; restée veuve, elle fut ensevelie plus tard dans le même tombeau que lui (*CIL* VI, 31723).

Sur les méfaits de M. Aquilius Regulus : I, 5. Il avait fait condamner, entre autres, M. Licinius Crassus, frère de Pison, au temps de Néron ; il passait aussi pour avoir mordu la tête de Pison assassiné : Tac., *Hist*. IV, 42.

§ 3. *Climactericum tempus* : on appelle κλιμακτήρ un échelon, une étape de la vie. Certains sont considérés comme dangereux : ce sont les années qui sont des multiples de 7 ou de 9 : 54 ans et surtout 63 ans. Cf. Gell., *NA* III, 10, 9 et XV, 7, 4 ; Censorin., *D.N.* 14, 9 et 11 ; Plin., *NH* VII, 161 (voir le commentaire de R. Schilling, *CUF*, *ad loc.*). – Ici l'emploi du mot *tempus* et le fait que Regulus s'est enquis de la date et de l'heure de la naissance de Verania semblent indiquer que la notion de *climacter* pouvait s'appliquer aussi à des unités de temps plus courtes, mois ou même jours.

§ 4. De même en VI, 2, 2 : *semper haruspices consulebat* (scil. *Regulus*) *de actionis euentu, a nimia superstitione*. Il s'agit sans doute ici, non de l'un des soixante haruspices officiels institués par l'empereur Claude, mais d'un haruspice exerçant son art à titre privé et moyennant rémunération. Sur les haruspices voir *RE* VII, 2, col. 2431 sqq. et A. Bouché-Leclercq, *Histoire de la divination dans l'Antiquité*, Paris, 1879-1882 ; rééd. Grenoble, 2003, p. 831-897.

§ 5. Apparemment Regulus a juré sur la tête de son fils qu'il disait la vérité à Verania. Mais le fils est mort (IV, 2).

§ 7. Velleius Blaesus est peut-être l'ami d'Atedius Melior, connu par Stat., *Silu.* II, 1, 191 et 201 ; II, 3, 77. On apprend par Mart. VIII, 38 qu'à la mort de Blaesus son ami Melior avait créé une fondation, le *Blaesianum*, qui avait pour but d'en perpétuer le souvenir grâce à des cérémonies annuelles. On est ici dans un milieu très fortuné.

§ 8. *Ne tantulum quidem* : à rapprocher du conseil donné par Martial, VI, 63, à un de ses amis courtisé par un chasseur de testaments : *Hicine deflebit uero tua fata dolore ? si cupis ut ploret, des, Mariane, nihil.*

§ 9. Le fameux plan en trois parties remonte, par delà Quint. IV, 2, 50 et IV, 5, 3, à la *Rhet. Her.* I, 17. Pline à son tour pratique volontiers le groupement de trois anecdotes : VI, 31 ; VII, 27. La structure de III, 16 est plus lâche.

§ 10. En termes de droit strict, les femmes ne peuvent tester qu'avec l'approbation de leur *tutor legitimus*, à moins qu'elles ne soient dispensées de cette obligation en vertu du *ius trium liberorum* : Gaius, *Inst.* I, 115 et 194. Mais ces dispositions légales n'étaient plus guère respectées, et Sherwin-White conclut, désabusé : « But in practice they did what they liked, as always. »

§ 12. Ἀλλὰ τί διατείνομαι : citation approximative ou réminiscence de Dem., *Cor.* 142 : τί οὖν ταῦτ᾽ ἐπήραμαι καὶ διετεινάμην οὑτωσὶ σφοδρῶς ;

§ 13. La fortune de Regulus était importante, mais il y avait mieux : cf. ci-dessus notre commentaire à II, 4.

LIVRE III

III, 1

Lettre de peu postérieure au consulat de Pline, peut-être de 101.

§ 1. Cette visite chez le prestigieux Vestricius Spurinna a visiblement impressionné Pline : cf. III, 10, 1.

§ 2. *Vita ... disposita delectat* : c'est la vertu d'εὐταξία prônée par les Stoïciens : Cic., *De off.* I, 142 sqq. Elle se réduit chez Pline au goût d'une organisation méthodique de l'existence : III, 5 (la vie bien ordonnée de Pline l'Ancien) ; IV, 23 (avec reprise au § 1 du verbe *disponere*) ; IX, 36 et 40 (la vie quotidienne dans les villas de Toscane et des Laurentes).

§ 4. *Milia passuum tria* : Spurinna a passé une heure sur son lit d'étude ; à la deuxième heure il sort pour parcourir 3 milles (= env. 4,44 km) à pied, ce qui prend encore environ une heure. La promenade consiste sans doute à faire un certain nombre de tours de jardin ou de longueurs dans l'*ambulatio* ou la *gestatio*. Sherwin-White cite *ILS* 6030 : *in hoc pomario gestationis per circuitum itum et reditum quinquiens efficit passus mille*.

§ 6. *Quantum ibi antiquitatis* : Pline accorde volontiers la qualité d'*antiquus* à des Italiens de souche, qui n'ont pas adopté les mœurs corrompues de la capitale : Erucius Clarus (II, 9, 4) ou Cornutus Tertullus (V, 14, 3).

§ 7. *Lyrica* : « On connaît en effet des odes attribuées à Spurinna, qui d'ailleurs sont vraisemblablement apocryphes. » (A.-M. Guillemin, *CUF*, *ad loc.*). Il s'agit de *Anth. Lat.* 918-921. – *Sanctitas scribentis* : contrairement à ce que suggère Sherwin-White, il n'y a pas ici, comme chez Cat. 16, 5-8 ou chez Mart. I, 4, 8 opposition entre la gaîté des poésies de Spurinna et la *sanctitas* de sa vie, bien au contraire.

§ 8. *Ambulat nudus* : sur l'*apricatio* : Cic., *Cat. M.* 57 ; *Att.* VII, 11, 1 = *CUF* V, lettre CCCI, 1. Pline l'Ancien préférait prendre son bain de soleil couché : III, 5, 10, *iacebat in sole* ; cf. VI, 16, 5. – *Cibum differt* : le déroulement de la journée est globalement conforme aux prescriptions de Celse, *Med.* I, 2.

§ 12. *Officia, magistratus, prouincias* : généralisations emphatiques, qui ne sauraient servir à reconstituer les étapes de la carrière de Spurinna, qui nous restent inconnues.

III, 2

C. Vibius Maximus est préfet d'Égypte d'août 103 au 26 mars 107 (ce qui donne la date de cette lettre). Pour l'ensemble de sa carrière et les problèmes qu'elle pose, voir H. G. Pflaum, *Carrières procuratoriennes* n° 65. Vibius Maximus était un ami de Stace (*Silu.* IV, *praef.* et 7) et de Martial (XI, 106).

§ 2. Altinum est un municipe de la 10e région de l'Italie, au bord de l'Adriatique : Plin., *NH* III, 126 (voir notre commentaire, *CUF*, 2e éd., *ad loc.*). Bien qu'il fût situé dans une région marécageuse, Martial, IV, 25 compare ses résidences luxueuses à celles de Baïes.

§ 4. Arrianus Maturus a renoncé à s'élever plus haut que l'ordre équestre ; cf. II, 11, 1 : *quamuis ... quietis amore secesseris*. Sur les motivations de ce choix on rapprochera le cas de Minicius Macrinus, I, 14, 5.

§ 5. *Splendidum nec molestum* : Sherwin-White envisage un tribunat militaire ou une préfecture (de cohorte ou d'aile de cavalerie).

§ 6. La recommandation a-t-elle abouti ? En IV, 8 et en IV, 12, 7 Arrianus Maturus semble absent de Rome. Est-il dans sa villa d'Altinum, comme le pense A.-M. Guillemin, *CUF*, IV, 12, *ad loc.*, ou au poste en Égypte que lui aurait offert Vibius Maximus ? Il est difficile de le dire. Il n'est pas sûr non plus qu'en VI, 2, 10 (*nunc respiciamus domos nostras*) il soit de retour à Altinum, *domus* ayant ici le sens de « familles ».

III, 3

§ 1. Le premier paragraphe de cette lettre est incompréhensible sans un minimum d'informations prosopographiques. Nous donnons ici une partie de l'arbre généalogique des Corellii et des Neratii.

Variante a (*PIR²*) :

(Corellius *proauus*)
|
Hispulla (I, 12, 9) ~ Corellius Rufus (I, 12), *pater tuus* PIR² C 1294
|
Corellia Hispulla, *PIR²* C 1296 ~ L. Neratius Marcellus *PIR²* N 55
(destinataire de la lettre III, 3) |
    Corellius Pansa, cos. 122, *filius tuus* PIR² C 1293 et N 50

Si le mari de Corellia Hispulla est bien L. Neratius Marcellus, il s'agit du fils adoptif de M. Hirrius Fronto Neratius Pansa, consul sous Vespasien (*auus paternus*), *PIR²* N 56, et fils biologique de L. Neratius Priscus, consul en 87, *PIR²* N 59. Son frère (*patruus* de Corellius Pansa) est L. Neratius Priscus, consul en 97, *PIR²* N 60. Mais alors l'expression *inlustri laude conspicui* (cf. ci-dessous) fait problème.

Variante b (Sherwin White) :

Corellia Hispulla, *PIR²* C 1296 ~ Hirrius Pansae filius
(destinataire de la lettre III, 3) |
    Corellius Pansa, cos. 122, *filius tuus* PIR² C 1293 et N 50

Dans cette optique le père et l'oncle du jeune homme ne nous sont pas autrement connus. On notera que pour les deux grands-pères *clarus* implique l'appartenance à l'ordre sénatorial, mais que le père, *pater*, et l'oncle, *patruus*, sont seulement *inlustri laude conspicui*, ce qui peut suggérer qu'ils n'ont pas dépassé le rang équestre et exclurait donc la présence des Neratii.

§ 3. *Praeceptores* : les *grammatici*. Sur les avantages et les inconvénients respectifs d'un enseignement dispensé au domicile des parents ou dans les écoles : Quint. I, 2, 1-15 et Tac., *Dial.* 28-29. – *Castitas* : cette préoccupation se fait jour assez souvent, quoique discrètement : IV, 13, 4 *pudicius continerentur* ; Iuu. X, 224. Q. Remmius Palaemon, au temps de Tibère et de Claude, avait particulièrement mauvaise réputation : Suet., *Gramm.* 23. D'où la nécessité de choisir un précepteur d'une parfaite moralité : Quint. I, 2, 5 et II, 2, 1-5.

§ 5. *Durior* : Pline le trouvait même parfois un peu trop sévère : IX, 17. Mais il était très attaché à ses élèves : VII, 30, 1.

§ 6. *Altos recessus magnasque latebras* : réminiscence probable de Cic., *Marc.* 22 : *cum in animis hominum tantae latebrae sint et tanti recessus* ; cf. N. Méthy, « Les secrets de l'âme humaine ... », dans *Hommages à Carl Deroux*, II, coll. Latomus 267, Bruxelles, 2002, p. 303-314.

III, 4

Les événements rapportés sont d'octobre-novembre 99. La personnalité du destinataire est mal définie.

§ 2. *Commeatu* : pour se rendre sur ses terres en Toscane, Pline demande à Trajan un congé de 30 jours. C'est la lettre X, 8 (avec la réponse, positive, de Trajan, X, 9) ; on y apprend qu'il veut faire construire à ses frais un temple qui abritera une série de statues d'empereurs qui lui étaient parvenues par plusieurs héritages et auxquelles il se propose d'ajouter celle de Trajan lui-même. Le temple, construit à Tifernum Tiberinum, est présenté comme achevé en IV, 1, 3-6 et Pline se prépare à se rendre sur place pour la fête de la dédicace.

Legati prouinciae : l'accusation est déclenchée par le *concilium prouinciae*. Ce fut le cas aussi dans le procès de Varenus, où le même *concilium* décida ensuite de renoncer aux poursuites : VII, 6, 1. – Classicus fut proconsul de la Bétique en 97-98 ; le procès *de repetundis* fut retardé par sa mort et reprit sous une autre forme vers septembre 99. La procédure suit les règles imposées par le *S. C. Caluisianum*.

§ 3. *Collegae* : le pluriel semble désigner, outre Cornutus Tertullus, collègue de Pline à la préfecture du trésor de Saturne (V, 14, 5 et VII, 21, 1), les anciens collègues de Pline à la préfecture de l'*aerarium* militaire. – *Si ab ipso me impetrassent* : comme dans le procès de Marius Priscus, Pline a d'abord répondu négativement à la demande des provinciaux ; il en avait le droit en tant que titulaire d'une charge publique, en l'occurrence la préfecture du trésor de Saturne.

§ 4. Sur le procès de Baebius Massa, qui eut lieu en 93 : VI, 29, 8 et VII, 33, 4. – *Patrocinii foedus* : rappelons que ce *patrocinium* a mis Pline dans la situation délicate évoquée en I, 7. Sur le caractère officiel, et non privé, de ce *patrocinium*, voir S. Lefèbvre, « Les avocats de la Bétique entre 93 et 99 : Pline le Jeune était-il un patron de province ? », *Cahiers Centre G.-Glotz* 13, 2002, p. 57-92.

§ 5. *Exsecutos* : Sherwin-White cite le cas de Cn. Domitius Ahenobarbus intentant un procès à M. Junius Silanus en 104 av. J.-C. *propter unius hominis, ... paterni amici atque hospitis, iniurias* (Cic., *Diu. in Caec.* 67). – *Publici hospitii iura* : les documents parlent d'*hospitium, patrocinium, fides clientelaque* ; on trouvera une belle série d'exemples dans *ILS* 6093 sqq.

§ 6. *Pericula subissem* : voir ci-dessus § 4 ; et I, 7, 2 (avec la note), ainsi que VII, 33.

§ 7. *Decesserat Classicus* : mort naturelle ou suicide ? Cf. III, 9, 5.

§ 9. Pour la suite des événements : III, 9.

III, 5

§ 1. *Auunculi mei* : c'est ainsi que Pline l'appelle généralement, y compris lorsqu'il relate les circonstances de sa mort (VI, 16). Il n'y a qu'en V, 8, 5 qu'il le qualifie d'*auunculus meus idemque per adoptionem pater*.

Libros ... lectitas : voir G. Serbat, « Pline l'Ancien. Etat présent des études sur sa vie, son œuvre et son influence », dans *ANRW* II, 32, 4 (1986), p. 2069-2200, en particulier les sections « Vie et mort de Pline l'Ancien », p. 2073-2077 et « Les œuvres historiques et grammaticales de Pline », p. 2077-2081. Et aussi E. Lefèvre, « Plinius-Studien V : Vom Römertum zum Ästhetizismus. Die Würdigungen ... », *Gymnasium* 96, 1989, p. 113-128.

§ 3. *De iaculatione equestri* : le livre est cité en *NH* VIII, 162 ; il fut sans doute rédigé avant 50, quand Pline l'Ancien était préfet d'une cohorte auxiliaire de Thraces, puis d'une aile de cavalerie en Germanie Inférieure, où il servit sous Corbulon contre les Chauques vers 47-50 (*NH* XVI, 2). – *De uita Pomponi Secundi duo* : livres cités en *NH* XIV, 56 (voir le commentaire de J. André, *CUF*, *ad loc.*). Sur P. Calvisius Sabinus Pomponius Secundus, consul suffect en 44, cf. *PIR*² P 754. Tacite en parle dans les *Annales* ; ses tragédies sont favorablement jugées par Quint. X, 98 ; cf. Tac., *Dial.* 13, 3.

§ 4. *Bellorum Germaniae uiginti* : ouvrage écrit sous Claude ; il traitait surtout des guerres du temps de César, d'Auguste et de Tibère. Cité une fois seulement par Tacite (*Ann.* I, 69) et par Suétone (*Gaius* 8, 1), il n'en est pas moins considéré comme la source principale pour les guerres germaniques dans *Ann.* I-VI. – Pline l'Ancien semble avoir été sous les ordres de Pomponius Secundus, légat de Germanie Supérieure, en 50-51 ; mais son séjour en Germanie a pu se prolonger au-delà de cette date.

Drusi Neronis effigies : Drusus l'aîné (D. Claudius Drusus, appelé ensuite Nero Claudius Drusus), fils de Livie et de son premier mari Ti. Claudius Nero. Il était le frère cadet de Tibère et le père du futur empereur Claude. De 12 à 9 av. J.-C. il fait campagne en Germanie, où il meurt en septembre 9 des suites d'une chute de cheval (Liv., *Epit.* CXL ; mais selon Cass. Dio LV, 1 sa mort résulta d'une maladie). Gundel, *RE* XXI, 1, col. 286-287 suggère que l'entreprise historique de Pline l'Ancien visait à raviver la gloire de Drusus et de son fils Germanicus, quelque peu obscurcie par des historiens favorables à Tibère, tel Velléius Paterculus. Par la même occasion il s'assurait la bienveillance de l'empereur Claude.

§ 5. *Studiosi tres* : une « institution oratoire », citée par Quint. III, 1, 21 ; XI, 3, 143 et 148, d'ailleurs avec des réserves, et par Gell., *NA* IX, 16. – *Dubii sermonis octo* : Pline l'Ancien lui-même, *NH praef.* 28, les appelle *libellos de grammatica* et assure, d'un ton amusé, que les critiques s'acharnent en vain contre eux depuis dix ans. Leur rédaction doit se situer entre la conspiration de Pison en 66 et la mort de Néron, en un temps où il valait mieux traiter de sujets politiquement inoffensifs.

§ 6. *A fine Aufidi Bassi triginta unus* : cités dans *NH praef.* 20 ; il s'agit sans doute du même ouvrage dans le passage où Pline l'Ancien cite des faits qu'il a mentionnés *in rebus ... Neronis* : *NH* II, 199 et 232. C'était une source importante de Tacite (*Ann.* XIII, 20 et XV, 53 ; *Hist.* III, 28). Pline l'Ancien s'abstint de publier cette *Histoire* de son vivant et laissa ce soin à son héritier, pour ne pas paraître sacrifier à l'*ambitio* : *NH praef., ibid.* – Aufidius Bassus est l'auteur d'une *Guerre de Germanie*, dont Quint. X, 1, 103 loue le style malgré, dit-il, quelques défaillances, et d'une *Histoire Générale*, sans doute de nature annalistique, qui allait peut-être jusqu'à la mort de Claude ; le fait est que vers 60 Sénèque rencontra leur auteur qui était alors fort âgé : Sen., *Epist.* 30, 1. Sénèque le Père, *Suas.* VI, 18 et 23 nous a laissé son récit de la mort de Cicéron. Cf. L. Duret, « Dans l'ombre des plus grands. II », dans *ANRW* II, 32, 5, p. 3277-3280 [3152-3346].

§ 7. V. Naas, « Réflexions sur la méthode de travail de Pline l'Ancien », *RPh* 70, 1996, p. 305-332. J. Henderson, « Knowing someone through their Books : Pliny on Uncle Pliny (Epistles 3, 5) », *CPh* 97, 2002, p. 256-284. – *Homo occupatus* : Pline le Jeune reprend presque mot pour mot les paroles de son oncle, *NH praef.* 18 : *homines enim sumus et occupati officiis subsiciuisque temporibus ista curamus, id est nocturnis.* – *Causas actitasse* : on ne sait rien de cette activité, qui a dû se situer surtout au temps de la jeunesse de Pline.

§ 8. *Summa uigilantia* : cf. *NH praef.* 18 : *uita uigilia est.* – *Vulcanalibus* : le 23 août ; ce jour était parfois considéré comme le début de l'automne : Aus., *Ecl.* 24 Peiper [*De Feriis Romanis*], 3. « Perhaps this is why the elder Pliny, who worked while others slept, started to do so by lamplight on the Volcanalia. » (A. Kirsopp Michels, *The Calendar of the Roman Republic*, Princeton 1967, p. 141, n. 52). Il faudrait donc penser à la persistance, peut-être inconsciente, de vieux usages paysans. – *Auspicandi causa* : consuls et augures prenaient les auspices dès avant l'aube : voir *RE*, *s.v. auspicium*, col. 2586.

Hieme : Pline l'Ancien lui-même, *NH* II, 125 situe le début de l'hiver au coucher des Pléiades : *quod tempus in III Idus Nouembres incidere consueuit*, le 11 novembre donc. – *Sexta* : La 7e heure de nuit commence à minuit, la 8e en gros entre 0 h 45 et 1 h 15 selon la saison, la 6e entre 10 h 45 et 11 h 15. Voir J. Carcopino, *La vie quotidienne à Rome*, Paris, 1939, p. 178-179.

§ 9. *Imperatorem* : on voit d'après Suet., *Vesp.* 21 que Vespasien profitait de la *salutatio* matinale pour tenir une sorte de conseil de cabinet.

§ 10. *Nullum esse librum tam malum* ... : formulation analogue, mais à propos de sujets tout à fait différents, dans Plin., *NH* XXVII, 9 et Varro, *Sat. Men.* 241 Buecheler = 238 Cèbe.

§ 10 - 13. *Cibum* : Sherwin-White, citant Merrill, situe le *cibus* vers la fin de la 4e heure diurne, soit en gros entre 9 h 30 et 10 h 30. (Pour le sens de *facilem*, « digeste », cf. Cels. III, 23, 3 ; IV, 12, 6 ; Plin., *NH* XXIII, 73.) Vers la 6e - 7e heure, aux alentours de midi, c'est la *gustatio* (§ 11 : *gustabat*) ; enfin la *cena* (§ 11, *cenae tempus*) intervient vers la 9e-10e heure. Pline l'Ancien adopte ainsi le rythme de trois repas quotidiens.

Cet usage s'explique par la dépense d'énergie qu'occasionnent les journées de Pline, qui se découpent en deux moitiés quasi indépendantes (§ 11, *mox quasi alio die*) :

1) Vers minuit - 1 heure : lever, travail, visite à Vespasien, *officia*, à nouveau étude à domicile ; *cibus* vers 9 h 30-10 h 30, bain de soleil, bain froid, *gustatio*, courte sieste.

2) Reprise du travail (*studebat*) ; *cena* avec lecture et annotations ; coucher dès la tombée de la nuit et même plus tôt, en été (§ 13) : entre 16 h 30 et 19 h 30 à peu près, selon la saison.

La première partie de cet emploi du temps et le début de la deuxième sont respectés le jour fatal où Pline est à Misène et voit l'éruption du Vésuve : VI, 16, 4-5 : *hora fere septima ... usus ille sole, mox frigida, gustauerat iacens studebatque*. La concordance des termes est quasi parfaite, et seule est omise la courte sieste avant la reprise du travail, peut-être parce qu'elle allait de soi.

§ 14. *De interioribus* : l'expression ne semble pas avoir de parallèle, mais le sens est donné par le contexte : *interioribus* s'oppose visiblement à *dum destringitur tergiturque*.

§ 15. *Cum libro et pugillaribus* : en voyage le *notarius* fait en même temps office de *lector*.

§ 17. Larcius Licinus (et non Licinius, comme écrivent souvent les éditeurs de la *NH*), *PIR*² L 95, était légat *pro praetore ad ius dicendum* en Espagne Tarraconaise pendant que Pline l'Ancien y exerçait une procuratèle financière, sans doute en 73 (plutôt qu'en 70) : Plin., *NH* XIX, 35 et XXXI, 24. Voir G. Alföldy, *Fasti Hispanienses*, Wiesbaden, 1969, p. 70-71. C'est à cette occasion qu'il put faire son offre d'achat de la documentation réunie par notre savant. – Voir T. Dorandi, « Commentarii opisthographi (Plin., *Epist.* III, 5, 17) », *ZPE* 65, 1986, p. 71-75.

III, 6

Pour la date de cette lettre, voir ci-dessous § 5.

§ 1. *Ex hereditate* : il s'agit sans doute de l'héritage mentionné en II, 16. Pline en a distribué une partie en vertu de codicilles testamentaires, même non confirmés ; ici il dépense le reste en achetant une statue en bronze de Corinthe – dont il n'est pas particulièrement friand – pour la donner à la ville de Côme. On a l'impression qu'il ne veut rien garder de cet héritage et qu'il souhaite le dépenser exclusivement pour assurer sa gloire.

§ 2. On ne voit pas pourquoi Sherwin-White parle d'une « old woman ». – Quelques exemples de la représentation hyper-réaliste du vieillard dans la sculpture hellénistique et romaine : le « vieux pêcheur » du Musée du Louvre ; au Vatican une autre réplique, qui semble d'époque trajane, de cet original sans doute célèbre en son temps (voir W. Helbig, *Führer durch die öffentlichen Sammlungen klass. Altertümer in Rom*, I, n° 544) ; et, au Palais des Conservateurs, un autre vieux pêcheur, mais vêtu et avec un rendu moins cruel des marques de l'âge (voir W. Helbig, *op. cit.* II, n° 1479). – Sur les problèmes esthétiques et philosophiques qu'impliquait ce type de sculptures, voir M.-A. Zagdoun, *La philosophie stoïcienne de l'art*, Paris, CNRS Éd., 2000.

§ 3. *Aes ipsum* : sur l'origine fortuite du bronze de Corinthe et les diverses variétés de cet alliage : Plin., *NH* XXXIV, 6-8, ainsi que la parodie qu'en donne Petr., *Sat.* 50. Sous l'Empire l'appellation « bronze de Corinthe » n'a plus qu'une valeur commerciale. – *Vetus et antiquum* : une expression familière et teintée d'humour, à en juger par ses occurrences chez Plaute (*Amph.* 118 ; *Mil.* 751 ; *Most.* 476 ; *Trin.* 381) et Juvénal (6, 21 ; 15, 33).

§ 5. *Honoresque* : le mot *honores* suggère que Pline est déjà parvenu au consulat, ce qui donne un *terminus post quem* à la lettre. L'inscription dont il est question ici est perdue, mais on peut s'en faire une idée d'après *CIL* V, 5262 = *ILS* 2927, un cursus provenant lui aussi de Côme, et gravé pour glorifier d'autres générosités de Pline ; cf. ci-dessus, p. XIX.

Sherwin-White, suivant van Buren, *CR* 1905, p. 446 sqq., pense que l'absence d'indications concrètes concernant cette inscription prouve que nous avons là une version de la lettre arrangée pour la publication. Ce n'est pas sûr : les détails concrets (dimensions de la base, taille des lettres, libellé de l'inscription) ont probablement été transmis à part, *via* un secrétaire ou un homme de confiance.

§ 6. *Officii ratio* : le § 7 suggère qu'il s'agit d'une charge officielle, mais on ne saurait être plus précis. – *Excurrere isto* : c'est peut-être le voyage annoncé en IV, 1.

III, 7

§ 1. Sur Ti. Catius Asconius Silius Italicus (*ILS* 5025 ; *PIR*² S 722), voir M. von Albrecht, *Geschichte der röm. Literatur*, II, p. 759 sqq. ; P. Miniconi, G. Devallet, éd. Silius Italicus, *La guerre punique*, I, *CUF*, p. VII-XVII. La lettre de Pline est notre principale source sur sa vie.

§ 2. Le sens de *clauus* a prêté à discussion. Le mot désigne normalement les indurations, en particulier les cors aux pieds : Cels. V, 28, 14 ; Plin., *NH* XX, 184 et XXIV, 23. Mais le sens peut être moins anodin : chez Cels. VII, 7, 12 le *clauus* est implanté dans le blanc de l'œil ; chez Plin., *NH* XXIV, 126 *in naribus claui* sont des polypes du nez ; en *NH* XXVI, 142 *claui in ulcere nati* sont « les callosités qui se forment sur les ulcères » (trad. A. Ernout, *CUF*). D'une manière ou d'une autre, le *clauus* dont souffrait Silius a dû lui devenir insupportable. (Le cas de VI, 24, 3 est différent : c'est un vrai ulcère). – Dans l'éthique stoïcienne le suicide est une réponse appropriée à une maladie incurable.

Consularem reliquit : Mart. VIII, 66 commémore le consulat du fils aîné, et IX, 86 la mort du cadet. On connaît un L. Silius Decianus consul en septembre 94 (Fastes de Potentia, *AE* 1949, n° 23 ; A. Degrassi, *Fasti Consolari dell'Impero Romano*, Rome, 1952, p. 28 ; *Fasti Ostienses*, *Inscr. It.* XIII, 1, p. 177, 195, 222) : c'est peut-être le fils de Silius Italicus.

§ 3. *Vitelli amicitia* : en 69 Silius, qui avait été consul ordinaire en 68, et l'historien Cluvius Rufus assistèrent aux négociations secrètes qui se déroulèrent au Capitole entre Vitellius et Flavius Sabinus, le frère de Vespasien : Tac., *Hist.* III, 65. – *Laudabili otio* : même jugement de la part de Mart. VII, 63, 11 : *emeritosque Musis et Phoebo tradidit annos*.

§ 6. *Ne ... quidem ... commotus est* : lors du retour de Trajan après son séjour en Pannonie, vers le milieu de 99 (*Pan.* 22).

§ 8. *Villas possidebat* : une de ces villas avait appartenu à Cicéron : Mart. XI, 48 ; *CIL* XIV, 2653 ; *PIR*[1] C 474. – Voir E. Lefèvre, « Plinius-Studien V », cité ci-dessus III, 5 ; D. Gagliardi, « Il giudizio di Plinio Jr. su Silio Italico », *CCC*, 11, 1990, p. 289-293.

Silius avait racheté et remis en état le tombeau de Virgile : Mart. XI, 48 et 50. Il se trouvait sur la *uia Puteolana*, à moins de 2 milles de Naples (*Vitae Verg.*, éd. Brummer, Donat 133-137 ; Probus 16-17 ; Servius 65-67). La tradition populaire et humanistique a appelé « tomba di Virgilio » un columbarium qui a pour seul mérite d'être d'époque augustéenne. – Le *natalis* de Virgile tombait le 15 octobre.

§ 10. *Fragilitatis humanae miseratio* : la même expression se trouve déjà chez Sen., *Contr.* II, 3, dans un contexte qui évoque Xerxès. Cf. l'anecdote ci-dessous § 13 ; tout le passage reflète un même souvenir de lecture.

§ 12. Le père est L. Calpurnius Piso, fils du meurtrier présumé de Germanicus et consul ordinaire en 27. Il s'appelait d'abord Cnaeus mais dut, à la mort de son père en 20, changer son prénom en Lucius. – Son fils homonyme est consul ordinaire en 57. L'histoire de son assassinat par Valerius Festus est racontée par Tac., *Hist.* IV, 48-50 ; Baebius Massa – déjà lui ! – avait trempé dans l'affaire.

§ 13. L'anecdote remonte à Hdt. VII, 45-46, où elle introduit un échange de vues entre Xerxès et Artabane sur la brièveté et les malheurs de la vie humaine. Aussi a-t-elle été reprise par Sen., *Breu. uit.* 17, 2, puis par saint Jérôme, *Epist.* 60, 18. Voir S. Borzsak, « Der weinende Xerxes. Zur Geschichte seines Ruhmes », *Eos* 56, 1966, p. 39-52 ; et F. Trisoglio, « San Girolamo e Plinio il Giovane », *RSC* 21, 1973, p. 343-383.

§ 15. *Vt currentem quoque instigem* : l'image, sinon l'expression, est d'origine proverbiale ; cf. I, 8, 1 : *addidisti ergo calcaria sponte currenti.* – Les mots grecs sont une citation d'Hes., *Tr. J.* 24.

III, 8

§ 1. L. Neratius Marcellus, consul suffect à partir de janvier 95 (*Fasti Ostienses*, cf. ci-dessus III, 7, 2, n.), est légat de Bretagne à partir d'env. janvier 103 (voir A. R. Birley, *The Fasti of Roman Britain*, Oxford, 1981, p. 87-91). Il peut nommer lui-même ses collaborateurs; des cas analogues se présentent en II, 13, 2; III, 2, etc. – *Tribunatum* : il s'agit d'un tribunat militaire équestre. – *Transferam* : Suétone n'a aucune envie d'aller « s'exiler » en Bretagne, fût-ce pour peu de temps.

§ 4. *In numeros relatum est* : les états de la hiérarchie militaire étaient sans doute conservés à la fois à l'état-major auprès du gouverneur de la province et à Rome dans les bureaux de l'*ab epistulis* (cf. Stat., *Silu.* V, 1, 94 sqq., avec la note de H. Frère et H. J. Izaac, *CUF*, *ad loc.*). La nomination obtenue par Pline n'est pas encore enregistrée; on peut donc en faire profiter quelqu'un d'autre. – Caesennius Silvanus n'appartient sans doute pas à l'illustre famille des Caesennii et a donc besoin d'un patronage, fût-il aussi modeste que celui de Suétone.

III, 9

Cette lettre est la suite de III, 4, où Pline racontait – à un autre correspondant – comment il avait été amené à accepter de défendre la province de Bétique contre son ancien gouverneur Caecilius Classicus. Sur ce dernier, voir G. Alföldy, *Fasti Hispanienses* (cité III, 5, § 17), p. 162.

§ 1. Le procès est sans doute postérieur au consulat suffect de Pline en 100; sa longueur a été exceptionnelle.

§ 2. *Marius Priscus* : la date du proconsulat de Caecilius Classicus se trouve ainsi fixée à 97-98. Les adverbes *uiolenter* et *sordide* impliquent que l'accusation portait, comme dans le cas de Priscus, sur des extorsions de fonds accompagnées de violences. Mais, contrairement à ce qui s'est passé pour Priscus, le procès se déroule d'emblée devant le Sénat en assemblée plénière : une comparution devant la commission restreinte des *iudices* n'est jamais envisagée.

§ 6. Le cas est prévu par une *lex Acilia* du temps des Gracques (*FIRA* I, 7). Sous l'Empire les juristes Modestin et Scévola (*Dig.* 48, 2, 20 et 48, 11, 2) font état de diverses restrictions à de telles poursuites. – *Socios ministrosque ... detulerunt* : sous la République les membres de la « cohorte » du proconsul échappent en règle générale à toute accusation : ils sont censés avoir agi sur ordre. Au Bas-Empire, au contraire, leur mise en accusation est habituelle. Le changement a dû se faire progressivement, et peut-être le procès de Caecilius Classicus est-il une étape clef dans cette évolution. Cf. Aelius Marcianus, *Dig.* 48, 11, 1 ; et voir Th. Mommsen, *Droit pénal* III, p. 9 sqq.

Inquisitionem : cette enquête sur place, dans la province, prenait forcément un temps assez long (un an, dans le cas rapporté par Tac., *Ann.* XIII, 43) ; le procès en était retardé d'autant.

§ 11. L'anecdote est racontée par Val. Max. VII, 3, 6 ; elle enseigne que l'union fait la force. Mais sous une forme voisine elle venait aussi à l'appui du raisonnement appelé « sorite » : Hor., *Epist.* II, 1, 45-46.

§ 13. *Sestertium quadragiens* : c'est la somme la plus importante mentionnée par Pline dans un procès *de repetundis*. Mais Verrès en avait extorqué dix fois plus en Sicile : Cic., *I in Verr.* 56. Le régime impérial a nettement amélioré l'administration des provinces.

§ 15. *Metu cogi* : voir la note au § 6. L'argumentation de Pline, qui vise à prouver la culpabilité de Baebius Probus et de Fabius Hispanus, est acceptée ; d'où la surprise de Restitutus, l'avocat qui défend Classicus.

§ 17. Les victimes de Classicus sont indemnisées : c'est la restitution simple (comme en II, 11, 19) ; dans d'autres circonstances ou à d'autres époques la peine prévue était la restitution du double ou du quadruple : voir Th. Mommsen, *Droit pénal* III, p. 27-29. – *Vt pecuniae reuocarentur* : le retour des sommes versées aux créanciers de Classicus doit permettre de rembourser d'abord ses victimes. Il a pour effet aussi d'empêcher que la fille de Classicus ne profite des crimes de son père, car elle devra elle-même rembourser les créanciers ultérieurement.

§ 18. *Tribunus cohortis* : tribun d'une cohorte auxiliaire (c'est la première des *militiae equestres*).

§ 19. Dès l'année 20 un sénatus-consulte avait rendu les épouses des proconsuls responsables de leurs extorsions : Ulp., *Dig.* 1, 16, 4, 2. L'année suivante A. Severus Caecina proposa, sans succès d'ailleurs, de leur interdire d'accompagner leurs maris dans leurs provinces : Tac., *Ann.* III, 33-34.

§ 23. Même motion de remerciement en II, 11, 19.

§ 28. Il s'agit d'une entorse à l'ordre chronologique de la narration, par le procédé du retour en arrière, fréquemment attesté dans les poèmes homériques ; Virgile s'en est inspiré dans le récit de la prise de Troie qu'Énée fait à Didon, au début du livre II de l'*Énéide*. Quint. IV, 2, 83-84 approuve l'utilisation de ce procédé dans la *narratio*. Dans une lettre à Atticus de juin-juillet 61 av. J.-C. (*Att.* I, 16, 1 = *CUF* I, lettre XXII) Cicéron écrivait : *Respondebo tibi* ὕστερον πρότερον Ὁμηρικῶς. Pline, en quelque sorte, lui fait écho.

§ 29. *Euocatus* : cf. II, 11, 5.

§ 30. Cette disposition figure déjà dans la *lex Acilia* (*FIRA* I, 7), ligne 75. Norbanus Licinianus se trouve accusé en tant qu'*inquisitor*, en lieu et place des accusateurs nommés par le Sénat, Pline et Lucceius Albinus.

§ 31. Dans le *S. C. Caluisianum* les provinciaux n'apparaissent que comme demandeurs, l'*inquisitio* étant réservée à l'avocat commis par le Sénat. Mais cette charge fut bientôt confiée aux représentants de la province : ainsi dans le procès de Suillius en 58, Tac., *Ann.* XIII, 43. – Caecilius Classicus fut proconsul de Bétique de juin/juillet 97 à 98. La relégation de Norbanus a dû être de courte durée (un an ?).

§ 32. « L'accusé demandait deux choses, un délai et la communication des griefs. Lui refuser ce dernier point équivalait à le condamner *inauditus*, sans l'entendre, violation formelle de la coutume, comme le remarque Tacite (*Hist.* II, 10, 2) : *dari tempus, edi crimina, quamuis inuisum ac nocentem, more tamen, audiendum censebant.* » (A.-M. Guillemin, *CUF*, *ad loc.*).

§ 34. *In insulam relegatus* : une sentence exceptionnellement sévère pour un cas de *praeuaricatio* et de *calumnia*. Mais il existe des cas semblables : *Pan.* 35 et Tac., *Ann.* XIV, 41.

§ 35. *Interfuit* : le consul en charge était libre de fixer la date de son expulsion : Ulp., *Dig.* 48, 22, 7, 17. Apparemment il lui a permis d'assister au procès jusqu'à la fin.

§ 36. *Interrogo ipse me* : « procédé de style recommandé par Quintilien (VI, 1, 3) : *Licet et dubitare num quid nos fugerit.* » (A.-M. Guillemin, *CUF*, *ad loc.*).

III, 10

§ 1. La mort du fils de Spurinna remonte à 97 : cf. II, 7, 3-5. La présente lettre date d'env. 100-101 ; le délai est assez long. – Les *uitae* en forme d'éloge *post mortem* étaient à la mode ; on cite surtout la vie de Pomponius Secundus par Pline l'Ancien, et l'*Agricola* de Tacite. Certaines de ces œuvres étaient en vers : ceux de Titinius Capito, I, 17, 3 ; ceux de Stat., *Silu.* III, 3 ; V, 1 et 3 ; ce n'est évidemment pas le cas de la *uita* que Pline est en train de composer. – *Apud uos fui* : cf. III, 1, 1 et 5.

§ 6. « Même comparaison de la biographie au portrait Cic., *Fam.* V, 12, 7 » (= *CUF* II, lettre CXII) (A.-M. Guillemin, *CUF*, *ad loc.*).

III, 11

La lettre paraît postérieure au consulat de Pline. – Sur cette lettre voir J. A. Shelton, « Pliny's Letter 3, 11. Rhetoric and Autobiography », *C & M*, 38, 1987, p. 121-139.

§ 1. Sur l'obligation de reconnaître les bienfaits qu'on a reçus et de se montrer discret sur ceux qu'on a accordés : Sen., *Ben.* II, 11, 2 et 23, 2.

§ 2. *Notabilius* : Pline aime à souligner ses moments de courage : par ex. VII, 33, 7-9. – *Praetor* : sur la date de la préture de Pline, cf. ci-dessus p. XIV. L'expulsion des philosophes est plus ou moins bien datée, selon les textes, entre 92 et 95 : Cass. Dio LXVII, 13, 3 ; Gell., *NA* XV, 11, 3-5 ; Suet., *Dom.* 10, 5 ; Tac., *Agr.* 2 ; et la *Chronique* d'Eusèbe.

§ 3. *Occisis aut relegatis* : pour les hommes, même liste chez Tac., *Agr.* 45 ; ces éliminations sont donc postérieures à août 93. – Pour Senecio, Rusticus et Mauricus : I, 5, 2-3 et 10 ; sur Helvidius : IX, 13 ; en 97 Pline entreprit de venger sa mémoire en attaquant Publicius Certus, responsable de sa condamnation ; plus tard il publia son discours *De Heluidii ultione* (cf. IX, 13, 24).

Gratilla est probablement la femme d'Arulenus Rusticus et la fille du sénateur Verulanus Severus (cf. V, 1, 8 ; *PIR*[1] V 288). Tous deux furent mêlés aux combats de Rome entre les partisans de Vitellius et ceux de Vespasien : Tac., *Hist.* III, 69 (Verulana Gratilla) et 80 (Arulenus Rusticus). Arria (la Jeune) est la femme de Thrasea Paetus et la mère de Fannia, qui est elle-même la femme d'Helvidius Priscus. Revenues d'exil en 97, elles encouragèrent Pline à entreprendre le procès destiné à venger Helvidius : IX, 13, 3-5 et 15-16.

Mihi quoque impendere : en VII, 27, 14 Pline affirme qu'un document le concernant a été retrouvé dans les papiers de Domitien ; en IV, 24, 4-5 il évoque à mots couverts les dangers qu'il pense avoir courus.

§ 5. C. Musonius Rufus, de Volsinies, chevalier romain et philosophe stoïcien, env. 30 - env. 100. *PIR*[1] M 549 ; *RE*, Musonius n° 1. Les fragments de son œuvre ont été réunis par O. Hense, Leipzig, Teubner, 1905 et réimpr. 1990 ; et par I. Ramelli, *Musonio Rufo. Diatribe, frammenti e testimonianze*, Milan, Bompiani, 2001.

In Syria : c'est en Syrie aussi que Pline a rencontré Euphratès : I, 10, 2.

III, 12

§ 1. Ce billet constitue en quelque sorte le contrepoint de I, 15 ; Pline pratique en virtuose l'art de la *uariatio*. –

Modum : comme le montre la suite du texte, il s'agit ici de la durée de ces conversations plaisantes (cf. § 4, *temporis modus*), non de leur contenu.

§ 2-3. *Officia antelucana* : III, 5, 9 (Pline l'Ancien se rendant chez Vespasien *ante lucem*) fournit un bel exemple de ces salutations très matinales.

Sherwin-White commente : « The story evidently derives from Caesar's *Anticato*. The younger Cato was known, like the Elder, for deep drinking – *vitium Catonis*, Plut. *Cato Minor* 6 ; Sen. *tranq. anim.* 17, 4, 9 ; Cic. *de sen.* 46 ; Martial 2, 89. » Dans Hor., *Od.* III, 21, 9-12, les *sermones Socratici* sont associés au souvenir de Caton l'Ancien.

III, 13

§ 1. Pline a prononcé l'éloge de Trajan à la séance du Sénat de septembre 100. La version écrite du *Panégyrique* sera considérée comme définitivement achevée en III, 18.

§ 3-4. Ces considérations d'esthétique littéraire trouvent leur écho en III, 18, 8-10. Pour les *figurae* : Quint. IX, 2 (*De figuris sententiarum*) et 3 (*De figuris uerborum*).

Sherwin-White fait observer que l'emploi de *barbarus* comme antonyme d'*eruditus* est rare ; ainsi Vell. II, 73, 1 : *Hic adulescens erat studiis rudis, sermone barbarus.* Cf. *ThLL* II, col. 1739 et 1743.

§ 4. La comparaison avec le rendu de la lumière et de l'ombre dans la peinture se retrouve chez Longin., *Subl.* 17, 2-3 et chez Plut., *De Her. mal.* 28 (= *CUF*, XII, 1, traité 57). Elle figurait déjà chez Cic., *de Or.* III, 101.

III, 14

Le destinataire peut être P. Acilius de Patavium, mentionné en I, 14, 6, ou Acilius Rufus, consul en 107, cité en V, 20, 6. Mais d'autres candidats sont possibles ; on a songé à Atilius, de I, 9, 8.

§ 1. Ce meurtre fait penser à celui, probable, d'Afranius Dexter en 105, évoqué en VIII, 14, 12, et à celui de Pedanius

Secundus, dont parle Tac., *Ann.* XIV, 42-45 ; voir J. Andreau, R. Descat, *Esclave en Grèce et à Rome*, Paris, 2006, p. 228-229. – On connaît plusieurs Larcii de rang sénatorial. Sherwin-White suggère que Larcius Macedo, *PIR*² L 97, pourrait être le fils d'une concubine servile, adopté (et donc affranchi) par son père. Il aura lui-même un fils consulaire : *AE* 1946, n° 178 ; *PIR*² L 98.

Seruisse patrem suum ; qu'un fils d'esclave devienne sénateur est un fait exceptionnel sous le Haut Empire, malgré l'affirmation de Tac., *Ann.* XIII, 27. On peut citer Curtius Rufus : VII, 27, 2 et Tac., *Ann.* XI, 21 ; et peut-être un ancêtre de l'empereur Vitellius : Suet., *Vit.* 2.

§ 4. Il faut comprendre qu'on a exécuté sans plus tarder tous les esclaves qu'on a pu appréhender. Pline discute longuement la question à propos de la mort suspecte d'Afranius Dexter : VIII, 14, 12 sqq.

§ 5. Cf. Tac., *Ann.* XIV, 43-44.

§ 7. La gifle du chevalier romain s'explique, de toute évidence, par l'origine servile de Macedo.

III, 15

§ 1. Pline emploie d'ordinaire *secessus*, *secedere* pour ses séjours en dehors de Rome. Il s'apprête donc à quitter la capitale, et son correspondant – que nous ne connaissons pas autrement, à moins qu'il ne s'agisse de C. Julius Proculus, consul suffect en 109 : voir A. Krieckhaus, « Vermutungen... », cité ci-dessus I, 7 – averti de ce déplacement, lui a envoyé quelques-unes de ses œuvres. – Voir E. Lefèvre, « Plinius-Studien VII », cité ci-dessus I, 2.

§ 2. Pline vénère la poésie mais ne se déclare pas encore poète, comme il le fera en IV, 14 et 27.

§ 3-5. Sherwin-White croit déceler ici quelque froideur dans le compliment. Il nous semble plutôt que Pline veut féliciter son correspondant à la fois pour la qualité des textes et celle de la *recitatio*. Mais il est vrai que la fin de la lettre est prudente : l'ensemble est beau, pour les détails on verra plus tard !

III, 16

§ 2. Rappelons que Fannia (*PIR*[2] F 118) est revenue d'exil en 97. – L'anecdote qui va suivre se retrouve chez Cass. Dio LX, 16, 5-6. Voir E. Malaspina, « Arria Maggiore : una "donna virile"... », dans *De tuo tibi, Omaggio ... Italo Lana*, Bologne, 1996, p. 317-338 ; N. Méthy, « *Ad exemplar antiquitatis* : les grandes figures du passé ... », *REL* 81, 2003, p. 200-214.

§ 3. Caecina Paetus, consul suffect en 37. Il a perdu un fils ; un second survivra, C. Caecina Paetus, qui sera consul en 70.

§ 6. La leçon *non dolet Paete* offre une clausule (crétique + spondée), ce qui n'est pas le cas de l'ordre *Paete non dolet*, mais ce dernier, au § 13, n'est pas en fin de phrase. Le libellé adopté par Martial, I, 13, 3-4, *Si qua fides, uulnus quod feci non dolet, inquit, / sed tu quod facies, hoc mihi, Paete, dolet*, s'inscrit dans la métrique dactylique et ne peut donc être utilisé ici pour établir le texte.

§ 7. Une conspiration fomentée à Rome en 42 (d'après Dion Cassius) s'étendit en Dalmatie, dont le légat, L. Arruntius Camillus Scribonianus, commandait deux légions. Paetus était sans doute dans son état-major, ce qui explique la présence de sa femme. Très vite les légions abandonnèrent Scribonianus, qui se suicida (selon Dion) ou fut assassiné (selon Pline et Tacite). Sources : Cass. Dio LX, 15-16 ; Suet., *Claud.* 13, 4 et 35, 3 ; Tac., *Ann.* XII, 12 ; *Hist.* I, 89 et II, 75 ; *PIR*[2] A 1140.

§ 9. L'expression *apud Claudium* suggère que le procès eut lieu dans les appartements privés de l'empereur, comme cela arrivait souvent sous Claude. Mais, au dire de Dion Cassius, le procès se déroula au Sénat, sous la présidence des consuls et en présence de Claude. Les deux versions ne sont pas incompatibles : un premier interrogatoire, plutôt informel, a pu avoir lieu au Palais en la seule présence de l'empereur. – Sur le sort réservé à la femme de Scribonianus, une Vibia (reléguée) : Tac., *Ann.* XII, 52. Son fils sera exilé à une autre occasion et mourra d'une mort suspecte : Tac., *ibid.*

§ 10. *Mori mecum* : cette situation se produira en effet en 66, quand Arria la Jeune voulut mourir avec Thrasea Paetus : Tac., *Ann.* XVI, 34. Sans vouloir nier l'historicité – indémontrable – du dialogue entre Thrasea et sa belle-mère, on peut penser qu'il y a peut-être, dans la coïncidence des deux situations, une part d'élaboration littéraire, due notamment à la tradition en milieu stoïcien.

§ 12. *Focilata* : terme rare, employé déjà en III, 14, 4.

III, 17

Cette lettre peut coïncider avec la légation de Julius Ursus Servianus en Pannonie, ou avec sa participation à la première guerre dacique de Trajan. Elle date donc de 100-101 ; Servianus est visiblement un ami intime de Pline, même s'il n'est le destinataire que de deux courtes lettres, celle-ci et VI, 26. Mais il est également mentionné en X, 2, 1.

§ 1. *Occupatus*, comme *occupationes*, est employé d'ordinaire en parlant de charges officielles : III, 5, 7 (à propos de Pline l'Ancien) ; IV, 26, 2.

§ 2. *Praemium* : cf. Sen., *Ben.* VI, 17, 1.

III, 18

La lettre est postérieure à III, 13, où le *Panégyrique* est encore sur le métier. – Vibius Severus est le destinataire de deux autres lettres à contenu littéraire, IV, 28 et (s'il s'agit du même homme) IX, 22.

§ 1. La première phrase reproduit le contenu de *Pan.* I, 2. Verginius Rufus se préparait à prononcer un discours semblable, lorsqu'il fut victime d'une chute : II, 1, 5. – Le *Panégyrique* est une version considérablement amplifiée du discours prononcé. Pour une amplification analogue : II, 5, 3 (*inde et liber creuit*).

§ 2. *A magistro* s'appliquerait à des discours sur l'art de gouverner, comme ceux de Dion Chrysostome, ou sur

les devoirs du prince, comme ceux de Musonius Rufus, frg.
VIII Hense. – Pour l'expression *sub exemplo praemonere* :
II, 6, 6.

§ 4. « Ces *libelli* servaient de programmes aussi bien
pour les spectacles (Cic., *Phil.* 2, 38 [= II, 97]) que pour
les lectures publiques (Tac., *Dial.* 9). » (A.-M. Guillemin,
CUF, *ad loc.*). – Les *recitationes* ne dépassaient généralement
pas deux séances. Sherwin-White estime que si Pline a lu
en entier le *Panégyrique* dans sa forme actuelle, il n'a pas
pu mettre moins de 1½ à 2 heures pendant trois journées
consécutives.

§ 6. *Liberius ideoque etiam libentius* : cf. VIII, 14, 2-8,
en particulier 3 : *reducta libertas* ; et Tac., *Hist.* I, 1 ; *Agr.*
3, 1 : *principatum ac libertatem.*

§ 8. *Seuerissima* : Le mélange des styles était annoncé
en III, 13, 3-4 ; Pline se félicite ici de son succès auprès
de l'auditoire. Pour sa doctrine en cette matière : I, 20, 20-
22 ; II, 5, 5-7 ; IX, 26. – En II, 19, 5-6 Pline avait noté de
façon un peu désabusée la préférence du grand public pour
le style asiatique ; mais pour la lecture de son *Panégyrique*
il a convoqué des connaisseurs triés sur le volet, et ceux-ci
préfèrent l'atticisme. Le développement du § 10 souligne et
justifie la préférence de Pline pour le genre mixte.

III, 19

§ 1. *Adsumo te in consilium rei familiaris* : voir U.
Fellmeth, « *Adsumo te in consilium rei familiaris...* : ein Brief
des jüngeren Plinius als Quelle für das ökonomische Denken
der römischen Grossgrundbesitzer bei Standortabwägungen, »
dans *Festschrift E. Olshausen*, Hildesheim, 1998, p. 49-61.
– *Agris meis* : il semble bien qu'il s'agisse de la propriété
de Tifernum Tiberinum, comme le suggèrent les éléments
descriptifs des § 3 et 5. L'indication du § 7, *nec ibi quisquam*,
permet d'exclure la propriété de Côme, cette ville étant la
patrie de Calvisius Rufus.

§ 2. *Eodem procuratore* : voir R. Martin, *Recherches sur
les agronomes latins ...*, Paris, 1971, p. 366-367.

§ 3. Les *atrienses* constituent la domesticité qui s'occupe de la maison d'habitation, tandis que les *topiarii* sont affectés au jardin et au parc.

§ 4. *Peregrinatio inter sua* : apparemment Pline n'est plus consul et a maintenant tout loisir pour ses déplacements.

§ 5. Sur les revenus parfois importants que produisent les bois de coupe : Col. III, 3, 1-3 ; Plut., *Cato mai.* 21, 5.

§ 6. Les *coloni* et les *conductores* sont ici les mêmes : « the actual cultivators ... are at once *coloni* by occupation and *conductores* in their legal contract. » (Sherwin-White) Ils traitent directement avec le *procurator*. Ce système est bien adapté à la taille relativement modeste des propriétés de Pline. Il faut attendre un siècle environ pour que s'installe sur les très grands domaines, notamment impériaux, un système à trois étages : *procurator – conductores – coloni*.

Reliqua creuerunt : Pline sera confronté aux mêmes difficultés et, après avoir consenti diverses remises, finira par remplacer le loyer en numéraire par une redevance en nature : IX, 37, 2-4 ; X, 8, 5. – *Pignora, uires* : il ne s'agit pas seulement d'instruments aratoires (et peut-être de bêtes de somme) mais aussi d'esclaves (cf. *Sent. Pauli* III, 6, 43-44 = *FIRA* II, p. 366). Le précédent propriétaire a appliqué ce que nous appellerions aujourd'hui un plan social ; le résultat était prévisible : l'exploitation devenait exsangue.

§ 7. *Sestertio triciens ... quinquagiens* : se fondant sur les prix des terres fournis par Col. III, 3, 8 et Plin., *NH* XIV, 48-52 (mais ce sont des prix exceptionnels !), Sherwin-White évalue la propriété que Pline envisage d'acheter à 2500 jugères, soit environ 625 ha. Sachant d'autre part que Pline a fait cadeau à sa nourrice (VI, 3) d'une ferme qui valait précédemment 100.000 sesterces, une propriété dont le prix ancien était de 5 millions pouvait se décomposer en une cinquantaine de fermes. Ces chiffres ne constituent naturellement qu'un ordre de grandeur. – De son côté R. Martin, « Pline le Jeune et les problèmes économiques de son temps », *REA* 69, 1967, p. 68-69 [62-97], et *op. cit.* ci-dessus au § 2, p. 350, évalue la propriété en question à environ 1000 ha et présente pour son mode d'exploitation une intéressante comparaison avec les données fournies par Columelle.

Penuria colonorum : cf. VII, 30, 3 : *rarum est inuenire idoneos conductores* ; et IX, 37, 2-4. Voir R. Martini, « *Penuria colonorum* : *raritas colonorum* », *Iura*, 37, 1986, p. 89-93. – *Communi temporis iniquitate* : les causes et les formes de la récession agricole en Italie ont été diversement analysées. À s'en tenir au texte de Pline, il y a à la base un problème démographique (*penuria colonorum* ; les *mancipia* ne sont pas à prendre en compte), qui a pour conséquence une culture des terres insuffisante tant en quantité qu'en qualité. Il en résulte des rendements trop faibles (*reditus*), qui provoquent à leur tour l'effondrement de la valeur des terres (*pretium* ; cf. Plin., *NH, loc. cit.*). La concurrence des agricultures provinciales n'entre pour rien dans ce mécanisme ; au demeurant, les productions d'outre-mer (blé d'Égypte et d'Afrique, huile et vin d'Espagne, etc.) étaient des compléments indispensables et bienvenus, destinés surtout à la mégalopole romaine.

§ 8. *Aliquid fenero* : Pline veut dire qu'il peut faire rentrer des sommes d'argent prêtées à intérêts, qui lui fourniraient une bonne partie sinon l'essentiel des 3 millions nécessaires. Sa *socrus*, Pompeia Celerina, avec sa bienveillance et sa générosité coutumières (cf. I, 4 ; VI, 10, 1), lui prêterait le reste.

III, 20

La lettre date d'un mois de janvier, sans doute 103 ou plutôt 104. Le destinataire n'est pas identifié avec certitude ; il n'était probablement pas sénateur. – Voir E. Lefèvre, « Plinius' Klage um die verlorengegangene Würde des Senats (3, 20 ; 4, 25) », dans *Plinius der Jüngere und seine Zeit*, p. 189-200.

§ 1. La première *lex tabellaria*, instituant le vote par bulletins secrets, est la *lex Gabinia* de 139 av. J.-C. : Cic., *de leg*. III, 35 (avec, *ibid.*, 33-37, une vive condamnation de ce mode de scrutin). Le vote par bulletins secrets dans les délibérations du Sénat n'est resté en usage que peu de temps : cf. Th. Mommsen, *Staatsrecht* III, p. 992-993 et 1223-1225.

§ 2. *Comitiorum die* : il s'agit de la séance du Sénat; apparemment l'élection de l'ensemble des magistrats s'est faite en une seule journée, comme ce fut aussi le cas en 100, sous la présidence de Trajan, qui avait alors revêtu le consulat : *Pan.* 69-74 et 77, 1. À d'autres dates ces élections ont pu occuper deux ou plusieurs séances consécutives. – Sherwin-White situe la présente séance du Sénat en janvier 104 (plutôt que 103) et pense que la lettre IV, 25, soulignant les inconvénients du vote secret, relate la séance de janvier 105 (plutôt que 104). Il y eut en tout cas deux séances au cours desquelles Trajan n'était pas en charge du consulat, comme le suggère clairement la relation de Pline.

§ 5. Pline se réfère aux récits de Spurinna, III, 1, 6, ou d'Arrius Antoninus, IV, 3, 1-2. Il est curieux de constater qu'il prend pour références les usages sénatoriaux du temps de Claude et de Néron, par exemple, et qu'il déplore le laisser-aller que les trop fréquentes absences de Trajan n'ont fait qu'accroître. Mais il est vrai qu'il stigmatise pareillement le désordre dans les séances des tribunaux : II, 14.

Quaestor : il peut s'agir, soit des questeurs des provinces sénatoriales, soit des questeurs des consuls; sur les liens étroits entre questeurs et consuls : IV, 15, 10; IX, 26; voir Th. Mommsen, *Staatsrecht* II, p. 525-529. – *Si poterat* : si le personnage est en vie et s'il a pu venir assister à la séance du Sénat.

§ 6. La *lex Visellia* de 24 apr. J-C. précisait et renforçait l'exclusion des fils d'affranchis de l'ordre équestre et donc aussi du Sénat : voir Th. Mommsen, *Staatsrecht* I, p. 487-489; III, p. 420-421, 451, 500. Mais elle ne fut pas respectée rigoureusement et la faveur impériale a pu la contourner, comme il advint à « l'esclave Pallas » (pour parler comme Pline) : VIII, 6, 4, et sous Tibère à Curtius Rufus : Tac., *Ann.* XI, 21, évoqué par Pline en VII, 27, 2-3. On pense aussi à Larcius Macedo, sénateur prétorien et fils d'affranchi : III, 14, 1.

Annos : la *lex Villia annalis*, adaptée, reste en vigueur sous le Principat. Auguste a fixé l'âge minimum de la questure à 25 ans : Cass. Dio LII, 20, 1 ; voir Th. Mommsen, *Staatsrecht* I, p. 535-536. – *Mores* : exercice de certains métiers jugés déshonorants (cf. la *lex Iulia municipalis*, *ILS* 6085 ; *Les lois des Romains* (= Girard-Senn II, 7ᵉ éd.), Univ. Camerino, Jovene 1977, p. 74 sqq., lignes 94-95 et 104-106), *infamia* à titre personnel ou insuffisance de cens résultant d'une vie dissolue. Les exclusions du Sénat prononcées par les empereurs se fondaient sur les mêmes bases.

§ 8. C'est ce qui se produisit dès l'année suivante, comme le montre IV, 25. Pline a-t-il inséré ici une prophétie *post euentum* (Schultz, *RE Suppl.* VI, col. 780 sq.) ? Cela est invérifiable ; Sherwin-White suggère qu'il a pu aussi s'approprier des arguments mis en avant dans la discussion au Sénat.

§ 9. La « procédure [des *iudicia reciperatoria*] était plus rapide que celle des autres tribunaux et de l'*unus iudex* ; on avait donc moins de temps pour les corrompre. » (A.-M. Guillemin, *CUF*, *ad loc.*). Cf. Cic., *Pro Tull.* 10 ; *RE* A I, col. 431.

§ 10. Remarques analogues en II, 11, 1 ; IV, 12, 3 ; V, 4, 1 ; IX, 2, 1-3, où Pline compare sa situation à celle, bien plus enviable, de Cicéron. Toutes ces remarques illustrent la perte d'influence du Sénat. Cf. aussi VIII, 14, 2 sur l'ignorance des sénateurs en matière de *ius senatorium*.

§ 12. *Sunt quidem cuncta sub unius arbitrio* : expression analogue en *Pan.* 72, 1 : *uni tibi in quo et res publica et nos sumus*. En IV, 25 Pline se plaint au même Maesius Maximus des abus scandaleux auxquels a donné lieu le vote à bulletins secrets. Ce n'est sans doute pas un hasard ; avait-il un message à faire passer ?

III, 21

Le livre XII et dernier des *Épigrammes* de Martial a été publié vers 102-103, fournissant ainsi un *terminus a quo* pour la date de cette lettre. Il est adressé à un certain

Priscus, qui n'est sans doute pas le même que le destinataire de la présente missive ; mais la coïncidence est troublante. Notre Cornelius Priscus est mentionné comme *consularis* en V, 20, 7.

§ 1. On peut comparer le début de cette lettre avec ceux de III, 7 et de V, 5.

§ 2. Martial a fait connaître son intention de retourner en Espagne dès *Epigr.* X, 104. – Pour *secedere* au sens de « quitter Rome », cf. III, 7, 6, ainsi que III, 15, 1 (*in secessu*) ; Mart. XII, *praef.* 1.

§ 3. Une plainte analogue est exprimée en II, 20, 12.

§ 5. Ces vers représentent Mart. X, 20, 12-21, dont le texte de Pline constitue ainsi une source secondaire. Ils datent d'env. 96, à une époque où Pline était sénateur prétorien. – Pour une inspiration analogue : Mart. I, 70.

§ 6. Pline ne semble pas sûr que les vers de Martial seront immortels ; son jugement sur la poésie de Silius Italicus, III, 7, 5 paraît tout aussi réticent. Mais voir E. Lefèvre, « Plinius-Studien V », cité ci-dessus III, 5 ; et R. A. Pitcher, « The Hole in the Hypothesis : Pliny and Martial Reconsidered », *Mnemosyne*, 52, 1999, p. 554-561, qui pense que le jugement de Pline sur Martial est positif et que la place de cette évocation, en fin de livre, équivaut à un bel hommage.

TABLE DES MATIÈRES

INTRODUCTION VII
   I. L'auteur VII
      Dossier épigraphique XIX
   II. Le statut et la chronologie des *Lettres* XXII
   III. Le texte XXIX
   IV. Bibliographie sélective XXXV
   Sigla. XLI

LIVRE PREMIER 2
   1. À Septicius 2
   2. À Arrianus. 2
   3. À Caninius Rufus 3
   4. À Pompeia Celerina 4
   5. À Voconius Romanus 5
   6. À Tacite. 8
   7. À Octavius Rufus 9
   8. À Pompeius Saturninus. 10
   9. À Minicius Fundanus 13
   10. À Attius Clemens 14
   11. À Fabius Justus 16
   12. À Calestrius Tiro. 16
   13. À Sosius Senecio. 19
   14. À Junius Mauricus. 20
   15. À Septicius Clarus. 22
   16. À Erucius. 22
   17. À Cornelius Titianus 24
   18. À Suétone 25

19. À Romatius Firmus 26
20. À Tacite 26
21. À Plinius Paternus 31
22. À Catilius Severus 32
23. À Pompeius Falco 34
24. À Baebius Hispanus 35

LIVRE II 36
1. À Romanus 36
2. À Paulinus 38
3. À Nepos 38
4. À Calvina 40
5. À Lupercus 41
6. À Avitus 43
7. À Macrinus 44
8. À Caninius 46
9. À Apollinaris 46
10. À Octavius 47
11. À Arrianus 48
12. À Arrianus 53
13. À Priscus 54
14. À Maximus 56
15. À Valerianus 58
16. À Annianus 58
17. À Gallus 59
18. À Mauricus 65
19. À Cerialis 66
20. À Calvisius 67

LIVRE III 70
1. À Calvisius Rufus 70
2. À Vibius Maximus 72
3. À Corellia Hispulla 73
4. À Caecilius Macrinus 74
5. À Baebius Macer 76
6. À Annius Severus 79

7. À Caninius Rufus 80
8. À Suétone 82
9. À Cornelius Minicianus 83
10. À Vestricius Spurinna et à Cottia 89
11. À Julius Genitor. 90
12. À Catilius Severus. 92
13. À Voconius Romanus 92
14. À Acilius 93
15. À Silius Proculus. 94
16. À Nepos. 95
17. À Julius Servianus. 97
18. À Vibius Severus. 98
19. À Calvisius Rufus 100
20. À Maesius Maximus 101
21. À Cornelius Priscus. 103

COMMENTAIRE. 105
Commentaire du livre I 105
Commentaire du livre II 133
Commentaire du livre III. 163

COLLECTION DES UNIVERSITÉS DE FRANCE

OUVRAGES PARUS

Série grecque

dirigée par Jacques Jouanna
de l'Institut
professeur émérite à l'Université de Paris Sorbonne

Règles et recommandations pour les éditions critiques (grec). (1 vol.).

ACHILLE TATIUS.
Le Roman de Leucippé et Clitophon. (l vol.).

AELIUS ARISTIDE (Pseudo-)
Arts rhétoriques. (2 vol.).

AELIUS THÉON.
Progymnasmata. (1 vol.).

ALCÉE.
Fragments. (2 vol.).

LES ALCHIMISTES GRECS.
(3 vol. parus).

ALCINOOS.
Les Doctrines de Platon. (1 vol.).

ALEXANDRE D'APHRODISE.
Traité du destin. (1 vol.).

ANDOCIDE.
Discours. (1 vol.).

ANONYME DE SÉGUIER.
Art du discours politique. (1 vol.).

ANTHOLOGIE GRECQUE.
(12 vol. parus).

ANTIGONE DE CARYSTE.
Fragments. (1 vol.).

ANTIPHON.
Discours. (1 vol.).

ANTONINUS LIBERALIS.
Métamorphoses. (1 vol.).

APHTHONIOS.
Corpus Rhet. I. Progymnasmata.

APOLLONIOS DE RHODES.
Argonautiques. (3 vol.).

APPIEN.
Histoire romaine. (6 vol. parus).

APSINÈS.
Art rhétorique. (1 vol.).

ARATOS.
Phénomènes. (2 vol.).

ARCHILOQUE.
Fragments. (1 vol.).

ARCHIMÈDE. (4 vol.).

ARGONAUTIQUES ORPHIQUES. (1 vol.).

ARISTÉNÈTE. (l vol.).

ARISTOPHANE. (5 vol.).

ARISTOTE.
De l'âme. (1 vol.).
Catégories. (1 vol.).
Constitution d'Athènes. (1 vol.).
Du ciel. (l vol.).
Économique. (1 vol.).
Génération des animaux. (1 vol.).
De la génération et la corruption. Nlle éd. (1 vol.).
Histoire des animaux. (3 vol.).
Marche des animaux - Mouvement des animaux. (1 vol.).
Météorologiques. (2 vol.).
Parties des animaux. (1 vol.).

Petits traités d'histoire naturelle.
(1 vol.).
Physique. (2 vol.).
Poétique. (1 vol.).
Politique. (5 vol.).
Problèmes. (3 vol.).
Rhétorique. (3 vol.).
Topiques. (2 vol.).

ARISTOTE (Pseudo-).
Rhétorique à Alexandre. (1 vol.).

ARRIEN.
L'Inde. (1 vol.).
Périple du Pont-Euxin. (1 vol.).

ASCLÉPIODOTE.
Traité de tactique. (1 vol.).

ATHÉNÉE.
Les Deipnosophistes. (1 vol. paru).

ATTICUS.
Fragments. (1 vol.).

AUTOLYCOS DE PITANE.
Levers et couchers héliaques. -
La sphère en mouvement. -
Testimonia. (1 vol.).

BACCHYLIDE.
Dithyrambes. Épinicies. Fragments.
(1 vol.).

BASILE (Saint).
Aux jeunes gens. Sur la manière
de tirer profit des lettres helléniques. (1 vol.).
Correspondance. (3 vol.).

BUCOLIQUES GRECS.
Théocrite. (1 vol.).
Pseudo-Théocrite, Moschos, Bion.
(1 vol.).

CALLIMAQUE.
Hymnes. - Épigrammes. -
Fragments choisis. (1 vol.).

LES CATOPTRICIENS GRECS.
Les Miroirs ardents. (1 vol. paru).

CHARITON.
Le Roman de Chaireas et Callirhoé.
(1 vol.).

COLLOUTHOS.
L'Enlèvement d'Hélène. (1 vol.).

CORPUS RHETORICUM.
(1 vol. paru).

CTÉSIAS DE CNIDE.
La Perse. L'Inde. Autres fragments.
(1 vol.).

DAMASCIUS.
Traité des premiers principes.
(3 vol.).
Commentaire du Parménide
de Platon. (4 vol.).
Commentaire sur le Philèbe de
Platon. (1 vol.).

DÉMÉTRIOS.
Du style. (1 vol.).

DÉMOSTHÈNE.
Œuvres complètes. (13 vol.).

DENYS D'HALICARNASSE.
Opuscules rhétoriques. (5 vol.).
Antiquités romaines. (2 vol. parus).

DINARQUE.
Discours. (1 vol.).

DIODORE DE SICILE.
Bibliothèque historique.
(10 vol. parus).

DION CASSIUS.
Histoire romaine. (4 vol. parus).

DIOPHANTE.
Arithmétique. (2 vol. parus).

DU SUBLIME. (1 vol.).

ÉNÉE LE TACTICIEN.
Poliorcétique. (1 vol.).

ÉPICTÈTE.
Entretiens. (4 vol.).

ESCHINE.
Discours. (2 vol.).

ESCHYLE.
Tragédies. (2 vol.).

ÉSOPE.
Fables. (1 vol.).

EURIPIDE.
Tragédies (12 vol.).

FAVORINOS D'ARLES.
Œuvres (1 vol. paru).

GALIEN. (4 vol. parus).

GÉOGRAPHES GRECS.
(1 vol. paru).

GÉMINOS.
Introduction aux phénomènes.
(1 vol.).

GRÉGOIRE DE NAZIANZE
(le Théologien) (saint).
Correspondance. (2 vol.).
Poèmes. (1 vol. paru).

HÉLIODORE.
Les Éthiopiques. (3 vol.).

HÉRACLITE.
Allégories d'Homère. (1 vol.).

HERMÈS TRISMÉGISTE. (4 vol.).

HERMOGÈNE (Ps.).
Corpus Rhet. I. Progymnasmata.

HÉRODOTE.
Histoires. (11 vol.).

HÉRONDAS.
Mimes. (1 vol.).

HÉSIODE.
Théogonie. - Les Travaux et les
Jours. - Bouclier. (1 vol.).

HIPPOCRATE. (12 vol. parus).

HOMÈRE.
L'Iliade. (4 vol.).
L'Odyssée. (3 vol.).
Hymnes. (1 vol.).

HYPÉRIDE.
Discours. (1 vol.).

ISÉE.
Discours. (1 vol.).

ISOCRATE.
Discours. (4 vol.).

JAMBLIQUE.
Les Mystères d'Égypte. (1 vol.).

Protreptique. (1 vol.).

JEAN LE LYDIEN.
Des magistratures de l'État romain.
(2 vol. parus).

JOSÈPHE (Flavius).
Autobiographie. (1 vol.).
Contre Apion. (1 vol.).
Guerre des Juifs. (3 vol. parus).

JULIEN (L'empereur).
Lettres. (2 vol.).
Discours. (2 vol.).

LAPIDAIRES GRECS.
Lapidaire orphique. - Kerygmes
lapidaires d'Orphée. - Socrate et
Denys. - Lapidaire nautique. -
Damigéron. - Evax. (1 vol.).

LIBANIOS.
Discours. (3 vol. parus).

LONGIN. RUFUS.
Fragments. Art rhétorique. (1 vol.).

LONGUS.
Pastorales. (1 vol.).

LUCIEN. (4 vol. parus).

LYCOPHRON.
Alexandra (1 vol.).

LYCURGUE.
Contre Léocrate. (1 vol.).

LYSIAS.
Discours. (2 vol.).

MARC-AURÈLE.
Écrits pour lui-même. (1 vol. paru).

MARINUS.
Proclus ou sur le bonheur.
(1 vol.).

MÉNANDRE. (4 vol. parus).

MUSÉE.
Héro et Léandre. (1 vol.).

NICANDRE.
Œuvres. (2 vol. parus).

NONNOS DE PANOPOLIS.
Les Dionysiaques. (19 vol.).

NUMÉNIUS. (1 vol.).

ORACLES CHALDAÏQUES. (1 vol.).

PAUSANIAS.
Description de la Grèce.
(6 vol. parus).

PHILODÈME DE GADARA.
Sur la musique. Livre IV (2 vol.).

PHOCYLIDE (Pseudo-). (1 vol.).

PHOTIUS.
Bibliothèque. (9 vol.).

PINDARE.
Œuvres complètes. (4 vol.).

PLATON.
Œuvres complètes. (26 vol.).

PLOTIN.
Ennéades. (7 vol.).

PLUTARQUE.
Œuvres morales. (20 vol. parus).
Vies parallèles. (16 vol.).

POLYBE.
Histoires. (12 vol. parus).

PORPHYRE.
De l'abstinence. (3 vol.).
Vie de Pythagore. - Lettre à Marcella.
(1 vol.).

PROCLUS.
Commentaires de Platon.
– Alcibiade. (2 vol.).
– Parménide. (2 vol. parus)
Théologie platonicienne. (6 vol.).
Trois études. (3 vol.).

PROLÉGOMÈNES À LA PHILO-
SOPHIE DE PLATON. (1 vol.).

QUINTUS DE SMYRNE.
La Suite d'Homère. (3 vol.).

SALOUSTIOS.
Des dieux et du monde. (1 vol.).

SAPHO-ALCÉE.
Fragments. (1 vol.).

SCYMNOS (Pseudo-)
voir GÉOGRAPHES GRECS.

SIMPLICIUS
Commentaire du *Manuel*
d'Épictète (1 vol. paru).

SOPHOCLE.
Tragédies. (3 vol.).

SORANOS D'ÉPHÈSE.
Maladies des femmes. (4 vol.).

STRABON.
Géographie. (10 vol. parus).

SYNÉSIOS DE CYRÈNE.
Hymnes. (1 vol.).
Lettres. (2 vol.).
Opuscules. (3 vol.).

THÉOGNIS.
Poèmes élégiaques. (1 vol.).

THÉOPHRASTE.
Caractères. (1. vol.).
Métaphysique. (1 vol.).
Recherches sur les plantes. (5 vol.).

THUCYDIDE.
Histoire de la guerre du Pélo-
ponnèse. (6 vol.).

TRIPHIODORE.
La Prise de Troie. (1 vol.).

XÉNOPHON.
Anabase. (2 vol.).
L'Art de la chasse. (1 vol.).
L'Art équestre. (1 vol.).
Banquet. - Apologie de Socrate.
(1 vol.).
Le Commandant de la Cavalerie.
(1. vol.).
Cyropédie. (3 vol.).
Économique. (1 vol.).
Helléniques. (2 vol.).
Mémorables (1 vol. paru).

XÉNOPHON D'ÉPHÈSE.
Éphésiaques ou Le Roman
d'Habrocomès et d'Anthia. (1 vol.).

ZOSIME.
Histoire nouvelle. (5 vol.).
Tome I. N^lle éd. (1 vol.).

Série latine

dirigée par Jean-Louis Ferrary
de l'Institut
directeur d'études à l'École pratique des hautes études (IVᵉ section)

Règles et recommandations pour
les éditions critiques (latin).
(1 vol.).

ACCIUS.
Œuvres. Fragments. (1 vol.).

AMBROISE (Saint).
Les Devoirs. (2 vol.).

AMMIEN MARCELLIN.
Histoires. (7 vol.).

L. AMPÉLIUS.
Aide-mémoire. (1 vol.).

L'ANNALISTIQUE ROMAINE.
(3 vol. parus).

APICIUS.
Art culinaire. (1 vol.).

APULÉE.
Apologie. - Florides. (1 vol.).
Métamorphoses. (3 vol.).
Opuscules philosophiques. -
Fragments. (1 vol.).

ARNOBE.
Contre les Gentils. (2 vol. parus).

LES ARPENTEURS ROMAINS.
(1 vol. paru).

AUGUSTIN (Saint).
Confessions. (2 vol.).

AULU-GELLE.
Nuits attiques. (4 vol.).

AURÉLIUS VICTOR.
Livre des Césars. (1 vol.).
Abrégé des Césars. (1 vol.).

AVIANUS.
Fables. (1 vol.).

AVIÉNUS.
Aratea. (1 vol.).

BOÈCE.
Institution arithmétique. (1 vol.).

CALPURNIUS SICULUS.
Bucoliques.

CALPURNIUS SICULUS (Pseudo-).
Éloge de Pison. (1 vol.).

CASSIUS FELIX.
De la médecine. (1 vol.).

CATON.
De l'agriculture. (1 vol.).
Les Origines. (1 vol.).

CATULLE.
Poésies. (1 vol.).

CELSE.
De la médecine. (1 vol. paru).

CÉSAR.
Guerre civile. (2 vol.).
Guerre des Gaules. (2 vol.).

CÉSAR (Pseudo-).
Guerre d'Afrique. (1 vol.).
Guerre d'Alexandrie. (1 vol.).
Guerre d'Espagne. (1 vol.).

CETIUS FAVENTINUS.
Abrégé d'architecture privée.
(1 vol.).

CICÉRON.
L'Amitié. (1 vol.).
Aratea. (1 vol.).
Brutus. (1 vol.).
Caton l'ancien. De la vieillesse.
(1 vol.).
Correspondance. (11 vol.).
De l'invention (1 vol.).
De l'orateur. (3 vol.).
Des termes extrêmes des Biens
et des Maux. (2 vol.).

Discours. (22 vol.).
Divisions de l'art oratoire. -
Topiques. (1 vol.).
Les Devoirs. (2 vol.).
L'Orateur. (1 vol.).
Les Paradoxes des stoïciens.
(1 vol.).
De la république. (2 vol.).
Traité des lois (1 vol.).
Traité du destin. (1 vol.).
Tusculanes. (2 vol.).

CLAUDIEN.
Œuvres. (3 vol. parus).

COLUMELLE.
L'Agriculture, (4 vol. parus).
Les Arbres. (1 vol.).

COMŒDIA TOGATA.
Fragments. (1 vol.).

CORIPPE.
Éloge de l'empereur Justin II.
(1 vol.).

CORNÉLIUS NÉPOS.
Œuvres. (1 vol.).

CYPRIEN (Saint).
Correspondance. (2 vol.).

DOSITHÉE.
Grammaire latine. (1 vol.).

DRACONTIUS.
Œuvres. (4 vol.).

ÉLOGE FUNÈBRE D'UNE
MATRONE ROMAINE. (1 vol.).

ENNODE DE PAVIE.
Lettres. (1 vol. paru).

L'ETNA. (1 vol.).

EUTROPE.
Abrégé d'Histoire romaine.
(1 vol.).

FESTUS.
Abrégé des hauts faits du peuple
romain. (1 vol.).

FIRMICUS MATERNUS.
L'Erreur des religions païennes.
(1 vol.).
Mathesis. (3 vol.).

FLORUS.
Œuvres. (2 vol.).

FORTUNAT (Venance). (4 vol.).

FRONTIN.
Les Aqueducs de la ville de Rome.
(1 vol.).

GAIUS.
Institutes. (1 vol.).

GARGILIUS MARTIALIS
Les Remèdes tirés des légumes
et des fruits. (1 vol.)

GERMANICUS.
Les Phénomènes d'Aratos.
(1 vol.).

HISTOIRE AUGUSTE.
(5 vol. parus).

HORACE.
Épîtres. (1 vol.).
Odes et Épodes. (1 vol.).
Satires. (1 vol.).

HYGIN.
L'Astronomie. (1 vol.).

HYGIN (Pseudo-).
Des fortifications du camp.
(1 vol.).

JÉRÔME (Saint).
Correspondance. (8 vol.).

JUVÉNAL.
Satires. (1 vol.).

LUCAIN.
Pharsale. (2 vol.).

LUCILIUS.
Satires. (3 vol.).

LUCRÈCE.
De la nature. (2 vol.).

MACROBE.
Commentaire au songe
de Scipion. (2 vol.).

MARTIAL.
Épigrammes. (3 vol.).

MARTIANUS CAPELLA.
Les Noces de philologie
et Mercure. (3 vol. parus).

MINUCIUS FÉLIX.
Octavius. (1 vol.).

PREMIER MYTHOGRAPHE
DU VATICAN. (1 vol.).

NÉMÉSIEN.
Œuvres. (1 vol.).

OROSE.
Histoires (Contre les Païens).
(3 vol.).

OVIDE.
Les Amours. (1 vol.).
L'Art d'aimer. (1 vol.).
Contre Ibis. (1 vol.).
Les Fastes. (2 vol.).
Halieutiques. (1 vol.).
Héroïdes. (1 vol.).
Métamorphoses. (3 vol.).
Pontiques. (1 vol.).
Les Remèdes à l'amour. (1 vol.).
Tristes. (1 vol.).

PALLADIUS.
Traité d'agriculture. (1 vol. paru).

PANÉGYRIQUES LATINS.
(3 vol.).

PERSE.
Satires. (1 vol.).

PÉTRONE.
Le Satiricon. (1 vol.).

PHÈDRE.
Fables. (1 vol.).

PHYSIOGNOMONIE (Traité de).
(1 vol.).

PLAUTE.
Théâtre complet. (7 vol.).

PLINE L'ANCIEN.
Histoire naturelle. (37 vol. parus).

PLINE LE JEUNE.
Lettres. (4 vol.).

POMPONIUS MELA.
Chorographie. (1 vol.)

PROPERCE.
Élégies. N^lle éd. (1 vol.).

PRUDENCE. (4 vol.).

QUÉROLUS. (1 vol.).

QUINTE-CURCE.
Histoires. (2 vol.)

QUINTILIEN.
Institution oratoire. (7 vol.)

RES GESTAE DIVI AVGVSTI.
(1 vol.).

RHÉTORIQUE À HÉRENNIUS.
(1 vol.).

RUTILIUS NAMATIANUS.
Sur son retour. N^lle éd. (1 vol.).

SALLUSTE.
Conjuration de Catilina. Guerre
de Jugurtha. Fragments des
Histoires. (1 vol.).

SALLUSTE (Pseudo-).
Lettres à César. Invectives. (1 vol.).

SÉNÈQUE.
Apocoloquintose du divin
Claude. (1 vol.).
Des bienfaits. (2 vol.).
De la clémence. (N^lle éd. 1 vol.).
Dialogues. (4 vol.).
Lettres à Lucilius. (5 vol.).
Questions naturelles. (2 vol.).
Théâtre. N^lle éd. (3 vol.).

SIDOINE APOLLINAIRE. (3 vol.).

SILIUS ITALICUS.
La Guerre punique. (4 vol.).

STACE.
    Achilléide. (1 vol.).
    Les Silves. (2 vol.).
    Thébaïde. (3 vol.).
SUÉTONE.
    Vie des douze Césars. (3 vol.).
    Grammairiens et rhéteurs. (1 vol.).
SYMMAQUE.
    Lettres. (4 vol.).
TACITE.
    Annales. (4 vol.).
    Dialogue des orateurs. (1 vol.).
    La Germanie. (1 vol.).
    Histoires. (3 vol.).
    Vie d'Agricola. (1 vol.).
TÉRENCE.
    Comédies. (3 vol.).
TERTULLIEN.
    Apologétique. (1 vol.).
TIBULLE.
    Élégies. (1 vol.).
TITE-LIVE.
    Histoire romaine. (30 vol. parus).

VALÈRE MAXIME.
    Faits et dits mémorables. (2 vol.).
VALERIUS FLACCUS.
    Argonautiques. (2 vol.).
VARRON.
    Économie rurale. (3 vol.).
    La Langue latine. (1 vol. paru).
LA VEILLÉE DE VÉNUS
    (Pervigilium Veneris). (1. vol.).
VELLEIUS PATERCULUS.
    Histoire romaine. (2 vol.).
VICTOR DE VITA.
    Histoire de la persécution vandale
    en Afrique. – La passion des sept
    martyrs. – Registre des provinces
    et des cités d' Afrique. (1 vol.).
VIRGILE.
    Bucoliques. (1 vol.).
    Énéide. (3 vol.).
    Géorgiques. (1 vol.).
VITRUVE.
    De l' architecture. (9 vol. parus)

Catalogue détaillé sur demande

Ce volume,
le trois cent quatre-vingt onzième
de la série latine
de la Collection des Universités de France,
publié aux Éditions Les Belles Lettres
a été achevé d'imprimer
en février 2009
dans les ateliers
de l'imprimerie Jouve
11, boulevard de Sébastopol
75001 Paris

N° d'édition : 6844 - N° d'impression : 478310D
Dépôt légal : mars 2009
Imprimé en France